古典文獻研究輯刊

二八編

潘美月・杜潔祥 主編

第 6 冊

《史記》錄文研究

鄧 桂 姣 著

國家圖書館出版品預行編目資料

《史記》錄文研究／鄧桂姣 著 — 初版 — 新北市：花木蘭文化
事業有限公司，2019〔民 108〕
序 6+ 目 4+290 面；19×26 公分
（古典文獻研究輯刊 二八編：第 6 冊）
ISBN 978-986-485-683-1（精裝）
1. 史記 2. 研究考訂
011.08   108001131

ISBN-978-986-485-683-1

9 789864 856831

古典文獻研究輯刊
二八編 第 六 冊   ISBN：978-986-485-683-1

《史記》錄文研究

作　　者	鄧桂姣
主　　編	潘美月　杜潔祥
總 編 輯	杜潔祥
副總編輯	楊嘉樂
編　　輯	許郁翎、王筑　美術編輯　陳逸婷
出　　版	花木蘭文化事業有限公司
發 行 人	高小娟
聯絡地址	235 新北市中和區中安街七二號十三樓
	電話：02-2923-1455 ／傳眞：02-2923-1452
網　　址	http://www.huamulan.tw 信箱 hml 810518@gmail.com
印　　刷	普羅文化出版廣告事業
初　　版	2019 年 3 月
全書字數	236536 字
定　　價	二八編 12 冊（精裝）新台幣 30,000 元

《史記》錄文研究

鄧桂姣 著

作者簡介

鄧桂姣，湖南郴州人，文學博士，現爲山東大學儒學高等研究院在站博士後、江蘇大學文學院教師、碩士生導師，主要從事先秦兩漢文史文獻研究。獨立承擔並已完成江蘇省教育廳課題一項。目前主持國家社科基金項目 1 項、江蘇省社科基金後期資助項目 1 項、江蘇省高校哲學社會科學研究一般項目 1 項、江蘇大學高級技術人才科研啓動基金項目 1 項等。

提　　要

　　本書系統地分類統計了《史記》的各種錄文及與之相關的舉篇目、溯學源、歸學類、引文、承襲等詳細數據。本書將《史記》錄文視爲史書錄文與類似總集錄文的雙層性質的錄文現象，綜合討論了司馬遷的著史立傳目的、辨章學術意識、錄文目的、錄文意識、著作觀念及著作權意識，將《史記》之舉篇目、溯學源、歸學類視爲《史記》錄文的替代補償與辨章學術意識的具體落實。通過對比研究《史記》的錄文與《史記》的引文、承襲，進一步深化對《史記》錄文的全面認識，論證了司馬遷仍保留較濃「述」成分的、一定程度的「創作」的著作觀著作權意識。《史記》錄文數量眾多，錄文方式多樣，所錄文作用不一，錄文篇幅參差不一，既受原作品、原作者的影響，也受錄文者（史家）主觀因素的影響，其中以史家的著史立傳目的、錄文目的、錄文意識、辨章學術意識爲主要因素。《史記》的錄文意識豐富多樣，或存或無、或明或暗、或深或淺。《史記》的錄文目的主要有五種：嘉其文辭爛然者、爲之震撼感染者、錄之佐證歷史者、借之曲筆寫史者、彰顯傳主懿德範行者。又以《屈原賈生列傳》爲例，詳細地討論了《史記》具體傳記的傳文立意與錄文目的和每篇所錄文的具體作用。

序

鄭傑文

　　上古時期，中國的政治、文化均是多元的。從地域文化角度來看，主要有黃河流域的姬周農耕文化和長江流域的荊楚礦冶文化。黃河流域的姬周農耕文化以土地爲主要生產資料，而土地的不可遷移性導致農耕民族世世相守而重視人際關係，農業生產對經驗積累的依賴使得農耕民族形成了尚老傳統。而長江流域的荊楚礦冶文化則在金屬冶煉過程中催生出了「陰陽變化」、「五行流轉」等理念，成爲荊楚族認識世界、解說自然的理論工具。

　　重人際關係、具有尚老傳統的姬周農耕文化中孕育出了宗周禮樂精神，禮樂精神在春秋文化下移過程中進一步濃縮爲重「人人關係」的儒家學說。以「陰陽變化」、「五行流轉」爲認識世界工具的荊楚礦冶文化在與中原姬周農耕文化碰撞中形成了以「天人關係」爲研究重點的道家學派。此外，上古時期還存在以今生、往生即「生死關係」爲研究重點的仙道學派。以上三類學術派別在相互交流、借鑒、融合的過程中，形成了認識世界、治理國家、指導社會發展的不同學說，出現了百家爭鳴的學術繁榮局面。

　　自戰國中期起，伴隨著政治大一統趨勢的出現，學術領域也產生了對前代學術進行總結並爲統一帝國提供治國指導思想的時代要求。在不同地域文化影響下產生的各家學說出現了融合的傾向。《莊子・天下》《荀子・非十二子》《韓非子・顯學》《呂氏春秋・不二》及《淮南子・要略》《論六家要旨》等即爲適應此時代要求而產生的經典之作。然而以上諸作或篇幅短小，或偏於一隅，均不足以全面、系統地展現上古至秦漢的學術發展面貌，眞正能以規模巨大之篇幅與結構嚴密之體制反映、總結上古學術全貌的當推司馬談、遷父子二人所撰之《史記》。

　　在中國古典學術分類體系中，《史記》往往被作爲「正史」之首而受到特別重視。然而司馬氏父子撰寫《史記》的初衷是欲繼承孔子修《春秋》之旨，「究天人之際，通古今之變，成一家之言」，以達到爲漢制法的目的。然自西漢中期以降，儒學爲尊的社會文化局面已成定勢，爲統一帝國提供指導思想的時代需求淡化，故自《漢書》以來的歷代紀傳體史書多繼承《史記》以紀、傳體裁記述歷史的外在形式，而少有修舊起廢、以史著「當一王之法」的著史精神。

　　《史記·太史公自序》載，漢興百年左右，「天下遺文古事靡不畢集太史公」。身爲太史公的司馬氏父子遂「䌷史記石室金匱之書」撰成《史記》。因此《史記》作爲一部包羅三千年史事的著作對前代文獻多有參考、借鑒與吸收。據近人金德建考證，《漢書·藝文志》所載成書於司馬遷之前的書籍，司馬遷基本都見過；而且司馬遷還於《史記》之中引述了多部不載於《漢書·藝文志》的書籍。鄧桂姣博士於 2015 年來山東大學隨我作博士後研究。在站期間，鄧桂姣認眞研讀《史記》，並在之前相關研究論著的基礎上撰成《〈史記〉錄文研究》一書。此書以《史記》中的「錄文」即《史記》中所著錄他人之作或司馬氏父子的其他作品爲研究對象，從錄文方式、錄文篇幅、錄文意識、錄文目的及錄文、引文、承襲三者關係等角度對《史記》一書的文獻來源作了細緻、全面的分析與總結，是近年來一部較有特色的《史記》研究專著。

　　當然，作爲一部青年學者初出茅廬的作品，是書不可避免地存在不足之處。如在對《史記》錄文的研究過程中未能充分結合戰國以來學術總結的時代思潮，故部分篇章的分析顯得不夠深入。望鄧桂姣博士能在今後的研究歷程中加以更深入的探討。

鄭傑文

2019 年 1 月於山東大學

序

王永平

　　前幾天，鄧桂姣發來她的新著《〈史記〉錄文研究》的樣稿，請我寫幾句話，以充作序言。作爲她曾經的博士生學習階段的導師，看到她的新著即將刊佈，我自然欣喜萬分，寫幾句勉勵的話，應當責無旁貸。不過，我確實也有些爲難，因爲在積累豐厚的「《史記》學」領域，我少有涉獵，實在說不出什麼深文大意，本想藏拙不言。但終究拗不過她的執意與懇切，畢竟師生情深，我只能勉爲其難，因其所託而敷衍幾句，不當之處，懇望諒解。

　　眾所周知，《史記》作爲中國紀傳體「正史」的奠基之作，在中國史學史上具有特殊地位，有關注疏與研究，歷代所積，層層疊疊，精品倍出，可謂汗牛充棟。不惟如此，《史記》內容豐富多彩，包羅萬象，有關上古時代社會與思想的研究多關涉其中，其中因其具有「無韻之《離騷》」的文學特質，成爲史傳文學研究的典範。有關《史記》研究的學術積累，不僅數量巨大，出現了一些集成式的注疏，而且名家輩出，產生了諸多經典性論著。因此，敢於在這個領域尋找相關課題，首先自然需要足夠的學術勇氣以應對學術史高峰的壓力，其次更加需要通過充分的學術史梳理、把握以開拓新的研究領域與空間。應該說，在這兩個方面，鄧桂姣都有了較好的準備，於是她著手進行《史記》錄文的研究。

　　與其他文獻學研究課題相同，開展這一項研究，首先必須全面、系統地輯錄《史記》所引錄的文字，在此基礎上展開相關學術分析與討論。鄧桂姣不僅需要潛心研讀《史記》，而且需要盡可能全面熟悉先秦以來的各類文獻，從而辨識司馬遷所引錄之文字。這從文末所附《史記》各部分之錄文情況，可見鄧桂姣在這方面確實下了相當大的文獻輯錄的工夫。

　　根據作者的研究，《史記》錄文數量頗多，錄文方式多樣；所錄文作用不一，錄文篇幅亦參差不一。不同的錄文方式、錄文篇幅及著錄與否，既受原作品、原作者方面的影響，又受錄者（即史家）主觀因素的影響，其中以錄者及其辨章學術意識、著史立傳之目的為主要因素。

　　《史記》的錄文意識並非整齊劃一地存在於所有錄文之中，全書的錄文意識豐富多樣，或存或無、或明或暗、或深或淺。就《史記》錄文之目的而言，既有欣賞其文辭或受其思想所感染，更主要地在於以文證史、借之曲筆寫史和彰顯傳主之功德品格等。《史記》的錄文意識亦非孑然獨立，與其辨章學術意識、著史立傳目的共同主導了《史記》錄文及與之相關的舉措；而這三者（錄文意識、辨章學術意識、著史立傳目的）亦非橫空而來，與其創作觀（著作觀）、著作權意識、人生觀、價值觀、文化觀、文化素養等息息相關。

　　作為錄文的替代補償的舉篇目、溯學源、歸學類等現象在《史記》中已成醒目的現象。它們的出現並不僅僅在於充當了錄文的替代補償的功能，其深層因素乃源於司馬遷具有辨章學術意識。司馬遷的辨章學術意識並非橫空突至，有其學理依據。

　　大量的引文、承襲與錄文及「著」「作」、「成一家之言」的追求矛盾地並存於《史記》。這一方面說明引文、承襲與錄文有著貌同而神異的表象和一定的淵源關係，另一方面也表明司馬遷乃至漢人雖已具有一定的著作觀念，但仍保留較濃的「述」的成分，雖具有一定的著作權意識，但仍保留較多的承襲思想。

　　司馬遷的著作觀（創作觀）、著作權意識促進了《史記》錄文意識的產生與發展，亦從側面印證了《史記》錄文意識的存在。事實上，《史記》尚不完全自覺的錄文意識，正與其尚有保留成分的著作觀（創作觀）、著作權意識吻合。

　　至於《史記》的引文，既區別於類書、注疏的引文，又不同於《史記》的承襲、錄文，其與承襲、錄文一樣，頗有自身特色，值得深入研究。

　　就學術史積累極為豐厚的《史記》研究，針對其錄文問題進行專題研究，這是一個較新的課題，作者系統地分類統計了《史記》的錄文及與之相關的舉篇目、溯學源、歸學類、引文、承襲等數據，又對《史記》之引文予以分類，並與錄文做比較研究；同時將《史記》錄文與承襲進行比較研究，探討了司馬遷並不摒棄承襲的創作觀、著作權意識；作者還將《史記》的錄文、

舉篇目、溯學源、歸學類、引文、承襲等現象與司馬遷的錄文意識、辨章學
術意識、著史立傳的目的等結合起來研究，進而深入探討《屈原賈生列傳》
何以錄《懷沙》而不錄屈原其他作品等問題，進而揭示其具體的錄文規律。
以往「《史記》學」研究，固然有涉及其引錄文獻研究的先驅，但就此展開專
題性、系統性研究的，可以說鄧桂姣的這部《〈史記〉錄文研究》具有一定的
開創性貢獻，值得肯定與贊許。

　　當然，學術研究永無止境。就《史記》錄文研究而言，鄧桂姣目前的著
作主要進行了相關引錄文字的輯錄、整理及其初步分類與學術探析，其中也
涉及到了一些深層次的思想文化問題的討論，希望在此基礎上，進一步開展
《史記》所引錄文獻所涉先秦諸子言論之數量分析、內容分析等，進而結合
司馬遷的思想傾向，進行相關思想文化問題的深層次研究，也可以通過《史
記》所引錄諸子文獻、文學文獻與其他傳世文獻、簡帛文獻進行文獻校勘方
面的研究，將本書已有內容或提出的相關問題上升到更高的學術層次與境
界，為蔚為大觀的經典性的「《史記》學」做出更大的貢獻！

　　鄧桂姣博士畢業已四年多了，真是光陰似箭，有如白駒過隙。在我的印
象裏，鄧桂姣始終是一個極能吃苦耐勞、勤學好思的人。她沉靜、內秀、穩
重，知書達禮，潛心於學術追求。在當今充盈著高度物化崇尚的時代風氣中，
這是一種極其難得的品格。她在鎮江的江蘇大學文學院任教，先後獲得了省
後期資助課題與國家社科基金項目，又到山東大學相關博士後流動站進一步
研修，學術視野與學術領域又有所拓展，相信她在日益深厚的文獻學基礎上，
不斷豐富學術思想，提升學術境界，一定可以取得更多的高水平學術成果。

　　是為序。

王永平

2019 年 1 月 15 日於揚州

目

次

本文所用術語界定與相關說明

1、「錄文」之「文」與「言」的界定與說明

　　「文」，狹義上人們常將之與詩歌相對而言。所謂「詩」「文」者，前者指有韻類，後者指無韻類。本文所謂「錄文」之「文」，屬於廣義上的「文」，泛指作品，囊括各種文體，即不分有韻無韻，不論單篇文章或專書。就實質而言，「文」即是用文字記錄下來的各種形式的語言。換言之，語言實質上是「文」的本質。所以，上古採自於民間的風詩以及各種謠諺、俚俗、謳歌，雖然它們都是以口頭語言的形式產生、並以口頭語言的形式保存了一段時間甚至很長很長一段時間（如少數民族的一些史詩，口耳相傳很多代後才逐漸用文字記錄下來），本文亦將之納入「文」（著作）的範疇之內。

　　本文在統計《史記》〔註1〕錄文時，常發現語言（言語）與「文」難以區分的現象。如：

　　蕭何《令諸大夫》：「蕭何爲主吏，主進，令諸大夫曰：『<u>進不滿千錢，坐之堂下。</u>』」〔註2〕（《高祖本紀》〔註3〕）

〔註 1〕關於《史記》的作者，有人認爲《史記》是司馬談、司馬遷父子二人合作的。張大可先生便對古往今來人們對司馬談作史的考論立有專章述評。但正如張先生所云「《史記》之不朽是司馬談、司馬遷兩代人的心血結晶。但司馬談之作，已爲司馬遷所重新鎔鑄，考求司馬談作史的完整篇目，割裂《史記》體系，則爲事實所不容。昔賢今人考論司馬談作史痕跡是很有意義的，但指目某某篇即爲談作，則又是徒勞的」（見張大可《史記研究‧司馬談作史考論述評》，蘭州：甘肅人民出版社，1985 年第 1 版，第 58 頁）。故《史記》之文或有司馬談痕跡，然本文概以司馬遷代稱之。

〔註 2〕說明：《令諸大夫》的內容是劃線部分，前面部分是《史記》著錄它時所作的交代性文字，本文爲便於論述而一併引入之。引用時，或在所錄（引）文下

宋義《下令軍中》：「因下令軍中曰：『<u>猛如虎，很如羊，貪如狼，強不可使者，皆斬之。</u>』」（《項羽本紀》）

項羽《斬宋義出令軍中》：「項羽晨朝上將軍宋義，即其帳中斬宋義頭，出令軍中曰：『<u>宋義與齊謀反楚，楚王陰令羽誅之。</u>』當是時，諸將皆慴服……」（《項羽本紀》）

周勃《入北軍行令軍中》：「太尉將之入軍門，行令軍中曰：『<u>為呂氏右袒，為劉氏左袒。</u>』」（《呂太后本紀》）

周亞夫軍中令：「將軍令曰『<u>軍中聞將軍令，不聞天子之詔</u>』……」（《絳侯周勃世家》）

百姓歌蕭曹：「百姓歌之曰：『<u>蕭何為法，顜若畫一；曹參代之，守而勿失。載其清淨，民以寧一。</u>』」（《曹相國世家》）

吳王闔閭《下令孫武》：「吳王從臺上觀，見且斬愛姬，大駭。趣使使下令曰：『<u>寡人已知將軍能用兵矣。寡人非此二姬，食不甘味，願勿斬也。</u>』孫子曰：『臣既已受命為將，將在軍，君命有所不受。』」（《孫子吳起列傳》）

這些短小之令，嚴可均《全上古三代秦漢三國六朝文》都把它們看做了「文」了。觀其出處與行文範式，很像是口頭所下之令，而如周勃《入北軍行令軍中》、吳王闔閭《下令孫武》似乎是口頭令無疑。而諸如百姓歌蕭曹之類，漢初之歌，在司馬遷時代恐未必形成了案頭文學的形式，故難免不是司馬遷所錄的百姓之「言」也。然另有一些作品，從行文看極似言語而實則為「文」。如：

陳平等《上代王即位議》〔註4〕：「遂馳入代邸。群臣從至。<u>丞相陳平、太尉周勃、大將軍陳武、御史大夫張蒼、宗正劉郢、朱虛侯劉章、東牟侯劉</u>

劃線，（當所錄文內容較長時）或在其前面的「某某曰」、「某某令」之類的提示字下劃線，或連同所錄（引）文及其前面的「某某曰」之類提示字眼一起劃線，以標識之；但若意在突出《史記》著錄文章的情況、且所引《史記》之文中本身含有錄文現象時，縱然本文論述中言及該所錄文，但也未作標識。下同，不再注明。

〔註3〕（漢）司馬遷撰，（南朝宋）裴駰集解，（唐）司馬貞索引、張守節正義《史記》，北京：中華書局，2014 年（修訂版）。本文頻繁引用《史記》，為減去繁瑣，下文引《史記》直接標出篇名，不再列出書名《史記》。凡引《史記》之外的作品一律出具書名。

〔註4〕嚴可均《全上古三代秦漢三國六朝文》將之歸入陳平（《全漢文》卷一四）名下，此乃慣例。今補加「等」字，使之更嚴謹。

興居、典客劉揭皆再拜言曰:『子弘等皆非孝惠帝子,不當奉宗廟。臣謹請陰安侯列侯頃王后與琅邪王、宗室、大臣、列侯、吏二千石議曰:「大王高帝長子……」』代王曰:『奉高帝宗廟,重事也……』群臣皆伏固請。代王西鄉讓者三,南鄉讓者再。」按:這看似以敘述語記代王(文帝)即位事,然《漢書‧文帝紀》云「入代邸,群臣從至,上議曰:『丞相臣平……再拜言大王足下』」云云,而且含有「議曰」,據《史記》錄文的慣例看,知係奏議無疑。嚴可均亦將之輯為《上代王即位議》,入《全上古三代秦漢三國六朝文》。

又如,張騫使西域歸來向武帝彙報:「騫身所至者大宛、大月氏、大夏、康居,而傳聞其旁大國五六,具為天子言之。曰:大宛在匈奴西南……屬漢道焉。烏孫在大宛東北可二千里……大夏……其東南有身毒國。騫曰:『臣在大夏時,見邛竹杖……從蜀宜徑,又無寇。』天子既聞大宛及大夏、安息之屬皆大國……」(《史記‧大宛列傳》)按:直接從正面看,很難判斷它們到底是奏書還是當面口頭的彙報,然而這麼長的彙報以及十三年出生入死的艱辛,很可能是書面奏達的而不是口頭彙報。但看下文云「自博望侯開外國道以尊貴,其後從吏卒皆爭上書言外國奇怪利害,求使。天子為其絕遠,非人所樂往,聽其言,予節,募吏民毋問所從來,為具備人眾遣之……」(《大宛列傳》)其言「從吏卒皆爭上書言外國奇怪利害」,可見張騫採用「上書」的書面方式彙報不但不無可能,而且是很有可能的。

所以,本文統計時,雖有疑義不敢明斷為「文」的,也寧可濫而不敢輕易去之。況文實言也,就更廣義而言,又何誤之有!當然,疆域不守則會氾濫無歸,故本文同時也恪守文的邊界。疑而難決者常參嚴可均《全上古三代秦漢三國六朝文》、逯欽立《先秦魏晉南北朝詩》等前賢之作。若嚴氏輯錄且自己認同,即錄於表,且標明據自嚴氏輯文;若嚴氏未輯且己有疑義者,雖錄於表,但用「?」標出;若嚴氏未輯而筆者以為當錄者,輒錄之。但前賢之書亦不敢不假思索地相信,或有所否。如嚴可均輯闕名氏《奏請立栗姬為皇后》,其原文為:「大行奏事畢,曰:『「子以母貴,母以子貴」,今太子母無號,宜立為皇后。』景帝怒曰:『是而所宜言邪!』遂案誅大行……」(《外戚世家》)按:既云「奏事畢,曰」,兼觀景帝語,當是當面對話。嚴可均輯大行「曰」下內容為《奏請立栗姬為皇后》文,乃是截取對話雙方中的一個人的話的一部分為文。既明知是對話,則當退而堅守文的邊界,而不必再將之混同為廣義之文了,何況是截取雙方對話中一人的話的一部分為文。故棄而不從,

不錄於本文之表。又如嚴可均所輯韓厥《對問大業之後爲崇》，亦此類，不錄。

又，凡不是司馬遷原作所錄之文，一般不錄；有懷疑的則雖錄而存疑，並予以注明。凡他人言語、他人文章中轉引之文，概作引文看，不錄入錄文表。所以嚴氏輯文中，有一部分，如《龜祝》《卜占病者祝》《卜病者崇》等，都未被納入本文統計之內。而逯先生所輯詩，雖然也被拿來對比參考，但據以補入本文本表的則極少，倒是逯集中有而表中不錄的情況相對較多。因爲筆者將引文區分於錄文之外而予以排除了。

2、錄文

本文「錄文」之「錄」，指著錄，「文」指作品，泛指著作、文章，「錄文」即著錄作品，在本文特指於己作中著錄他人之作或者自己的其他作品。下文都簡稱爲「錄文」，或「著錄文章」。《史記》錄文即指在《史記》中著錄傳主或相關傳主相關事件的作品或者自己的其他作品。

3、他人言辭中的引文

本文「他人言辭中的引文」，指史家（司馬遷）爲寫作對象（傳主、附傳傳主等）所錄的人物語言、著作中所引之文，即他人言辭中轉引之文。

4、史家（司馬遷）的引文

本文「史家的引文」，是指夾雜在史家（司馬遷）敘述語言中的他人的文章（或片段，或一句、幾句話），其引用的目的是爲了引出或論說、論述史家的某一觀點，其實際功用則成爲史家論述的一個重要組成部分，其使用現象如同一般人在說話、寫作中稱引他人言辭者，本文將之定義爲史家的引文。

5、錄文方式

本文的「錄文方式」，是指著錄作品的方式。本文在做《史記》錄文統計表時，將錄文粗略地分作「錄文」與「串述於文中錄文」兩類。

表中「錄文」類：是指有明顯標識的錄文，一般標明了著作的篇名（或一般性的稱呼），且常有「其辭曰」、「其文曰」、「檄曰」、「其書曰」字樣等以領起所錄之文。如：

> 既絀夏命，還亳，作《湯誥》：「維三月，王自至於東郊……」（《殷本紀》）

> 三十七年十月癸丑，始皇出遊……上會稽，祭大禹，望於南海，而立石刻頌秦德。其文曰：「皇帝休烈，平一宇內，德惠修長……」〔註5〕（《秦始皇本紀》，會稽石刻文）

表中「串述於文中錄文」類：它其實包含了很多個小類，譬如化錄錄文、改錄錄文、一般性的串述於文中的錄文等，實則是個小雜燴。以其串述於正文、融進作者的敘述之中，試圖構成或實際上已經一起構成了一個圓融的敘事整體，因而統稱之為「串述於文中錄文」。

化錄錄文：指《史記》將所錄之文直接融入史家正文，成為史家敘述語的一部分，已經構成圓融一體，讓人察覺不到錄文的存在。如：

> 遂馳入代邸。群臣從至。丞相陳平、太尉周勃、大將軍陳武、御史大夫張蒼、宗正劉郢、朱虛侯劉章、東牟侯劉興居、典客劉揭皆再拜言曰：「子弘等皆非孝惠帝子，不當奉宗廟。臣謹請陰安侯列侯頃王后與琅邪王、宗室、大臣、列侯、吏二千石議曰：『大王高帝長子……』」代王曰：「奉高帝宗廟，重事也……」群臣皆伏固請。代王西鄉讓者三，南鄉讓者再。（《孝文本紀》）

按：若不深察，不覺得這實際是著錄了奏議（陳平等《上代王即位議》〔註6〕），其圓融若此！實乃化錄錄文類。

改錄錄文：指《史記》串述於文中錄文，所錄之文較原文而言有所改動。

譯錄錄文：是指史家在著錄作品時，常用今語替換原文的某些上古語言，或者原文用詞當時也還用，但卻用同義詞替換之。

一般性的串述於文中的錄文：是指《史記》串述於文中錄文最普遍的現象。這種錄文常有些提示語以領起所錄文，如「乃上書曰」「乃下詔曰」「因詔御史曰」「上書言」「有箚書曰」「乃進頌曰」「遣某某書曰」等等，但不著錄篇名。如：

> 西伯將出獵卜辭（「西伯將出獵，卜之，曰『所獲非龍……』」，《齊太公世家》）

〔註5〕按：中華書局1982年第二版《史記》，「其文曰」下另起一段，段前文本縮進兩字，以標識之：本文凡此情況，為行文方便，引用時皆不另起一段，但補加引號以標識之。下同。

〔註6〕嚴可均《全上古三代秦漢三國六朝文》將之歸入陳平（《全漢文》卷一四）名下，此乃慣例。今補加「等」字，以嚴謹之。

齊遺魯請殺子糾召忽管仲書（「齊遺魯書曰：『子糾兄弟……』」，《齊太公世家》）

萊人歌（「萊人歌之曰：『景公死乎弗與埋……』」，《齊太公世家》）

6、舉篇目

「舉篇目」，在本文是指史家（司馬遷）列舉傳主的及關於傳主而非傳主（含附傳傳主）著作的一系列作品的名稱。或予以略加闡述說明，或提及而不予闡述說明，但都不著錄原文內容。如「余讀《離騷》《天問》《招魂》《哀郢》，悲其志……及見賈生弔之……讀《服鳥賦》，同死生……」（《屈原賈生列傳》）。

表中「舉篇目」類，本著盡可能沒有遺漏的原則統計。

7、溯學源

《史記》寫人物傳記，常從傳主的學習經歷、學術淵源、師承演變寫起，或者在本傳中部或尾部予以追溯記載。本文把這種現象叫做「溯學源」。

8、歸學類

《史記》在記敘人物、點評人物及其著述時，常將傳主的學問、學術、著述尋根問底，予以區分淵源、類別，學術路數描述得清晰明瞭。本文把這種現象叫做「歸學類」。

9、錄文意識

本文「錄文意識」，是指史家（司馬遷）有意識地為他人著錄作品，尤其是有自覺意識地為各個人物（傳主）著錄其著作。往往是基於彰顯傳主或相關傳主（事件）的作品的某種價值，有意識地、特地在史傳中著錄各個傳主及相關傳主，或相關事件中相關人物的作品，為人錄文，以文彰顯原作者，而不是為我所用地充當史家在史書中的敘述文字。

10、承襲

本文「承襲」，是指徑取他人文字為史家自己文字而無任何標注說明者，類似於今人所謂的「剽竊」的表象（表面徵象相似而已，此時的「承襲」並

無後人所謂的學術道德問題）。概言之，即承前人他人成果而襲用之者。

關於承襲現象，有人用「引用」表述，如吳樹平先生云「古人寫書還是比較隨便的，整段引用他人的文字司空見慣」〔註7〕；有人用「抄錄」表述，如徐朔方先生云「令人驚異的是漢初部分，後者（引者按：《漢書》）在多數情況下是前者（引者按：《史記》）原文的抄錄。除個別篇章，文字出入很少」〔註8〕；有人用「襲用」表述，如韓兆琦先生云「班固爲了寫《漢書》而繼承《史記》的固有遺產，甚至大幅度的襲用《史記》的現成文字……」〔註9〕；有人用「襲錄」，如吳福助先生云「漢書孝武以前襲錄史記」「漢書襲錄史記」〔註10〕，等等。前人對此的稱呼雖豐富多樣，但歸要起來實則抄錄、襲錄。

本文在具體研究時發現，所謂甲抄錄於乙者，其實若非作者自道，誰也無法判定幾千年前的甲即是抄錄於乙，即便後出之甲的大部分乃至完全雷同於早出之乙，也不能籍以斷定甲抄錄了乙。因爲古人間、古書中常有輾轉相抄的情況，（因爲古時書少，書難見難得故也），或許乙與同時或之前的丙、丁輾轉相抄，而丙、丁又被戊、己、庚、辛輾轉抄襲了，故此甲的抄錄來源並不一定就是今存的乙。並且在每次輾轉抄襲時又被抄寫者自覺或不自覺地出現了訛、錯、漏、倒、衍等情況，乃至做了損、益、替、改的加工；故乙、丙、丁、戊、己、庚、辛皆大同之而又逐步小異之，且越到後面距離原貌越遠。千百年以後，丙、丁、戊、己、庚、辛或佚或亡。千百年後，或見甲某部分大同於乙乃至完全同於乙，然而當年甲之作者究竟是抄錄於乙，還是抄錄於今已亡佚的丙、丁、戊、己、庚、辛呢，則難以甚至不能知曉了。故謂不待作者自道之而徑謂之甲抄錄於乙者，其實是有失於魯莽的。本文用意於考查《史記》載錄傳主之著作及相關傳主的著作的情況，由此兼及考察司馬遷是否遷抄錄它書、它文及抄錄程度等問題，故察其是否重見於比他早的書，如有，雖未必就是從此書中抄錄而來，但其文源自他書他文則無疑了。鑒於

〔註7〕吳樹平《前言》，見吳樹平等《全注全譯史記》，天津：天津古籍出版社，1995年，第7頁。

〔註8〕徐朔方《史漢論稿·自序》，南京：江蘇古籍出版社，1984年，第1頁。

〔註9〕韓兆琦《〈史記〉〈漢書〉比較研究·序言》，見（韓）朴宰雨《〈史記〉〈漢書〉比較研究》北京：中國文學出版社，1994年。亦見於韓兆琦《史記通論·〈史記〉與〈漢書〉》，桂林：廣西師範大學出版社，1996年，第289頁。

〔註10〕吳福助《史漢關係》臺北：文史哲出版社，1987年，分別見第1、27頁。按：「史記」、「漢書」兩詞，原文未加書名號。凡引近現代人之文，本文皆照原貌引用，下同。

此，本文用「承襲」統稱「襲用」、「抄錄」等各種相似相關的稱呼，一般不敢逕謂之某甲抄錄了某乙，只是從重見於此前的它書它文來斷定其承襲情況的存在。故縱然司馬遷自己提及過《尚書》《五帝德》等篇目，班固也列舉了司馬遷採錄的部分書目（見《漢書・司馬遷傳・贊》），但都沒有具體說明採用的情況，因之，本文即使遇到了他們提及的書目時亦不敢輕易謂某文中某段抄自某書之某段，僅個別明顯的篇章除外。

11、「其他出現的篇名」

本文附表中「其他出現的篇名」，是指在「舉篇目」之外的作品篇名，如史家在敘事時提及到的，或轉引他人言辭時引用到的，或史家自敘史料來源時、論述人物學源流派時提及到的篇名等。

表中此欄主要錄不常見篇目，常見篇目或前文已出現過的則常略去不錄。

12、「備註」

本文附表中「備註」欄，雜錄《史記》中概述人物流派、泛指各類著作而沒有注明篇名，及其他不好歸類而又不當缺損的材料，等等。如《秦始皇本紀》「太史公曰」下錄賈誼《過秦論》下、上、中三篇，《陳涉世家》「褚先生曰」下錄賈誼《過秦論》上。這麼長的篇章出現於論贊部分，它們本身已比較特殊，且後者還被人懷疑是否是司馬遷所作的原文部分，故錄於「備註」中。

上編　《史記》錄文與錄文之替代補償

　　本編著重於錄文的內部研究，即《史記》錄文本身的情況、錄文的替代補償（如舉篇目、溯學源、歸學類）以及橫貫其間的辨章學術意識與錄文意識，並從微觀入手，著重分析《屈原賈生列傳》何以獨錄《懷沙》的問題。沿著這條主線，逐一探討相關的各個問題。如影響錄文的因素探析，舉篇目、溯學源、歸學類現象的產生，辨章學術意識產生的可能性，錄文目的探析等。

第一章　《史記》錄文總況

　　司馬遷的《史記》是我國第一部紀傳體史書，它在著作體例、寫作方式、史學精神等多方面都有開創和垂範之功。《史記》以多種方式著錄傳主作品或相關傳主、相關事件的作品，即《史記》錄文是一個非常醒目的現象。它開啓了紀傳體史書錄文之濫觴，《漢書》《後漢書》均仿照《史記》著錄了大量的作品，以後史書大都不同程度地予以錄文。因此史書之錄文自《史記》之後自成系統，成爲有別於總集錄文的特殊錄文。就史書錄文而言，《史記》功在首創，因此全書錄文的體例、方式、目的等尚無暇作精細地統一，存在多種情況。本章總述《史記》錄文，分類統計《史記》錄文數據，分別闡述《史記》的錄文方式、錄文篇幅、所錄文的作用及影響錄文的因素鏈。

第一節　《史記》錄文緒論

　　作爲紀傳體史書的《史記》著錄了大量的作品，包括詔、令、制、奏、疏、書、詩、歌、謠、諺、賦、碑銘、卜辭、頌、誄等文體。這個現象唐人已經注意到了。唐劉知幾《史通通釋·載文》云：「若馬卿之《子虛》《上林》，揚雄之《甘泉》《羽獵》，班固《兩都》，馬融《廣成》，喻過其體，詞沒其義，繁華而失實，流宕而忘返，無裨勸獎，有長奸詐。而前後《史》《漢》皆書諸列傳，不其謬乎！」〔註1〕清代學者章學誠《文史通義》云：「馬、班二史，於相如、揚雄諸家之著賦，俱詳著於列傳，自劉知幾以還，從而抵排非笑者，

〔註1〕（唐）劉知幾撰，（清）浦起龍通釋，王煦華整理《史通通釋·載文》，上海：上海古籍出版社，2009年，第114～115頁。

蓋不勝其紛紛矣，要皆不爲知言也。蓋爲後世文苑之權輿，而文苑必致文采之實跡，以視范史而下，標文苑而止敘文人行略者，爲遠勝也。然而漢廷之賦，實非苟作，長篇錄入於全傳，足見其人之極思，殆與賈疏董策，爲用不同，而同主於以文傳人也。」〔註2〕劉知幾和章學誠兩位史學大家或從消極、或從積極方面，關注了《史記》錄文現象，然而他們的關注點主要局限於《史記》《漢書》收錄辭賦及疏策等文章，未能廣及諸如碑銘、書、詔、制、卜辭、頌、誄等其他實際所錄之文，亦未將錄文作一系統研究，並且沒有將錄文與襲用他人文字的現象（承襲）及《史記》本身的引文現象等聯繫起來，亦未爲之探源求波。實則著錄他人作品與襲用他人文字及其自身的引文，三者外在表現形式十分相近相仿，即於自己的著作中夾雜著他人的作品。三者雖有本質區別，卻又著千絲萬縷的聯繫。《史記》在大量著錄作品的同時，也大量地承襲了前人他人的文字及引文，此外還存在列舉篇目、溯學源、歸學類等現象，有錄文意識、錄文目的，涉及到著作權意識、創作（著作）觀與學術意識、著書立說目的，等等。這都是值得好好研究的。

對於史書的錄文問題，近現代學人漸有不少成果。吳福助先生著有《漢書採錄西漢文章探討》〔註3〕，並附「漢書所錄西漢文章選目」。張新科先生在《唐前史傳文學》〔註4〕中設有「第九章唐前史傳與辭賦」，注意到史書中收錄辭、賦的現象、作用、影響。潘定武先生的博士學位論文《〈漢書〉文學研究·〈漢書〉的文學影響》〔註5〕中設有「《漢書》著錄西漢作品概況及其文學意義」節，並作有統計表。張耀元碩士學位論文《史傳文學援引謠諺之考察——以反映先秦兩漢歷史的史傳著作爲中心》〔註6〕所論亦屬史書所錄文的一種。前輩時俊的眼光十分敏銳，對史書錄文的研究頗有啓發。〔註7〕

〔註2〕（清）章學誠著，葉瑛校注《文史通義校注·詩教下》，北京：中華書局，1985年，第80頁。

〔註3〕吳福助《漢書採錄西漢文章探討》，臺北：文津出版社，1988年。

〔註4〕張新科《唐前史傳文學》，西安：西北大學出版社，2009年。

〔註5〕潘定武《〈漢書〉文學研究》，西安：陝西師範大學，2006年。

〔註6〕張耀元《史傳文學援引謠諺之考察——以反映先秦兩漢歷史的史傳著作爲中心》，西安：陝西師範大學2008年碩士學位論文。

〔註7〕按：本書是以2011年碩士學位論文爲基礎修改而成，本人碩士學位論文2011年即在知網公佈。爾後有黃曉芳2012年碩士學位論《詩入史傳之研究》（陝西師範大學）、2016年博士學位論文《唐前正史史傳載文研究》（陝西師範大學）。

　　《史記》著錄了大量的作品，乃至就某種意義上說，已具有了文選的性質〔註8〕。就其來源看，所錄文來自古今（漢）各種史料、六藝經傳、諸子百家、碑銘石刻、圖書檔案、占卜卦辭、民間傳說等等。就體裁看，有詔制、法令、封策、奏疏、議對、書信、詩歌、謠諺、辭賦、碑銘、卜辭、祝盟、封禪等等。就題材看，有政治類的（如各類詔令等）、有歷史類的（如《過秦論》）、經濟類的（如《平準書》《貨殖列傳》等篇章中所錄之文）、抒情言志悼古類的（如屈原《懷沙賦》、賈誼《鵩鳥賦》《弔屈原賦》等）、各種應用型類的（如魯哀公為孔子作誄，各種書信類，漢武帝獲寶鼎文等）、各種論說類的（如韓非《說難》等），難以盡舉。

　　就所錄文數量、範圍看，《史記》錄文是空前的、系統的。就錄文方式、錄文動機看，《史記》錄文的方式和所錄文的作用都具有多樣性、靈活性，也是前所未有的。就錄文意識而言，《史記》已經具有一定程度的錄文自覺意識。就學術意識而言，《史記》錄文並非司馬遷偶然為之，錄文與舉篇目、溯學源、歸學類相輔相成，後三者是錄文的替代補償，即以最簡略的方式實現錄文想達到卻又不方便使用錄文方式的目的。就表象而言，《史記》錄文與《史記》自身的引文、承襲十分相似，但卻本質有別。

　　《史記》中的引文、承襲與錄文兼容並存，是一個值得探究的現象。它一方面見證了《史記》錄文、錄文意識與《史記》的承襲、承襲意識、引文仍然有著千絲萬縷的關係。另一方面，承襲的大量應用與司馬遷的「成一家之言」追求，二者矛盾而兼容，體現了司馬遷特定時代下的著作觀，其著作觀（創作觀）中仍保留了很濃的「述」的成分。著作觀（創作觀）又與著作歸屬權意識密切相關，著作歸屬權意識又反過來影響《史記》的錄文意識、錄文行為。因此研究《史記》的錄文應該將《史記》自身的引文、承襲現象做系統的研究。

　　本文對《史記》錄文及與錄文相關或相似的舉篇目現象、承襲現象都做了系統的統計工作。因此分別製作了「錄文及舉篇目類」表和「承襲類」表。其中對錄文的統計又細分為兩種類型。一種是可明顯識別錄文的，表格中簡

〔註8〕如龔鵬程先生云：「我們回頭去看看《史記》、《漢書》，不就可以發現它們正具有文選之性質嗎？」「唐代以後人，論文輒法《史記》，或說『文必秦漢』，而那些秦漢範文，十九皆出自《史記》、《漢書》……據此觀之，《史記》、《漢書》不是文選是什麼？」見龔鵬程《中國文學史》（上），北京：世界圖書出版公司北京公司，2009 年，第 41、44 頁。

稱「錄文」類，一種是其他各種串述於文中的錄文，表格中稱爲「串述於文中的錄文」。舉篇目系列又分兩個小類，一類是史家（司馬遷）對傳主作品及相關傳主的作品，不予以著錄，但列舉其篇目篇名之類，表格中稱爲「舉篇目」；另一類則既不是傳主著作，也不是相關於傳主的著作，但史家在行文敘事中涉及到的、或在自敘材料來源時提及到的一些篇目篇名，表格中稱「其他出現的篇名」。

承襲類，主要是考察《史記》之文重見於此前其他著作的情況，但它們具體、確切抄錄於哪個文獻、哪個版本則不是本文探討的重點。另外，《史記》所承襲之文有些或許不僅見於此前的某一種文獻，而是多種乃至許多種文獻中，但是網盡該材料此前所有重現的文獻材料則不是本文工作的核心目標。雖如此，本文仍本著儘量搜羅殆盡、儘量弄清其文獻具體來源的初衷而工作，所以費力不少；但由於上古資料的有限和憑一己之力在有限的時間裏爬梳於各類浩如煙海般的書籍，其遺漏乃至謬誤也肯定不少，懇望方家指正！

據本文統計，《史記》錄文共 34 條（篇，下同）。另，張大可、趙生群等《史記文獻與編纂學研究》〔註9〕認爲：《秦始皇本紀》「太史公曰」下所引《過秦論》下篇爲太史公引，上、中兩篇爲讀史者所增竄；《陳涉世家》「褚先生曰」下所引《過秦論》上篇爲褚少孫所續（按：然《集解》引徐廣說「一作太史公」）。因此這幾篇特殊之文，暫未進入本文統計數目中；至於可否歸入錄文，則於下文詳論。

《史記》串述於文中錄文，共 316 條＋1＋2（兩條合作一條者、三條合作一條者）＝319 條。其中化錄類（標識有「化錄」二字的），共 82 條＋1＋2（兩條合作一條者、三條合作一條者）＝85 條；其中改錄類（標識有「改錄」二字的）共 13 條。改錄、化錄公共的有 7 條。詳見本文後附「錄文及舉篇目類」表和「承襲類」表。

第二節　《史記》錄文方式

《史記》錄文方式指《史記》著錄作品的具體處理方式。《史記》大規模錄文，處理方式靈活多樣。從著錄的嵌入方式看，《史記》錄文分爲直接交待

〔註9〕張大可，趙生群等《史記文獻與編纂學研究》（張大可，安平秋，俞樟華主編的《史記研究集成》之第十一卷），北京：華文出版社，2005年。

－14－

性錄文和串述於正文中的錄文。從錄文的篇幅看，《史記》錄文有全篇著錄、節錄、選錄、譯錄等方式。

一、直接錄文、串述於文中錄文

直觀地從著錄的嵌入方式看，《史記》錄文有直接的錄文與串述於文中的錄文兩大類。

（一）直接錄文類

《史記》直接的錄文非常顯而易見。它一般標明了作品篇名（或一般性的稱呼），並且常用「其辭曰」、「其文曰」、「檄曰」、「其書曰」、「其詩曰」等明顯標識領起所錄之文。如：

> 周公歸，恐成王壯，治有所淫佚，乃作《多士》，作《毋逸》。《毋逸》稱……《多士》稱曰……（《魯周公世家》）

> 箕子傷之……乃作《麥秀》之詩以歌詠之。其詩曰：「秀麥漸漸……」（《宋微子世家》）

> 乃作《懷沙》之賦。其辭曰：「陶陶孟夏兮，草木莽莽……」（《屈原賈生列傳》，錄屈原《懷沙》）

> 三十七年十月癸丑，始皇出遊……上會稽，祭大禹，望於南海，而立石刻頌秦德。其文曰：「皇帝休烈，平一宇內，德惠修長……」（《秦始皇本紀》，錄會稽石刻文）

> 作琅邪臺，立石刻，頌秦德，明得意。曰：「維二十八年，皇帝作始……」（《秦始皇本紀》，錄琅邪石刻文）

> 三十二年，始皇之碣石……刻碣石門……其辭曰：「遂興師旅，誅戮無道，爲逆滅息……」（《秦始皇本紀》，錄碣石門刻文）

按：前三例，不僅有「稱曰」、「其詩曰」、「其辭曰」等明顯標識領起所錄之文，還注明了篇名。後三例，有明顯的錄文標識（「其辭曰」、「曰」等）而沒有注明確切的篇名，但可通過史家（司馬遷）的敘述知曉所錄文的具體篇目。就《史記》（乃至《漢書》）的整體錄文情況而言，直接注明確切篇名的錄文所佔比例並不是很大。直接錄文通常的做法是通過銜接式的敘述讓讀者大致掌握史家所錄文的篇目所指。除上所舉石刻文例，還有如：

> 賈生既辭往行，聞長沙卑濕，自以壽不得長，又以適去，意不自得。及渡湘水，爲賦以弔屈原。其辭曰：「共承嘉惠兮……」（《屈原賈

生列傳》，錄賈誼《弔屈原賦》）

> 賈生爲長沙王太傅三年，有鴞飛入賈生舍，止於坐隅。楚人命鴞曰「鵩」。賈生既以適居長沙，長沙卑濕，自以爲壽不得長，傷悼之，乃爲賦以自廣。其辭曰：「單閼之歲兮，四月孟夏⋯⋯」（《屈原賈生列傳》，錄賈誼《鵩鳥賦》）

按：上舉兩例都有錄文的明顯提示語（「其辭曰」），但沒有說明所錄作品的篇名，但是通過史家的敘事及所錄文的內容可以讓人斷定所錄的篇名。此類錄文的標識性提示語也不僅僅局限於「其辭曰」、「其文曰」、「曰」之類。

還有一種情況是，沒有「其辭曰」之類的提示語，直接用篇名領起所錄之文。如「既絀夏命，還亳，作《湯誥》：『維三月，王自至於東郊⋯⋯』」（《殷本紀》）。又如「然韓非知說之難，爲《說難》書甚具，終死於秦，不能自脫。《說難》曰：『凡說之難，非吾知之有以說之難也⋯⋯』」（《老子韓非列傳》）等。

這種直接的錄文，史家（司馬遷）往往在敘述語中交代該文的相關信息，諸如誰寫的（創作者）、在什麼背景下寫的（創作背景）、因何而寫（創作目的）、寫給誰，有時還暗示著文章所屬體裁等等。如上文所舉數例，「周公歸，恐成王壯，治有所淫佚，乃作《多士》，作《毋逸》」（《魯周公世家》），作者、創作背景及目的（動機）都交代了；「箕子傷之⋯⋯乃作《麥秀》之詩以歌詠之」（《宋微子世家》），賈誼《弔屈原賦》《鵩鳥賦》都交代了作者、背景、創作心境、動機、體裁等。但是直接錄文也僅有部分如此，並不是所有的直接錄文都將這些相關信息交代齊全，其中含有史家（司馬遷）一定的隨意性，所以每一條錄文的銜接語程式都不盡相同。

（二）串述於文中錄文

《史記》串述於文中的錄文，是指將所錄之文直接插入正文、直接融進史家的敘述之中，試圖將所錄之文與史家敘述語構成了一個圓融的敘事整體。根據所錄文與史家敘述語結合圓融的程度，可以將串述於文中的錄文細分爲一般性錄文、化錄錄文、改錄錄文、譯錄幾個小類（本文附表中統稱之爲「串述於文中錄文」，對化錄錄文予以特別指出）。其中化錄錄文與史家（司馬遷）敘述語結合得最爲圓融，以至於了無印痕。如《屈原賈生列傳》：

> 令尹子蘭聞之大怒，卒使上官大夫短屈原於頃襄王，頃襄王怒而遷之。屈原至於江濱，被髮行吟澤畔。顏色憔悴，形容枯槁。漁父見

而問之曰……屈原曰：「……寧赴常流而葬乎江魚腹中耳，又安能以皓皓之白而蒙世俗之溫蠖乎！」乃作《懷沙》之賦。其辭曰……（《屈原賈生列傳》）

按：引文劃線部分，在這裡是史家的敘述語，但它實際源於抄錄了《漁父》全文，此《漁父》與今存《楚辭·漁父》僅文字略有出入。王逸《楚辭章句》曰：「《漁父》者，屈原所作也。」〔註10〕司馬遷於屈原傳著錄傳主之文，不但沒有注明傳主所作和所抄篇目，也沒有做敘述上的任何交代，直接採入傳文。讀者若非熟知，斷然不知這竟然不是司馬氏寫作的文字而是抄於傳主之文。其相融若此！又如《商君列傳》：

衛鞅復見孝公。公與語，不自知膝之前於席也。語數日不厭。景監曰：「……」鞅曰：「……然亦難以比德於殷周矣。」

孝公既用衛鞅，鞅欲變法〔註11〕，恐天下議己。衛鞅曰：「疑行無名，疑事無功。且夫有高人之行者，固見非於世；有獨知之慮者，必見敖於民。愚者暗於成事，知者見於未萌。民不可與慮始而可與樂成。論至德者不和於俗，成大功者不謀於眾。是以聖人苟可以強國，不法其故；苟可以利民，不循其禮。」孝公曰：「善。」甘龍曰：「不然。聖人不易民而教，知者不變法而治。因民而教，不勞而成功；緣法而治者，吏習而民安之。」衛鞅曰：「龍之所言，世俗之言也。常人安於故俗，學者溺於所聞。以此兩者居官守法可也，非所與論於法之外也。三代不同禮而王，五伯不同法而霸。智者做法，愚者制焉；賢者更禮，不肖者拘焉。」杜摯曰：「利不百，不變法；功不十，不易器。法古無過，循禮無邪。」衛鞅曰：「治世不一道，便國不法古。故湯武不循古而王，夏殷不易禮而亡。反古者不可非，而循禮者不足多。」孝公曰：「善。」以衛鞅為左庶長，卒定變法之令。

令民為什伍，而相牧司連坐。不告姦者腰斬，告姦者與斬敵首同賞，匿姦者與降敵同罰。民有二男以上不分異者，倍其賦。有軍功者，各以率受上爵；為私鬥者，各以輕重被刑大小。僇力本業，耕織致粟帛多者復其身。事末利及怠而貧者，舉以為收孥。宗室非有軍功論，不得為屬籍。明尊卑爵秩等級，各以差次名田宅，臣妾衣服以家次。有功者顯榮，無功者雖富無所芬華。

令既具，未布，恐民之不信，已乃立三丈之木於國都市南門，募

〔註10〕（宋）洪興祖《楚辭補注》，北京：中華書局1983年版，第179頁。
〔註11〕第二個「鞅」係衍文。

民有能徙置北門者予十金。民怪之，莫敢徙。復曰「能徙者予五十金」。有一人徙之，輒予五十金，以明不欺。卒下令。（《商君列傳》）

按：上引小字部分抄於《商君書・更法》篇，斜體字部分雖不見於《商君書》，但嚴可均以爲是商鞅《定變法之令》，下劃線部分，嚴可均以爲是商鞅《南門徙木令》和《復募》令〔註12〕。《商君書・更法》，悄無聲息地進入《史記》的敘述文字之中，若非參校核對，已然不知源於《商君書》；下面三文，若非留意挖掘，也往往溜走於人們的眼底。但這都是傳主之文，在傳主本傳著錄傳主之文，視作化錄錄文無疑。此亦足見化錄之圓融難辨，與史家正文水乳交融得了無痕跡。因之，這又與承襲類臨界了。至於化錄與承襲的辨析，見下文。

一般性的化錄，直接把所錄文「變成」司馬遷的文字，不標明原作者（一般是傳主）、原篇名、作品背景、所產生的影響等相關信息。但某些化錄卻標明了「某某曰」，然已形同史家的轉述了，如《孝文本紀》中許多詔書便是這種情況。究其因，蓋化錄而無任何標識者，因其本身就是採用第三人稱寫的，故史家採用時可以不需技術處理而直接使用；化錄而以「某某曰」標識者，其本身不是用第三人寫的，故無論誰把它當作材料、當自己的文字用時都需要略微的技術加工，冠以「某某曰」便是最便捷的方式之一了。正如力之先生所論：「由於原文體裁或作者所站角度不同，引文情況便有所差異。如《漢書》之《司馬遷傳》與《司馬相如傳》分別用《史記》之《太史公自序》與《司馬相如列傳》，然前者因是自序而加以說明，後者因是爲他人作傳，故僅說明『論』之部分如何。……考察一下《更法》《答客難》和《漁父》，我們便不難發現：這些作品與《懷沙》《說難》等不同，它們有一個極爲顯著的特點，即其作者站在第三者的立場上敘與自己有關之事」，並得出結論，「據此可知：漢人爲他人做傳時，引傳主以他稱寫己之作，往往當傳主的故事來敘述而不注明出處……」〔註13〕

改錄，即雖著錄其文，但對原文作了改動，或刪、或易等等。譯錄，即在著錄他人作品遇到古今不同用語的地方，用今語替換古語或用同義詞近義詞替換原文。化錄錄文主要是就形式上與史家（司馬遷）敘述之文（即正文）

〔註12〕三處均見嚴可均輯《全上古三代秦漢三國六朝文》（《全上古三代文》卷十一），北京：商務印書館，1999年。

〔註13〕見力之《〈楚辭〉與中古文獻考說・〈卜居〉〈漁父〉作者考辨》，成都：巴蜀出版社，2005年，第125～126頁。

的融合程度來說，其對內容的實際操作自然不免有各種改動，甚至存在譯錄。或全篇著錄，或作節錄，或作刪損、改易等。因此改錄、譯錄、化錄三者實際有重疊的地方。譯錄實際上是對原文作改動著錄的一種，故改錄實際上包含了譯錄。而化錄之中也不妨礙譯錄、改錄的存在，且事實上亦交織存在著。如《孝文本紀》：

> 十二月，上曰：「法者，治之正也，所以禁暴而率善人也。今犯法已論，而使毋罪之父母妻子同產坐之，及為收帑，朕甚不取。其議之。」有司皆曰：「民不能自治，故為法以禁之。相坐坐收，所以累其心，使重犯法，所從來遠矣。如故便。」上曰：「朕聞法正則民愨，罪當則民從。且夫牧民而導之善者，吏也。其既不能導，又以不正之法罪之，是反害於民為暴者也。何以禁之？朕未見其便，其孰計之。」有司皆曰：「陛下加大惠，德甚盛，非臣等所及也。請奉詔書，除收帑諸相坐律令。」（《孝文本紀》）

按：《漢書・刑法志》云「孝文二年，又詔丞相、太尉、御史：『法者⋯⋯朕甚弗取。其議。』左右丞相周勃、陳平奏言：『父母妻子同產相坐及收，所以累其心，使重犯法也。收之之道，所由來久矣。臣之愚計，以為如其故便。』文帝復曰：『朕聞之，法正則民愨，罪當則民從。且夫牧民而道之以善者，吏也；既不能道，又以不正之法罪之，是法反害於民，為暴者也。朕夫見其便，宜熟計之。』平、勃乃曰：『陛下幸加大惠於天下，使有罪不收，無罪不相坐，甚盛德。臣等所不及也。臣等謹奉詔，盡除收律、相坐法。』」〔註14〕參《漢書》之載可知，《史記》所載雖看似對話，實際上是糅合了文帝兩篇議制和周勃、陳平領銜的兩篇奏議，但是史家（司馬遷）在敘述上卻毫無任何說明與提示。兩篇奏議刪改較多，既可入化錄類，也可算改錄類；且各有刪損，可見《漢書》之文雖參考承襲了《史記》，但就具體奏議詔制等文件則不盡是直接照抄於《史記》。兩相對比，無論是文帝的議制還是周勃陳平的奏議，兩書意思相同而用語有出入，多是同義替換。這實際上也就是用譯錄的方式替換、改錄原文。且兩書之文各有刪易，可見不僅其中一書有譯錄的做法，兩書皆有。（不僅僅這兩篇奏議，《史》《漢》其他所錄文也有很多這種現象。其共同所錄之文，《漢》常有較《史》詳實的情況，如嚴安《上書言世務》，《史記》較《漢書》少篇首277字；文帝即位敕詔，《史記》較《漢書》少篇首10字；

〔註14〕（漢）班固撰，（唐）顏師古注《漢書》，北京：中華書局，1962年版，冊4第1104頁。

文帝《開籍田詔》，《史記》較《漢書》刪略過半；文帝《除肉刑詔》，《史記》較《漢書》刪尾 22 字，且另有 9 字出入；元狩二年夏益封霍去病詔，《史記》較《漢書》刪略 33 字；《封禪書》有司請尊寶鼎議，《史記》較《漢書》簡略；《平準書》卜式請往平南越效死書，《史記》較《漢書》本傳大有刪略；《史記·季布欒布列傳》云「單于嘗爲書嫚呂后，不遜」、《史記·匈奴列傳》言「冒頓乃爲書遺高后，妄言」，而《漢書·匈奴列傳》載冒頓單于遺呂后書；武帝責讓石慶辭丞相書，《史記》不及《漢書》詳，等等。同時《史記》也有較《漢書》詳實的情況，如文帝六年《遺匈奴書》，《漢書》較《史記》少文中部分 54 字，文帝十三年除秘祝移過於下詔，《漢書》所錄文不及《史記》半數，凡此種種。當然《史》《漢》共同著錄的文章，內容基本相同的還是佔有很大一部分的比例，而有出入的那部分則又以《漢書》詳於《史記》者占絕大部分。可見《史記》對所錄文予以刪易的做法是比較普遍的。）

串述於文中錄文的一般性錄文，同樣不注明篇名，但相比於化錄而言還是很容易識別的。因爲這類錄文常有些提示語，並可在史家（司馬遷）敘述語中尋找到該文的相關信息，諸如原作者、創作背景、寫作目的、寫給誰、文章屬什麼體裁，所起到的實際效應，等等。其開頭一般有「乃上書曰」、「乃下詔曰」、「因詔御史曰」、「上書言」、「有箚書曰」、「乃進頌曰」、「遺某某書曰」等標識性語言，以此領起錄文，然後將所錄文插入銜接，錄完後一般寫該行爲所起到的實際效應。如：

西伯將出獵卜辭：

> 西伯將出獵，卜之，曰『所獲非龍……』。於是是周西伯獵，果遇太公於渭之陽，與語大説……載與俱歸，立爲師。（《齊太公世家》）

齊遺魯請殺子糾召忽管仲書：

> 桓公之中鉤，詳死以誤管仲……秋，與魯戰於乾時，魯兵敗走，齊兵掩絕魯歸道。齊遺魯書曰：「子糾兄弟，弗忍誅，請魯自殺之。召忽、管仲讎也，請得而甘心醢之。不然，將圍魯。」魯人患之，遂殺子糾於笙瀆。召忽自殺，管仲請囚。桓公之立，發兵攻魯，心欲殺管仲。鮑叔牙曰……於是桓公從之。乃詳爲召管仲欲甘心，實欲用之。管仲知之，故請往……桓公厚禮以爲大夫，任政。（《齊太公世家》）

秦孝公《下令國中》：

> 秦僻在雍州，不與中國諸侯之會盟，夷翟遇之。孝公於是布惠，振孤寡，招戰士，明功賞。下令國中曰：「昔我繆公自岐雍之間……寡

人思念先君之意，常痛於心。賓客群臣有能出奇計強秦者，吾且尊官，與之分土。」於是乃出兵東圍陝城，西斬戎之獂王。衛鞅聞是令下，西入秦，因景監求見孝公。（《秦本紀》）

諸如此類，不勝枚舉。

串述於文中錄文的一般性錄文，與直接錄文是有所區別的。前者將所錄之文直接當做司馬遷敘述語（正文）的一部分而串述於文中，常有「乃」、「因」、「於是」、「又」、「亦」等連接詞作承上啓下之用，錄完之後也常有「於是」等詞作轉承，並續寫文章所起的實際效應，使得所錄之文與史家敘述之正文整體銜接，圓融一體，宛如史家所寫的正文。直接錄文類，有時也有「乃」、「因」、「於是」之語作連接，但其後一般還有錄文標識語。如前所引「乃作《多士》，作《毋逸》。《毋逸》稱……《多士》稱曰……」（《魯周公世家》），「箕子傷之……乃作《麥秀之詩》以歌詠之。其詩曰：『秀麥漸漸……』」（《宋微子世家》），「爲《說難》書甚具，……《說難》曰……」（《老子韓非列傳》），又如「魯連乃爲書，約之矢以射城中，遺燕將。書曰：『吾聞之……』」（《魯仲連鄒陽列傳》），「乃作《懷沙》之賦。其辭曰……」、「賈生既辭往行……及渡湘水，爲賦以弔屈原。其辭曰……」（《屈原賈生列傳》），「資用乏，留久，諸公賓客多厭之，乃上書闕下。朝奏，暮召入見。所言九事，其八事爲律令，一事諫伐匈奴。其辭曰……」（《平津侯主父列傳》），「是時趙人徐樂、齊人嚴安俱上書言世務，各一事。徐樂曰……嚴安上書曰……書奏天子，天子召見三人」（《平津侯主父列傳》），等等。

直接錄文類，不僅錄文標識明白醒目，且內容獨立，獨立於史家（司馬遷）敘述語（正文）之外。故縱然抹去這部分所錄文，於史家（司馬遷）之敘述語（正文）也無大礙。如秦始皇的諸多石刻文、屈原賈誼司馬相如的賦，從「其辭曰」、「其文曰」、「檄曰」刪掉，對於司馬遷之史書來說依然完整自足。

可是串述於文中的錄文則不然，非但一般性錄文不能輕易抹去，化錄錄文更不可以隨意抹去，因爲它們已然融入史家（司馬遷）敘述的正文之中，成其爲一部分了。化錄所錄之文，一抹去則會使史家（司馬遷）的正文出現很大的缺洞，使史書敘述不完整。譬如《屈原賈生列傳》刪去《漁父》的話，則殘缺了屈原的部分事蹟。又如把化錄於文中的詔議奏書都去掉，則許多歷史事件也隨之缺損了。至於像《文帝本紀》全篇幾乎都是用化錄的詔議奏書寫成，如若刪去化錄所錄之文，則不僅歷史事件所剩無幾了，本傳文字也所

剩無幾了。至於《三王世家》，雖眞僞存疑，但就現存文本看則全係化錄詔議奏書組成，若除去「太史公曰」下的 138 字，去掉詔議奏書，兩千六百餘字的傳（不含「褚先生曰」內容），所剩僅 110 字了。

串述於文中的一般性的錄文，雖然沒有化錄那樣與原文融合得緊密無間，但隨意抹去的話也會產生上下文不銜接的彆扭，若要去掉這部分所錄文，那還得對原來的正文（史家敘述之文）另作一番修改加工，才能使得上下銜接連貫。

據本文統計，《史記》直接的錄文共 34 條（篇）；此外《史記》中引錄賈誼《過秦論》兩次上篇、一次中、下篇，共 4 篇，因有疑義〔註15〕，故未計入本文統計數目之內。串述於文中的錄文，共 316＋1＋1＋2（2 個合兩篇、1 個合三篇的）＝320 條（篇）。據初步分類，其中化錄類（標識有「化錄」二字的）共 82＋1＋2（合兩篇、合三篇的）＝85 條（篇），其中改錄類（標識有「改錄」二字的）共 13 條（篇），改錄、化錄公共的有 7 條（篇）。詳見後附「《史記》錄文及舉篇目類表」。篇目統計尚恐有遺益，分類則更恐粗略，望方家不吝賜教。

二、全篇著錄、節錄、選錄、譯錄

從錄文的篇幅看，《史記》錄文有全篇著錄、節錄、選錄、譯錄等方式。全篇著錄，是將所錄之文的原文全篇搬進史傳之中。節錄則是選擇原文的某一部分，將之完整地搬入史傳中。選錄，是指史家（司馬遷）對所錄之文先做一番考察篩選，選擇其中認爲最重要的、最可取的一部分或幾個部分，或者可以概括該文大意、可以明瞭該文目的的一部分或幾個部分，予以擇要著錄。所以選錄的所錄之文，可能是截取了原文的一段（節錄），也可能是截取了原文好幾個部分拼湊而成，拼湊之時使用的可能全部是原文之文，也可能偶而摻雜著史家（司馬遷）的加工成分，諸如添加銜接詞、概括大意之詞，

〔註15〕據張大可先生研究，《秦始皇本紀》「太史公曰」下所引《過秦論》下篇爲太史公引，上、中兩篇爲讀史者所增竄；《陳涉世家》「褚先生曰」下所引《過秦論》上篇爲褚少孫所續（按：《集解》引徐廣說「一作太史公」）。見張大可《史記文獻研究》，北京：民族出版社，1999 年，《第六章〈史記〉殘缺與補竄》第 192、197 頁。又見於張大可，趙生群等《史記文獻與編纂學研究》（張大可，安平秋，俞樟華主編《史記研究集成》卷十一），北京：華文出版社，2005 年，第 127、131 頁。

或者予以譯錄、予以同義替換等。所以節錄、選錄中實際包括了史家對原文的刪損、改易。譯錄，是指史家在著錄作品時，常用今語替換原文的某些上古語言，或者原文用詞當時也還用，但卻用同義詞替換之。譯錄，尤其是在襲用上古史料、著錄上古文章時居多。

實際上，刪、改、譯、替普遍存在於《史記》各種錄文之中。原因可能是由版本不同、書籍以抄寫方式傳播、古人寫書寫文多憑記憶、古人本來就較今人更隨意等多種因素所致。但選錄、改錄，其選其改顯然有著史家（司馬遷）對錄文的思考，其刪改捨取純繫於史家（司馬遷）的主觀意識。全篇著錄錄文，雖然可能存在著難以避免的出入，但已是錄文中最接近原文原貌的錄文了。

在《史記》所錄文中，全篇著錄的比較少，刪、改、譯、替者比較普遍，而刪改又更爲常見。《漢書》之文本來就參考承襲了《史記》，所以《漢書》部分錄文是基本同於《史記》的（相同的同時也常有個別字詞的不同，或不同字而同義，或同音而不同字，等），但也有許多詳略和所載數據的不同（如武帝多次封衛青、霍去病的戶數兩書所載不同）；而大凡不同時，又常以《漢書》詳於《史記》占絕大部分（詳參前文）。

《史記》錄文方式何以如此多樣？除了所錄文本身具有不同特點外，應當主要地受所錄文的不同取用（作用）、史家錄文意識、史家錄文目的的影響。且所錄文的取用本身也受史家錄文意識、錄文目的的支配。詳見下文。

第三節　《史記》錄文篇幅

《史記》的錄文篇幅可從所錄文本身的長短與所錄文占史傳正文的分量兩方面來說。就所錄文本身長短而言，《史記》所錄之文長短懸殊甚大；《史記》錄文比重在各體例間、各時段內、各種人物身份中均未劃一。

一、所錄文本身長短懸殊

從所錄文本身的篇幅而言，《史記》所錄文一般以數十字到四五百字居多。其中八九百字的屬於偏長的作品，諸如嚴安上武帝書、主父偃上武帝書、樂毅報燕惠王書、李斯《諫逐客書》、張騫使西域歸向武帝彙報書〔註16〕、魯

〔註16〕按：嚴可均輯此文僅 200 餘字，筆者以爲他漏輯了數百字，詳見本文後附錄文類表此條目下的注釋。

仲連遺燕將書（940 字）皆此類。二三十字的屬於偏短的作品，如高祖二年重祠詔 29 字、高祖令立靈星祠詔 18 字、魏無忌勒兵令軍中 29 字、酈食其《踵軍門上謁》39 字等等。但還有更短的，如蕭何令諸大夫 10 字、周勃《入北軍行令軍中》11 字、秦始皇令趙高爲璽書賜公子扶蘇 13 字等，數量也不少。有些更是短到極限，僅一個字，如「制曰：『可』」。而長的還有更長的，上千字的便有許多篇，如李斯阿二世書（1103 字），韓非《說難》（約 1140 字），司馬相如《難蜀父老》（1200 字），鄒陽獄中所上書（1600 餘字）等。司馬相如《上林賦》（含《子虛賦》）更是長達 4400 餘字，淳于意《對詔問所爲治病死生驗者幾何人主名爲誰》長達 6570 字〔註 17〕。可見就所錄文本身來說，司馬遷錄文不憚於著錄長篇著作（參下文第六章屈原傳錄文研究中的論述），也不輕棄極短之文。

二、不同體例的錄文差異

　　《史記》所錄之文在書、表、本紀、世家、列傳等不同體例中錄文數量、所佔比例都差距頗大，即使在同一體例中，各個篇章所錄文數量、占比重也有不同。

　　十二本紀中，直接的錄文 10 篇；串述於文中的錄文 73 篇，其中一般性串述於文中的錄文 46 篇，可以視作化錄類的 28 篇、改錄類 3 篇。十表中基本沒有錄文，僅串述於文中錄文《許諸侯王分子弟邑詔》31 字。八書裏，直接的錄文 3 篇；串述於文中的錄文 54 篇，其中一般性串述於文中的錄文 32 篇，可以視作化錄類的 22 篇、改錄類 5 篇。三十世家中，直接的錄文 4 篇；

〔註 17〕對該文的終結處，各家斷法不一。《史記》中華書局繁體本標點、韓兆琦等《史記：評注本》等皆以爲終結於「久頗忘之，不能盡識，不敢以對」句，故將以下八組「問臣意曰……對曰……」文字另以對話形式標點，不把它看做是此文內容。然嚴可均卻將這八組「問臣意曰……對曰……」文字仍視作此文內容，並輯作一篇。按：《漢書・董仲舒傳》備載武帝與董仲舒三次策對。武帝每次策問都不是一兩句話之短，也不僅只有一個問題，而是好些問題；董仲舒第一次對策時用了兩次「臣聞」、兩次「臣謹案《春秋》之文」，第二次對策用三次「臣聞」，第三次對策，用了一次「臣聞」、三組「策曰……臣聞……」；可見它們看似由多次策對之文糅合而成，實則一篇而已。在這裡，文帝策文的內容很肯能被刪節了，而倉公對文，亦不無出自一篇的可能。今從嚴氏這八組「問臣意曰……對曰……」文字仍視作此文內容。（若按中華書局標點斷，此文亦長達 5027 字。）

串述於文中的錄文 59 篇，其中一般性串述於文中的錄文篇 58 篇，可以視作化錄類的 1 篇、改錄類 3 篇。七十列傳中，直接的錄文 17 篇；串述於文中的錄文 130 篇，其中一般性串述於文中的錄文 96 篇，可以視作化錄類的 35 篇、改錄類 2 篇。

《史記》錄文分類數據統計表：

體例名	直接的錄文篇數	串述於文中的錄文篇數	一般性串述於文中的錄文	可視作化錄錄文者	可視作改錄錄文者	錄文合計
十二本紀	10	73	46	28	3	83
十表	0	1	0	0	0	1
八書	3	54	32	22	5	57
三十世家	4	59	58	1	3	63
七十列傳	17	130	96	35	2	147
錄文總計	34	317	232	86	13	351

　　直接的錄文，本紀主要在《秦始皇本紀》，世家主要在魯周公、燕召公、宋微子三個《世家》〔註18〕，列傳主要在韓非傳、魯仲連傳、屈原賈誼傳、司馬相如傳。

　　串述於文中的錄文，本紀中普遍都有，而以《孝文帝本紀》《秦始皇本紀》《周本紀》數量最多、篇幅最大，然而唯獨《孝景本紀》沒有錄文；八書中主要在《封禪書》《河渠書》《平準書》，《曆書》《律書》次之，《禮書》錄一篇，《樂書》沒有錄文；世家中主要在《三王世家》《晉世家》《趙世家》《楚世家》，孔子、魯周公、荊燕、齊悼惠王等之《世家》次之，其他的僅錄一兩篇或者沒有此類錄文；列傳中，以《衛青霍去病傳》《淮南衡山傳》《李斯列傳》《大宛傳》《南越傳》《匈奴傳》《倉公淳于意傳》等數量最多、篇幅最大，商君、酈食其陸賈、吳王六濞、范雎蔡澤、張儀、平津侯主父偃等之《傳》次之，其他或錄一兩篇，或者沒有此類錄文。

〔註18〕本處全稱為：《魯周公世家》《燕召公世家》《宋微子世家》。為行文方便，本文對《史記》裏的篇章名，既有全稱的，也有簡稱的。其他簡稱如《衛將軍驃騎列傳》簡稱《衛青霍去病傳》，《淮南衡山列傳》簡稱《淮南衡山傳》；合傳中主要研究某一部分人時，亦簡稱之，如《韓非傳》本係《老子韓非列傳》中集中寫韓非傳記的那部分。下同，不再注明。

《史記》錄文最多的篇章分佈表：

體例名	直接的錄文	串述於文中的錄文
十二本紀	《秦始皇本紀》最多	普遍都有，以《孝文帝本紀》《秦始皇本紀》《周本紀》最多，唯《孝景本紀》無
十表		
八書		主要在《封禪書》《河渠書》《平準書》，《曆書》《律書》次之，《禮書》錄一篇
三十世家	《魯周公世家》《燕召公世家》《宋微子世家》最多	主要在《三王世家》《晉世家》《趙世家》《楚世家》，《孔子世家》《魯周公世家》《荊燕世家》《齊悼惠王世家》次之
七十列傳	《老子韓非列傳》《魯仲連鄒陽列傳》《屈原賈生列傳》《司馬相如列傳》最多	《衛青霍去病傳》《淮南衡山傳》《李斯列傳》《大宛傳》《南越傳》《匈奴傳》《倉公淳于意傳》等數量最多、篇幅最大，商君、酈食其陸賈、吳王六濞、范雎蔡澤、張儀、平津侯主父偃等之《傳》次之

錄文篇幅何以如此參差？除了傳主擅長於文否、作品及存留下來的作品的多寡、作品本身長短等客觀因素外，主要在於史家錄文取用（錄文作用）的不同。而錄文取用又決定於史家的錄文意識、錄文目的、著書立傳目的、辨章學術意識等諸種因素（詳見下文）。

第四節　影響《史記》錄文的因素

《史記》錄文方式多樣，有直接錄、竄述於文中錄，有化錄、改錄、成段節錄、戳要刪節錄等等，與之相應的是《史記》所錄文的篇幅長短懸殊，刪存懸殊。《史記》錄文方式的取捨、篇幅長短的確定、所錄文發揮的作用，究竟是由什麼因素主宰的，是什麼在起決定作用，這是非常值得探討的問題。這個問題應該由客觀因素（作品原作者、原作情況、時代背景等）、主觀因素（史家、史傳、錄文傳統等）共同作用所致。以下分別道之。

一、客觀因素

1、原作者與原作情況

對於史家錄文工作來說，作品的原作者、原作品的情況，是客觀不可改變的因素。原作者是否擅長於文、是否著書立說、其作品存世情況、作品本身的特點等因素，直接從源頭上影響了史家的錄文工作。譬如武夫、屠戶出身的大將，縱然身居高位，卻無著述傳世，史家自然不能為之錄文。作者因素，還包括史家對其作者的態度與論斷。一般來說，史家有意為某作者以文傳史的話，則會考慮為之錄文，否則縱使傳主著作等身也未必佔有史傳的一席之地，遑論為之錄文。

除了原作者因素外，原作本身的特點也是一個關鍵因素。譬如傳主雖有文名傳世，但是作品已然亡佚，史家也無從著錄。不僅原作的亡佚情況，原作的傳播情況也直接影響了史家的錄文。許多作品因為傳世頗多、廣為知名，史家常因此不予以論述、著錄。《管晏列傳》謂管仲、晏子「至其書，世多有之，是以不論」。《樂書》謂漢代祭祀之歌「世多有，故不論」。《司馬穰苴列傳》「世既多《司馬兵法》，以故不論」。《孫子吳起列傳》謂「《孫子》十三篇，《吳起兵法》」，「世多有，故弗論，論其行事所施設者」等等。

相反，有些作品卻因為知名度不高、流傳不廣而不予以論述、著錄。譬如司馬相如的作品，司馬遷明言諸篇皆不採，「采其尤著公卿者云」（《司馬相如列傳》）。關於封禪之事，「論次自古以來用事於鬼神者……若至俎豆珪幣之詳，獻酬之禮，則有司存」（《封禪書》）。「申子、韓子皆著書，傳於後世，學者多有。余獨悲韓子為《說難》而不能自脫耳」（《老子韓非列傳》）。「諸侯更強，時災異記，無可錄者」（《天官書》）等等。

此外，原作的人稱問題也能影響史家錄文。原作若以第三人稱寫就，便能方便史家直接採錄〔註19〕，故常以化錄錄之。如屈原傳之《漁父》、莊周傳

〔註19〕對此上文已詳論。力之先生亦有考說，「由於原文體裁或作者所站角度不同，引文情況便有所差異。如《漢書》之《司馬遷傳》與《司馬相如傳》分別用《史記》之《太史公自序》與《司馬相如列傳》，然前者因是自序而加以說明；後者因是為他人作傳，故僅說明『論』之部分如何。……考察一下《更法》《答客難》和《漁父》，我們便不難發現：這些作品與《懷沙》《說難》等不同，它們有一個極為顯著的特點，即其作者站在第三者的立場上敘與自己有關之事」，並得出結論，「據此可知：漢人為他人做傳時，引傳主以他稱寫己之作，往往當傳主的故事來敘述而不注明出處……」（見力之《《楚辭》與中古文獻考說·〈卜居〉〈漁父〉作者考辨》，第125～126頁）。

之《莊子‧秋水》、商鞅傳之《商君書‧更法》等，都用化錄錄之，融入史家
敘述文字，水乳交融。

原作的文采、原作的歷史意義，同樣是影響史家錄文的兩大因素。如司
馬相如賦，因為「侈靡過其實，且非義理所尚，故刪取其要，歸正道而論之」，
「相如雖多虛辭濫說，然其要歸引之節儉，此與《詩》之風諫何異」，「余采
其語可論者著於篇」（《司馬相如列傳》）。《懷沙》是屈原眾多作品中並非最有
名的一篇，但卻是屈原的絕筆，因此屈原傳以直接錄文的方式予以著錄，屈
原的作品僅錄此一篇（另一篇《漁父》屬於化錄）（參下文詳論）。

2、錄文傳統及當時背景

追根溯源而論，於己書著錄他人之作、於史書著錄相關人物的作品，並
非司馬遷之首創。先秦及秦漢，諸子經史傳都存在著錄相關詩文作品的現象。
譬如《左傳》錄士蒍之《狐裘歌》、魯哀公之為孔子誄、南蒯將適費時鄉人之
歌（「我有圃，生之杞乎！從我者子乎……」）、宋城者謳（「睅其目，皤其
腹……」）、宋築者謳歌（「澤門之皙，實興我役……」）、宋野人歌（「既定爾
婁豬。盍歸吾艾豭」）、萊人歌（「景公死乎不與埋……」）等，《韓非子》錄齊
民歌（「公胡不復遺其冠乎」），《晏子春秋》錄晏子歌凍水歌（「凍水洗我若之
何……」）、穗歌（「穗乎不得獲，秋風至兮殫零落……」）、歲暮歌（「歲已莫
矣，而禾不獲……」），《戰國策》錄松柏歌（「松邪柏邪，住建共者客邪」），《國
語》錄優施歌《暇豫歌》，《呂氏春秋》錄塗山人歌（「綏綏白狐，九尾龐
龐……」），《尚書大傳》錄《卿雲歌》（「卿雲爛兮，禮縵縵兮。日月光華，且
復旦兮……」），且《尚書》本是「言」的結集，相當於各類發言底稿、文件
的彙集等等。這些風氣與榜樣，對《史記》的錄文之舉無疑產生了許多啟發
作用。但司馬遷卻並未止步於繼承，而是進一步前進發展，使錄文的範圍、
篇幅、方式、作用等，大為擴展、豐富。

二、主觀因素

對於錄文工作來說，史家的取捨、史傳的設置是主觀的人為的因素，主
宰著整個錄文工作。在客觀條件一定的情況下，錄文工作事實上完全由主觀
因素決定。史書的性質、目的設定、結構框架的設定、本身篇幅的限制等等，
都是由史家決定；且一旦定下來，便也成為客觀因素的一部分了。因此，在
影響錄文的主觀因素中，無論是史家對錄文的取捨，還是史書的設置，其根

本在於史家（司馬遷），在於史家的著史立傳的目的、史書體例的設定、學術意識、錄文意識、錄文目的等等。

1、著史立傳目的

史家對著史立傳目的的設定，直接影響了史家的錄文安排與取捨。譬如司馬遷想爲閭巷、岩穴、遊俠等「弱勢」賢者立傳弘揚，在史書篇幅有限而時空跨度極廣的客觀條件下，勢必需要裁減其他方面的內容，以騰擠出一定的空間供其「附驥尾」（詳參第五章錄文目的）。又如，司馬遷「網羅天下放失舊聞，考之行事，稽其成敗興壞之理……亦欲以究天人之際，通古今之變，成一家之言」（《報任安書》）[註20]，因之不難理解司馬遷的《史記》側重於網羅「軼事」（《管晏列傳》等）、避開「世多有」（《管晏列傳》等）、「論其行事所設施者」（《孫子吳起列傳》等）、「古文近是」（《仲尼弟子列傳》）、錄文證史暗示事件起因（如《魏其武安列傳》之潁川兒歌，既見證了灌夫家的橫豪，又預示著他最終族滅的原因）、詳寫歷史變革之際等等傾向。唯有合乎其著史立傳目的的作品才有可能被採錄。

2、學術意識

司馬遷的學術意識、學術態度直接影響了《史記》錄文對作品的取捨。正是因爲司馬遷的學術意識使他敏銳地捕捉到學人師承、學術淵源的重要，故備論諸子百家、儒學六藝之淵源流承；又融合錄文意識，即使不方便錄文，也能通過爲傳主或相關傳主著篇目、溯學源、歸學類等方式替代錄文。《史記》錄司馬談之《論六家旨要》，立《老子韓非列傳》《孟子荀卿列傳》《儒林列傳》等篇章以詳論或著錄相關人物相關學說，又於眾多列傳中散論或著錄個人之學說、作品。展現史家學術意識的方式很多，除了錄文之外還可以「論述之」，或概述傳主整體的著述情況，或截要論述某篇作品；或者採用錄文的替代補償的方法，錄篇名或溯學源等；即使是錄文，其方式應多種多樣，或全錄、節錄、刪損等等。（詳參本文辨章學術章節。）

3、錄文意識與錄文目的

史家的錄文意識與錄文目的是主導史家錄文與否、選擇錄文方式、確定錄文篇幅的重要因素。史家有錄文意願，作品符合史家錄文目的的予以著錄，

[註20]（漢）班固撰，（唐）顏師古注《漢書》，北京：中華書局，1962 年版，冊 9 第 2735 頁。

否則棄之不採。如上文所云，「相如他所著，若《遺平陵侯書》、《與五公子相難》、《草木書》篇不采，采其尤著公卿者云」，「相如雖多虛辭濫說，然其要歸引之節儉……余采其語可論者著於篇」（《司馬相如列傳》）。正因為史家錄文目的的不同、原作情況的差異，因此《史記》在各個篇章的錄文情況差別甚大，對不同傳主的錄文用意不同、錄文情況也不盡相同。如「申子、韓子皆著書，傳於後世，學者多有。余獨悲韓子為《說難》而不能自脫耳」（《老子韓非列傳》），故申、韓之書雖世多有而不錄申子之文，錄韓非之文；以其獨悲自知而不能脫，故韓文眾多而獨錄《說難》。有「有意」之錄文者（如直接的錄文、串述於文中的錄文等），有「無意」之錄文者（如化錄錄文類）。有意錄文，「意」有多種，故所選錄之文有多類。「意」之多種，「文」之多類，故錄文方式亦隨之多樣，錄文篇幅亦隨著變化。故不重其「文」的，便多化錄之、刪損之，故所錄之文大多不完整，如《孝文本紀》之諸詔書。特重其文者，則常在敘述之外特以「其辭曰」、「其文曰」、「其書曰」、「其詩曰」等標誌之，或者不惜大段地乃至長篇地全文串錄於文中。如此種種。

但是，錄文的方式、錄文的篇幅，也往往反映出史家的著史立傳目的、學術意識、錄文意識、錄文目的等等。譬如化錄於正文的作品，被毫無痕跡地融入到史家的文字中，直接當做材料用，根本就沒有以文傳人、通過傳主作品展示傳主（原作者）的意思，如《屈原傳》之《漁父》、《商鞅傳》之《商君書·更法》、《莊周傳》之《莊子·秋水》。再如被大量刪節改動的作品，略存其事、粗留其意而已，何以觀其「文」，也是不能以文傳人的。又如《李斯傳》《賈生傳》《鄒陽傳》《司馬相如傳》等諸多篇章，在一部三千年的通史中，竟然花這麼大篇幅著錄這麼多篇作品（尤其《司馬相如傳》，其傳共約 11100 字，而所錄文達 9000 餘字，其他許多人的傳乃至合傳都遠不到九千字），難道這僅僅是隨便抄錄進來而已？顯然不是，如此篇幅巨大的錄文引人深思。有些傳記如《孝景本紀》，文景之治名揚千秋，其本紀竟然沒有著錄任何文章，僅僅是將大事羅列出來而已，且沒有「上曰」等直接描寫類、對話類文字，傳文亦不到 1700 字。但漢景帝平定七國叛亂、諸侯國勢力從此大減（《五宗世家》云「諸侯獨得食租稅，奪之權。其後諸侯貧者或乘牛車也」），這對鞏固中央集權、奠定漢廷長治久安來說，功勳卓著。然而該本紀的寫作方式與零錄文的現象，都是一反常態的，令人反思。

　　所錄文的作用直接體現了錄文者的錄文意識、錄文目的，錄文目的又決定著所錄文的作用。錄文方式、錄文篇幅皆隨錄文意識、錄文目的、錄文作用變化，並爲之服務。通過錄文的方式、篇幅等信息，又可以尋覓錄文者的錄文意識、錄文目的、錄文作用。

　　《史記》所錄文的作用與錄文用意一致，有當做材料用，有看重其「文章」的價值。被當做材料的錄文，則被徑直挪進史家敘述文字中，猶如司馬遷自己的語言，不標明原作者（一般是傳主）、原篇名及作品背景。《屈原傳》之《漁父》、《莊周傳》之《秋水》、《商鞅傳》之《更法》等，皆是此類。或者僅以「某某曰」標識之，但是這類作品本身不是用第三人寫的，故無論誰要把它作材料用時都需要略做技術加工，冠以「某某曰」便是最便捷的方式之一了。《孝文本紀》中所錄的詔書便最典型的例子，所錄文章形同史家概括性的轉述，而且大多經過刪節，因此篇幅簡短。

　　看重所錄文「文章」性質者又有多種情況。譬如《三王世家》等，欣賞的是它的「文辭爛然」（《三王世家》）。司馬相如的賦，「雖多虛辭濫說，然其要歸引之節儉，此與《詩》之風諫何異」，故「采其尤著公卿者」、「采其語可論者著於篇」（《司馬相如列傳》），賞識的是其主旨嚴正、值得稱道又頗有名氣的部分。韓非《說難》，「余獨悲韓子爲《說難》而不能自脫耳」（《老子韓非列傳》），著錄的原因在於同情韓非雖然明智卻無法自免於難。這種著意於所錄文「文章」價值的錄文，大略與錄文之目的一致，有賞其文辭爛然者（《三王世家》是也），爲之震撼感染者（《悲瓠子詩》、韓非《說難》、屈原賦、賈誼賦、鄒陽書等，其類也），以文證史者（如《李斯傳》錄李斯諸文見證其爲人，《匈奴列傳》雜錄詩人之歌以見證夷狄「侵盜暴虐中國」，潁川兒歌說明灌夫之橫豪，民歌蕭曹歌，等等），暗藏曲筆或側筆者（如《呂太后本紀》之趙幽王劉友歌，百姓歌淮南厲王劉長歌，等等），彰顯傳主的功德言行志品者（如《李斯傳》之錄《諫逐客書》、阿二世意書、上二世言趙高短書、獄中上二世書，讓人清楚地看到李斯於秦既功比周召而又不能比周召；項羽諫上將軍宋義，宋義不同意而下軍中之令，直接針對項羽，項羽擅自弒殺宋義後下軍中令，各見其爲人；秦孝公之《下令國中》，《秦本紀》不像《商君列傳》之一筆帶過，而不惜花近兩百字的篇幅予以著錄，實際也是有意以文傳人，昭示秦孝公之德志品行；《孝文本紀》所錄文帝《遺詔》及景帝《定孝文帝廟樂詔》、申屠嘉《奏議孝文爲太宗廟》、景帝批示，實際都是意在以文傳人，昭示文帝的「德」「行」，等等）。（參本文錄文意識與錄文目的章。）

三、錄文方式、錄文篇幅與所錄文作用的相互關係

錄文作用、錄文方式、錄文篇幅，三者存在兩方面的關係。一方面，同受影響錄文的主客觀因素的影響，受其主宰。本節上已詳述。另一方面三者又相輔相成，互受影響制約。譬如所錄文的作用，往往會影響錄文方式的選用，而二者又使得錄文篇幅與之匹配。錄文方式的選用，又可以從中窺見其錄文用意的所在。錄文篇幅亦然。（參本文第五章對錄文意識與錄文作用的分析。）

需要指出的是，相同的錄文方式、錄文篇幅，並不一定具有相同的錄文用意，相應地，其所錄作品也不一定具有同樣的作用。譬如司馬相如之賦、屈原《懷沙賦》、韓非子《說難》，皆以直接著錄的方式全篇著錄，但其目的並不相同〔註21〕，所錄文的作用自然也不同。反之或亦然。

總之，各類錄文方式、錄文篇幅、錄文意識、錄文目的、錄文作用，相互關聯影響，但無論怎樣變化多端而終以錄文意識、錄文目的、錄文作用起主宰作用。當然錄文意識亦非孑然獨立，往往與史家之學術意識、著作觀（創作觀）、著作權意識、人生觀、價值觀、文化觀及對《史記》整體和各個篇章的體例預設、目的預設等潛在關聯、交織滲透著。

本章小結：

《史記》錄文數量眾多；有直接著錄、串述於文中著錄等方式，而後者又可細別之，如化錄、譯錄、改錄、一般性串述於文中的錄文等；所錄文作用不一，錄文篇幅亦不一，連同錄文方式，以及著錄與否，既受原作品、原作者方面的影響，又受史家主觀因素的影響，而主要以錄文意識、錄文目的、錄文作用以及辨章學術意識、著史立說目的為主。作為錄文替代補償方法的舉篇目、溯學源、歸學類等現象在《史記》中已呈系列現象，很值得關注，然其本身的出現或不止於此。引文、承襲與錄文並存於《史記》，貌同而神異，值得予以整體研究。

〔註21〕 「相如他所著，若《遺平陵侯書》、《與五公子相難》、《草木書篇》不采，采其尤著公卿者云。……太史公曰『……余采其語可論者著於篇』」（《史記·司馬相如列傳》）。「（屈原）乃作《懷沙》之賦。其辭曰……」（《史記·屈原賈生列傳》）。「然韓非知說之難，為《說難》書甚具，終死於秦，不能自脫。……申子、韓子皆著書，傳於後世，學者多有。余獨悲韓子為《說難》而不能自脫耳」（《史記·老子韓非列傳》）。

第二章 《史記》之舉篇目——錄文之替代補償（一）

　　《史記》的錄文目的、錄文方式均有多種，這與司馬遷的辨章學術意識、以文傳人目的等緊密一致。但是司馬遷實現辨章學術、以文傳人目的的方式卻不止錄文，羅列傳主及相關傳主的作品篇名即是錄文之外非常常用的手段。從這個角度講，《史記》的舉篇目實際是《史記》錄文的一致替代補償方式。本章主要闡述作為《史記》錄文替代補償手段之一的舉篇目的具體情況，討論其產生。

第一節 《史記》舉篇目概說

　　《史記》在錄文之外還列舉了許多傳主及相關傳主的作品篇名（書、表中亦錄有篇目，但相對較少），共約 140 條目。本紀中列有 46 條，其中《殷本紀》《周本紀》最多，占 39 條。表中 12 條，書 8 條。世家 29 條，全部集中在孔子、魯周公、宋微子、衛康叔、燕召公、齊太公六《世家》，其中又以孔子、魯周公兩《世家》最多，其他《世家》沒有舉篇目。列傳 45 條，主要集中在管晏、老子韓非、孫子吳起、伍子胥、商君、孟子荀卿、孟嘗君、屈原賈生、呂不韋、李斯、酈生陸賈、司馬相如、淮南衡山、儒林等十四《列傳》，其中又以漢前《列傳》中較多，其他《列傳》基本沒有列舉。值得注意的現象是，《史記》舉篇目在各個篇章的分佈與錄文有較大的一致性，特別是舉篇目分佈最多的篇章與錄文分佈最多的篇章有較大的重合。

《史記》舉篇目最多的篇章分佈：

體例名	舉篇目較多的篇章	各體列總數量
十二本紀	《殷本紀》《周本紀》最多，占39條	46
十表		12
八書		8
三十世家	全部在孔子、魯周公、宋微子、衛康叔、燕召公、齊太公六《世家》，以孔子、魯周公兩《世家》最多	29
七十列傳	管晏、老子韓非、孫子吳起、伍子胥、商君、孟子荀卿、孟嘗君、屈原賈生、呂不韋、李斯、酈生陸賈、司馬相如、淮南衡山、儒林等十四《列傳》	45
合計	140	

　　《史記》舉篇目的情形有兩種類型。一種是單單羅列篇名而不作多少說明。如：「余讀……《天問》、《招魂》、《哀郢》悲其志」（《屈原賈生列傳》）；「相如他所著，若《遺平陵侯書》、《與五公子相難》、《草木書篇》不采」（《司馬相如列傳》）；「曾參……作《孝經》。死於魯」（《仲尼弟子列傳》）；「余嘗讀商君《開塞》《耕戰》〔註1〕書，與其人行事相類。卒受惡名於秦，有以也夫！」（《商君列傳》）；「吾讀管氏《牧民》、《山高》、《乘馬》、《輕重》、《九府》，及《晏子春秋》，詳哉其言之也。既見其著書，欲觀其行事，故次其傳……」（《管晏列傳》）；「孔子晚而喜《易》，序《彖》、《繫》、《象》、《說卦》、《文言》」（《孔子世家》）；「帝啓，伐有扈，作《甘誓》」、「季歷生文王昌，益《易卦》」、「穆王滿，作《甫刑》」（《三代世系表》）等等。

　　一種是列篇名且作說明。一般地，主要說明作品的作者、創作背景、創作目的（原因）、創作時間、成書情況、作品數量（篇章數、字數）等。有些舉篇目不僅說明這些內容，還概括作品的主旨大意、書寫史家的讀後感，史家甚至還爲作品做點評。如：

　　　　三十九年，繆公卒，葬雍。從死者百七十七人，秦之良臣子輿氏三人名曰奄息、仲行、針虎，亦在從死之中。秦人哀之，爲作歌《黃鳥》之詩。（《秦本紀》）

〔註 1〕按：中華書局 1982 年版《史記》於「開塞耕戰」四字未加書名號，此據韓兆琦等《史記：評注本》（長沙：嶽麓書社，2004 年）添加如上，下同。

始皇不樂，使博士爲《仙眞人詩》，及行所遊天下，傳令樂人歌弦之。（《秦始皇本紀》）

王有所愛姬，王后使人鴆殺之。王乃爲歌詩四章，令樂人歌之。王悲，六月即自殺。（趙王劉恢歌詩四章，《呂太后本紀》）

成王既伐東夷，息愼來賀，王賜榮伯作《賄息愼之命》。（《周本紀》）

成王既崩，召公、畢公率諸侯，以太子釗見於先王廟，申告以文王、武王之所以爲王業之不易……作《顧命》。

康王即位，遍告諸侯，宣告以文武之業以申之，作《康誥》。

康王命作策畢公分居里，成周郊，作《畢命》。

穆王閔文武之道缺，乃命伯臩申誡太僕國之政，作《臩命》。

（武王既克殷）行狩，記政事，作《武成》。封諸侯，班賜宗彝，作《分殷之器物》。（以上六條皆《周本紀》）

魯君子左丘明懼弟子人人異端，各安其意，失其眞，故因孔子史記具論其語，成《左氏春秋》。

鐸椒爲楚威王傳，爲王不能盡觀《春秋》，採取成敗，卒四十章，爲《鐸氏微》。

趙孝成王時，其相虞卿上采《春秋》，下觀近勢，亦著八篇，爲《虞氏春秋》。

呂不韋者，秦莊襄王相，亦上觀尚古，刪拾《春秋》，集六國時事，以爲八覽、六論、十二紀，爲《呂氏春秋》。（以上四條皆《十二諸侯年表》）

十一年，伐紂，至牧野，周公佐武王，作《牧誓》。

周公乃奉成王命，興師東伐，作《大誥》。

成王命唐叔以饋周公於東土，作《饋禾》。

周公既受命禾，嘉天子命，作《嘉禾》。

周公歸報成王，乃爲詩貽王，命之曰《鴟鴞》。

天下已安，周之官政未次序，於是周公作《周官》，官別其宜，作《立政》，以便百姓。百姓說。（以上六條皆《魯周公世家》）

召公卒，而民人思召公之政，懷棠樹不敢伐，哥詠之，作《甘棠》之詩。（《燕召公世家》）

以上例子，都是圍繞作品的作者、創作背景、創作時間、創作目的（原因）、成書情況、作品數量（篇章數、字數）等方面，對所舉篇目略作說明。

詳略則不盡一致。這些說明常把作品納入到當時具體的時間、背景、事件之中，猶如後世給詩文著作繫年、本事索隱，亦如同《詩》的《序》及類似作品之《序》。這種寫法具有敘事記史的特點，符合史書書寫方式，也有以作品證史的效果；但它的實際的用意遠不止這些，它潛藏著史家（司馬遷）的辨章學術的意識、目的和錄文替代補償意識。就《史記》舉篇目的整體情況而言，辨章學術意思、錄文替代補償意識下的舉篇目最爲普遍。史家給作品做內容提要、甚至予以點評的現象最能說明史家舉篇目的目的在於辨章學術和替代錄文的意識了。而且史家爲作品做內容提要、做點評的現象已經較多存在，在《史記》中並不是個例。如：

孔子因史文次《春秋》，紀元年，正時日月，蓋其詳哉。至於序《尚書》則，略無年月；或頗有，然多闕，不可錄。（《三代世系表》）

莊子者……故其著書十餘萬言，大抵率寓言也。作《漁父》、《盜跖》、《胠篋》，以詆訾孔子之徒，以明老子之術。畏累虛、亢桑子之屬，皆空語無事實。然善屬書離辭，指事類情，用剽剝儒、墨，雖當世宿學不能自解免也。其言洸洋自恣以適己，故自王公大人不能器之。（《老子韓非列傳》）

騶衍睹有國者益淫侈不能尚德，若大雅整之於身、施及黎庶矣，乃深觀陰陽消息而作怪迂之變，《終始》、《大聖》之篇十餘萬言。其語閎大不經，必先驗小物，推而大之，至於無垠。先序今以上至黃帝，學者所共術，大並世盛衰，因載其禨祥度制，推而遠之，至天地未生，窈冥不可考而原也。先列中國名山大川通谷禽獸，水土所殖，物類所珍，因而推之，及海外人之所不能睹。稱引天地剖判以來，五德轉移，治各有宜，而符應若茲。以爲儒者所謂中國者，於天下乃八十一分居其一分耳。中國名曰赤縣神州。赤縣神州內自有九州，禹之序九州是也，不得爲州數。中國外如赤縣神州者九，乃所謂九州也。於是有裨海環之，人民禽獸莫能相通者，如一區中者，乃爲一州。如此者九，乃有大瀛海環其外，天地之際焉。其術皆此類也。然要其歸，必止乎仁義節儉，君臣上下、六親之施，始也濫耳。王公大人初見其術，懼然顧化，其後不能行之。（《孟子荀卿列傳》）

屈平疾王聽之不聰也，讒諂之蔽明也，邪曲之害公也，方正之不容也，故憂愁幽思而作《離騷》。「離騷」者，猶離憂也。夫天者，人之始也；父母者，人之本也。人窮則反本，故勞苦倦極，未嘗不呼天也；疾痛慘怛，未嘗不呼父母也。屈平正道直行，竭忠盡智以事其

君，讒人間之，可謂窮矣。信而見疑，忠而被謗，能無怨乎？屈平之作《離騷》，蓋自怨生也。國風好色而不淫，小雅怨誹而不亂。若離騷者，可謂兼之矣。上稱帝嚳，下道齊桓，中述湯武，以刺世事。明道德之廣崇，治亂之條貫，靡不畢見。其文約，其辭微，其志潔，其行廉，其稱文小而其指極大，舉類邇而見義遠。其志潔，故其稱物芳。其行廉，故死而不容。自疏濯淖污泥之中，蟬蛻於濁穢，以浮遊塵埃之外，不獲世之滋垢，皭然泥而不滓者也。推此志也，雖與日月爭光可也。〔註2〕……

余讀《離騷》、《天問》、《招魂》、《哀郢》，悲其志。適長沙，觀屈原所自沉淵，未嘗不垂涕，想見其為人……讀《服鳥賦》，同死生，輕去就，又爽然自失矣。（《屈原賈生列傳》）

高帝不懌而有慚色，乃謂陸生曰：「試為我著秦所以失天下，吾所以得之者何，及古成敗之國。」陸生乃粗述存亡之徵，凡著十二篇。每奏一篇，高帝未嘗不稱善，左右呼萬歲，號其書曰「新語」。……

余讀陸生《新語》書十二篇，固當世之辯士。（《酈生陸賈列傳》）

以上略舉數例，這些舉篇目不僅條列篇名（目），還撮其旨要、概其大意，並予以點評，猶如目錄學之記撰人、詳篇帙、論成書、寫提要、作品評等。顯然，這其實是我國後世目錄學雛形之一（詳後），辨章學術意識顯而易見。

在《史記》舉篇目中，不作說明的類型屬於少部分，主要在集中在「太史公曰」之下；略作說明的類型才是普遍現象，占主要部分；其中撮其旨要、概其大意、予以點評的，也為數不少。故章學誠先生云：「《藝文》雖始於班固，而司馬遷之列傳，實討論之。觀其敘述，戰國、秦、漢之間，著書諸人之列傳，未嘗不於學術淵源，文詞流別，反復而論次焉。」〔註3〕章學誠先生

〔註2〕此段文字有人懷疑有後人將劉安之作竄入其中，如湯炳正先生，認為「離騷者猶離憂也……雖與日月爭光可也」、「雖流放，眷顧楚國，心繫懷王……王之不明，豈足福哉」兩大段係「劉安《離騷傳》裏的話，不是司馬遷本人採入《史記》的，而是後人竄入其中的」（見湯炳正講述、湯序波整理《楚辭講座》，桂林：廣西師範大學出版社，2006年，第85頁）。然力之先生以為是司馬遷自己採錄了劉安之文（參力之《楚辭》與中古文獻考說·〈卜居〉〈漁父〉作者考辯》，成都：巴蜀出版社，2005年，第125頁注2）。按：《史記》中有許多不注明出處的化錄，也有許多直接承襲前人著作入正文的現象，故力之先生之說不無可能。但即便如湯先生所言，司馬遷還是論及了《離騷》，且正因其原文論及了《離騷》，後人才因之竄入《離騷傳》之文。

〔註3〕見（清）章學誠著，葉瑛校注《文史通義校注》所附《校讎通義》之卷三，北京：中華書局，1985年，第1023頁。

細心敏銳，他意識到辨章學術意識在班固《漢書·藝文志》中已經成型，但追根溯源卻在司馬遷時早已有之，所謂「學術淵源，文詞流別，反復而論次焉」實際包括了舉篇目。

第二節 《史記》舉篇目的產生：何以不錄其文而僅舉篇目

舉篇目是《史記》普遍且自成系統的一種現象，這種現象是怎樣產生的呢？《史記》既然已經大量使用錄文的方法，爲何不著錄作品原文而僅著其篇目（名）呢？這可以分兩個方面講，一是何以不著錄所舉篇目（名）的原文，二是既然不錄作品原文，何以舉其篇目（名）。本節先論前者：何以不著錄所舉篇目的原文。

《史記》不予以著錄原文而僅列舉作品名稱最直接的原因首先是史書篇幅的不允許。就單篇錄文來說，司馬遷既不輕易捨棄極短之文、也不憚於著錄長篇大作（詳見第一章第三節「錄文篇幅」）。但就《史記》整體而言，作爲數千年通史，所囊括的內容十分龐大，而一部書的篇幅畢竟有限度，不可能將傳主或相關傳主的作品悉數著錄。而且正是因爲司馬遷有著不憚於著錄長篇大作的錄文意識，所以史家對《史記》錄文篇幅的宏觀控制顯得尤爲必要，使得史家必須有所取捨地遴選、甄別，是否值得錄文，是否值得著錄篇名。因此，在史家看來尤其有必要著錄原文的作品則予以錄文，次之則予以著錄篇名（目），再次之則不予提及。

其次，《史記》在遴選錄文、舉篇目的作品時，受多種因素影響。作品獲選與否，主要與司馬遷的錄文目的、錄文作用、各篇傳紀取向重心、傳主被選之文本身特點等因素密切相關。被選之文本身特點首先應符合史家的錄文目的、錄文作用，符合該傳的取向，然後才可能被予以錄文。次之者，在史家看來較爲重要、有必要爲之寫一筆但又不值得花費史書太多篇幅，則以舉篇目的方式處理。觀司馬遷的自敘即可知：

> 春歌《青陽》，夏歌《朱明》，秋歌《西皞》，冬歌《玄冥》。
> 世多有，故不論。（《樂書》）

> 吾讀管氏《牧民》、《山高》、《乘馬》、《輕重》、《九府》，
> 及《晏子春秋》，詳哉其言之也。既見其著書，欲觀其行事，故次其
> 傳。至其書，世多有之，是以不論，論其軼事。（《管晏列傳》）

世既多《司馬兵法》，以故不論，著穰苴之列傳焉。（《司馬穰苴列傳》）

世俗所稱師旅，皆道《孫子》十三篇、《吳起兵法》，世多有，故弗論，論其行事所施設者。（《孫子吳起列傳》）

諸侯更強，時災異記，無可錄者。（《天官書》）

無是公言天子上林廣大，山穀水泉萬物，乃子虛言楚雲夢所有甚眾，侈靡過其實，且非義理所尚，故刪取其要，歸正道而論之。相如他所著，若《遺平陵侯書》、《與五公子相難》、《草木書》篇不采，采其尤著公卿者云。（《司馬相如列傳》，按：該傳錄《天子遊獵賦》（子虛、上林賦）、《諫獵疏》等，未錄《遺平陵侯書》、《與五公子相難》等。）

於是退而論次自古以來用事於鬼神者，具見其表裏。後有君子，得以覽焉。若至俎豆珪幣之詳，獻酬之禮，則有司存。（《封禪書》）

余從負薪塞宣房，悲《瓠子》之詩而作《河渠書》。（《河渠書》，按：本篇錄《瓠子》詩二首。）

申子、韓子皆著書，傳於後世，學者多有。余獨悲韓子爲《說難》而不能自脫耳。（《老子韓非列傳》，按：該傳錄《說難》。）

以上所舉諸例，史家自道述了對相關作品採錄與否的原因，從中還隱約流露了他對《史記》各篇章重心的不同取向。如《河渠書》的寫作源於史家「悲《瓠子》之詩」，因此該篇著錄《瓠子》之詩便是很自然的事。因爲作品「世有」、「多有」故不論、論傳主之軼事行事，可見史家有避重、避熱而欲搜遺、補漏的用心。韓非之文雖然「學者多有」，然《說難》仍被著錄，乃是爲韓非明知「說難」卻仍然無法自免於難、「不能自脫耳」的命運而悲傷。可見關於錄文與否、著錄篇名與否，《史記》的同一標準並不是全書通用的，往往根據傳主、篇章的不同而各有所別。而至於像以下數例：

至如閭巷之俠，修行砥名，聲施於天下，莫不稱賢，是爲難耳。然儒、墨皆排擯不載。自秦以前，匹夫之俠，湮滅不見，余甚恨之。以余所聞，漢興有朱家、田仲、王公、劇孟、郭解之徒，雖時扞當世之文罔，然其私義廉潔退讓，有足稱者。名不虛立，士不虛附。至如朋黨宗強比周，設財役貧，豪暴侵凌孤弱，恣欲自快，遊俠亦醜之。余悲世俗不察其意，而猥以朱家、郭解等令與暴豪之徒同類而共笑之也。（《遊俠列傳》）

古者卜人所以不載者，多不見於篇。及至司馬季主，余志而著之。（《日者列傳》）

　　　　請略道當世千里之中，賢人所以富者，令後世得以觀擇焉。（《貨
　殖列傳》）

　　　　九卿碌碌奉其官，救過不贍，何暇論繩墨之外乎！然此十人中，
　其廉者足以爲儀表，其污者足以爲戒，方略教導，禁姦止邪，一切亦
　皆彬彬質有其文武焉。雖慘酷，斯稱其位矣。至若蜀守馮當暴挫，廣
　漢李貞擅磔人，東郡彌僕鋸項，天水駱璧推咸，河東褚廣妄殺，京兆
　無忌、馮翊殷周蝮鷙，水衡閻奉朴擊賣請，何足數哉！何足數哉！
　（《酷吏列傳》）

　　上舉例子，它們雖然與錄文與否無直接的關涉，但是史家著史立傳的目
的說得明明白白，足見司馬遷對各個篇章的設立都有其立意，各個篇章的立
傳目的不盡相同，乃至千差萬別。因此，傳文中錄文與否、著錄篇名與否、
錄文作何用等疑惑，都可以依波探源、隨枝振葉地釋然得解。《遊俠列傳》《日
者列傳》，分別爲豪俠、卜人翻案鳴不平、補充曠古缺遺的用意十分明白，而
《酷吏列傳》的立傳目的乃是廉者足稱、污者足戒的雙向取向，故三篇傳文
著錄作品有著不同的錄文目的、所錄文發揮的作用也不盡相同。如《遊俠列
傳》錄公孫弘《郭解罪議》：「吏奏解無罪。御史大夫公孫弘議曰：『解布衣爲
任俠行權，以睚眥殺人，解雖弗知，此罪甚於解殺之。當大逆無道。』遂族
郭解翁伯。」讀者只需一讀公孫弘的此篇議文，遊俠郭解的冤枉不平不用史
家一字解說而讀者就能完全領悟了。《酷吏列傳》錄趙王劉彭祖上書告張湯陰
事〔註4〕和張湯謝書〔註5〕。一封官吏爲其下屬「摩足」的告發竟然使一代酷
吏致死，官場相殘可見一般。《日者列傳》雖然沒有著錄卜人文章，但卻大篇
幅地記載了他的言詞。不錄其文，或許卜人未必寫有文章，但言語（語言）
實則文章（作品）之本質。所謂「余志而著之」，史家有意識地記載其言詞，
其理通於錄文之意。

　　由上諸例足可管窺：《史記》不同篇章的傳文立意用心是有所不同的，各
篇章錄文取捨、舉篇目安排也是不盡相同的，所以用其中某一篇章裏的具體
的擇錄標準來衡量《史記》所有的錄文往往會行不通。史家對《史記》各個
篇章的立意重心的不同設置，自然導致相應的擇錄傾向的變動。然而篇章的

────────────

〔註4〕《酷吏列傳》：「趙王求湯陰事。謁居嘗案趙王，趙王怨之，並上書告：『湯，
　　　　大臣也，史謁居有病，湯至爲摩足，疑與爲大奸。』」

〔註5〕《酷吏列傳》：「湯乃爲書謝曰：『湯無尺寸功，起刀筆吏，陛下幸致爲三公，
　　　　無以塞責。然謀陷湯罪者，三長史也。』遂自殺。」

立意重心與擇錄傾向也並非只有這種單向的影響。事實恰好相反，二者正是雙向影響，錄文傾向往往也牽動著傳文重心的移動，有時甚至多層、雙向、聯動式地相互影響著。如上文所舉列中，《封禪書》云「於是退而論次自古以來用事於鬼神者，具見其表裏。後有君子，得以覽焉。若至俎豆珪幣之詳，獻酬之禮，則有司存」，即謂有關「俎豆珪幣之詳，獻酬之禮」，在相關部門保存著，所以他不必在這論述了，轉而論述「自古以來用事於鬼神者」，以使「後有君子，得以覽焉」。概言之，正是因爲關於「俎豆珪幣之詳，獻酬之禮」的文章檔案已經在有關部門保存著了，沒有再寫的必要了，故而補遺於「自古以來用事於鬼神者」者，以使「後有君子，得以覽焉」，故此篇隨之著錄了許多關於「自古以來用事於鬼神者」的作品。所以，爲避開已經保存在有關部門了的「俎豆珪幣之詳，獻酬之禮」之類檔案文獻而立意於論述「自古以來用事於鬼神者」，然後又因這個立意而隨之著錄許多相關的作品，形成了多層、雙向、聯動式的交互影響。

又如《管晏列傳》：「至其書，世多有之，是以不論，論其軼事。」《孫子吳起列傳》云：「世俗所稱師旅，皆道《孫子》十三篇、《吳起兵法》，世多有，故弗論，論其行事所施設者。」這些都是因傳主的作品在當下廣爲流傳、極易獲得的緣故，因此史家作傳時立意避開，轉而論述傳主的其他方面了。從另一個角度講，正是因爲一些重要作品由於各種原因被史家放棄原文著錄了，因此它們被史家以舉篇目（名）的方式處理。譬如《孫子》《兵法》都是這種現象，它們雖然被錄文所放棄，但是史家卻不願意跳過它們，特別羅列篇名以表達他本想用錄文表達卻因某些原因不方便以錄文處理的作品。

第三節　《史記》舉篇目的產生：既然不錄其文，何以舉篇目

舉篇目是《史記》普遍且自成系統的一種現象。上一節已經從「何以不著錄所舉篇目（名）的原文」的角度討論了《史記》舉篇目的產生。本節從「既然不錄作品原文，何以舉其篇目（名）」的角度繼續探討《史記》舉篇目的產生。

古人行文常有隨意性，遠不及今人科學思想影響下的嚴謹精細。《史記》中不著錄作品原文但卻標舉其篇名（目）的現象，或許難免偶而存在史家隨

意之舉的可能。但是隨意之舉絕不是主體，《史記》舉篇目的主體都是有其深意的。

其一，《史記》舉篇目是對未能被錄文的重要作品的一種替代補償。或者因為篇幅問題，或者因為傳主文章眾多且可觀可採者亦眾多，或者傳主之文雖篇章眾多但諸篇都主旨相近、文辭相當，或因為別的原因，總之史家錄文只能擇其中之一二而已。所以總有未能被著錄卻又頗受史家看重、不忍捨棄的重要作品成為「雞肋」，故稱述其篇名以替代錄文、補償未錄。這其實是一種具有普遍共通性的心理潛則。譬如老師在大肆表揚一些優秀學生之後往往會略帶幾句給差生的肯定與鼓勵的話，給予他們希望、讓他們同樣感受到作為老師對學生一致的關愛。又如，好不容易抓住一隻野兔的爺爺有兩個可愛的孫子，爺爺把兔子送給了其中最喜歡的、或者最調皮的一個孫子玩之後，細心點的爺爺往往會再弄些別的東西送給另一個孫子，或者是一些好吃的零食，或者其他的玩具等。這其實都是替代補償的做法。〔註6〕這種做法不僅在人際關係中普遍存在，在行文中也是存在的，因為人的普遍性的心理可以共通於行為的各個方面。在《史記》錄文、舉篇目中，無論史家是否有清晰的意識，這種替代補償的心理已難以掩飾地流露出來了。

比如《屈原賈生列傳》雖然沒有著錄《離騷》，但卻用「屈平疾王聽之不聰也」〔註7〕一段330字來述說其創作、旨意並予以評價，並在「太史公曰」中再次予以稱述，又於《太史公自序》中標舉本傳篇旨云「作辭以諷諫，連類以爭義，《離騷》有之。作《屈原賈生列傳第二十四》」，可見該傳對《離騷》的高度重視。而就司馬遷本人來說，對《離騷》也是反覆稱道、深有感情的

〔註6〕按：替代補償心理說，深受導師力之先生平素給予的思維訓練與教導，因啓發而來。

〔註7〕此段文字有學者懷疑是後人將劉安之作竄入了《史記》。如湯炳正先生，認為「離騷者猶離憂也……雖與日月爭光可也」、「雖流放，眷顧楚國，心繫懷王……王之不明，豈足福哉」兩大段係「劉安《離騷傳》裏的話，不是司馬遷本人採入《史記》的，而是後人竄入其中的」（湯炳正講述、湯序波整理《楚辭講座》，桂林：廣西師範大學出版社，2006年，第85頁）。然力之先生以為是司馬遷自己採錄了劉安之文（參力之《〈楚辭〉與中古文獻考說·〈卜居〉〈漁父〉作者考辯》，第125頁注2）。筆者以為，《史記》有許多不注明出處的化錄，也有許多直接承襲前人著作入正文的現象，故力之先生的看法是很有可能的。但即便如湯先生所言，司馬遷還是論及了《離騷》，且正因其原文論及了《離騷》，後人才因此竄入《離騷傳》之文。因此仍可管窺司馬遷對《離騷》的重視。

（《史記‧太史公自序》在會議古賢聖發憤著書的例子便列舉了「屈原放逐，著《離騷》」,《報仁安書》中又有類似語〔註8〕）。然而屈原本傳卻唯獨著錄了簡短的《懷沙》（《漁父》是化錄的）。若以文論，《離騷》才是屈原的代表作；若以篇幅論，屈原的《惜往日》《悲回風》等篇幅都很短小；若以明志論，除《九歌》外幾乎每篇都是「一篇之中三致志焉」，並不只有《懷沙》書寫了情志。那麼史家在屈原傳何以不錄《離騷》、何以獨錄《懷沙》，這是兩個值得深思的問題（論析詳後）。然而史家既然已經擇錄了《懷沙》、捨棄了《離騷》，但卻又一再地高度讚譽之情稱述《離騷》，其未被著錄的替代補償之意自然昭然若揭了。

又如《司馬相如列傳》：「相如他所著，若《遺平陵侯書》、《與五公子相難》、《草木書》篇不采，采其尤著公卿者云。」「太史公曰」又云「相如雖多虛辭濫說，然其要歸引之節儉，此與《詩》之風諫何異……余采其語可論者著於篇」（《司馬相如列傳》）〔註9〕。初讀之，採與不採之語兩處似有重複之感，但細讀乃知並不重複。本文錄文的取向是「可論者」，然而《遺平陵侯書》《與五公子相難》《草木書》三篇的落選卻是由於「采其尤著公卿者」，並特意注明出來，因此知道這三篇作品實際上也是符合「可論者」這一取向的，只是因它故而捨棄了它、選擇了「采其尤著公卿者」。因何故呢？查此傳共有11000餘字，而所錄相如文章即已近萬字了。該傳文字已是《史記》中篇幅最大的傳文之一了，所錄文的篇幅也達《史記》之最；《漢書‧司馬相如傳》基本抄襲《史記》，故篇幅相當，經班固擴充後的《漢書》之《賈誼傳》及《東方朔傳》《司馬遷傳》等都不及此傳篇幅大，《漢書‧揚雄傳》亦僅較《史記‧司馬相如列傳》多七百餘字而已。但二者一是三千年的通史，一是二百餘年

〔註8〕據力之先生考證，唐及以前的人引書不嚴，常以《離騷》代稱《楚辭》中除《離騷》以外的屈原與非屈原作品（按：力之先生以此乃《楚辭》中非屈原作係代屈原設言說之一證），所謂「渾言，多以《離騷》（屈原）統《楚辭》；析言，則各歸其主」（見力之《〈楚辭〉與中古文獻考說‧楚辭學三題》，第23、34頁）。按：此處引文之「離騷」若作本篇之稱則無疑說，若作統稱，則更見司馬遷認同《離騷》在屈原著作中的代表性地位。因此此處引文的「離騷」無論是「渾言」或「析言」，皆可見《離騷》單篇在司馬遷乃及漢人心中的地位、分量。

〔註9〕中間「揚雄以為……不已虧乎」幾句，據張大可先生考證係「讀史者之備註竄入正文，非後人妄續貂」，非司馬遷之文。見張大可《〈史記〉文獻研究‧〈史記〉殘缺與補竄》，北京：民族出版社，1999年，第201頁。

的斷代史，司馬相如能在《史記》三千年的通史中佔據如此大的份量、錄如此多的文章實在是難得了，而且也可由可與匹敵者了。史家因何捨棄司馬相如的《遺平陵侯書》《與五公子相難》《草木書》三篇作品呢，大約篇幅是個重要的因素。至於「采其尤著公卿者」，乃是在所有「可論者」之中左右權衡後的不得已再剔除一部分的採錄細則罷了。其特地標明像這三篇這樣「可論」的文章不予著錄的原因，正是其不忍心棄之不錄而又無法爲之著錄全文的無奈的體現。從「相如他所著若……篇」（《司馬相如列傳》）看，司馬相如的作品讓史家不忍捨棄的或許並不止這三篇，只是以這三篇篇名代類標舉之，算是對這番遺憾彌補。這正是對未被全文著錄作品的一種替代補償。

　　當然，上文已經說明了《史記》的舉篇目並不是全部都是出於對未被錄文的替代補償心理。古人行文的隨意性是普遍存在的，正因隨意的存在，一些相似現象的出現可能並不是由於某一共同原因所致的。正因爲行文隨意，導致定法難以形成，因此無怪乎後人以爲「遷《史》不可爲定法」〔註10〕。正因爲無定法，所以更需多方求索。《史記》舉篇目現象亦然。

　　其二，《史記》舉篇目是史家標明取材來源、列舉或點評傳主功過得失的常用方式之一，有以文（著作）證史之功效。舉幾個直觀的例子，如：

　　　　吾讀管氏《牧民》、《山高》、《乘馬》、《輕重》、《九府》，及《晏子春秋》，詳哉其言之也。既見其著書，欲觀其行事，故次其傳。至其書，世多有之，是以不論，論其軼事。（《管晏列傳》）

　　　　世既多《司馬兵法》，以故不論，著穰苴之列傳焉。（《司馬穰苴列傳》）

　　　　世俗所稱師旅，皆道《孫子》十三篇、《吳起兵法》，世多有，故弗論，論其行事所施設者。（《孫子吳起列傳》）

上面例子中列舉的作品篇名，雖然是用來說明不論述它們的原因，但是這恰從捨棄的方面道出了取材傾向。像「世俗所稱師旅，皆道《孫子》十三篇、《吳起兵法》」（《孫子吳起列傳》）這種記載，不但記載了傳主的作品名，同時又記載並點評了傳主的功績。其他如：

　　　　初，管、蔡畔周，周公討之，三年而畢定，故初作《大誥》，次作《微子之命》，次《歸禾》，次《嘉禾》，次《康誥》《酒誥》《梓材》，其事在周公之篇。（《周本紀》）

〔註10〕清代章學誠語，見《文史通義·書教下》，呂思勉評，李永圻、張耕華整理，上海：上海古籍出版社，2008年，第15頁。

康王即位，遍告諸侯，宣告以文武之業以申之，作《康誥》。（《周本紀》）

康王命作策畢公分居里，成周郊，作《畢命》。（《周本紀》）

穆王閔文武之道缺，乃命伯冏申誡太僕國之政，作《冏命》。（《周本紀》）

孔子之時，周室微而禮樂廢，《詩》《書》缺。追跡三代之禮，序《書傳》，上紀唐虞之際，下至秦繆，編次其事。……故《書傳》、《禮記》自孔氏。（《孔子世家》）

孔子晚而喜《易》，序《彖》、《繫》、《象》、《說卦》、《文言》。讀《易》，韋編三絕。（《孔子世家》）

不得意，乃著書，上采《春秋》，下觀近世，曰《節義》、《稱號》、《揣摩》、《政謀》，凡八篇。以刺譏國家得失，世傳之曰《虞氏春秋》。太史公曰……然虞卿非窮愁，亦不能著書以自見於後世云。（《平原君虞卿列傳》）

高帝不懌而有慚色，乃謂陸生曰：「試為我著秦所以失天下，吾所以得之者何，及古成敗之國。」陸生乃粗述存亡之徵，凡著十二篇。每奏一篇，高帝未嘗不稱善，左右呼萬歲，號其書曰「新語」。……太史公曰……余讀陸生《新語》書十二篇，固當世之辯士。（《酈生陸賈列傳》）

太史公曰：商君，其天資刻薄人也……余嘗讀商君《開塞》《耕戰》書，與其人行事相類。卒受惡名於秦，有以也夫！（《商君列傳》）

古人所謂「立德」「立功」「立言」三不朽事業[註11]，文章實言也，記載人物的著作情況正合於記載人物的三不朽事業。如舉虞卿、陸賈之篇名則不僅記載了他們的立言偉績，且予以點評，而商君之書目則僅因評論其人其事時連帶而出。周公著作及《周本紀》中眾多篇目的列舉，既是周公及其他作者文治功績的彰顯，同時也不失為以文證史之舉。在《伯夷列傳》中，司馬遷便說過學者們「猶考信於六藝」之舉，都是以文證史的做法。

其三，從另一角度看，《史記》列舉人物的著述篇目是史家（司馬遷）想繞開而又不好繞開或無法繞開的最簡便的處理方法。

〔註11〕《左傳》襄公二十四年載，「豹（按：穆叔）聞之：『大上有立德，其次有立功，其次有立言。』雖久不廢，此之謂不朽。」見李學勤主編《春秋左傳正義》（繁體版），北京：北京大學出版社2000年版，第1152頁。

在有些篇章裏，司馬遷已經直接說明了某人某書或某文何以「不論」，並解釋傳文內容爲什麼要這麼寫。但是司馬遷對許多作品予以論述其「不論」的原因，很多都是由於「以其世多有」，故轉而論其「軼事」、論述傳主的行事施設、「退而論次自古以來用事於鬼神者」，等。這雖有搜遺補漏之意，然而空缺社會上流行的、具有普遍影響的東西則無疑是一種迴避。不管是出於什麼具體的原因致使史家迴避種種「熱點」，但是這些「熱點」終究是客觀的歷史事實，是具有代表性的、具有社會影響力的客觀事件。因此它們是歷史不好繞開亦難以繞開的事件，因此史家採用略舉相關篇名一筆帶過，這可以說是最簡便的處理方法了，而且史家還用「以其世多有」之類解釋傳文立意的「偏頗」，爲其簡略處理自圓其說。譬如在管仲晏子傳，雖然肯定其書「詳哉其言之也」，然而司馬遷卻「欲觀其行事」「論其軼事」，「至其書，世多有之」，明白地交待「是以不論」其著述（《管晏列傳》）。《樂書》中史家對於春夏秋冬的四季郊祀歌未予以錄文，僅在敘事中予以言及，這些詩歌是當朝之君漢武帝所作，炙手可熱，雖然不願意著錄卻又不好迴避，因此在敘述中一筆帶過。又如《司馬穰苴列傳》，史家對《司馬兵法》較爲肯定，但在傳文未予錄文，亦不予以論述，但是此書的社會影響力之大又讓歷史不容忽視它，於是史家便以「太史公曰」一筆帶過，交待說「世既多《司馬兵法》，以故不論，著穰苴之列傳焉」。這句交待和這裡的舉篇目，不煩視作對不該繞開的而實際卻被繞開的重要著作的補充交待。又如《孟子荀卿列傳・太史公曰》云「自如孟子至於籲子，世多有其書，故不論其傳云」，同屬此類。據筆者統計，這種想繞開而又無法繞開的一筆帶過之辭，通常在「太史公曰」裏出現。

當然，如上文所述，同一現象的出現往往也不是某一單一的原因所致，常常會交雜著多種因素。舉篇目現象亦然，一個篇（名）目的列舉可能會摻雜著多種因素。譬如《司馬兵法》，史家給它的評價很高，但是由於史家的某些寫作原則而於傳主本傳的正文未予以錄文、亦不予以論述，史家在「太史公曰」特地標舉《司馬兵法》的書名，除了交待迴避的原因之外，也未免沒有因惋惜所花篇幅太少而心生替代補償之意，行文乃是在論述《司馬穰苴兵法》的成書與點評時連帶而出，可謂又兼敘事之便。若虞卿、陸賈著作篇名的列出，不但可記載傳主三不朽事業，也方便「太史公曰」作點評。《樂書》四季郊祀歌僅舉篇目，雖可作迴避、不錄文的交待，但實際也便於史家敘事。

大量列舉周公所作篇目，某年幹了某事之後寫了某篇著作，似《春秋》綱目式地記載歷史上發生過的大事，實際上也可資以見證周公輔成王的文治武功；同時又可以看做以文證史，某時做了某事，有某篇可證，即其所謂「猶考信於六藝」（《伯夷列傳》）者也。孟子名氣不可謂不大，然「世多有其書」故而不論其作品，迴避之意十分了然；但史家又自云「余讀孟子書⋯⋯未嘗不廢書而歎也」（《孟子荀卿列傳》），並作一番感慨，可見史家與孟子書的共鳴十分強烈；然孟子本傳中既沒有著錄孟子之書又沒有詳細論述其書，傳文開篇羅列孟子著作篇目而已，但卻在篇尾補述不論述孟子作品的原因，可見該傳羅列孟子著作篇名並非偶然，有未予錄文、未予論述的彌補之意。

綜上，從舉篇目的幾種類型及各種用意的分析來看，舉篇目可謂是錄文的一種延伸與替補，他們都與史家的錄文意識與學術源流意識緊密一致。（詳參下文。）

本章小結：

《史記》舉篇目現象極多，一種是僅羅列篇目而不作說明者，一種是兼作諸種說明。尤其後者，很像是後世目錄書之雛形，也像是著作繫年、本事、索隱，也與為作品作「序」相似（如《詩》之有「序」）。何以舉作品的篇名（目）而不錄其文，當是篇幅不允許與不合錄文原則、不合各篇傳記重心取向等因素所致。既然不錄其文，何以要舉篇目，首先當是一種對未予錄文的重要作品的替代補償的方法之一；其次也是司馬遷標明取材來源、列舉或點評傳主功過得失的方式之一，達以文（著作）證史的功效；再次，也是史家（司馬遷）對想繞開而又不好或無法繞開的重要作品的最簡便的處理辦法。當然，同一現象的出現往往也不是某單一的原因所致的，可能會交雜著多種因素。舉篇目現象亦然，一個篇名（目）的列舉可能會同時摻雜著多種因素。

第三章　《史記》之溯學源、歸學類
——錄文之替代補償（二）

　　上一章已經講到，司馬遷有著辨章學術、以文傳人的意識，司馬遷實現辨章學術、以文傳人目的的方式有錄文、舉篇目，其實還不止這些方式，還有溯學源、歸學類兩種方式。溯學源、歸學類可以說是司馬遷的辨章學術目的更顯而易見、更直接有效的方式，從一定意義上說，溯學源、歸學類也是《史記》錄文的一種替代補償方式。本章主要闡述作為《史記》錄文替代補償方式的溯學源、歸學類的具體情況，論析其成因，並與《史記》的另一種替代補償方式舉篇目做比較研究。

第一節　《史記》溯學源、歸學類概說

　　在《史記》錄文的同時，有兩種現象與錄文不同但又戚戚相關，一是追溯學源，簡稱溯學源，一是劃歸學類，簡稱歸學類。它們不僅是史家辨章學術意識的具體落實，也是《史記》錄文的兩種重要的替代與補償方式。

一、《史記》溯學源

　　《史記》寫人物傳記，常從傳主的學習經歷、學術淵源、師承演變寫起，或者在本傳中部或尾部予以追溯記載。本文把這種現象叫做「溯學源」。溯學源的現象在《史記》中並非個案，已形成了一類醒目的現象。溯學源現象散見於一般的人物傳記中，但主要密集地出現於諸子百家人物、戰國縱橫人士、

秦漢游說之客、漢代儒生、古今辭章之士的傳記中。例如：

　　莊子者，蒙人也，名周……其學無所不窺，然其要本歸於老子之言。（《老子韓非列傳》）

　　申子之學本於黃老而主刑名。（《老子韓非列傳》）

　　韓非者，韓之諸公子也。喜刑名法術之學，而其歸本於黃老。（《老子韓非列傳》）

　　孫臏嘗與龐涓俱學兵法。（《孫子吳起列傳》）

　　吳起者，衛人也，好用兵。嘗學於曾子，事魯君。（《孫子吳起列傳》）

　　鞅少好刑名之學，事魏相公叔座爲中庶子。（《商君列傳》）

　　蘇秦者，東周雒陽人也。東事師於齊，而習之於鬼谷先生。（《蘇秦列傳》）

　　張儀者，魏人也。始嘗與蘇秦俱事鬼谷先生，學術，蘇秦自以不及張儀。張儀已學游說諸侯。（《張儀列傳》）

　　陳餘者，亦大梁人也，好儒術，數游趙苦陘。（《張耳陳餘列傳》）

　　（公孫弘）年四十餘，乃學《春秋》雜說。（《平津侯主父列傳》）

　　主父偃者，齊臨菑人也。學長短縱橫之術，晚乃學《易》、《春秋》、百家言〔註1〕。（《平津侯主父列傳》）

　　（李斯）乃從荀卿學帝王之術。學已成，度楚王不足事，而六國皆弱，無可爲建功者，欲西入秦。（《李斯列傳》）

　　孟軻，騶人也。受業子思之門人。（《孟子荀卿列傳》）

　　淳于髡，齊人也。博聞強記，學無所主。其諫說，慕晏嬰之爲人也，然而承意觀色爲務。（《孟子荀卿列傳》）

　　太史公曰：……樂臣公學黃帝、老子，其本師號曰河上丈人，不知其所出。河上丈人教安期生，安期生教毛翕公，毛翕公教樂瑕公，樂瑕公教樂臣公，樂臣公教蓋公。蓋公教於齊高密、膠西，爲曹相國師。（《樂毅列傳》）

　　田叔者，趙陘城人也。其先，齊田氏苗裔也。叔喜劍，學黃老術於樂巨公所。（《田叔列傳》）

　　甘茂者，下蔡人也。事下蔡史舉先生，學百家之術。（《樗里子甘

〔註1〕按：《漢書・藝文志》有《百家》書名。此據中華書局標點版《史記》標點。

茂列傳》）

　　司馬相如者，蜀郡成都人也，字長卿。少時好讀書，學擊劍，故其親名之曰犬子。相如既學，慕藺相如之為人，更名相如。（《司馬相如列傳》）

　　《史記》作傳一般不記載傳主的生卒年月、生葬地址（葬地對於帝王、諸侯時有記載，但於一般人一般不予記載；這兩項信息，即便是漢代且距司馬遷年代較近的傳主也基本不寫；極少有寫的）、祖宗子嗣（本紀、世家和列傳中世襲相繼傳主的或有所記載，但主要是嗣位的子嗣而不是全部子嗣，為傳主記載祖宗子嗣尚未形成全書慣例，而且一般傳記大都不予記載宗族子嗣，後世史書則把為傳主寫祖宗子嗣視為慣例）、字號婚配（偶有寫的現象，然尚未成定法，隨意性很大）等人物生平中的基本信息。然而難得可貴的是竟然不厭繁瑣地記載傳主的學習經歷、學問淵源、師承演變，或於開篇道來，或於本傳中後部分予以追溯。這種現象比較多，以上只是略舉幾例而已。與之相應的另一現象便是劃歸學類。

二、《史記》歸學類

　　《史記》在記敘人物、點評人物及其著述時，常將傳主的學問、學術、著述尋根問底，予以區分淵源、類別，學術路數描述得清晰明瞭。本文把這種現象叫做「歸學類」。例如：

　　韓生者，燕人也……韓生推《詩》之意而為《內外傳》數萬言，其語頗與齊魯間殊，然其歸一也。淮南賁生受之。自是之後，而燕趙間言《詩》者由韓生。韓生孫商為今上博士。（《儒林列傳》）

　　太史公曰：《春秋》推見至隱，《易》本隱之以顯，《大雅》言王公大人而德逮黎庶，《小雅》譏小己之得失，其流及上。所以言雖外殊，其合德一也。相如雖多虛辭濫說，然其要歸引之節儉，此與《詩》之風諫何異。（《司馬相如列傳》）

　　慎到，趙人。田駢、接子，齊人。環淵，楚人。皆學黃老道德之術，因發明序其指意。故慎到著十二論，環淵著上下篇，而田駢、接子皆有所論焉。……騶奭者，齊諸騶子，亦頗采騶衍之術以紀文。（《孟子荀卿列傳》）

　　荀卿乃適楚……李斯嘗為弟子，已而相秦。荀卿嫉濁世之政，亡國亂君相屬，不遂大道而營於巫祝，信機祥，鄙儒小拘，如莊周等又

> 猾稽亂俗，於是推儒、墨、道德之行事興壞，序列著數萬言而卒。因
> 葬蘭陵。（《孟子荀卿列傳》）
>
> 　屈原既死之後，楚有宋玉、唐勒、景差之徒者，皆好辭而以賦見
> 稱；然皆祖屈原之從容辭令，終莫敢直諫。（《屈原賈生列傳》）

　　如上所舉例子，史家對傳主的學問類型予以劃歸學類，追問學術源流派
別，有時根據傳主的主要著作劃分學術類別（如韓生爲《詩》做注解，形成
詩學的一家，這是以文分類），有時根據傳主綜合的學術傾向劃分學術類別（比
如宋玉，不問他作品的傾向，直接以學習屈原文辭、卻不敢學屈原耿直人品
的人歸類），有時乾脆綜合傳主的爲人與著述一起劃分學術類型（比如上舉例
子中的司馬相如）。

　　《史記》對傳主作品劃歸學類，與作有說明性的舉篇目現象類似，其共
性是或者論作品成書（文），或者論作品的旨要，或者論作品的卷帙等。因此
《史記》的歸學類與帶有說明性的舉篇目，二者都近似於後世的目錄學，換
言之，二者皆是後世目錄學的雛形。然而《史記》的劃歸學類與舉篇目確實
有著很大的不同。《史記》舉篇目時一定說明了篇名，篇名之下乃作說明，圍
繞的是所舉篇名（目），針對的主要是所舉個別篇章，而非傳主整體的著述。
《史記》的歸學類則以傳主爲核心，主要是對傳主的整體思想、傳主的整體
著述情況而言，因此史家有時雖然不爲傳主舉篇目、論述作品情況，或者將
傳主的爲人與著述渾言之，卻依舊無礙於史家對該傳主的學類劃歸，如史家
對愼到類、宋玉類、騶奭、荀卿、司馬相如等傳主的處理，都屬於此種類型。

　　因此《史記》劃歸學類的做法特別接近於辨章學術、溯本正源、清晰流
承分派。這在《儒林列傳》中表現得更爲集中、顯著：

> 　自孔子卒後，七十子之徒散遊諸侯，大者爲師傅卿相，小者友教
> 士大夫，或隱而不見。故子路居衛，子張居陳，澹臺子羽居楚，子夏
> 居西河，子貢終於齊。如田子方、段干木、吳起、禽滑釐之屬，皆受
> 業於子夏之倫，爲王者師。是時獨魏文侯好學。後陵遲以至於始皇，
> 天下並爭於戰國，懦術既絀焉，然齊魯之間，學者獨不廢也。於威、
> 宣之際，孟子、荀卿之列，咸遵夫子之業而潤色之，以學顯於當世。
>
> 　及至秦之季世，焚《詩》《書》，坑術士，《六藝》〔註2〕從此缺

〔註2〕按：此「六藝（其原文爲『藝』）」中華書局1982年版加書名號，韓兆琦等《史
記：評注本》（長沙：嶽麓書社，2004年）未加書名號。又中華書局同版同書
於《伯夷列傳》之「猶考信於六藝（其原文爲『蓺』）」，《孔子世家》「以備王

焉。陳涉之王也，而魯諸儒持孔氏之禮器往歸陳王。於是孔甲爲陳涉
博士，卒與涉俱死。陳涉起匹夫，驅瓦合適戍，旬月以王楚，不滿半
歲竟滅亡，其事至微淺，然而縉紳先生之徒負孔子禮器往委質爲臣
者，何也？以秦焚其業，積怨而發憤於陳王也。

　　及高皇帝誅項籍，舉兵圍魯，魯中諸儒尚講誦習禮樂，絃歌之音
不絕，豈非聖人之遺化，好禮樂之國哉？故孔子在陳，曰「歸與歸與！
吾黨之小子狂簡，斐然成章，不知所以裁之」。夫齊魯之間於文學，自
古以來，其天性也。故漢興，然後諸儒始得修其經藝，講習大射鄉飲
之禮。叔孫通作漢禮儀，因爲太常，諸生弟子共定者，咸爲選首，於
是喟然歎興於學。然尚有干戈，平定四海，亦未暇遑庠序之事也。孝
惠、呂后時，公卿皆武力有功之臣。孝文時頗徵用，然孝文帝本好刑
名之言。及至孝景，不任儒者，而竇太后又好黃老之術，故諸博士具
官待問，未有進者。

　　及今上即位，趙綰、王臧之屬明儒學，而上亦鄉之，於是招方正
賢良文學之士。自是之後，言《詩》於魯則申培公，於齊則轅固生，於
燕則韓太傅。言《尚書》自濟南伏生。言《禮》自魯高堂生。言《易》
自菑川田生。言《春秋》於齊魯自胡毋生，於趙自董仲舒。及竇太后
崩，武安侯田蚡爲丞相，絀黃老、刑名百家之言，延文學儒者數百
人，而公孫弘以《春秋》白衣爲天子三公，封以平津侯。天下之學士靡
然鄉風矣。（《儒林列傳》）

觀上所節引，雖名爲「儒林」合傳，實同孔子學術的傳承發展史及流派分支
系統。然後再分傳儒林人士各派各家的學術及傳承，其論述如：

　　申公者，魯人也。高祖過魯，申公以弟子從師入見高祖於魯南
宮。呂太后時，申公遊學長安，與劉郢同師。已而郢爲楚王，令申公
傅其太子戊。戊不好學，疾申公。及王郢卒，戊立爲楚王，胥靡申
公。申公恥之，歸魯，退居家教，終身不出門，復謝絕賓客，獨王命
召之乃往。弟子自遠方至受業者百餘人。申公獨以《詩經》爲訓以教，
無傳，疑者則闕不傳。

道，成六藝（原文爲『藝』）」、「弟子蓋三千焉，身通六藝（原文爲『藝』）者
七十有二人」，《李斯列傳》「斯知六藝（其原文爲『蓺』）之歸」等，「六藝」
皆未加書名號；然《孔子世家・太史公曰》「中國言《六藝（原文爲『藝』）》
者折中於夫子」，《司馬相如列傳》「游乎《六藝（原文爲『藝』）》之圍」，《太
史公自序》「垂《六藝（其原文爲『蓺』）》之統紀於後世」等，「六藝」皆加
書名號。可見中華書局該版標點本身很紊亂，本文引《史記》「六藝」的標點
姑且從之，下不注明。

> 蘭陵王臧既受《詩》……不能就其事，乃言師申公。……

> 弟子爲博士者十餘人：孔安國至臨淮太守，周霸至膠西內史，夏寬至城陽內史，碭魯賜至東海太守，蘭陵繆生至長沙內史，徐偃爲膠西中尉，鄒人闕門慶忌爲膠東內史。其治官民皆有廉節，稱其好學。學官弟子行雖不備，而至於大夫、郎中、掌故以百數。言《詩》雖殊，多本於申公。（《儒林列傳》）

> 伏生者，濟南人也。故爲秦博士……於是乃詔太常使掌故晁錯往受之。秦時焚書，伏生壁藏之。其後兵大起，流亡，漢定，伏生求其書，亡數十篇，獨得二十九篇，即以教於齊魯之間。學者由是頗能言《尚書》，諸山東大師無不涉《尚書》以教矣。

> 伏生教濟南張生及歐陽生，歐陽生教千乘兒寬。兒寬既通《尚書》，以文學應郡舉，詣博士受業，受業孔安國……張生亦爲博士。而伏生孫以治《尚書》徵，不能明也。（《儒林列傳》）

> 自魯商瞿受《易》孔子，孔子卒，商瞿傳《易》，六世至齊人田何，字子莊，而漢興。田何傳東武人王同子仲，子仲傳菑川人楊何。何以《易》，元光元年徵，官至中大夫。齊人即墨成以易至城陽相。廣川人孟但以《易》爲太子門大夫。魯人周霸，莒人衡胡，臨菑人主父偃，皆以易至二千石。然要言《易》者本於楊何之家。（《儒林列傳》）

以上略摘幾段儒林人士的各個分傳，這雖是合傳內的各個小傳，實際上史家又給每個傳主劃歸了學類，並且以類相從，連帶性地排列該門學術的傳承流轉。《史記》劃歸學類，實際已是辨章學術源流的一部分了。

與之相承且更進一步的是，直接就某門學術而論該門學術之人物，即以學類寫人，落腳點由爲傳主歸學類變成爲學術師承演變立傳。如：

> 太史公讀《春秋曆譜諜》……周道缺，詩人本之衽席，《關雎》作。仁義陵遲，《鹿鳴》刺焉……是以孔子明王道，干七十餘君，莫能用，故西觀周室，論史記舊聞，興於魯而次《春秋》，上記隱，下至哀之獲麟，約其辭文，去其煩重，以制義法，王道備，人事浹。七十子之徒口受其傳指，爲有所刺譏褒諱挹損之文辭不可以書見也。魯君子左丘明懼弟子人人異端，各安其意，失其眞，故因孔子史記具論其語，成《左氏春秋》。鐸椒爲楚威王傅，爲王不能盡觀《春秋》，采取成敗，卒四十章，爲《鐸氏微》。趙孝成王時，其相虞卿上采《春秋》，下觀近勢，亦著八篇，爲《虞氏春秋》。呂不韋者，秦莊襄王相，亦上觀尚古，刪拾《春秋》，集六國時事，以爲八覽、六論、十二紀，爲《呂氏春秋》。及如荀卿、孟子、公孫固、韓非之徒，各往往捃摭《春秋》

之文以著書，不可勝紀。漢相張蒼曆譜五德，上大夫董仲舒推《春秋》
義，頗著文焉。（《十二諸侯年表》）

　太史公曰：儒者斷其義，馳說者騁其辭，不務綜其終始；曆人取
其年月，數家隆於神運，譜諜獨記世諡，其辭略，欲一觀諸要難。於
是譜十二諸侯，自共和訖孔子，表見《春秋》、《國語》學者所譏盛衰
大指著於篇，為成學治古文者要刪焉。（《十二諸侯年表》）

上舉第一例子，史家的初衷是以《春秋》為例，論說上古各種史料的混雜凌
亂，使得人們「欲一觀諸要」成為艱難之事。在論述中，實際是就《春秋》
之學歷來凌雜的學術現狀予以舉例闡述，所列舉的各家著述不過是因其類而
被招來佐證史家的觀點。即因為闡述《春秋》之學的需要而博引治學《春秋》
的各家流派，治學《春秋》的學者之所以在這裡進入傳文是因為他的學說屬
於《春秋》之學，符合史家意欲闡述《春秋》之學的需要。換言之，這是為
了學術師承演變立傳，然後才因為學類而為該類學者立傳的。在這裡因學類
寫人，必須是史家心裏早已為各個學派的師承做過梳理、對各個學者的學術
類型做過歸類，因此劃歸學類已然暗含在其中了。因學類寫該類學者，實際
與專門論述學術無異了。司馬談《論六家之旨要》正是因學術派別（「家」）
論學人、論學術的。《儒林列傳》就其大框架來說，是論說承先王大道而作的
六藝的傳承與發展，然後以時代順序分別闡述；同時代之中，則按六藝分六
塊論述，六塊之中再按門派論述之；相關之人都在六塊之下的相應門派中論
及。這個做法，實際就是因學類寫學類中的學者。整個《儒林列傳》，實際同
於專門的學術流派演變史。並且《史記》「列傳」的體例中本來就沒有局限於
人物傳記，各種專門史的論述也是可以的，比如各少數民族《列傳》、《貨殖
列傳》，雖然的確可見部分人物的人生軌跡，但並不是以個別人物傳記為中心
的，這些列傳的實際內容遠遠超出了個別人物的傳記，有各個少數民族的風
俗民情、地理、物產，有中國四方物產風俗等等。因此《史記》論述的「學
術流派演變史」出之於「列傳」之中，與其體例也並不矛盾衝突。

三、《史記》溯學源與歸學類比較

　　《史記》溯學源與歸學類是兩個關聯緊密的現象。有什麼樣的學習經歷、
學術淵源，勢必會有著相應的思想傾向、學術走向、知識結構。反之，一個
人的某種思想傾向、學術走向也不是偶然的，往往與其學習經歷、學術淵源、
知識結構相關。譬如張蒼「曆譜五德」（《十二諸侯年表》）、上書文帝言終始

五德（《曆書》），這些事件發生在張蒼身上並非偶然，他本來就這方面的學術傾向與學術實踐。史載張蒼「好書律曆。秦時爲御史，主柱下方書」、「張蒼乃自秦時爲柱下史，明習天下圖書計籍。蒼又善用算律曆」（《張丞相列傳》）。荀卿的學說，一般歸入儒家，但實際上他的學說不僅只有儒家的養分，荀卿不滿於諸子百家一家之說，因此雜取諸家並以儒學爲主體。荀卿的這個學術傾向亦非偶然，這與他遊學於尊賢重士、學術繁榮的齊國〔註3〕、後又轉到楚國等經歷不無關係。蘇秦、張儀都是縱橫家中的佼佼者，其實他們都出自鬼谷子門下。法家著名人物韓非、李斯，都曾是以儒學爲主的荀卿的學生。

　　《史記》的溯學源與歸學類相互關聯，但並非都是正向影響。如法家之韓非、李斯都求學於荀卿，而荀卿一般被認爲是儒家學者〔註4〕。且韓非雖然求學於儒家、立身爲法家，然「其歸本於黃老」（《老子韓非列傳》），其學說的本質是黃老之學。吳起學於孔子弟子曾子、子夏之倫〔註5〕，最終走向了法家。蘇秦、張儀，雖然同樣學於一個老師（鬼谷子），但分別走向了連橫、合縱之路。申不害之學本於黃老之學而主於刑名之學。這些學源與學類顯然是有所位移的，並非正向關聯。

〔註3〕 按：《孟子荀卿列傳》云：「自騶衍與齊之稷下先生，如淳于髡、慎到、環淵、接子、田駢、騶奭之徒，各著書言治亂之事，以干世主，豈可勝道哉！」「於是齊王嘉之，自如淳于髡以下，皆命曰列大夫，爲開第康莊之衢，高門大屋，尊寵之。覽天下諸侯賓客，言齊能致天下賢士也。」可見，當時的齊國學術紛呈如百家。

〔註4〕 關於荀卿的思想派別，《史記·孟子荀卿列傳》云「荀卿嫉濁世之政，亡國亂君相屬，不遂大道而營於巫祝，信禨祥，鄙儒小拘，如莊周等又猾稽亂俗，於是推儒、墨、道德之行事興壞，序列著數萬言而卒」，雖沒有給予明確論斷，但也沒有歸入法家，而是「推儒、墨、道德」；又《史記·儒林列傳》云「於威、宣之際，孟子、荀卿之列，咸遵夫子之業而潤色之，以學顯於當世」，是知司馬遷終究將荀卿歸入儒家學派。又《漢書·藝文志》云「右儒五十三家」中列「《孫卿子》三十三篇。名況，趙人，爲齊稷下祭酒，有《列傳》」（顏師古注云：「本曰荀卿，避宣帝諱，故曰孫。」），說明《漢書》也把荀卿視作儒家學者。可見非但司馬遷以爲荀子是儒家人物，劉歆、班固亦然。

〔註5〕 「吳起……皆受業於子夏之倫」（《史記·儒林列傳》），「吳起者，衛人也，好用兵。嘗學於曾子」（《史記·孫子吳起列傳》）。吳起，《漢書·藝文志》兵權謀類列《吳起》四十八篇；今人多以爲是法家，如吳德新云「法家產生於戰國時期，創始者有李悝、吳起、商鞅、申不害與慎到等人」（吳德新著《法家簡史：法、術、勢合而爲一的東方政治學》，重慶：重慶出版社，2008年，第40頁），《法家史話》云「吳起是在李悝之後出現的一位法家學派的代表人物」（張開泰編著《法家史話》，北京：中國大百科全書出版社，2000年第1版，第30頁）。

第二節 溯學源、歸學類探因及與舉篇目比較

如上所述，《史記》對傳主的生平信息（如生卒年月、生葬地址、祖宗子嗣、字號婚配等）一般少有記載，然而卻特別關注於傳主的學習經歷、學術淵源、學術派別，溯學源、歸學類現象高頻出現，這是為什麼呢？即使是合傳中所佔篇幅不大的傳主，也常敘及其學源、學類。如「不疑學《老子》言」（《萬石張叔列傳》），「長史朱買臣，會稽人也。讀《春秋》」，「王朝，齊人也。以術至右內史。邊通，學長短」（《酷吏列傳》），「韋丞相玄成者……其人少時好讀書，明於《詩》、《論語》」（《張丞相列傳》），等等。《史記》溯學源、歸學類與《史記》的錄文、舉篇目有無關係，有著怎樣的關係呢？

首先，《史記》溯學源、歸學類是對錄文的較為簡單而又不失全面的一種替代。

《史記》所傳人物眾多，傳主的作品自然眾多，相關傳主之文則更多，這是《史記》不勝著錄的。因此史家面對傳主或相關傳主的凡可錄、欲錄而不能錄的作品，史家常會自覺或不自覺地用一種簡練的文字，概述傳主某篇作品的主要內容或其他基本信息，或者概述傳主一生整體的著述情況，以替代補償未錄其文的遺憾。舉篇目是一種替補的方式，溯學源、歸學類亦是其中的一種。但是舉篇目只是針對某一篇、某幾篇而言，溯學源、歸學類則主要是針對傳主其人，針對傳主整體著述情況而言。因此從替代、節省的筆墨、篇幅來說，舉篇目帶來的「節約」不及溯學源、歸學類大，換而言之《史記》溯學源、歸學類與舉篇目都是史家以最簡潔的文字、用最便捷的方式傳遞傳主及相關傳主的著述情況，但一般來說溯學源、歸學類傳遞傳主的著述信息量較舉篇目而言更大更豐富。譬如《孟子荀卿列傳》，篇幅不長，但所論及的人物眾多，史家通過溯學源、歸學類的辦法，或言其大略，或數筆帶過，傳主的著述情況即已較全面地交待清楚了。故雖未錄傳主之文，而讀者已能略知一二，已能掌握傳主的整體思想、學術、著述的概貌了。極其簡略的溯學源、歸學類，如《屈原賈生列傳》對宋玉之徒的寫作即採用了這個方法〔註6〕，其收效卻是雖然不見其人亦不見其文，然而傳主其人、其文的概貌讀者都已盡知。

當然，如上所言，古人行文中隨意性很大，《史記》亦然，《史記》的溯

〔註6〕《屈原賈生列傳》云：「屈原既死之後，楚有宋玉、唐勒、景差之徒者，皆好辭而以賦見稱；然皆祖屈原之從容辭令，終莫敢直諫。」

學源、歸學類現象亦然。其成因不排除多種因素的可能，因此它們不一定全部適合使用錄文替代補償的方式來闡釋。

其二，《史記》的溯學源、歸學類也是史書敘事的需要。

一般地，一個人有著怎樣的學術淵源、學習經歷，便會走向相應的學術類別，同樣也會產生相應的行事來。孟子說「頌其詩，讀其書，不知其人，可乎？是以論其世也」（《孟子·萬章下》），反之，欲論傳主之「其世」而不知傳主之詩書亦不可。故司馬遷說學者「猶考信於六藝」（《伯夷列傳》）者也，以文證史（上文已論），且常在「太史公曰」下標明「余讀其」之類的文字。如「余讀孔氏書，想見其為人」（《孔子世家》），「吾讀管氏《牧民》、《山高》、《乘馬》、《輕重》、《九府》，及《晏子春秋》，詳哉其言之也。既見其著書，欲觀其行事，故次其傳」（《管晏列傳》），「余嘗讀商君《開塞》《耕戰》書，與其人行事相類」（《商君列傳》），「余讀《離騷》、《天問》、《招魂》、《哀郢》，悲其志。適長沙，觀屈原所自沉淵，未嘗不垂涕，想見其為人」（《屈原賈生列傳》）等。一個人的作品，正是其學類歸屬的重要依據。而文又如其人，與其人行事相應。因此，學源的追溯、學類的歸屬，實際上與記敘人物行事相統一。而學源的追溯、學類的歸屬，往往徵兆著人物相關相應的行為舉動。

《史記》中常有此類現象，通過對傳主學源的追溯、學類的歸劃，史家向世人暗中揭示傳主行事成敗的原因之一。譬如張蒼，本傳開頭就說他「好書律曆。秦時為御史，主柱下方書」，而後云漢時任計相、曆譜五德、定律令，之後又說「故漢家言律曆者，本之張蒼。蒼本好書，無所不觀，無所不通，而尤善律曆」，使得前面的這種因果暗示明瞭化。如韓非、吳起、商鞅，少好刑名之學，而後都走向法家道路；若商鞅者，因變法而榮又因變法而死。蘇秦與張儀、李斯與韓非、龐涓與孫子，在他們的傳文中，史家都首先敘述他們的學術淵源、學歷經歷，他們求學於同一位老師，而後都走向了相同或相對立的道路，並且相互排斥乃至陷害。他們之所以後來強烈地相斥乃至相害，與他們同師同門有著相同的學術淵源有密切關係，又因為輔佐相互傾軋的諸侯們自然難免相互競爭。又如，塞侯直不疑「學《老子》言。其所臨，為官如故，唯恐人知其為吏跡也。不好立名稱，稱為長者」，學《老子》，故無為，恐人知跡，因果關聯，暗示甚明。又如項羽，本紀開篇即云「少時，學書不成，去；學劍，又不成。項梁怒之。籍曰：『書足以記名姓而已。劍一人敵，不足學，學萬人敵。』於是項梁乃教籍兵法，籍大喜，略知其意，又不肯竟

學」（《項羽本紀》），這看似學習中不經意的小故事，實際上卻暗示著項羽此後一生的人生路線及其最終的敗局。

　　《史記》通過對傳主學源的追溯、學類的歸劃，向世人暗中揭示傳主行事成敗的原因之一。這種暗示源於司馬遷的敘事不停留於事件表層，而是深入分析導致事件發生、發展、結果的各種原因，予以追根溯源，正如司馬遷在《報任安書》中所謂「欲究天人之際，通古今之變」〔註7〕。然而一個人的學習經歷、學術淵源，往往會影響其一生的思想、觀念以及人際交往圈，這些往往對其一生行事有著潛在的原始動力性的影響。同時，也可以從一個人的學習經歷、學習淵源等早年瑣事中管窺其今後的人生行事的走向與作風。比如項羽，少時不喜歡學書、學劍，他認為讀書寫字只夠記名姓就夠了，劍法再好只能對付一人敵而已，因此要學「萬人敵」，於是項梁教他兵法。這段學習經歷，既暗示了項羽從小就有大志向、大胸懷，與他後來領導東方諸侯反秦復楚之壯業交相輝映，同時也暗示著項羽何以能領導東方諸侯、推翻強大的秦國而重建楚國，因為他不僅略學書劍，更重要的是學習了「萬人敵」的兵法。然而如此大業，項羽建立起來了卻又馬上失敗了，成為泡影，這又是為什麼呢？還是在這段學習經歷中，史家為我們揭示了問題的潛在性的根源所在。因為項羽學書不成轉而學劍、學劍不成轉而學兵法，雖然喜歡這萬人敵的兵法，卻究竟仍是「略知其意，又不肯竟學」，學而無恒、好高騖遠、沾沾自喜、自以為是，而不肯紮實、不求精通，於學自然不會有大成，於事業又焉能大成呢，即使因緣和合幸而能成就大事業，成而不能久，不亦宜乎！這雖然不是項羽事業成敗的最直接可觀的原因，其實卻是最原始、最潛在、最深層的主觀方面的內在因素。司馬遷雖然深入分析了項羽，卻只在敘事中暗示而不予以直接論述，貌似不動聲色，深意已然暗含其中了。觀《項羽本紀·太史公曰》可知：「自矜功伐，奮其私智而不師古，謂霸王之業，欲以力征經營天下，五年卒亡其國，身死東城，尚不覺寤而不自責，過矣。乃引『天亡我，非用兵之罪也』，豈不謬哉！」司馬遷對項羽的成敗的解釋這才直接起來，批評項羽「自矜功伐，奮其私智而不師古」、「不覺寤而不自責」，這正與其少時治學之失相類。再如公孫弘，他一生的際遇榮升與儒學、《春秋》分不開。其本傳開篇即言「年四十餘歲乃學《春秋》雜說」（《平津侯主父列傳》），

〔註7〕　（漢）班固撰，（唐）顏師古注《漢書·司馬遷傳》，北京：中華書局1962年版，冊9第2735頁。

未嘗不有深意也：若不學《春秋》雜說，自然不會兩次被薦賢良文學，自然不會有其後君臣相得、平步青雲、位極人臣的際遇。

　　凡此種種，史家一般不予明言，只是靜靜地在敘事之中暗含而已。但就這種敘事的暗示來說，溯學源（學習經歷）較歸學類表現得明顯一些。歸學類的出現則更多地與辨章學術相關。當然，溯學源（學習經歷）的出現也不完全局限於敘事暗示所需，有很大一部分與辨章學術、清晰學術流派相關。

　　其三，《史記》溯學源（學習經歷）、歸學類是史家的辨章學術的意識、梳理學術流派的意圖的具體落實。

　　《史記》學源的追溯、學類的劃歸，一方面出於對傳主的評述、敘事，另一方面則緣於司馬遷辨章學術的意識、梳理學術流派的意圖。如前所述，《史記》對著作的學類劃歸，與後世目錄學十分類似，可謂之目錄學雛形；對人物的學類的劃歸則類似於後世辨章學術、梳理學術流派；至於以學類寫該類學者則已然同於後世專門的學術史了。只是這種辨章學術、梳理流派傳承的意識，有時則較為明顯較為集中，有時雖然集中卻又表現得不明顯，有時則既不集中又不顯著，作為潛意識存在。該意識最集中且最顯著的莫如《儒林列傳》，該傳總體來說是敘述仲尼之業，然後分論六藝，然後各藝中再分述各家。其次是《孟子荀卿列傳》《十二諸侯年表》等。三是《老子韓非列傳》，《屈原賈生列傳》（宋玉之徒），《樂毅列傳》（太史公曰）等，大多散見於諸篇。

　　如章學誠先生所論，「《藝文》雖始於班固，而司馬遷之列傳，實討論之。觀其敘述，戰國、秦、漢之間，著書諸人之列傳，未嘗不於學術淵源，文詞流別，反復而論次焉。劉向、劉歆，蓋知其意矣。故其校書諸敘論，既審定其篇次，又推論其生平；以書而言，謂之敘錄可也；以人而言，謂之列傳可也。史家存其部目於《藝文》，載其行事於列傳，所以為詳略互見之例也。」〔註8〕楊啟高先生說「中國學術自來無明晰之系統，而是書特開其先例。《老莊申韓列傳》、《孟子荀卿列傳》、《屈原列傳》、《儒林列傳》，實為吾儔創學術源流之雛形」〔註9〕。白壽彝先生說「《史記》開創了學術史的先河。《史記》以前，沒有通史，也沒有學術史」，「《太史公自序》裏的『論六家要指』，有意識地記載和論述學術活動……說明司馬遷自覺地注意了學術的發展」

〔註8〕（清）章學誠著，葉瑛校注《文史通義校注・校讎通義》（卷三），北京：中華書局，1985年，第1023頁。

〔註9〕楊啟高《史記通論》，見《史記研究集成》卷八《史記史學研究》第363頁。

〔註 10〕，等等。且不論前賢們具體觀點如何，但足以說明前賢們早已不斷地注意到司馬遷辨章學術意識、梳理學術源流派別的意識了。

本章小結：

《史記》的溯學源、歸學類，是與錄文不同卻又相關的兩種現象，不可忽視。它們不僅體現了史家辨章學術、梳理學術流派的意圖，也是錄文的一種重要的替代與補償；但它們針對的是傳主其人（傳主及相關人物）、傳主整體的著述情況，因而區別於往往僅僅針對某一篇、某幾篇具體作品而言的舉篇目。就其出現而言，除了錄文的替代補償外，辨章學術、梳理學術流派的目的也是其重要因素，此外也有助於史家敘事之用。

〔註10〕白壽彝《史記新論》，北京：求實出版社，1981 年，第 60 頁。

第四章 《史記》辨章學術意識與錄文

在第二章、第三章多次提到《史記》具有辨章學術意識，史家的辨章學術意識深刻地影響《史記》的錄文、舉篇目、溯學源、歸學類等系列舉措。本章重點闡述《史記》辨章學術意識的表徵，及與錄文、錄文之替代補償（舉篇目、溯學源、歸學類）之間的關係，討論《史記》之辨章學術意識存在的學理依據。

第一節 《史記》辨章學術意識的表徵及與錄文的關係

上文已探討《史記》錄文及舉篇目、溯學源、歸學類等錄文之替代補償的具體情況。《史記》錄文與錄文的諸種替代補償，都受史家的辨章學術思想的潛在影響。反之，司馬遷的辨章學術意識也可以從《史記》的錄文、錄文的各種替代補償中找到種種表徵。

《史記》錄文，無論是直接著錄的，還是串述於文中的一般性錄文，總是把所錄文置於具體的時間、背景之下，交代作者、創作背景、創作目的、寫給誰，甚至還暗示所錄作品的體裁，等等。如：

> 賈生既辭往行，聞長沙卑濕，自以壽不得長，又以適去，意不自得。及渡湘水，爲賦以弔屈原。其辭曰……（《屈原賈生列傳》，錄賈誼《弔屈原賦》）

> 賈生爲長沙王太傅三年，有鴞飛入賈生舍，止於坐隅。楚人命鴞曰「鵩」。賈生既以適居長沙，長沙卑濕，自以爲壽不得長，傷悼之，乃爲賦以自廣。其辭曰……（同上，錄賈誼《鵩鳥賦》）

秦僻在雍州，不與中國諸侯之會盟，夷翟遇之。孝公於是布惠，振孤寡，招戰士，明功賞。<u>下令國中曰</u>：「昔我繆公自岐雍之間……寡人思念先君之意，常痛於心。賓客群臣有能出奇計強秦者，吾且尊官，與之分土。」於是乃出兵東圍陝城，西斬戎之獂王。衛鞅聞是令下，西入秦，因景監求見孝公。（《秦本紀》，錄秦孝公《下令國中》）

前兩例錄文是直接著錄的錄文，後者是串述於文中的一般性錄文。三者都交代了作者、創作背景、創作目的、寫給誰，還暗示了所錄作品的體裁（前兩篇屬於「賦」，後者屬於「令」）。這些說明性文字與後世為詩文著作所作的繫年、本事、索隱十分相似，也與《毛詩序》之類類似，即類似於給作品寫的序。而繫年、本事、索隱、書序等體例，即是後來學者從事學術研究的常用體例。《史記》錄文的說明性文字與學者學術研究體例類似，這並非偶然，恰是司馬遷辯證學術意識的體現。

《史記》之舉篇目，雖有單單羅列篇名的現象，但更多的是既列篇名又做說明的現象，甚至還有許多概括主旨大意、寫讀後感、做點評的情況。帶有說明的舉篇目，在篇名之下往往說明作品的原作者、創作背景、寫作目的、寫作時間、成書情況、存佚情況、作品數量（篇數、字數）等信息。而這些信息的結集，恰似後世之目錄學。因此《史記》這種類型的舉篇目，每一條目簡直就是一份零散的目錄學條目。《史記》這種類型的舉篇目，謂之目錄學雛形當是恰當的。如：

魯君子左丘明懼弟子人人異端，各安其意，失其真，故因孔子史記具論其語，成《左氏春秋》。（《十二諸侯年表》）

鐸椒為楚威王傳，為王不能盡觀《春秋》，採取成敗，卒四十章，為《鐸氏微》。（《十二諸侯年表》）

趙孝成王時，其相虞卿上采《春秋》，下觀近勢，亦著八篇，為《虞氏春秋》。（《十二諸侯年表》）

呂不韋者，秦莊襄王相，亦上觀尚古，刪拾《春秋》，集六國時事，以為八覽、六論、十二紀，為《呂氏春秋》。（《十二諸侯年表》）

春歌《青陽》，夏歌《朱明》，秋歌《西皞》，冬歌《玄冥》。世多有，故不論。（《樂書》）

吾讀管氏《牧民》、《山高》、《乘馬》、《輕重》、《九府》，及《晏子春秋》，詳哉其言之也。既見其著書，欲觀其行事，故次其

傳。至其書，世多有之，是以不論，論其軼事。（《管晏列傳》）

　　莊子者……故其著書十餘萬言，大抵率寓言也。作《漁父》、《盜跖》、《胠篋》，以詆訾孔子之徒，以明老子之術。畏累虛、亢桑子之屬，皆空語無事實。然善屬書離辭，指事類情，用剽剝儒、墨，雖當世宿學不能自解免也。其言洸洋自恣以適己，故自王公大人不能器之。（《老子韓非列傳》）

　　上略舉幾例。他們大多都記載了作品的原作者、創作背景、寫作目的，有的還說明了寫作時間（如《虞氏春秋》）、成書情況（如《左氏春秋》《鐸氏微》《虞氏春秋》《呂氏春秋》）、存佚情況（如春夏秋冬歌、管子諸文、《晏子春秋》）、作品數量（篇數如《呂氏春秋》《虞氏春秋》《鐸氏微》，字數如莊子的書），還有為之概括大意、作評述的，等等。《史記》雖然對不同傳主、不同作品所作介紹的體例不完全一致，但《史記》所出現的介紹方式都為後世目錄學所採用。而後世之目錄學所用方式方法大多可以在《史記》舉篇目等現象中找到雛形、找到發源處。所以，把《史記》舉篇目的這些相關內容看做是一條條體例不葺的目錄，亦無不可。

　　《史記》之溯學源、歸學類則更見史家的辨章學術、梳理學術流派意識。《史記》在給傳主作傳時，常從傳主的學習經歷、學術淵源、學術派別記起，或者在傳中予以追溯；在記敘、點評傳主及其著述時，常將其學問、學術、著述劃歸學術類別、派別，然後又依學類寫該類學者。筆者以為，前者溯學源既是史家辨章學術思想的潛意識所致，也是史家將自己的學術思想予以對象化的操作；後者歸學類乃及依學類寫人，則更是將史家辨章學術思想、梳理學術派別意識的直接對象化，是其極其集中而顯著體現。

　　上文已分析，儘管舉篇目、溯學源、歸學類是《史記》錄文的一種替代補償，其產生大多由多種因素所致，錄文也有重作品的文辭價值、情感價值、文獻價值等多種用意（詳見下文），但其中的一個重要而關鍵的因素是司馬遷辨章學術思想的。辨章學術思想既促發了它們（《史記》錄文、舉篇目、溯學源、歸學類）的產生，而它們又使得辨章學術思想得以展現發揮。司馬遷辨章學術思想非但與《史記》的錄文、舉篇目、溯學源、歸學類有密切的關係，它與《史記》的錄文意識、錄文目的也有緊密的聯繫。它一方面啓發了錄文意識的產生，一方面又受錄文意識的影響，二者共同作用於錄文的諸種現象（詳見第五章）。

第二節 《史記》辨章學術意識產生的學理依據

上一節已經論述了《史記》辨章學術、梳理學術流派意識是確鑿可尋的。那麼作爲書史的辨章學術意識、梳理學術流派意識，《史記》的率先擁有是純屬偶然，還是有其產生的學理依據呢？筆者以爲並非偶然，《史記》辨章學術意識、梳理學術流派意識的產生有其充足的學理依據。

一、戰國以來辨章學術思想淵源有自

論述諸子百家學術，並不是《史記》的首創。莊子早已在《天下篇》便發端了。莊子首先總論了天下道術，云「道術將爲天下裂」〔註1〕，繼而分論墨家，宋鈃、尹文，彭蒙、田駢、慎到，關尹、老聃，莊周，惠施、桓團、公孫龍，將各個人物置於相應的學術派別下聚而論之。荀子亦曾作《非十二子》，將十二子分作六類，逐類概括其觀點的不足，然後闡發自己的觀點，最後特地批判子張、子夏、子游等各類賤儒。韓非亦作《顯學篇》，針對世之顯學儒墨二家，將孔子所傳之學分爲八家、墨子之學分爲三家。《呂氏春秋·審分·不二》也涉及到諸家概述，「老耽貴柔，孔子貴仁，墨翟貴廉，關尹貴清，子列子貴虛，陳駢貴齊，陽生貴己，孫臏貴勢，王廖貴先，兒良貴後」〔註2〕。司馬遷的父親司馬談曾作《論六家要指》，這已經是專題學術論著了，較全面而深刻地分析了陰陽、儒、墨、名、法、道六家學說（詳見《太史公自序》）。可見學界的辨章學術、評點諸家學術的行動先於史書早已開始，自戰國以來至司馬遷的父親，傳承不斷，日臻成熟。司馬遷繼承了學界辨章學術、梳理學術派別的思想，其貢獻是將該思想率先融入史書，通過錄文、舉篇目、溯學源、歸學類等方式，將辨章學術、梳理學術流派的目的與著史立傳有機相融，並進一步啓發了後世目錄學、本事、索隱等學術研究開啓。

二、漢初統治思想的博弈強化了士人的辨章學術意識

《史記》辨章學術、梳理學術流派意識的出現除了前人啓發之外，更有當下社會的學術思潮的影響。漢初當下社會的學術思潮，首先是漢初統治思

〔註1〕郭慶藩撰，王孝魚點校《莊子集釋·天下》（新編諸子集成），北京：中華書局 2012 年版，第 1064 頁。

〔註2〕許維遹撰《呂氏春秋集釋》（新編諸子集成），北京：中華書局 2009 年版，第 467 頁。

想的反覆博弈鬥爭，強化了人們心中的辨章學術意識、學術流派意識。

　　作爲一國統治的思想基礎，漢初一直沒有從根本上確定下來，一直處於探索、試用、爭鬥之中。無比強大卻又無比短暫的秦王朝及其以法家治國的亡國教訓，讓初得天下的漢廷與士人們深思反省。陸賈謂高祖曰「居馬上得之，寧可以馬上治之乎」(《酈生陸賈列傳》)，遂爲漢高祖總結秦何以亡、漢何以興的經驗教訓，云「吳王夫差、智伯極武而亡；秦任刑法不變，卒滅趙氏」(《酈生陸賈列傳》)。賈誼也加入這個思潮，著《過秦論》三篇，云「二世受之，因而不改，暴虐以重禍」〔註3〕、「秦之盛也，繁法嚴刑而天下振；及其衰也，百姓怨望而海內畔矣」〔註4〕、「廢王道，立私權，禁文書而酷刑法，先詐力而後仁義，以暴虐爲天下始。夫并兼者高詐力，安定者貴順權，此言取與守不同術也」〔註5〕。陸、賈二人雖分析了諸多因素，但對法家嚴刑苛法的態度明確而一致，認爲法家未能讓秦朝長治久安，反而最終滅亡了秦朝。這是漢初很有代表性的反思，反思秦之嚴刑酷法，因之反思法家學術。對法家學術的反思，進而擴大到對諸子百家學術的反思，對比思索，以尋求適合漢朝長治久安者。漢初統治者流行的無爲之政，一方面就是基於秦朝任刑法而亡國的教訓，一方面是天下久經戰苦、俱欲休息的形勢使然，再一方面是，當此之時漢朝的統治者尚未找到一種最合適的治國思想，各家學說尚在探索博弈之中，此時的國家意識形態實際也算是「眞空」狀態。《呂太后本紀》「太史公曰：孝惠皇帝、高后之時，黎民得離戰國之苦，君臣俱欲休息乎無爲，故惠帝垂拱，高后女主稱制，政不出房戶，天下晏然。刑罰罕用，罪人是希。民務稼穡，衣食滋殖」，知此時之「無爲」，乃基於秦任刑罰的教訓和天下欲休息的形勢，甚明〔註6〕。又《曹相國世家》記惠帝不滿於曹參無爲

〔註3〕（漢）司馬遷撰《史記・秦始皇本紀・太史公曰》（修訂版），北京：中華書局，2014年，冊1第350頁。

〔註4〕（漢）司馬遷撰《史記・秦始皇本紀・太史公曰》（修訂版），北京：中華書局，2014年，冊1第351頁。

〔註5〕（漢）司馬遷撰《史記・秦始皇本紀・太史公曰》（修訂版），北京：中華書局，2014年，冊1第356頁。

〔註6〕又，劉松來先生還從文化層面分析，云法家已被秦朝弄得聲名狼藉，而漢初儒家尚未完成完全迎合統治階級口味的完全需要的改造，故「在這種情況下，自然只有」黃老之學才能擔任起學術執「牛耳」的重任（見劉松來著《兩漢經學與中國文學》，南昌：百花洲文藝出版社，2001年第1版，第166、167頁）。按：其所謂「自然只有」，換角度看，亦是其時尚無良策的一種無奈，正如曹參所謂惠帝不及先帝、相不及先相國之賢也（語見《曹相國世家》）。

（「不治事」）而使曹參之子問其故，曹參答惠帝曰惠帝無先帝賢、曹參無蕭何賢，天下既定，法令既明，故「今陛下垂拱，參等守職，遵而勿失，不亦可乎？」（《曹相國世家》）曹參所言雖係安守既成，然所謂不及先帝、先相國（蕭何）賢，從另一角度說，則此時之「無爲」亦正是治國尚無良策、尚未尋找到更好的治國理念的無奈之舉。惠帝元年曹參相齊時，「參盡召長老諸生，問所以安集百姓，如齊故諸儒以百數，言人人殊，參未知所定」（《曹相國世家》），曹參就如何治理齊國而召集齊國儒生們商討，儒生們意見參差不齊，曹參自己也拿不定主意。可以說漢初高級統治階層在很長一段時間裏都沒有找到一種最合適的治國思想。

但是，漢初高級統治階層一直在努力探索，並且已經開始有意識地採用道家的黃老學術了。曹參相齊時見諸儒所言人人殊異後，「聞膠西有蓋公，善治黃老言，使人厚幣請之。既見蓋公，蓋公爲言治道貴清靜而民自定，推此類具言之。參於是避正堂，舍蓋公焉。其治要用黃老術」（《曹相國世家》）。曹參入爲漢相時，「擇郡國吏木詘於文辭，重厚長者，即召除爲丞相史。吏之言文刻深，欲務聲名者，輒斥去之。日夜飲醇酒」（《曹相國世家》），在中央朝廷做宰相時仍然用道家無爲思想治國。汲黯，「黯學黃老之言，治官理民，好清靜，擇丞史而任之。其治，責大指而已，不苛小……稱之。上聞，召以爲主爵都尉，列於九卿。治務在無爲而已，弘大體，不拘文法」（《汲鄭列傳》）。鄭當時（鄭莊）官至九卿，「莊好黃老之言」（《汲鄭列傳》）。「竇太后治黃老言，不好儒術」（《孝武本紀》），並迫害儒生（「使人微伺得趙綰等姦利事，召案綰、臧，綰、臧自殺，諸所興爲皆廢」）（《孝武本紀》）。漢景帝謁者僕射鄧公，「其子章以修黃老言顯於諸公間」（《袁盎晁錯列傳》）。「王生者，善爲黃老言，處士也。嘗召居廷中，三公九卿盡會立，王生老人，曰『吾襪解』，顧謂張廷尉：『爲我結襪！』釋之跪而結之」（《張釋之馮唐列傳》）。田叔，歷漢高祖朝、漢文帝朝、漢景帝朝，「學黃老術於樂巨公所」（《田叔列傳》）。「竇太后好黃帝、老子言，帝及太子諸竇不得不讀黃帝、老子，尊其術」（《外戚世家》）。「陳丞相平少時，本好黃帝、老子之術」（《陳丞相世家》）。上所舉例子中，或爲大臣，或爲太后，都是漢廷高層統治者，漢初以來一直到武帝初期，到竇太后有生之年裏，道家學說逐漸成爲朝廷實際上的治國之術而獲得崇高地位。

但是並不是所有的漢廷高層統治者都喜歡道家，漢文帝、漢景帝都喜歡

刑名之學，以漢武帝爲首的另一批當權的高級統治階層則十分傾心於儒家學說。《儒林列傳》云「叔孫通作漢禮儀，因爲太常，諸生弟子共定者，咸爲選首，於是喟然歎興於學。然尚有干戈，平定四海，亦未暇遑庠序之事也。孝惠、呂后時，公卿皆武力有功之臣。孝文時頗徵用，然孝文帝本好刑名之言。及至孝景，不任儒者，而竇太后又好黃老之術，故諸博士具官待問，未有進者。及今上即位，趙綰、王臧之屬明儒學，而上亦鄉之，於是招方正賢良文學之士」。又《太史公自序》云「自曹參薦蓋公言黃老，而賈生、晁錯明申、商，公孫弘以儒顯」。可見漢初數朝帝王中，治國思想在實際操作中雖然道家佔了上風，但作爲一國統治的思想基礎，一直沒有從根本上確定下來，高層統治階層的意見分歧甚大，國家意識形態一直處於探索、試用、爭鬥之中。這種自上而下的統治思想的探討、博弈、爭鬥的氛圍，必然加深了辨章學術思想、學術派別意識在士人們心中的概念與印痕。司馬遷正值漢初時代，正趕上了這個時代思潮。司馬遷的父親尚有專門論述各家學說的專題論文《論六家要旨》，司馬遷自然也深中時代浪潮，將辨章學術意識、學術流派概念深入身心。

三、反思亡秦與學術紛爭的時代思潮增進了社會的辨章學術意識

　　春秋戰國以來的幾百年的諸子百家學術爭鳴，經歷短暫的秦朝後，該如何收場，這是漢初朝廷與知識分子所面臨的共同問題。「思想界也是分久必合、合久必分的。戰國後期漸有趨向融合的形勢，殊途同歸成爲思想家們的共識。」〔註7〕《呂氏春秋·審分·不二》中就強調「聽眾人議以治國，國危無日矣。何以知其然也？老耽貴柔，孔子貴仁……有金鼓，所以一耳……故一則治，異則亂；一則安，異則危」〔註8〕，強調的是統一。韓非《顯學》亦云「雜反之學不兩立而治」，董仲舒亦主張罷黜百家、獨尊於一家。思想當合於哪一家，這勢必引起世人對諸家學術的研究。最後漢武帝採董仲舒建議，罷黜百家、獨尊儒術〔註9〕，然董仲舒之儒術已是雜取諸家之長、所謂新儒術

〔註7〕周桂鈿《秦漢思想史》，石家莊：河北人民出版社，2000年，第3頁。
〔註8〕陳奇猷釋《呂氏春秋》（下冊），上海：上古籍出版社，2002年，第1134～1135頁。
〔註9〕《漢書·董仲舒傳》：「及仲舒對冊，推明孔氏，抑黜百家。立學校之官，州郡舉茂材孝廉，皆自仲舒發之。」（漢）班固撰，（唐）顏師古注《漢書》，北京：中華書局，1962年版，冊8第2525頁。

了〔註10〕。所以在這思想走向融合的大背景下，對諸家學術的探討、爭論自是必然的。而事實上也如此。司馬遷曰「世之學老子者則絀儒學，儒學亦絀老子。『道不同不相爲謀』，豈謂是邪？」（《老子韓非列傳》）曹參治國用黃老，「吏之言文刻深，欲務聲名者，輒斥去之」（《曹相國世家》）。「魏其、武安、趙綰、王臧等務隆推儒術，貶道家言」（《魏其武安侯列傳》）。「竇太后治黃老言，不好儒術」，並迫害儒生（「使人微伺得趙綰等姦利事，召案綰、臧，綰、臧自殺，諸所興爲皆廢」）（《封禪書》）。魏其好儒術貶道家言，「是以竇太后滋不說魏其等」（《魏其武安侯列傳》）。「帝及太子諸竇不得不讀黃帝、老子，尊其術」（《外戚世家》）。然而「孝文帝本好刑名之言」；景帝雖「不任儒者」（《儒林列傳》），但當竇太后大怒齊儒轅固生時，景帝卻假轅固生利兵以救之；「及竇太后崩，武安侯田蚡爲丞相，絀黃老、刑名百家之言，延文學儒者數百人，而公孫弘以春秋白衣爲天子三公，封以平津侯。天下之學士靡然鄉風矣」（《儒林列傳》），等竇太后一死，漢武帝立馬翻臉，罷黜百家、獨尊儒術了。直到此時，漢朝統治思想才最終確定下來。

　　如果以上視作爲官方政治上的學術爭議的話，那民間也有民間的學術爭議。今文經學流行於西漢並被列作學官博士，而到東漢之時卻被古文經學壓倒了。這其實並非偶然，西漢雖官方流行今文經學，民間卻潛伏著古文經學。《毛詩》便是一顯例。西漢齊魯韓三家《詩》列爲學官而《毛詩》獨無，最後卻漸漸被《毛詩》取代，今傳下來的只有毛詩了。又古文《尚書》，孔氏便有，只是「安國以今文讀之，因以起其家」，然而「逸《書》得十餘篇，蓋《尚書》滋多於是矣」（《儒林列傳》）。《尚書》古文派之傳承皆自孔安國〔註11〕，可見其所謂「以今文讀之」，或迫於形勢而已，而暗以古文派流傳；或者「以今文讀之」僅就文字（隸書）層面而已〔註12〕。在漢代，今古文之爭非常激

〔註10〕《漢書‧五行志敍》：「景、武之世，董仲舒治《公羊春秋》，始推陰陽，爲儒者宗。」徐復觀先生說：「正因爲如此，所以儒家思想發展到董仲舒，在許多地方變了形……他是有意識地發展《呂氏春秋‧十二紀‧紀首》，以建立無所不包的哲學系統的，並把他所傳承的《公羊春秋》乃至《尚書》的《洪範》組入此一系統中去，以促成儒家思想的轉折。」見徐復觀《兩漢思想史》（第二卷），上海：華東師範大學出版社，2001年，第183頁。

〔註11〕可參陳廷傑《經學概論》之古文《尚書》傳承圖，上海：商務印書館，民國十九年（1930）十一月初版，廿二年（1933）一月印，第50頁。

〔註12〕皮錫瑞云「乃就《尚書》之古今文字而言」，見（清）皮錫瑞著，周予同注釋《經學歷史》，北京：中華書局，1959年，2008年第2版，第88頁。

烈，東漢尤盛，而東漢之熱爭並非突然而至，西漢即已潛伏了。誠如周桂鈿先生所論「漢朝獨尊儒術，各家也受到不同程度的壓抑」，然而「思想是不可能完全統一的。思想的分歧和鬥爭是不可避免的。先秦的百家爭鳴，在漢代獨尊儒術以後，就變成了儒學內部的分歧和鬥爭。開始，鬥爭比較具體、個別，有時也『集比其義』（《史記·儒林列傳》），互相駁難。更多的情況是各自收徒講學，傳授自己的家學。有的家學被朝廷看中，立於學官，成為官方認可的官方學術，而另外一些家學不能立於學官，只能在民間傳播」〔註13〕。

因之，縱觀漢初社會及思想的形勢，對秦朝用法家學說而夭亡的反思及對新王朝長治久安的思想武器的探索、漢朝大一統政治環境下思想走向融合的大背景，都使得士人們積極投入到對諸子百家學說的分析融合、探討爭論乃至博弈爭鬥之中。即使獨尊儒術以後，儒術內部也是流派紛呈，吵嚷不休的。在這種探討、融合、爭議的氛圍之中，人物的學源、學歷、學類早已不自覺地成為人們的關注的一個重點。在這種環境氛圍下，《史記》雖然是史書，卻不僅僅關注傳主的生平之類的基本信息，而且還一再地為傳主溯學源、歸學類，可謂是應運而生，時代思潮下情理中的事。

四、經學奉行師法傳承促進了學術的師承流派意識

漢代經學繁榮，經學嚴守師法家法，強調學術的流派傳承。《史記》對傳主追溯學問淵源、劃分學術類別、記敘學習經歷，梳理學術流派，論述學術傳承演變，與漢代經學派別清晰、師法森嚴的風氣一脈相承。

《漢書·儒林列傳·贊》云「自武帝立《五經》博士，開弟子員，設科射策，勸以官祿，訖於元始，百有餘年，傳業者浸盛，支葉蕃滋，一經說至百餘萬言，大師眾至千餘人，蓋祿利之路然也。」〔註14〕師傳何以如此之盛？皮錫瑞先生以為「漢人無無師之學，訓詁句讀皆由口授；非若後世之書，音訓備具，可視簡而誦也。書皆竹簡，得之甚難，若不從師，無從寫錄；非若後世之書，購買極易，可兼兩而載也」〔註15〕。又程舜英說「漢初經學都賴口頭傳授，因此漢人無無師之學。老師所傳授的，弟子所學習的一個字都不

〔註13〕周桂鈿《秦漢思想史》，石家莊：河北人民出版社，2000年，第275頁。

〔註14〕（漢）班固撰，（唐）顏師古注《漢書》，北京：中華書局，1962年版，冊11第3620頁。

〔註15〕（清）皮錫瑞著，周予同注釋《經學歷史》，北京：中華書局，1959年，2008年第2版，第131頁。

敢有出入。前漢重師法，後漢重家法。先有師法，然後才能成一家之言。……
就是說師法是源，家法是流。」〔註16〕師傳之於漢人治學，其重要若此！無
怪乎漢代對師傳的高度重視，因此漢代嚴格恪守師法家法。

江藩謂漢興以來「專門之學興，命氏之儒起，《六經》《五典》，各信師承，
嗣守章句，期乎勿失。西都之儒士，開橫舍，延學徒」〔註17〕，可見漢人開
學延徒，學術氛圍濃厚，且各信師承，嚴守師傳家法的社會風氣濃厚。誠如
陳廷傑先生所云：「漢人治經，有師法，有家法。……治經必有師法，然後始
能成一家言。師法溯其源，家法者，衍其流也」，「西漢最重師法。蓋先師皆
出於建元之間，而博士又各以師法教授，毋敢背師說一字。背師說，即不
用。……不本師說，故其言不信。師法之嚴如此；然亦有背師說而立博士
者。……東漢經生，又各以家法相尚。……然經有數家，家有數說，學者莫
衷一是，多勞而少功。皮氏云：『師法別出家法，而家法又各分專家，云礽曠
遠，漸忘其祖，是末師而非往古，用後說而捨先傳，微言大義之乖，即自源
遠末分始矣。』」〔註18〕

權力勸導、利祿誘使，直接促使了漢代經學的繁榮，而經學的興旺促進
了學界爭議之活躍，促進了師傳盛行的社會風氣的興盛。在信守師說的氛圍
下，學界爭議越活躍，人們越能尊重師說、信守門戶，而信守門戶又能反過
來進一步促進學術爭議的活躍，二者交相互進。司馬遷時代的經學雖然還沒
有後來經學的繁榮，但已經實行獨尊儒術的政策了，經學已經走上了全面興
旺之路，且基於師傳於漢人治學的重要、師傳家法在漢人眼中不可搖動的地
位，《史記》專注於為傳主追溯學術淵源、梳理學術流派及類別、記載學習經
歷，便是很順其自然的事了。

綜上所述，《史記》辨章學術意識有確鑿的諸種表徵，亦有深厚的學理緣

〔註16〕程舜英《兩漢教育制度史資料》（第二章），北京：北京師範大學出版社，1983
年。

〔註17〕（清）江藩撰，漆永祥箋釋《國朝漢學師承記》，上海：上海古籍出版社，2006
年，第3頁。

〔註18〕陳廷傑《經學概論》，上海：商務印書館，民國十九年（1930）十一月初版，
廿二年（1933）一月印，分別見第71頁、第71～73頁。按：此處所引文字
大意皆同於清人皮錫瑞《經學歷史》所言（見周予同注釋本，北京：中華書
局，1959，2008年第2版，136、137頁），且「經有數家，家有數說，學者
莫衷一是，多勞而少功」本出於范曄《後漢書·鄧玄傳》之論，陳氏皆未注
明，然以其後出，論述系統簡明，故引陳書。

由。《史記》的錄文、舉篇目、溯學源、歸學類現象的出現，正是當時辨章學術時代思潮在史書中的一種體現。

本章小結

辨章學術意識在《史記》中有著大量而明顯的確鑿表徵。錄文與錄文的諸種替代補償，不但是錄文意識的結果，連同錄文意識，都得益於司馬遷的辨章學術意識。司馬遷辨章學術意識的產生有深厚的學理緣由：戰國以來辨章學術思想淵源有自，早有先例可供司馬遷啟迪；漢代多種時代思潮孕育了史書的辨章學術意識、梳理學術流派意識。

第五章 《史記》錄文意識與錄文目的

　　《史記》對錄文方式的選擇、對傳主作品的選擇、錄文篇幅的確定等，都由史家的錄文意識、錄文目的及史家著史立傳目的設定決定。本章主要分析《史記》錄文意識、錄文目的，以及錄文意識、錄文目的、辨章學術意識、著書立傳目的對錄文的影響。

第一節 《史記》錄文意識概說

　　《史記》以多種方式在史傳中著錄了前所未有之多的作品，又普遍存在舉篇目、溯學源、歸學類現象。這些都不是相互孤立的、偶然的現象。貫串其中的是史家（司馬遷）的錄文意識。所謂錄文意識，即是有意識地在自己的文中著錄他人的（各個傳主及相關傳主，或相關事件中的相關人物）或自己的其他作品，並不是將這些作品爲我所用地充當史家史書中自己敘述文字的一部分。正因爲錄文意識的存在，所以《史記》著錄了大量的作品（當然也有不爲錄文而錄之文，下文將另論之），不能予以著錄的缺憾則又以舉篇目、溯學源、歸學類等多種方式彌補替代；同時錄文意識又與溯學源、歸學類所呈現的辨章學術、梳理學術流派的意識合流，一同融入到司馬遷的學術意識中（參上文所述）。

　　但《史記》所呈現的錄文意識並非全書均一。《史記》各個篇章設置的錄文目的、錄文意識不盡相同，同一傳記中所著錄的不同作品的錄文意識、錄文目的也不盡相同。《史記》承襲與錄文的大量並存，承襲的大量使用與司馬遷「著」「作」、「成一家之言」的追求的反覆訴說，二者貌似矛盾而共存一書，

說明司馬遷有了一定程度的著作權意識，但卻依然保留了濃重的承襲思想；說明司馬遷有了一定的著作觀（創作觀），但卻依然保留了較濃的「述」（論述）的成分（參第一章錄文之概說與下文詳論）。司馬遷這種有尚有保留成分的著作觀、著作權意識，恰與其不均衡的、並非全部均衡、並非全部自覺了的錄文意識相匹配。本節敘述《史記》錄文意識的諸種表現，司馬遷的著作觀、著作權意識詳論於第八章。

一、史家自道的錄文之意

《史記》全書的錄文意識或明或暗，或深或淺，差別巨大。有一些是史家自述錄文取捨並說明緣由的，這可以視作爲顯而易見的錄文意識。試舉幾個例子：

> 然韓非知說之難，爲《說難》書甚具，終死於秦，不能自脫。……申子、韓子皆著書，傳於後世，學者多有。余獨悲韓子爲《說難》而不能自脫耳。（《老子韓非列傳》，按：錄《說難》）

> 相如他所著，若《遺平陵侯書》、《與五公子相難》、《草木書篇》不采，采其尤著公卿者云。……太史公曰：「……余采其語可論者著於篇。」（《司馬相如列傳》）

> 余從負薪塞宣房，悲《瓠子》之詩而作《河渠書》。（《河渠書》，按：錄《瓠子》之詩）

> 三子之王，文辭可觀。作《三王世家》第三十。〔註1〕（《太史公自序》）

> 春歌《青陽》，夏歌《朱明》，秋歌《西暤》，冬歌《玄冥》。世多有，故不論。（《樂書》）

> 吾讀管氏《牧民》、《山高》、《乘馬》、《輕重》、《九府》，及《晏子春秋》，詳哉其言之也。既見其著書，欲觀其行事，故次其傳。至其書，世多有之，是以不論，論其軼事。（《管晏列傳》）

> 世既多《司馬兵法》，以故不論，著穰苴之列傳焉。（《司馬穰苴列傳》）

〔註1〕按：今存該世家純係奏議、詔書組成。該世家之文雖有褚先生補作的嫌疑，然司馬遷《自序》云「三子之王，文辭可觀。作《三王世家》第三十」，「褚先生曰」中亦云「傳中稱三王世家文辭可觀，求其世家終不能得」，可見司馬遷於此篇用意於文的意圖甚明，其傳或許本來也有錄文。褚先生所補蓋亦本於司馬遷著意於文的初衷。

> 世俗所稱師旅，皆道《孫子》十三篇，《吳起兵法》，世多有，
> 故弗論，論其行事所施設者。（《孫子吳起列傳》）

上所舉例子的前一組，司馬遷說明了著錄某文的原因，甚至基於某文的觸動而為之立傳，作《史記》中的某篇（《河渠書》）。後一組例子雖然沒有錄文，但卻說明了何以不錄（不論）某些作品的原因。錄與不錄（不論），實際是錄文意識的兩個側面，共同反映了司馬遷的錄文意識。

　　以上是司馬遷錄文意識表現得很明顯的幾個列子。從這些直觀例子裏，我們不難體會到，所謂錄文意識，即是基於彰顯傳主或相關傳主（事件）的作品的某種價值，有意識地、特地在史傳中著錄他人（各個傳主及相關傳主，或相關事件中相關人物）的作品，為人錄文，以文彰顯原作者，而不是為我所用地充當史家在史書中的敘述文字。然《史記》錄文意識的表現不僅僅在於此，而錄文的目的亦不止於此。

二、史家未明言的錄文之意

　　《史記》錄文意識，由史家自己說出來的比重較小，大部分的錄文意識史家未予明言，需要讀者自行揣摩。史家未予明言錄文意識的錄文不等同於全部沒有錄文意識，有些察而可識，有些察而有疑，有些察而無意錄文。

　　這裡首先應明確怎樣判斷史家是否有意識地在史書中著錄他人（傳主、相關傳主而非傳主）的或自己的其他作品。除了史家自道，便只能依據事實而分析推理了。所錄他人之文在史傳正文中的獨立程度，是一個很可靠的判斷標尺。據史家自己說明了錄文意識的錄文情況來看，所錄之文是可以獨立於史傳正文的，換言之，所錄之文在史傳正文的獨立性越強，說明史家的錄文意識越重，目的在於彰顯所錄之文本身的魅力，並未將所錄文當做史料當做材料使用。譬如韓非的《說難》、司馬相如的作品，即使拿掉這部分，就史傳正文的敘述來說仍不失完整圓融。所以，在沒有作者自道的情況下，以此判別應是可靠且可行的。明於此，方能進一步探尋《史記》錄文意識的表現。

1、錄文意識未予明言卻察而可識者

　　如果說被著錄之文十分獨立於史傳正文，即使從史傳正文刪去，也毫不影響史傳正文的完整，那麼可以斷定這是被司馬遷特地邀請進來的「貴賓」，是特地著錄的。只能以有意識地特地著錄方能解釋，否則何以著錄呢，豈不是贅文。這就是《史記》錄文意識未予明言卻察而可識者。

這一類錄文在直接錄文中尤其顯著。即一般以「其辭曰」、「其文曰」、「檄曰」、「其書曰」、「其詩曰」等明顯標識領起所錄之文，而且時常標明了作品篇名（或一般性的稱呼）。它們的特性是，所錄之文十分獨立於史傳正文，即使將之徑直刪去，也不影響史傳正文的完整。譬如秦始皇本紀中的石刻文，《曆書》中的《曆術甲子篇》，《宋微子世家》的箕子《麥秀之詩》，《魯仲連鄒陽列傳》的魯仲連爲齊遺燕將書，《屈原賈生列傳》的屈原《懷沙賦》、賈誼《鵬鳥賦》《弔屈原賦》，《平津侯主父列傳》的主父偃、徐樂、嚴安三人上武帝書等等。

然而，這種錄文縱然獨立到可刪去的程度，並不等於說這些被錄之文都應該刪去。因爲史家著錄它們的目的不是讓它們當做史傳敘傳環環相扣的一環，目的是要彰顯被錄作品本身的魅力、能量，以文傳人。如果眞的刪掉了這樣的錄文，雖然不會損壞史傳敘事的完整性，但卻影響了傳主形象的豐腴，因此這些被著錄的作品雖然可以刪掉卻不應該刪掉。這是正常現象，不足以資證對所錄文於史傳正文的獨立性的懷疑，倒恰可以佐證其間錄文意識的存在：正是不是章節結構上的缺失感而是別的某種意義上的缺失感，說明該文的某種特殊的價值的存在，這恰是史家錄文目的所在。

2、錄文意識貌似模糊察而可辨者

另有一些錄文處居中狀態，錄文意識貌似模糊。即雖然標明了原作者，尊重了原文著作權，但又充當了史家史傳正文敘事中的一環，只是顯得比較生硬地「躺」在史家史傳正文。這類作品則有些複雜，需分別道之。

如果所錄之文的篇幅大大超過了其於正文中所充當的環節的份量，換言之，即作者本可以用自己的話簡略地一筆帶過這個環節、卻用篇幅較長的他人之文充當，則其間很應該有深意，應該是史家特意著錄的。不然，何必白費筆墨篇幅呢。如秦孝公《下令國中》、李斯《諫逐客書》、阿二世意書、上二世言趙高短書、獄中上二世書、鄒陽獄中上梁孝王書、燕惠王《以書讓樂毅且謝之》及樂毅報遺燕惠王書、吳王劉濞造反遺諸侯書，等等。這些被著錄的作品篇幅較大，而它們在史家史傳正文所充當「鏈環」的份量卻並不是很大，如若不是特意著錄，完全可以用一兩句話簡單地一筆帶過。這類型的錄文，在「串述於文中錄文」中的一般性錄文中比較常見。

相反，如果所錄之文幾經刪損削改之後，即便司馬遷用自己的話一筆帶過也不過如此篇幅、這般筆墨，那麼這些所錄文就很難說是史家特地著錄的

了，史家很可能將這些作品當做第一手材料使用的。這種類型的錄文在「串述於文中錄文」中的改錄、譯錄中比較常見。另外化錄類亦無錄文意識，但化錄類不注明作者、出處，且對原文的刪損改易整體上不及改錄類大，故另作一類說，詳見下文。

3、無錄文意識者

還有一種錄文情況，即史記著錄時既不注明他人作品的來源、也不說明是他人之作，直接拿來混進史傳正文，如果刪去這部分內容則會使得史傳正文變得嚴重殘缺起來，如此可知這樣的被著錄之文已經被史家「占爲己有」，鎔鑄成司馬氏的文字了，類似於承襲。這種錄文當可以判之沒有錄文意識（沒有本文所定義之錄文意識）。

化錄錄文即是典型之例。如《孝文本紀》的文帝議除連坐詔、周勃《爲仍用連坐法議》、文帝再議除連坐詔、陳平《奉詔除連坐法議》、文帝封從代來功臣詔，等等（詳見本文後附表一「錄文及舉篇目類表」）。至於屈原傳之錄《漁父》，商鞅傳之《南門募徙木令》《復募》《商君書·更法》，莊周傳之錄《莊子·秋水》之類，所錄文與史家傳文已經泯然無痕矣，宛如司馬氏所作之傳文！如此，將他人之文化妝成自己的文字，他人之「文」已然無存，何談爲人錄文呢。此時，史家之所以著錄這些作品，只是把他們當做第一手材料做史料用而已。

三、一種特殊的錄文：化錄錄文與錄文意識

如上文分析，司馬遷已有很明顯的明確的錄文意識了，然而爲什麼又採用沒有錄文意識的化錄錄文呢，雖然著錄了他人（傳主、相關傳主或相關某事之某人）之文卻磨滅他人著述之功而「占爲己有」，以至於像直接承襲前人的著作呢？其實這正說明了兩個問題。一方面說明了《史記》的錄文與自古以來人們皆以爲然的承襲有著千絲萬縷的聯繫，質異而形同。另一方面說明《史記》的錄文意識與傳統的承襲、徑直採擷材料的意識並非截然獨立的，在司馬遷身上還存留著二者轉化的痕跡。所以，在有意識錄文的同時，司馬遷依然進行著承襲前人、採擷他人之作的活動。故二者共存一身乃至一文之中，並非矛盾。

解釋化錄錄文的採用，除了司馬遷對此沒有錄文意識、當做材料採擷或承襲外，還與原作本身使用第三人熟悉的寫法有關。因爲這種本身以第三人

稱口吻來寫的作品，很適宜被他者直接採用融入其正文，可以不需要技術加工。力之先生曾論述過這個問題：「由於原文體裁或作者所站角度不同，引文情況便有所差異。如《漢書》之《司馬遷傳》與《司馬相如傳》分別用《史記》之《太史公自序》與《司馬相如列傳》，然前者因是自序而加以說明；後者因是爲他人作傳，故僅說明『論』之部分如何。……考察一下《更法》《答客難》和《漁父》，我們便不難發現：這些作品與《懷沙》《說難》等不同，它們有一個極爲顯著的特點，即其作者站在第三者的立場上敘與自己有關之事」，並得出結論：「據此可知：漢人爲他人做傳時，引傳主以他稱寫己之作，往往當傳主的故事來敘述而不注明出處……」〔註2〕先生所說的「引文」實則包括了錄文。先生從所錄文本身考察，的確很能說明問題。且先生謂漢人將之「當做傳主故事」的結論，與從所錄文在錄文者的正文中所起作用來分析所得出的結論正合。即化錄類錄文基本沒有錄文意識，只是把它作爲傳主生平事蹟、功勞、品德等方面的材料使用而已，概言之，爲事也，非爲文。值得補充一點的是，如上文所述，一般性化錄不標明原作者、原篇名、背景、所產生的影響等各種信息，另有一類則冠以「某某曰」字樣。究其原因，大約化錄錄文而無任何標識者，其本身就是採用第三人稱寫的，史家採用時可以不需技術處理而直接使用；而以「某某曰」標識者，其本身不是用第三人稱寫的，故無論誰要把它作材料用時都需要略微技術加工，冠以「某某曰」便是最便捷的方式之一了。

第二節　總論《史記》錄文目的

　　《史記》錄文意識，是指史家（司馬遷）有意識地、特地爲他人著錄作品，尤其是有自覺意識地爲各個人物（傳主）著錄其著作，從而彰顯傳主與傳主之文，而不是停留在文字的襲用、材料的借用層面。所謂「有意識地、特地」，都是有意之意。「有意」即是有目的，即錄文目的。《史記》有著怎樣的錄文目的？

　　且先看司馬遷自道的錄文之意：「然韓非知說之難，爲《說難》書甚具，終死於秦，不能自脫。……申子、韓子皆著書，傳於後世，學者多有。余獨

〔註2〕見力之《〈楚辭〉與中古文獻考說・〈卜居〉〈漁父〉作者考辯》，成都：巴蜀出版社，2005年，第125～126頁。

悲韓子爲《說難》而不能自脫耳。」（《老子韓非列傳》，按：錄《說難》）「相如他所著……不采，采其尤著公卿者云。……太史公曰：『……余采其語可論者著於篇。』」（《司馬相如列傳》）「余從負薪塞宣房，悲《瓠子》之詩而作《河渠書》。」（《河渠書》，按：錄《瓠子》之詩）「三子之王，文辭可觀。作《三王世家》第三十。」〔註3〕（《太史公自序》）「春歌《青陽》，夏歌《朱明》，秋歌《西暤》，冬歌《玄冥》。世多有，故不論。」（《樂書》）「吾讀管氏《牧民》、《山高》、《乘馬》、《輕重》、《九府》，及《晏子春秋》，詳哉其言之也。既見其著書，欲觀其行事，故次其傳。至其書，世多有之，是以不論，論其軼事。」（《管晏列傳》）「世既多《司馬兵法》，以故不論，著穰苴之列傳焉。」（《司馬穰苴列傳》）「世俗所稱師旅，皆道《孫子》十三篇，《吳起兵法》，世多有，故弗論，論其行事所施設者。」（《孫子吳起列傳》）《史記》著錄《說難》是因悲傷韓非自知而又不能自脫的悲劇，作《河渠書》乃源於史家讀《瓠子》之詩的悲傷，作《三王世家》則特別欣賞封王文件文辭之美，司馬相如作品的著錄原則是採其流行於公卿間的名作，然申子、韓子、孫子、吳起、管仲、晏嬰等人的作品則因名氣太大、後世流傳廣泛而不被論述亦不被著錄。可見：司馬遷錄文意識裏的「意」是多取向的，即錄文目的是多取向的，不僅在不同篇章裏的取向不同，即使同一篇中也存在多種取向。如《老子韓非列傳》，申不害、韓非皆著書，以其「世多有」故不予論述不予著錄，然韓非之《說難》雖然同樣廣爲流傳，但因爲史家特別同情其「悲」而格外著錄。而且《史記》在不同篇章裏的錄文意向錄文目的不盡相同，有時甚至相互矛盾。如申子、韓子、孫子、吳起、管仲、晏嬰等人之作因名氣太大、後世流傳太廣而不被論述不被著錄，然司馬相如的作品卻唯流行的名篇是錄。

　　然就《史記》的整體錄文看，有意錄文，意（錄文目的）在「文」，在於原作品自身的某種獨立價值，意欲彰顯原作和原作者的某種價值、魅力；而不是意在「事」，不在於作品所攜帶的史料價值和服務於史傳敘事的功能。譬如韓非的《說難》、司馬相如的作品，傳文中已然敘述了相關的史實並概括了所錄文的大意，作爲史家著史立傳來說任務即已完成了。也就是說刪掉所著

〔註3〕按：今存該世家純係奏議、詔書組成。該世家之文雖有褚先生補作的嫌疑，然司馬遷《自序》云「三子之王，文辭可觀。作《三王世家》第三十」，「褚先生曰」中亦云「傳中稱三王世家文辭可觀，求其世家終不能得」，可見司馬遷用意於文甚明，其傳或許本有錄文。縱褚先生所補，蓋亦本於司馬遷著意於文的初衷。

錄的韓非《說難》和司馬相如的作品，絲毫不影響史傳的完整性，之所以「贅筆」著錄它們目的就在於凸顯這兩篇作品本身的和原作者的某種魅力。直接錄文的大都這樣明顯，而串述於文中的有意識的錄文也如此。譬如秦孝公《下令國中》、李斯《諫逐客書》、阿二世意書、上二世言趙高短書、獄中上二世書等等，它們串述於正文中，雖然爲司馬遷充當了一部分敘述功用，然而作品原文篇幅漫長（或較長），就其所充當的敘述的一環來說，光從作傳、敘事的角度看的確是得不償失，非常不划算。但這並不是司馬遷概述能力差、縮減技術差所致，因爲《史記》一筆帶過而不錄原文的現象十分多，比如「（竇廣國）又常與其姊採桑墮，用爲符信，上書自陳。竇皇后言之於文帝，召見……」（《外戚世家》）。「是時趙王懼主父偃一出廢齊，恐其漸疏骨肉，乃上書言偃受金及輕重之短。天子亦既囚偃。」（《齊悼惠王世家》）「上罷布軍歸，<u>民道遮行上書，言相國賤強買民田宅數千萬。上至，相國謁。上笑曰……」（《蕭相國世家》）。「於是<u>乃詔御史</u>，更以陳平爲曲逆侯，盡食之，除前所食戶牖。」（《陳丞相世家》）「江都易王非……<u>上書願擊吳</u>。景帝賜非將軍印，擊吳。……元光五年，匈奴大入漢爲賊，<u>非上書願擊匈奴</u>，上不許。」（《五宗世家》）「始皇三十四年……博士僕射<u>周青臣等頌始皇威德</u>。」（《李斯列傳》，按：周青臣等頌始皇威德已錄於《秦始皇本紀》。）可見司馬遷之所以幹這「得不償失」的事，並不存在技術方面的問題。這只能說明司馬遷意在「文」，而不在「事」，在於所錄文本身。相反，若在於「事」而不在於「文」者，則徑直採作史傳正文。化錄類便是典型之例，將作者抹去，不做任何說明，如同承襲般處理。

　　但是需要特別注意的是，《史記》有意錄文，雖然意（錄文目的）在「文」、意在於原作自身的某種獨立價值（而不在於作品所攜帶的史料價值和服務於史傳敘事的功能），卻並不等於完全著意於原作的審美性、文學性——這頂多是「意」（錄文目的）的一個方面而已。就《史記》錄文整體而言，其所著意的「文」的自身的價值是多樣的，即《史記》錄文的目的是多樣的。下文五節分別說之。

第三節　嘉其文辭爛然（錄文目的一）

　　《史記》錄文用意有許多種，本節論述《史記》錄文的第一種目的「嘉其文辭爛然」者，即因爲欣賞原作文辭之燦爛而予以著錄。

　　《太史公自序》云「三子之王，文辭可觀。作《三王世家》第三十。」今存《史記・三王世家》全部由奏議、封策組成，雖然連同「太史公曰」都存在眞僞問題，但是該世家傳文所錄作品之眾多，恰與《太史公自序》吻合，可見該世家主旨在於嘉賞文辭燦爛是可以肯定的。

　　需要說明的是，在司馬遷自道錄文意識中，嘉賞文辭者僅此一例。其他沒有錄文說明而被著錄的錄文現象，即使可以判斷爲有意錄文，但若把錄文目的具體指實爲嘉賞其文辭則很有難度。正如孔子所說「言之無文，行而不遠」（《左傳》襄公二十五年）〔註4〕，大凡能流行於當時、流傳於後世的作品，即使不以文辭燦爛爲目的而已然具有相當的文辭文采。譬如諸子之文、法家之論、兵家之書，雖以論道、論治、論兵爲旨歸，然而作品本身也是斐然成章的好文章。因此被著錄的作品，即便文采紛呈也不足以斷言文采燦爛即是該作品被著錄的緣由。故《李斯列傳》所著錄的李斯作品，如《諫逐客書》、阿二世意書、上二世言趙高短書、獄中上二世書，涉及到秦國重用外來人才的成敗歷史、李斯爲人阿諛奉承、李斯與趙高矛盾及趙高罪行等諸多方面。這些作品雖不無文采，尤其是《諫逐客書》文采斐然，縱橫排比，頗有縱橫家氣勢，然僅以此解釋其被著錄的根本原因，則恐非司馬遷所能允許。該傳「太史公曰」即云「李斯以閭閻歷諸侯，入事秦，因以瑕釁，以輔始皇，卒成帝業，斯爲三公，可謂尊用矣。斯知六藝之歸，不務明政以補主上之缺，持爵祿之重，阿順苟合，嚴威酷刑，聽高邪說，廢適立庶。諸侯已畔，斯乃欲諫爭，不亦末乎！人皆以斯極忠而被五刑死，察其本，乃與俗議之異。不然，斯之功且與周、召列矣。」（《李斯列傳》）根據這一段史家自述，司馬遷著錄李斯以上作品的用意便明瞭了：錄《諫逐客書》，因爲李斯從此被尊用了；錄阿二世意書，可見李斯持爵祿之重而阿順苟合的爲政之舉；錄上二世言趙高短書，因爲「諸侯已畔，斯乃欲諫爭，不亦末乎」（《李斯列傳》）；錄獄中上二世書，說明李斯對趙高抗爭的初衷不過緣於一己性命與祿位而已；著錄這些作品，讓讀者觀其書見其行事，從而糾正人們對歷史的誤解。因此縱然李斯這些作品都是文采斐然的，而把史家著錄它們的原因歸結爲欣賞這些作品的文辭之美則實在是未得要領。由是可見，欣賞原作文辭之美雖然是《史記》錄文目的的一種，卻不可以輕易以此解釋《史記》在各個篇章、對各篇所錄文的錄文目的。

〔註4〕楊伯峻編著《春秋左傳注》，北京：中華書局，2009年版，第1106頁。

需要特別指出的是：漢賦以其淫麗藻飾而被後人認爲頗具審美功能、甚至以爲是文學自覺的標誌〔註5〕，司馬相如也被班固稱爲文章之士〔註6〕，但是司馬相如的賦之所以被《史記》著錄卻並不是因爲文辭之美。《司馬相如列傳》「太史公曰：《春秋》推見至隱，《易》本隱之以顯，《大雅》言王公大人而德逮黎庶，《小雅》譏小己之得失，其流及上。所以言雖外殊，其合德一也。相如雖多虛辭濫說，然其要歸引之節儉，此與《詩》之風諫何異……余采其語可論者著於篇」〔註7〕。該傳正文在爲司馬相如著錄《子虛賦》《上林賦》

〔註5〕 自龔克昌先生 1981 年 1 月於《文史哲》發表《論漢賦》（又收入龔克昌《漢賦研究》，濟南：山東文藝出版社，1990）首倡文學自覺始於漢賦司馬相如身上後，在學界得到了大量的認同，如其自云「從《論漢賦》一文發表算起，至今已過去七八年了，我還沒有看到有相反的意見發表。近年來倒有不少人也提出這個問題，觀點與我基本相同」（見《漢賦研究·漢賦——文學自覺時代的起點》，濟南：山東文藝出版社，1990，335 頁）。按：儘管文學自覺始於漢代（漢賦）說還可以進一步商榷（如敏澤先生、力之先生都不主張文學自覺於漢代，分別可參敏澤《中國文學理論批評史》上冊，吉林文史出版社，1993（增訂本）；力之《文學理論批評的自覺——魏晉南北朝文學思想史論之一》，《江漢大學學報》（人文科學版）2003 年第 1 期。劉毓慶先生則以爲「中國文學的自覺，經歷了文字自覺、語言自覺與文學自覺三個歷程。漢賦則是語言自覺的最高表現形式。……對文學自覺時代的到來，起到了決定的作用」，見劉毓慶《論漢賦對文學自覺進程的意義》，《中州學刊》2002 年第 3 期），但漢賦具有某些文學性的特點則是可以肯定的。

〔註6〕 《漢書·公孫弘卜式兒寬傳》贊云：「漢之得人，於茲爲盛，儒雅則公孫弘、董仲舒、兒寬，……文章則司馬遷、相如，滑稽則東方朔、枚皋，……」

〔註7〕 《史記·司馬相如列傳·太史公曰》「相如雖多虛辭濫說……此與《詩》之風諫何異。揚雄以爲……不已虧（《漢書》作「戲」）乎」，龔克昌先生將此段話全部歸作班固的話，據不完全統計僅《漢賦研究》（龔克昌著，濟南：山東文藝出版社，1990）便有 8 處徑直引作班固語，分別見 30、40～41、94、102、255、381、394、433 頁。然這段「太史公曰」，自古以來的學者大多以爲「揚雄……不已虧（《漢書》作「戲」）乎」句係後人抄《漢書·司馬相如傳·贊》竄入《史記》的，除此無僞作之疑。持此論者有梁玉繩、王應麟（《困學紀聞》，北京：中華書局 2016 年）、徐朔方（《史漢論稿·下編司馬相如》，南京：江蘇古籍出版社，1984 年第 1 版）、張大可（《史記研究·史記殘缺與補竄考辨》，蘭州：甘肅人民出版社，1985 年）、（韓）朴宰雨（《〈史記〉〈漢書〉比較研究》，北京：中國文學出版社，1994 年，第 135 頁），等。按：此傳《司馬相如傳》《漢書》襲《史記》，正文不注明抄襲來源而「贊」中特以「司馬遷稱」標識之，蓋班固於正文無異論，但「贊」中有不同看法要表達，故予以標明區分。通觀司馬遷、班固對賦的態度，後說爲是，即這段「太史公曰」的內容僅「揚雄……不已虧（《漢書》作「戲」）乎」句係後人抄《漢書·司馬相如傳·贊》竄入《史記》的，其他內容係司馬遷的原話。補按：《漢書·荆燕吳傳》正文

賦之後，史家云「無是公言天子上林廣大，山谷水泉萬物，乃子虛言楚雲夢所有甚眾，侈靡過其實，且非義理所尚，故刪取其要，歸正道而論之」〔註8〕。《太史公自序》又云「子虛之事，大人賦說，靡麗多誇，然其指風諫，歸於無為。作《司馬相如列傳》第五十七。」綜上材料，足見司馬遷著錄司馬相如作品的目的了，《史記》不但沒有因文辭之美而取文辭燦爛者予以著錄，選擇所錄作品時反而是剔除靡麗虛辭、僅取歸於正道者。因此無怪乎史家每為司馬相如著錄一篇作品時，大都強調原作者的刺諷勸諫之意。如錄《子虛賦》《上林賦》後，云「明天子之義。……以推天子諸侯之苑囿。其卒章歸之於節儉，因以風諫」（《司馬相如列傳》）；錄諫天子遊獵賦後說，「是時天子方好自擊熊豕，馳逐野獸，相如上疏諫之」（《司馬相如列傳》）；錄哀二世賦時云，「還過宜春宮，相如奏賦以哀二世行失也」（《司馬相如列傳》）；錄《大人賦》時云，「相如以為列仙之傳居山澤間，形容甚臞，此非帝王之仙意也，乃遂就《大人賦》」（《司馬相如列傳》）。誠如徐復觀先生云「相如各賦，無不有深刻的諷諫意味……故史公不惜引《春秋》及《易》以相喻。此相如之所以能成為『辭賦宗』，而史公之所以為其立傳」〔註9〕。

另外，《史記》「嘉其文辭爛然」類的錄文，這裡所謂的「文辭」並不局限於今人所指向的文學性，它細至語句的辭藻，大至文章整體的立意、思想、布局等等。觀《史記》所有的「文辭」（及「文詞」）的使用即可意會其內涵：

其（張湯）父見之，視其文辭如老獄吏，大驚，遂使書獄。（《酷吏列傳》）

故盜賊浸多，上下相為匿，以文辭避法焉。（《酷吏列傳》）

仲尼悼禮廢樂崩，追修經術，以達王道，匡亂世反之於正，見其文辭，為天下制儀法，垂《六藝》之統紀於後世。（《太史公自序》）

自孔子卒，京師莫崇庠序，唯建元元狩之間，文辭粲如也。作

與「贊」都是從《史記》的《荊燕世家》和《吳王濞列傳》兩篇中整合而來的，尤其是「贊」部分，從這兩篇的「太史公曰」刪略整合而來，幾乎沒有增加新的評論，但在正文與「贊」部分都沒有「司馬遷曰」之類的提示。這正好從反面證明了：班固承襲《史記》，若沒有添加自己的評論，則逕直襲用「太史公曰」入「贊」，否則則用「司馬遷曰」之類區別開來。

〔註8〕《史記》索引曰：「大顏云：『不取其誇奢靡麗之論，唯取篇終歸於正道耳。』小顏云：『刪要，非謂削除其詞，而說者謂此賦已經史家刊劖，失之也。』」

〔註9〕徐復觀《兩漢思想史》（第三卷），上海：華東師範大學出版社，2001年，第233頁。

《儒林列傳》第六十一。（《太史公自序》）

余以所聞由、光義至高，其<u>文辭</u>不少概見，何哉？（《伯夷列傳》）

綰、臧請天子，欲立明堂以朝諸侯……是時天子方好<u>文詞</u>，見申公對，默然。（《儒林列傳》）

又《三王世家》「太史公曰」，云「然封立三王，天子恭讓，群臣守義，文辭爛然，甚可觀也，是以附之世家」。其所謂「文辭爛然」者，內核中實際上包含著「恭讓」、「守義」等內容。此之「太史公曰」雖然與其正文一樣，真偽問題歷來都遭後人懷疑，但無論是褚少孫補還是其他漢人、乃至更遲一些的人補作的，它都代表了漢人乃至更後一點的人們對於「文辭」的看法。

而《左傳》襄公二十五年載孔子的這段話則可知「文辭」在春秋時期的內涵外延之一斑了：「冬十月，子展相鄭伯如晉，拜陳之功。子西復伐陳，陳及鄭平。仲尼曰：『志有之：「言以足志，文以足言。」不言，誰知其志？言之無文，行而不遠。晉爲伯，鄭入陳，非文辭不爲功。慎辭也』」〔註10〕。可見，自春秋至於漢以來，「文辭」的概念都是比較寬泛的，並不局限於今人所指向的文學性，它細至語句的辭藻，大至文章整體的立意、思想、布局等等。故研究《史記》之錄文，不可不知。

第四節　爲之震撼感染（錄文目的二）

《史記》的第二種錄文目的是爲之震撼感染，即史家被原作震撼、打動而爲之錄文，甚至因此立傳。

司馬遷有著「良史之材」〔註11〕、「理智清明」〔註12〕之譽，但是司馬遷並不憚於在史書中表達史家個人強烈的情感。前人如清代包世臣便注意到司馬遷這一特點了，他在《論〈史記・六國表〉敘》云：「全書言廢書而歎者三：一厲王好利，惡聞己過；一孟子言王何必曰利；一公孫弘厲學官之路」〔註13〕。

〔註10〕楊伯峻編著《春秋左傳注》，北京：中華書局，2009年版，第1106頁。

〔註11〕《漢書・司馬遷傳・贊》：「然自劉向、揚雄博極群書，皆稱遷有良史之材，服其善序事理，辨而不華，質而不俚，其文直，其事核，不虛美，不隱惡，故謂之實錄。」（漢）班固撰，（唐）顏師古注《漢書》，北京：中華書局1962年版，冊9第2783頁。

〔註12〕徐復觀先生云「史公思想重要特性之一，表現在他的理智清明之上。」見徐復觀《兩漢思想史》（卷三），上海：華東師範大學出版社，2001年，第194頁。

〔註13〕（清）包世臣《藝舟雙楫》，北京：中國書店，1983年，第20頁。

今人如徐復觀先生亦注意到了，他說「《史記》中史公自言流涕垂涕者各一，言廢書而歎者三」〔註14〕。《史記》的某些錄文目的，乃至某些篇章的傳文立意，即是基於史家對某篇或某幾篇作品的強烈震撼、深深打動而爲的，如《屈原賈生列傳》《河渠書》《老子韓非列傳》等。

關於《屈原賈生列傳》的傳文立意學界爭論紛紛。陶必銓以爲「史公亦藉以自寫牢騷耳」（《萸江古文存》卷三《屈賈合傳論》）〔註15〕。李景星以爲「此篇以遭際合也。通篇多用虛筆，以抑鬱難遏之氣，寫懷才不遇之感，豈獨屈、賈兩人合傳，直作屈、賈、司馬三人合傳讀可也」（《史記評議》卷三《屈原賈生列傳》）〔註16〕。鍾惺曰「賈生經世才，與屈原同傳，以騷合耳。故諸奏書皆略不入，後人不能如此割捨」（錄自葛氏《史記》卷八四）〔註17〕。李晚芳曰「司馬遷作《屈原傳》，是自抒其一肚皮憤懣牢騷之氣，滿紙俱是怨辭。蓋屈原獲罪被放，司馬亦獲罪被刑，其獲罪同，而所以獲罪則不同，屈原宜怨，司馬不宜怨」（《讀史管見》卷二《屈原列傳》）〔註18〕。陳三立云「醫國疾者，亦獨周屈原漢賈生耳。嗚呼，彼憲令儀法二書者之不存，此太史公之所深痛，故獨感慨悲吟於其辭賦，而如賈生陳政事之粗跡，轉可以略而不具也」（《散原精舍文集》卷五《書史記屈原賈生列傳後》）〔註19〕。各家眾說紛紜。然而此傳能給讀者帶來眾說紛紜的看法卻在意料之中。因爲《史記》雖然是歷史著作，但卻再三地流露出史家個人的強烈的震撼之情（如評述《離騷》、「太史公曰」等），且取材有著明顯的傾向性（如賈誼，比觀《漢書》本傳的增益可知），而讀者以其各自背景、立場及思想的不同，固然會讀出各種不同的看法來。撇開眾人爭議，且觀「太史公曰：余讀《離騷》、《天問》、《招魂》、《哀郢》，悲其志。適長沙，觀屈原所自沉淵，未嘗不垂涕，想見其爲人。

〔註14〕見徐復觀《兩漢思想史》（卷三），上海：華東師範大學出版社，2001年，第193頁。

〔註15〕楊燕起，陳可青，賴長揚匯輯《史記集評》（張大可，安平秋，俞樟華主編《史記研究集成》第六卷），北京：華文出版社，2005年，第513引頁。

〔註16〕楊燕起，陳可青，賴長揚匯輯《史記集評》（張大可，安平秋，俞樟華主編《史記研究集成》第六卷），北京：華文出版社，2005年，第514頁引。

〔註17〕楊燕起，陳可青，賴長揚匯輯《史記集評》（張大可，安平秋，俞樟華主編《史記研究集成》第六卷），北京：華文出版社，2005年，第512頁引。

〔註18〕楊燕起，陳可青，賴長揚匯輯《史記集評》（張大可，安平秋，俞樟華主編《史記研究集成》第六卷），北京：華文出版社，2005年，第512頁引。

〔註19〕楊燕起，陳可青，賴長揚匯輯《史記集評》（張大可，安平秋，俞樟華主編《史記研究集成》第六卷），北京：華文出版社，2005年，第514頁引。

及見賈生弔之，又怪屈原以彼其材，游諸侯，何國不容，而自令若是。讀《鵩鳥賦》，同死生，輕去就，又爽然自失矣」（《屈原賈生列傳·太史公曰》），《太史公自序》亦云「作辭以諷諫，連類以爭義，《離騷》有之。作《屈原賈生列傳》第二十四」，等。可知屈原傳不僅錄文目的，乃至著史立傳的立意，都與史家被屈原、賈生的作品及人生境況的強烈震撼、深深打動有關。

《瓠子》之詩之與《史記·河渠書》，「甚哉，水之為利害也！余從負薪塞宣房，悲《瓠子》之詩而作《河渠書》」（《河渠書》）。可見《史記》不是因《河渠書》而著錄漢武帝的《瓠子》之詩，乃是由史家讀《瓠子》之詩後難以承受的悲痛而為之立《河渠書》，可見《瓠子》之詩對史家的打動之深！

《老子韓非列傳》，司馬遷在該傳有著「申子、韓子皆著書，傳於後世，學者多有」（《老子韓非列傳》）而不著錄、不論說申子、韓非子作品的原則，但是卻又破例全文著錄了韓非的《說難》，並且明言原因是「韓非知說之難，為《說難》書甚具，終死於秦，不能自脫」（《老子韓非列傳》），「余獨悲韓子為《說難》而不能自脫耳」（《老子韓非列傳》）。為其悲所憾也，司馬遷被韓非子的人生境遇與作品的明智形成的悲哀所感動。

《鄒陽傳》，據筆者統計，該傳只寫了鄒陽獄中上書一事，事情過程僅三兩句話而已，約 109 字，卻把鄒陽這篇長達 1640 餘字的奏書（獄中上書）給著錄下來了。這足見史家多麼看重鄒陽的這篇作品，其意盡在「文」也！「太史公曰」便說「魯連其指意雖不合大義，然余多其在布衣之位，蕩然肆志，不詘於諸侯，談說於當世，折卿相之權。鄒陽辭雖不遜，然其比物連類，有足悲者，亦可謂抗直不橈矣，吾是以附之列傳焉」（《魯仲連鄒陽列傳》）。這就說明非但鄒陽之文，魯仲連之文（為齊田單遺燕將書）之所以被史家全文著錄，皆係有意而為，前者見其「談說」、多其布衣而折卿相之權，後者乃則感其足悲又抗直不橈者也。

《儒林列傳》錄公孫弘悼道之鬱滯而上武帝書（即《請為博士置弟子員議》），此傳雖然沒有說明為何著錄它，但此傳開篇即云「太史公曰：余讀功令，至於廣厲學官之路，未嘗不廢書而歎也。」是知，公孫弘此篇奏書之被著錄乃因太史公深有所感、深有共鳴也。

以上例子都是史家「為之震撼感染」之例。至於讓太史公之所以深為震撼感染者，究竟是司馬遷一己之榮辱、哀樂，還是更為深廣的國計民生、治亂興衰，抑或二者兼之，等等，則不是一句話可以輕易概括的。如上所引陶

必銓以爲《屈原賈生列傳》係「史公亦藉以自寫牢騷耳」、李晚芳所謂「司馬遷作《屈原傳》，是自抒其一肚皮憤懣牢騷之氣，滿紙俱是怨辭」。司馬遷的確含冤被刑，含冤有怨也是很自然的事，且司馬遷的確對人流露過怨氣：「僕之先人，非有剖符丹書之功，文史星曆近乎卜祝之間，固主上所戲弄，倡優畜之，流俗之所輕也。假令僕伏法受誅，若九牛亡一毛，與螻蟻何異！而世又不與能死節者比，特以爲智窮罪極，不能自免，卒就死耳。……僕雖怯耎欲苟活，亦頗識去就之分矣，何至自湛溺累紲之辱哉！且夫臧獲婢妾猶能引決，況若僕之不得已乎！所以隱忍苟活，函糞土之中而不辭者，恨私心有所不盡，鄙沒世而文采不表於後也。……且負下未易居，下流多謗議。僕以口語遇遭此禍，重爲鄉黨戮笑，污辱先人，亦何面目復上父母之丘墓乎？雖累百世，垢彌甚耳！是以腸一日而九回，居則忽忽若有所亡，出則不知所如往。每念斯恥，汗未嘗不發背沾衣也。身直爲閨閣之臣，寧得自引深藏於岩穴邪！」（《報任安書》）〔註20〕所以，即使《史記》中司馬遷沒有絲毫私怨私憤，恐怕也跳進黃河難以洗清了。

　　但是，司馬遷常常不拘於一己之私，更爲深廣地爲國計民生、爲治亂興衰思考、憂慮，也是不難看出來的。譬如董仲舒，漢之大儒，司馬遷嘗受教於董生（《太史公自序》云「余聞董生曰：『周道衰廢……』」），且漢武帝罷黜百家獨尊儒術亦緣於董仲舒的建議，但《史記》卻不爲董仲舒單獨立傳，倒是給「文章之士」司馬相如（《漢書漢書・公孫弘卜式兒寬傳・贊》）單獨立傳、且所花篇幅尤其之大。徐復觀先生說司馬遷「他以儒家爲主，同時網羅百家，絕無門戶之見……他的春秋學得力於董仲舒；但從《自序》看，他挹取了董氏思想的精英，但對董氏的『三代改制』說中過分流於牽附之談的，則概不沾染」〔註21〕；「史公爲項羽立本紀，但沒有誇張他的才氣及掩蓋他的各種弱點。爲陳涉立世家，也沒有掩蓋他由雇農出身的樸素及他的不少弱點。《仲尼弟子列傳贊》『太史公曰，學者多稱七十子之徒，譽者或過其實，毀者或損其眞。鈞之未睹厥容貌（猶眞象）則（而）論言。《弟子籍》出孔氏古文，近是。余以弟子名姓文字，悉取《論語》弟子問並次爲篇，疑者闕焉。』……一方面可以看出他取材的謹愼，同時也可看到他態度的持平。《蘇秦列傳贊》

〔註20〕（漢）班固撰，（唐）顏師古注《漢書・司馬遷傳》，北京：中華書局1962年版，冊9第2735頁。

〔註21〕見徐復觀《兩漢思想史》（卷三），上海：華東師範大學出版社，2001年，第194頁。

『太史公曰，蘇秦兄弟三人，皆游說諸侯以顯名，其術長於權變；而蘇秦被反間以死，天下共笑之，諱學其術。然世言蘇秦多異。異時事有類之者，皆附之蘇秦。夫蘇秦起閭閻，連六國從親，此其智有過人者。吾故列其行事，次其時序，毋令獨蒙惡聲焉』。《刺客列傳贊》『世言荊軻，其稱太子丹之命，「天雨粟，馬生角，太過也」。又言荊軻傷秦王，皆非也』。此皆史公自言其持平、徵實之意」〔註22〕。可見司馬遷不以個人好惡而對歷史及相關人物作益損之詞，公而不私，且一再表現出持平、徵實的追求。故謂司馬遷憂憤深廣地為國計民生、治亂興衰而感慨震撼，這不是不無可能的；觀太史公多次「廢書而歎」、「垂淚」、「流涕」，則很多情況下都可以相信的，是司馬遷為國計民生、治亂興衰而憂憤深廣：

　　太史公曰：余每讀《虞書》，至於君臣相敕，維是幾安，而股肱不良，萬事墮壞，未嘗不流涕也。成王作頌，推己懲艾，悲彼家難，可不謂戰戰恐懼，善守善終哉？君子不為約則修德，滿則棄禮，佚能思初，安能惟始，沐浴膏澤而歌詠勤苦，非大德誰能如斯！《傳》曰「治定功成，禮樂乃興」。海內人道益深，其德益至，所樂者益異。滿而不損則溢，盈而不持則傾。凡作樂者，所以節樂。君子以謙退為禮，以損減為樂，樂其如此也。……（《樂書》）

　　太史公讀《春秋曆譜諜》，至周厲王，未嘗不廢書而歎也。曰：嗚呼，師摯見之矣！紂為象箸而箕子唏。周道缺，詩人本之衽席，《關雎》作。仁義陵遲，《鹿鳴》刺焉。及至厲王，以惡聞其過，公卿懼誅而禍作，厲王遂奔於彘，亂自京師始，而共和行政焉。……是以孔子明王道……及如荀卿、孟子、公孫固、韓非之徒，各往往捃摭《春秋》之文以著書，不同勝紀。漢相張蒼曆譜五德，上大夫董仲舒推《春秋》義，頗著文焉。（《十二諸侯年表序》）

　　太史公曰：余讀《孟子書》，至梁惠王問「何以利吾國」，未嘗不廢書而歎也。曰：嗟乎，利誠亂之始也！夫子罕言利者，常防其原也。故曰「放於利而行，多怨」。自天子至於庶人，好利之弊何以異哉！（《孟子荀卿列傳》）

　　太史公曰：余讀功令，至於廣厲學官之路，未嘗不廢書而歎也。曰：嗟乎！夫周室衰而《關雎》作，幽厲微而禮樂壞，諸侯恣行，政由強國。故孔子閔王路廢而邪道興，於是論次《詩》《書》，修起禮

〔註22〕見徐復觀《兩漢思想史》（卷三），上海：華東師範大學出版社，2001年，第255頁。

樂。……自衛返魯，然後樂正，《雅》《頌》各得其所。世以混濁莫能用，是以仲尼干七十餘君無所遇，曰「苟有用我者，期月而已矣」。西狩獲麟，曰「吾道窮矣」。故因史記作《春秋》，以當王法，其辭微而指博，後世學者多錄焉。自孔子卒後……〔註23〕（《儒林列傳》）

太史公曰：余讀《離騷》、《天問》、《招魂》、《哀郢》，悲其志。適長沙，觀屈原所自沉淵，<u>未嘗不垂涕</u>，想見其爲人。及見賈生弔之，又怪屈原以彼其材，游諸侯，何國不容，而自令若是。讀《鵬鳥賦》，同死生，輕去就，又爽然自失矣。（《屈原賈生列傳》）

徐復觀先生說，「《史記》中史公自言流涕垂涕者各一，言廢書而歎者三。像這類由時代衝擊而透入於歷史中所流的眼淚和歎聲，豈僅是個人遭遇所能解釋？而後來的文學家，卻只當作一種文章腔調去加以領會，便更思隔千里了」〔註 24〕，因爲「種種由盛而衰的混亂、殘酷、破滅等情形，皆爲史公所身歷，不能不給史公以巨大衝擊，形成了他思想的消極一方面的綱維，加強了他作史的動機，並決定了他作史的『思來者』的宏願。他所做的史始於黃帝，但作史的精神，乃特注於漢代。不瞭解他由時代所給予他的衝擊，便不能瞭解他寫漢代史時所作的部署……」〔註 25〕。故徐復觀先生注釋上所引《樂書》之「流涕」曰「此涕是爲武帝的君臣的關係流的」，《十二諸侯表序》之「廢書而歎」是「爲漢室正當盛衰轉捩點而歎」，《孟子荀卿列傳》之「廢書而歎」是「針對當時言利之臣而歎的」，《儒林列傳》之「廢書而歎」是「因學術與利祿直接連在一起便會變質而歎的」，又《屈原賈生列傳》之「垂涕」，「是傷時感遇而垂的」〔註 26〕。徐先生廣泛而深入地予以研究，避免了前人的各種偏頗，似得其實。由此看，強烈地震撼感染司馬遷的，不僅源於他自身身世遭遇的某些共鳴，更在於由其親身所見、所聞、所感繼而上升到對整個社會興衰治亂的憂感。故解讀《史記》因震撼感染而被著錄的作品時，切不可輕易地僅從司馬遷個人身世遭遇解讀，抑或更有深意焉。

〔註23〕引自中華書局標點版《史記》。其於「功令」、「禮樂」、「樂」均爲表書名號。
〔註24〕徐復觀《兩漢思想史》（卷三），上海：華東師範大學出版社，2001 年，第 193 頁。
〔註25〕徐復觀《兩漢思想史》（卷三），上海：華東師範大學出版社，2001 年，第 193 頁。
〔註26〕以上五處引自徐復觀《兩漢思想史》（卷三），上海：華東師範大學出版社，2001 年，第 193 頁之注 24，注文見 260 頁。

第五節　錄之佐證歷史（錄文目的三）

　　《史記》錄文的第三種目的是以文證史，即史家著錄傳主的作品或相關傳主、相關事件的作品，從而佐證相關歷史。這類錄文要求被著錄的作品本身具有較高的文獻價值。

　　《伯夷列傳》曰：「夫學者載籍極博，猶考信於六藝。《詩》《書》雖缺，然虞夏之文可知也。」柯維騏云「史遷之意，謂尙論古人當取信於六藝」（《史記考要》卷八）〔註 27〕，葉適云「以六藝正百家之妄」（《習學紀言序目》卷二十《史記》）〔註 28〕。這實際是以文證史，但在這裡的「文」僅提及《詩》《書》等六藝，亦即他人的作品。《史記》實際操作中的以文證史，證史之「文」不僅是他人之文，還有當事人本人之文。

　　《史記》以文證史的做法在理論上是有依據的。孟子就說過「頌其詩，讀其書，不知其人，可乎？是以論其世也」（《孟子‧萬章下》），反之，僅論其世而不知其詩書亦不可。故司馬遷常在「太史公曰」下表明「余讀其……」一類文字，說明司馬遷考察傳主時通常要熟讀傳主本人的作品。如「余讀孔氏書，想見其爲人。適魯，觀仲尼廟堂車服禮器，諸生以時習禮其家，余祗回留之不能去云」（《孔子世家》），「吾讀管氏《牧民》、《山高》、《乘馬》、《輕重》、《九府》，及《晏子春秋》，詳哉其言之也。既見其著書，欲觀其行事，故次其傳」（《管晏列傳》），「余嘗讀商君《開塞》《耕戰》書，與其人行事相類」（《商君列傳》），「余讀《離騷》、《天問》、《招魂》、《哀郢》，悲其志。適長沙，觀屈原所自沉淵，未嘗不垂涕，想見其爲人。及見賈生弔之，又怪屈原以彼其材，游諸侯，何國不容，而自令若是。讀《鵩鳥賦》，同死生，輕去就，又爽然自失矣」（《屈原賈生列傳》），等等。

　　就《史記》錄文實際看，確有爲數不少的「錄文證史」的錄文類型。如《李斯列傳》著錄了李斯大量作品，並不是因爲其文辭之美（上文已論），也不是因爲史家特別喜歡或特別厭惡李斯和李斯的作品，觀該傳「太史公曰」對李斯的蓋棺定論中褒貶並存、持論甚平可知，且該傳所錄作品也不全是李斯的負面的形象（如《諫逐客書》）。該傳錄文的眞正目的在哪，「太史公曰」

〔註 27〕　楊燕起、陳可青、賴長揚匯輯《史記集評》（張大可、安平秋、俞樟華主編《史記研究集成》第六卷），北京：華文出版社，2005 年，第 451 頁

〔註 28〕　楊燕起、陳可青、賴長揚匯輯《史記集評》（張大可、安平秋、俞樟華主編《史記研究集成》第六卷），北京：華文出版社，2005 年，第 448 頁。

已經交待清楚了:「人皆以斯極忠而被五刑死,察其本,乃與俗議之異。不然,斯之功且與周、召列矣。」(《李斯列傳》)因此該傳是在肯定李斯功高齊於周、召和世人對李斯誤解重重的背景下,著力論證李斯真相「與俗議之異」:錄《諫逐客書》,因為此文足見李斯之才,且李斯從此被尊用了,卒輔秦成帝業;錄阿二世意書,可見李斯持爵祿之重而行阿順苟合之政;錄上二世言趙高短書,因為「諸侯已畔,斯乃欲諫爭,不亦末乎」(《李斯列傳》);錄獄中上二世書,說明李斯抗爭趙高的初衷不過緣於一己性命與祿位而已;著錄這些作品,讓讀者觀其書見其行事,以其文證其史,從而糾正人們對歷史的誤解。

又如《匈奴列傳》:「初,周襄王欲伐鄭,故娶戎狄女為后,與戎狄兵共伐鄭。已而黜狄后,狄后怨,而襄王後母曰惠后,有子子帶,欲立之,於是惠后與狄后、子帶為內應,開戎狄,戎狄以故得入,破逐周襄王,而立子帶為天子。於是戎狄或居於陸渾,東至於衛,侵盜暴虐中國。中國疾之,<u>故詩人歌之曰</u>『戎狄是應』,『薄伐獫狁,至于大原』,『出輿彭彭,城彼朔方』。周襄王既居外四年,乃使使告急於晉。晉文公初立,欲修霸業,乃興師伐逐戎翟,誅子帶,迎內周襄王,居於雒邑。」很明顯,這是以他人之詩以證史。

非但錄文有以文證史的用意,某些舉篇目亦然。如《商君列傳》雖然化錄了《更法》《定變法之令》而沒有錄《開塞》《耕戰》,但卻說明了「余嘗讀商君《開塞》《耕戰》書,與其人行事相類」。雖然只列了這兩篇篇名,但司馬遷卻未必沒有盡覽商君其他作品,不過是選了商君的幾個代表性的篇名佐證其史而已。當把溯學源學歷、歸學類用來暗示人物相關的行為舉動時,其實所利用的邏輯即是以文證史(詳參上文論述)。

當然,《史記》錄文的具體目的,若非作者自道,徑直謂之錄文以證史,難免讀者揣摩推測之詞。但作者既久已駕鶴而又不曾自道,如要理解其錄文目的,「錄文證史」則不失為一條好途徑、好角度。以民謠、民歌、諺語及傳主的詩、歌等為例,其之所以被採錄,尤其是前者,便很可能是為了證史。

1、《史記》對民謠、民歌、諺語的著錄,很可能是為了證史,部分還兼有了預言、讖言的意味。比如:

《萊人歌》:齊景公立少子荼(即晏孺子),病而「命國惠子、高昭子立少子荼為太子,逐群公子,遷之萊」,及卒,太子荼立,「未葬,而群公子畏誅,皆出亡。荼諸異母兄公子壽、駒、黔奔衛,公子鉏、陽生奔魯。<u>萊人歌之曰</u>:『景公死乎弗與埋,三軍事乎弗與謀,師乎師乎,胡黨之乎?』」(皆引

自《齊太公世家》）以下便另敘晏孺子元年春之事了。《萊人歌》正說明了景公立少子的惡果。

齊人歌王建亡國：「四十四年，秦兵擊齊。齊王聽相后勝計，不戰，以兵降秦。秦虜王建，遷之共。……始，……君王后死，后勝相齊，多受秦間金，多使賓客入秦，秦又多予金，客皆爲反間，勸王去從朝秦，不修攻戰之備，不助五國攻秦，秦以故得滅五國。五國已亡，秦兵卒入臨淄，民莫敢格者。王建遂降，遷於共。故齊人怨王建不蚤與諸侯合從攻秦，聽姦臣賓客以亡其國，歌之曰：『松耶柏耶？住建共者客耶？』疾建用客之不詳也。」（《田敬仲完世家》）這首歌可謂一語中的，既吻合了歷史，又揭示了原因。

百姓歌蕭曹：《曹相國世家》云「參始微時，與蕭何善；及爲將相，有郤。至何且死，所推賢唯參。參代何爲漢相國，舉事無所變更，一遵蕭何約束」，曹參生平敘完後總結道「參爲漢相國，出入三年。卒，諡懿侯。子窋代侯。百姓歌之曰：「蕭何爲法，顜若畫一；曹參代之，守而勿失。載其清淨，民以寧一」。（《曹相國世家》）可見該歌佐證了「蕭規曹隨」的歷史事實。

齊人頌：「騶衍之術迂大而閎辯；奭也文具難施；淳于髡久與處，時有得善言。故齊人頌曰：『談天衍，雕龍奭，炙轂過髡。』」（《孟子荀卿列傳》）「故」字把錄文以證史的佐證之意表現得更爲明瞭。

秦人諺：「昭王七年，樗里子卒，葬於渭南章臺之東。曰：『後百歲，是當有天子之宮夾我墓。』樗里子疾室在於昭王廟西渭南陰鄉樗里，故俗謂之樗里子。至漢興，長樂宮在其東，未央宮在其西，武庫正直其墓。秦人諺曰：『力則任鄙，智則樗里。』」（《樗里子甘茂列傳》）此諺與上文貌似沒有直接聯繫，但實際上樗里子「後百歲」的預言及其實現便是其「智」的表現之一。諺所云，益證其智。

趙王劉友歌：「友以諸呂女爲后，弗愛，愛他姬，諸呂女妒，怒去，讒之於太后，誣以罪過……太后怒，以故召趙王。趙王至，置邸不見，令衛圍守之，弗與食。其群臣或竊饋，輒捕論之，趙王餓，乃歌曰：『諸呂用事兮劉氏危，迫脅王侯兮強授我妃。我妃既妒兮誣我以惡，讒女亂國兮上曾不寤。我無忠臣兮何故棄國？自決中野兮蒼天舉直！於嗟不可悔兮寧蚤自財。爲王而餓死兮誰者憐之！呂氏絕理兮託天報仇。』丁丑，趙王幽死，以民禮葬之長安民冢次」（《呂太后本紀》）。所錄詩歌的內容與司馬遷所述相符，正可證史家作史之有據。

　　另外，錄文以證史不僅司馬遷這樣做，褚少孫補《史記》也曾這樣做。如天下歌衛子夫:「衛子夫立為皇后，后弟衛青字仲卿，以大將軍封為長平侯。四子，長子伉為侯世子，侯世子常侍中，貴倖。其三弟皆封為侯，各千三百戶，一曰陰安侯，二曰發干侯，三曰宜春侯，貴震天下。天下<u>歌</u>之曰:『生男無喜，生女無怒，獨不見衛子夫霸天下!』」(《史記・外戚世家》褚少孫補部分)

　　當然，《史記》所錄的民歌、謠諺並不是全部都是用來佐證歷史的。有些是作敘事(敘述)的用的，融入司馬遷正文的敘述中而成其為一部分。如《淮南衡山列傳》前已云文帝懲治淮南王的事情，後云「孝文十二年，民有<u>作歌歌</u>淮南厲王曰:『一尺布，尚可縫;一斗粟，尚可舂。兄弟二人不能相容。』<u>上聞之，乃歎曰</u>:『堯舜放逐骨肉，周公殺管蔡，天下稱聖。何者?不以私害公。天下豈以我為貪淮南王地邪?』乃徙城陽王王淮南故地，而追尊諡淮南王為厲王，置園復如諸侯儀」(《淮南衡山列傳》)。《滑稽列傳》載楚相孫叔敖賢且廉，死後兒子貧困，依父遺言而求救於優孟，優孟涉及為之請於楚莊王，傳云「……優孟復來。王曰:『婦言謂何?』孟曰:『……如孫叔敖之為楚相，盡忠為廉以治楚，楚王得以霸。今死，其子無立錐之地，貧困負薪以自飲食。必如孫叔敖，不如自殺。』因歌曰:『山居耕田苦，難以得食。起而為吏，身貪鄙者餘財，不顧恥辱。身死家室富，又恐受賕枉法，為姦觸大罪，身死而家滅。貪吏安可為也!念為廉吏，奉法守職，竟死不敢為非。廉吏安可為也!楚相孫叔敖持廉至死，方今妻子窮困負薪而食，不足為也!』<u>於是莊王謝優孟，乃召</u>孫叔敖子，封之寢丘四百戶，以奉其祀。後十世不絕。」(《滑稽列傳》)又如《孟嘗君列傳》，孟嘗君門客馮驩的三次彈劍歌，「孟嘗君置傳舍十日，孟嘗君問傳舍長曰:『客何所為?』答曰:『馮先生甚貧，猶有一劍耳，又蒯緱。彈其劍而<u>歌曰</u>「長鋏歸來乎，食無魚」。』孟嘗君遷之幸舍，食有魚矣。五日，又問傳舍長。答曰:『客復彈劍而<u>歌曰</u>「長鋏歸來乎，出無輿」。』孟嘗君遷之代舍，出入乘輿車矣。五日，孟嘗君復問傳舍長。舍長答曰:『先生又嘗彈劍而<u>歌曰</u>「長鋏歸來乎，無以為家」。』孟嘗君不悅……」(《滑稽列傳》)。三次彈鋏的故事都為其後該門客為孟嘗君經營「狡兔三窟」而作了敘事上的鋪墊。

　　但是《史記》對部分謠諺民歌的著錄，實際上是當做引文用，並非錄文。如《李將軍列傳》「太史公曰:傳曰『其身正，不令而行;其身不正，雖令不

從』。其李將軍之謂也？余睹李將軍悛悛如鄙人，口不能道辭。及死之日，天下知與不知，皆爲盡哀。彼其忠實心誠信於士大夫也？<u>諺曰</u>『桃李不言，下自成蹊』。此言雖小，可以諭大也」。《游俠列傳》「太史公曰：吾視郭解，狀貌不及中人，言語不足采者。然天下無賢與不肖，知與不知，皆慕其聲，言俠者皆引以爲名。<u>諺曰</u>：『人貌榮名，豈有既乎！』於戲，惜哉！」《佞倖列傳》「<u>諺曰</u>『力田不如逢年，善仕不如遇合』，固無虛言。非獨女以色媚，而士宦亦有之。昔以色幸者多矣。至漢興……」。《貨殖列傳》「故曰：『倉廩實而知禮節，衣食足而知榮辱。』禮生於有而廢於無。故君子富，好行其德……<u>諺曰</u>：『千金之子，不死於市。』此非空言也。故曰：『天下熙熙，皆爲利來；天下壤壤，皆爲利往。』夫千乘之王，萬家之侯，百室之君，尙猶患貧，而況匹夫編戶之民乎！」等等。諸如這些諺語、民歌，都是爲史家論述某些觀點作論據、論證服務的，同於一般人言語、文章中的引文。見下文詳述。

《史記》所錄的部分謠諺民歌的作用並不單一，既佐證了歷史、充實了史料，又有某種預言、暗示的作用。如：

潁川兒歌：「灌夫爲人剛直使酒，不好面諛。貴戚諸有勢在己之右，不欲加禮，必陵之；諸士在己之左，愈貧賤，尤益敬，與鈞。稠人廣衆，薦寵下輩。士亦以此多之。夫不喜文學，好任俠，已然諾。諸所與交通，無非豪桀大猾。家累數千萬，食客日數十百人。陂池田園，宗族賓客爲權利，橫於潁川。<u>潁川兒乃歌之曰</u>：『潁水清，灌氏寧；潁水濁，灌氏族。』」後「元光四年春，丞相言灌夫家在潁川，橫甚，民苦之。請案」（《魏其武安侯列傳》）。最終灌夫被族滅，猶如歌云。因此，此歌不僅側面見證了灌夫剛直不諛、聚集豪桀、橫被潁川的史實，也已預示著他未來的命運，暗示了下文的發展。

《齊人歌》：「……弒悼公。齊人共立其子壬，是爲簡公。田常成子與監止俱爲左右相，相簡公。田常心害監止，監止幸於簡公，權弗能去。於是田常復修釐子之政，以大斗出貸，以小斗收。<u>齊人歌之曰</u>：『嫗乎采芑，歸乎田成子！』齊大夫朝，御鞅諫簡公曰：『田、監不可並也，君其擇焉。』君弗聽」（《田敬仲完世家》）。後來田氏子孫最終取代了姜氏而佔有了齊國，如歌詞所云。這首民歌不僅見證了田氏借國君之權行私人之恩惠以收買人心的行爲，也暗示著齊國未來的命運。故該傳「太史公曰」：「周太史之卦田敬仲完，占至十世之後；及完奔齊，懿仲卜之亦云。田乞及常所以比犯二君，專齊國之政，非必事勢之漸然也，蓋若遵厭兆祥云」（《田敬仲完世家》）。《太史公自序》

又曰「……陰施五世，齊人歌之。成子得政，田和為侯……」足見司馬遷著錄齊人歌，不但用來見證田氏暗中收買人心的史實，並且以此當作齊國最終歸於田氏的「兆祥」之用。

又如士蒍之《狐裘歌》：「……驪姬恐，因譖二公子：『申生之藥胙，二公子知之。』二子聞之，恐，重耳走蒲，夷吾走屈，保其城，自備守。初，獻公使士蒍為二公子築蒲、屈城，弗就。夷吾以告公，公怒士蒍。士蒍謝曰：『邊城少寇，安用之？』退而歌曰：『狐裘蒙茸，一國三公，吾誰適從！』卒就城。及申生死，二子亦歸保其城」（《晉世家》）。《史記》著錄《狐裘歌》，見證了彼時君臣、父子等之間的微妙複雜的關係；用「初」字領起，可見這段話連同這首歌本來就是用作解釋說明用的，除此之外，還進一步暗示著晉國未來的大亂。

在《史記》所著錄的民歌、謠諺，部分兼有了預言、讖言的意味。但透過預言、讖言看，民歌、謠諺將兩個不同時的事件作為前因與後果而相聯繫起來，《史記》之所以採錄它們，或許正是看到了這層因果關係。總之，民歌、謠諺反映了時人具有一定普遍性的民間看法，實際也是歷史的一部分。《史記》對部分民歌、謠諺予以著錄，一方面進一步補充了史料、佐證了歷史，一方面又藉以暗中揭示了歷史發展的原因，部分還兼有預言、讖言的作用。

2、《史記》著錄傳主詩歌主要不是為了佐證史實

以上講述的主要是民歌、謠諺與錄文證史的情況。著錄傳主本人的詩歌，則主要不是用在證史，因為傳主的詩歌與傳主的政論散文區別甚大，它們主要是傳主的內心寫照。如果人的真實內心世界也算作一種「史」的話，那麼它們就算是心靈史的見證了。如高祖的《大風歌》《鴻鵠歌》，項羽的《垓下歌》，荊軻的《易水歌》，伯夷叔齊《采薇歌》，孔子《曳杖歌》（「太山壞乎……」），武帝的《瓠子》之詩，等等。

當然，《史記》所錄傳主的詩歌，某些也可以讓人同時看到傳主及相關人物的心靈世界、相關的事件以及與其他事件的因果關係等多種歷史因素。譬如士蒍《狐裘歌》，既讓人清楚了士蒍當時的焦慮、隱憂與為難，又見證了那個微妙的歷史，並預知了晉國未來的大亂並且暗示了大亂的源頭，在文中起到了預敘與暗示的作用，等等。孔子的《去魯歌》，既見證了齊以女樂賄賂魯國和魯國當權者耽於聲色的歷史，又說明了孔子離開魯國的原因，並記錄了孔子此時的內心世界。高祖的《大風歌》《鴻鵠歌》，項羽的《垓下歌》，荊軻

的《易水歌》，武帝的《瓠子》之詩等，不僅記錄了他們的內心世界，同時也見證了相關的歷史。

第六節　借之曲筆寫史（錄文目的四）

《史記》錄文的第四種目的是借錄文曲筆寫史，即史家利用為傳主或相關事件著錄傳主或相關事件的作品，用所錄作品攜帶的信息幽微曲折地暗示歷史的真相。

史家直言直錄是有巨大風險與難度的，特別是面對當朝歷史時，縱然史家有堅定的實錄精神也難擋權利的強行干涉，因此借用曲筆幽微曲折地反映歷史真相成為史家實現實錄的無奈之舉。《漢書‧司馬遷傳‧贊》謂司馬遷有「良史之材」，「其文直，其事核，不虛美，不隱惡，故謂之實錄」〔註29〕，但是實錄並不等於沒有曲筆。「曲筆」者，「一般是指史官由於某種原因，不據事直書，有意掩蓋事情真相」，當通過別的手法，以實現「轉移且深化了的而又是含蓄表達的實錄」，「這種寫史的筆法，謂之『曲筆』」〔註30〕。司馬遷所崇敬的《春秋》便有微言大義，這是司馬遷自己也曾明確提到的事：「隱桓之間則章，至定哀之際則微，為其切當世之文而罔褒，忌諱之辭也」（《匈奴列傳‧太史公曰》）。某些事情，因有所忌諱而不便直錄，使用一定的曲筆可巧妙地、曲折地、晦澀地實現「實錄」。

學界早已有人注意到《史記》的曲筆了，如楊成孚的《論司馬遷的曲筆》〔註31〕、李運寧的《〈史記〉「曲筆」芻議》〔註32〕、李永鎬《司馬遷卓越藝術才能再探——〈史記〉描寫的曲筆與側筆》〔註33〕。人們多從委婉、諷刺的語言、敘述方面考察，而沒有注意到錄文對於曲筆、側筆的意義。如閻崇東先生在「司馬遷的曲筆」目下定義說「我們這個課題中所提到的『曲筆』，則是指寫作中的委婉表達的手法，是轉移且深化了的而又是含蓄表達的實

〔註29〕（漢）班固撰，（唐）顏師古注《漢書》，北京：中華書局1962年版，冊9第2783頁。

〔註30〕閻崇東《史記史學研究》（張大可，安平秋，俞樟華主編《史記研究集成》之第八卷），北京：華文出版社，2005年，第94頁。

〔註31〕楊成孚《論司馬遷的曲筆》，《南開學報》1986年第3期。

〔註32〕李運寧的《〈史記〉「曲筆」芻議》，《學術論壇》1992年第2期。

〔註33〕李永鎬《司馬遷卓越藝術才能再探——〈史記〉描寫的曲筆與側筆》，《貴州大學學報》（社會科學版），1994年第1期。

錄」〔註34〕，其下便引出上所舉楊成孚、李運寧、李永錯三位先生的文章。

殊不知，《史記》某些錄文也暗含曲筆、側筆的用意，即借錄文曲筆暗示歷史真相。曲筆者，即如閻崇東先生所說「一般是指史官由於某種原因，不據事直書，有意掩蓋事情真相，這種寫史的筆法，謂之『曲筆』」，但「本課題中所提到的『曲筆』」則「是轉移且深化了的而又是含蓄表達的實錄」〔註35〕。側筆者，李永錯先生說「司馬遷對於某些重要的人物或事件，在一定的語言條件下不得不違心地說出一些空洞的讚美話，可是在其他場合卻用無情的事實加以否定，這就表現出很滑稽的喜劇效果。我們可以將這種寫作方法稱爲側面描寫。不過，這種側面描寫不是爲了加強正面描寫，而是爲了否定正面描寫，故意造成不協調，讓讀者發現破綻，體會作者的一番苦心」〔註36〕。《史記》的某些錄文，實際也有以曲筆、側筆寫歷史真相的目的。尤其是在涉及謀反、冤案、高級統治者負面形象等內容時，值得往這個角度去考察。比如《呂太后本紀》中錄趙王劉友歌；《吳王濞列傳》所錄劉濞七國反書、景帝《擊七國詔》、漢將弓高侯頹當遺膠西卬王書；《淮南衡山列傳》關於淮南厲王劉長謀反之事所錄諸文；《淮南衡山列傳》圍繞淮南王劉安謀反所錄諸文，等等。

一、《史記》暗藏曲筆的錄文舉例

例1：《呂太后本紀》所錄的趙王劉友歌：

呂太后謀立呂氏家族、排擠劉氏子孫在《史記》中幾乎沒有避諱地被多次直書，漢文帝的上臺也是在推翻呂氏、認定呂氏罪行的基礎上實現的。所以，按理《史記》在敘寫呂氏的罪行時也無需忌諱了。但是，實際上還是有某些忌諱的，尤其是關於呂后，畢竟是劉家皇室祖宗的皇后，關係著他們的顏面。所以徐復觀先生便指出，《陸賈列傳》之所以附傳平原君朱建者，主要

〔註34〕閻崇東《史記史學研究》（張大可，安平秋，俞樟華主編《史記研究集成》之第八卷），北京：華文出版社，2005年，第94頁。

〔註35〕閻崇東《史記史學研究》（張大可，安平秋，俞樟華主編《史記研究集成》之第八卷），北京：華文出版社，2005年，第94頁。

〔註36〕李永錯《司馬遷卓越藝術才能再探——〈史記〉描寫的曲筆與側筆》，《貴州大學學報》，1994年第1期，第66頁。按：「側筆」，徐復觀先生亦曾定義過，謂主文之外穿插小故事以暴露人與事的真實，假此以拆主文的臺，使得主文帶有滑稽意味。見《兩漢思想史》（第三卷），上海：華東師範大學出版社，2001年，第252頁。

是因為「辟陽侯幸呂太后，人或毀辟陽侯於孝惠帝，孝惠帝大怒，下吏，欲誅之。呂太后慚，不可以言……平原君……乃求見孝惠帝幸臣閎孺，說之曰……今日辟陽侯誅，且日太后含怒，亦誅君。何不為辟陽侯言於帝……於是閎籍孺大恐，從其計，言帝，果出辟陽侯」（《陸賈列傳》）這段話；這段話表面上是稱道平原君為報答母親去世時辟陽侯送了百金喪禮的恩德、特以詭辭救其出獄，但辟陽侯本身卻是個「行不正」、「大臣多害辟陽侯行，欲遂誅之」的人，故平原君此事本不值得稱道，不值得立附傳；之所以立附傳，是因為「無此附傳，則被西漢士大夫所痛恨不齒的呂后的醜德穢行的真實，將以何法明白宣佈於天下後世。所以上面的敘述，實係《呂太后本紀》的一大側筆」〔註37〕。可見《呂太后本紀》亦不乏忌諱。

明此則不難理解《呂太后本紀》著錄趙王劉友幽禁時所著之《歌》的曲筆寫史的目的了。司馬遷對此事的敘述是：「七年正月，太后召趙王友。友以諸呂女為后，弗愛，愛他姬，諸呂女妒，怒去，讒之於太后，誣以罪過，曰：『呂氏安得王！太后百歲後，吾必擊之』。太后怒，以故召趙王。趙王至，置邸不見，令衛圍守之，弗與食。其群臣或竊饋，輒捕論之，趙王餓……」這段傳文雖然涉及到趙王的冤枉、也直指呂后的作為，但司馬遷的敘述中實際上並沒有多少實質內容，從這裡看到只是諸呂女因不得趙王愛心生嫉妒而讒害趙王，呂后就此事並沒有太多的過錯，頂多是偏聽失誤而已。但是事實並不是這麼簡單。觀趙王劉友的《歌》則可讓人看到更多、更複雜的真相：「趙王餓，乃歌曰：『諸呂用事兮劉氏危，迫脅王侯兮強授我妃。我妃既妒兮誣我以惡，讒女亂國兮上曾不寤。我無忠臣兮何故棄國？自決中野兮蒼天舉直！於嗟不可悔兮寧蚤自財。為王而餓死兮誰者憐之！呂氏絕理兮託天報仇。』丁丑，趙王幽死，以民禮葬之長安民冢次」（《呂太后本紀》）。劉友不愛諸呂女，原來這裡面暗含著呂氏的政治陰謀，且陰謀不小，「諸呂用事兮劉氏危，迫脅王侯兮強授我妃」，呂后給諸侯王亂點鴛鴦譜實際帶有監視、脅迫諸侯王的目的；王妃之所以能夠誣陷趙王，是因為「諸呂用事兮劉氏危」、「讒女亂國兮上曾不寤」、「無忠臣」；身為王侯而被餓死的諸侯王的真實的生活……聯繫到漢代社會現實，每一條都值得叫人進一步深思：如徐復觀先生研究云，漢代人有著普遍的壓抑克制感，不但普通的知識分子，即便是諸侯王也不好

〔註37〕徐先生此段論述，見徐復觀《兩漢思想史》（第三卷），上海：華東師範大學出版社，2001年，第253～254頁。

受。諸侯王「因爲血緣關係而有窺伺神器的可能，所以諸侯王足以招致名譽的生活方式，及與其生活方式有關連的賓客，更成爲專制者的大忌諱」〔註38〕，對諸侯王的「防制，出於心理的因素，遠大於事實的要求。由這種心理因素，造成當時對諸侯王最大的精神虐待」〔註39〕，乃至「淮南厲王長寧願放棄王位，以布衣守冢眞定（引者按：劉長母死葬眞定），由此不難推想文帝所加給他的不能忍受的壓迫」〔註40〕。「諸侯王左右的職官，皆成爲朝廷的特務。此時早已全無實權的諸侯王，仍置於嚴密特務控制之下，連私生活也遭嚴密監視。因此可以瞭解一個問題：爲什麼兩漢諸侯王的『禽獸行』特爲昭著？因爲（一）在監獄中的富豪，自然容易走上這樣的一條路。（二）……諸侯王的良好行爲所招來的罪患，遠過於禽獸行所招來的罪患。（三）他們的隱私都被朝廷所掌握、誇張、宣揚。而皇帝的『禽獸行』，實際較之諸侯王，有過之無不及。但常在由嚴刑峻法所構成的鐵幕的保護之中」〔註41〕。據《漢書・景十三王傳》載，中山靖王勝聞樂聲而泣，對天子問，云「今臣心結日久，每聞眇妙之聲，不知涕泣之橫集也。夫眾呴漂山，聚蚊成雷，朋黨執虎，十夫橈椎。……臣身遠與寡，莫爲之先，眾口鑠金，積毀銷骨，叢輕折軸，羽翮飛肉，紛驚逢羅，潸然出涕。……今臣雍閼不得聞，讒言之徒蜂生，道邃路遠，曾莫爲臣聞，臣竊自悲也。……今群臣非有葭莩之親，鴻毛之重，群居黨議，朋友相爲，使夫宗室擯卻，骨肉冰釋。斯伯奇所以流離，比干所以橫分也……」〔註42〕。但《史記》對中山靖王的記載卻很少，只有「爲人樂酒好內，有子枝屬百二十餘人。常與兄趙王相非」（《五宗世家》）之事，蓋所謂「禽獸行」類也。至於以上諸侯王淒慘的境遇僅僅在「太史公曰」略略提及，曰「自吳楚反後，五宗王世，漢爲置二千石，去『丞相』曰『相』，銀印。諸侯獨得食租稅，奪之權。其後諸侯貧者或乘牛車也」（《五宗世家・太

〔註38〕徐復觀《兩漢思想史》（第一卷），上海：華東師範大學出版社，2001年，第108頁。

〔註39〕徐復觀《兩漢思想史》（第一卷），上海：華東師範大學出版社，2001年，第106頁。

〔註40〕徐復觀《兩漢思想史》（第一卷），上海：華東師範大學出版社，2001年，第106頁。

〔註41〕徐復觀《兩漢思想史》（第一卷），上海：華東師範大學出版社，2001年，第106頁。

〔註42〕（漢）班固撰，（唐）顏師古注《漢書・司馬遷傳》，北京：中華書局1962年版，冊8第2423頁。

史公曰》），三言兩語耳。蓋涉及最高統治者的權力危機，爲其切於當世，本顯而以之隱。處在這樣壓抑的時代的人，當看到趙王被餓死的這首歌時，讀到的內容恐不僅僅只是「歌」了，而錄存之，亦恐不僅僅是爲「歌」而錄歌。

因此不難理解同在該本紀的趙共王劉恢（原梁王，趙幽王劉友死後徙之趙）的四首歌詩何以不著錄了：「梁王恢之徙王趙，心懷不樂。太后以呂產女爲趙王后。王后從官皆諸呂，擅權，微伺趙王，趙王不得自恣。<u>王有所愛姬，王后使人鴆殺之</u>。王乃爲歌詩四章，令樂人歌之。王悲（《漢書·高五王傳》作「王悲思」），六月即自殺。太后聞之，<u>以爲王用婦人棄宗廟禮</u>，廢其嗣」（《呂后本紀》）。雖然趙共王同樣抑鬱、同樣不滿於呂氏，但歌詩的內容卻只是寫其愛姬的（呂太后認定他是「爲王用婦人棄宗廟禮」，可知歌詩的內容當係其愛姬之死；如果說呂后是「敵對面」，因之其話不足以信的話，那完全可以從「鴆殺之」與「乃爲歌詩」及「悲思」等字詞的承接關係中推斷，歌詩的內容便是直接地寫該愛姬的），不及趙王劉友《歌》內容的意蘊深廣，不足以藏曲筆、抒深意。

例2：《吳王濞列傳》所錄劉濞發使遺諸侯書（七國反書）、景帝《擊七國詔》、漢將弓高侯頽當遺膠西卬王書：

司馬遷在《吳王濞列傳·太史公曰》中說吳王劉濞「逆亂之萌，自其子興。爭技發難，卒亡其本；親越謀宗，竟以夷隕」，認定了他是謀反的。該傳開篇記高祖相劉濞謂其有反相，高祖也許未必會相面，此言或純係詐恐之語，猶如他被楚軍射中胸口卻故作捫足狀，說是「虜中吾指」（《史記·高祖本紀》）；但司馬遷這種客觀記載卻給人一種暗示，暗示著劉濞未來將造反。劉濞不朝，司馬遷的敘述語言裏也予以肯定是「稍失藩臣之禮，稱病不朝」。劉濞不收百姓賦稅，「如此者四十餘年，以故能使其眾」，究竟是劉濞本來就仁義得人，還是早有謀反蓄謀？以「然」字領起轉折，字面上看當屬於後者。如此種種，從字面上看，司馬遷與漢廷立場一樣，認定劉濞是造反謀逆的，且早有蓄謀，從其面相看，簡直是天生的必然謀反分子。

然而細心讀卻能讀出其中由猜忌心理逼迫出來的、僞造反叛的冤屈。劉濞「招致天下亡命者（益）〔盜〕鑄錢，煮海水爲鹽，以故無賦，國用富饒」（《吳王濞列傳》）〔註43〕，「其居國以銅鹽故，百姓無賦。卒踐更，輒與平賈。

〔註43〕（漢）司馬遷撰《史記》，北京：中華書局1982年版。

歲時存問茂材，賞賜閭里。它郡國吏欲來捕亡人者，訟共禁弗予」（《吳王濞列傳》），在正常時代用正常的心理來看，這正是很好的政績。且當時「會孝惠、高后時，天下初定，郡國諸侯各務自拊循其民」（《吳王濞列傳》），經戰亂後休養生息，安撫民生也是很應該很正常的事，也是諸侯普遍做的事。不應當把吳國的做法看作是蓄謀造反，爲造反做準備。《史記》本作「益鑄錢」，《漢書》作「盜鑄錢」，這是故意加上去的罪名，因爲當時無所謂「盜鑄」〔註44〕。漢文帝太子殺吳太子，文帝不僅不責讓自己的太子，反而不斷繫治吳國使者。及文帝「赦吳使者歸之，而賜吳王几杖，老，不朝。吳得釋其罪，謀亦益解」（《吳王濞列傳》），則吳王本無反意。「漢廷臣方議削吳。吳王濞恐削地無已，因以此發謀」（《吳王濞列傳》），「諸侯既新削罰，振恐，多怨晁錯。及削吳會稽、豫章郡書至，則吳王先起兵」（《吳王濞列傳》），若削地而給予保障，恐未必有七國之亂。又吳使應高說「今者主上興於姦，飾於邪臣，好小善，聽讒賊，擅變更律令，侵奪諸侯之地，徵求滋多，誅罰良善，日以益甚」（《吳王濞列傳》），雖然這是挑撥膠西王卬反叛的話，或有言過其實的可能，但透過這些依然能看出他們的出發點：朝廷讓他們深感自身不安。〔註45〕

明此，再回頭看所錄劉濞發使遺諸侯書（七國反書）、景帝《擊七國詔》、漢將弓高侯頹當遺膠西卬王書。劉濞反書與景帝擊七國詔書形成鮮明對比，雙方都滿口仁義道德，互相罪責，著錄其原作，其中真相奧妙可供讀者自讀自悟。又，劉濞反書中盡言其資用富有及縮衣節食、三十年的累積，這是做仿劉邦胸中射箭而捫足，還是呼應了吳王受封時劉邦給他的相面、是本來就蓄謀造反？究竟是劉濞無辜被迫，還是景帝無奈還擊？是劉濞陰險狡詐，還是景帝兇狠狡詐？……「漢將弓高侯頹當遺王書曰：『奉詔誅不義，降者赦其罪，復故；不降者滅之。王何處，須以從事。』王肉袒叩頭漢軍壁，謁曰：『臣卬奉法不謹，驚駭百姓，乃苦將軍遠道至於窮國，敢請菹醢之罪。』弓高侯執金鼓見之，曰：『王苦軍事，願聞王發兵狀。』王頓首膝行對曰：『今者，晁錯天子用事臣，變更高皇帝法令，侵奪諸侯地。卬等以爲不義，恐其敗亂

〔註44〕　按：今中華書局 1982 年版《史記》作「（益）〔盜〕鑄錢」。然《漢書‧食貨志下》載文帝五年「使民放鑄」，賈誼諫不聽。故鄧通以中大夫之位而得鑄錢。則吳之鑄錢，亦是當時法令所許可的，不能謂之「盜」也。參徐復觀先生《兩漢思想史》（第一卷），上海：華東師範大學出版社，2001 年，第 119 頁注 18。
〔註45〕　參徐復觀先生《兩漢思想史》（第一卷），上海：華東師範大學出版社，2001年，第 104 頁。

天下，七國發兵，且以誅錯。今聞錯已誅，印等謹以罷兵歸。』將軍曰：『王苟以錯不善，何不以聞？乃未有詔虎符，擅發兵擊義國。以此觀之，意非欲誅錯也。』乃出詔書爲王讀之。讀之訖，曰：『王其自圖。』王曰：『如印等死有餘罪。』遂自殺。太后、太子皆死。膠東、淄川、濟南王皆死，國除，納於漢。酈將軍圍趙十月而下之，趙王自殺。濟北王以劫故，得不誅，徙王淄川。」（《吳王濞列傳》）可見是漢廷欺騙了「謀亂」的膠西王劉印，劉印實際上是被逼死的。又，「太史公曰」裏說劉濞「逆亂」「謀宗（《吳王濞列傳》）」，然《太史公自序》云「維仲之省，厥濞王吳，遭漢初定，以塡撫江淮之間。作《吳王濞列傳》第四十六」，司馬遷對該傳的斷語何以僅限於封吳卻隻字不提七國造反中帶頭造反的大惡？司馬遷究竟是跟朝廷一樣認爲劉濞是反叛的嗎？如此出入、駁雜，其中是否有曲筆、側筆？讀者豈不宜深思乎！

例3：《淮南衡山列傳》圍繞淮南厲王劉長謀反之事所錄的張蒼等兩次請治劉長棄市書及文帝兩次批覆、張蒼等請處淮南厲王劉長蜀郡書及文帝批覆、民歌歌淮南厲王歌，以及何以不錄《漢書·淮南衡山濟北王傳》所錄的文帝舅薄昭給淮南王劉長的書信：

照《史記》敘述文字及《淮南衡山列傳·太史公曰》表面地看，司馬遷的確站在朝廷的立場，認定劉長是謀亂叛逆的。但卻存在很多疑點：（一）司馬遷用敘述的文字記載劉長在其王國裏的具體行事，尤其關於謀反的行事，敘述文字僅有「六年，令男子但等七十人與棘蒲侯柴武太子奇謀，以輦車四十乘反谷口，令人使閩越、匈奴。事覺，治之，使使召淮南王。淮南王至長安」，其他則全用張蒼奏書與文帝批覆代替史家的敘述。（二）從司馬遷僅有的敘述文字中的謀反事實看，其謀反力量未免太過單薄而近於荒唐；既然是謀反，「事覺，治之，使使召淮南王。淮南王至長安」，劉長怎麼會這麼乖乖地呼之則來？（三）《太史公自序》云「黥布叛逆，子長國之，以塡江淮之南，安剽楚庶民。作《淮南衡山列傳》第五十八」，司馬遷對該傳的總斷語爲何僅止於封王之事，何以不提劉長謀反這麼重大的事？（四）張蒼極言劉長罪惡，奏請劉長棄市以治其大罪，百姓卻歌「一尺布，尚可縫；一斗粟，尚可舂。兄弟二人不能相容」（《淮南衡山列傳》），有力地諷刺了漢文帝。二者一正一反地並存於史傳，本身形成敘述縫隙。司馬遷著錄當權者丞相的奏書和百姓諷刺性的民歌，以代替史家敘述，是否是一種對自己的過於明顯的評價的迴避，一來可以避禍，二來讓單方面的捕風捉影捏造之辭單獨登場，不攻自破

地暴露其荒謬？（五）《漢書‧淮南衡山濟北王傳》所錄的文帝舅舅薄昭給淮南王劉長的書中指責了劉長一系列的「罪狀」：「竊聞大王剛直而勇，慈惠而厚，貞信多斷，是天以聖人之資奉大王也甚盛，不可不察。今大王所行，不稱天資。皇帝初即位，易侯邑在淮南者，大王不肯。皇帝卒易之，使大王得三縣之實，*甚厚*。大王以未嘗與皇帝相見，求入朝見，*未畢昆弟之歡，而殺列侯以自爲名*。皇帝不使吏與其間，赦大王，*甚厚*。漢法，二千石缺，輒言漢補，*大王逐漢所置，而請自置相、二千石*。皇帝猶天下正法而許大王，*甚厚*。大王欲屬國爲布衣，守冢眞定。皇帝不許，使大王毋失南面之尊，*甚厚*。大王宜日夜奉法度，修貢職，以稱皇帝之厚德，*今乃輕言忞行，以負謗於天下，甚非計也*。……*大王不思先帝之艱苦，日夜怵惕，修身正行，養犧牲，豐潔粢盛，奉祭祀，以無忘先帝之功德*，而欲屬國爲布衣，甚過。且夫貪讓國土之名，輕廢先帝之業，不可以言孝。父爲之基，而不能守，*不賢*。不求守長陵，而求之眞定，先母后父，*不誼*。數逆天子之令，*不順*。言節行以高兄，*無禮*。幸臣有罪，大者立斷，小者肉刑，*不仁*。貴布衣一劍之任，賤王侯之位，*不知*。不好學問大道，觸情忘行，*不祥*。此八者，危亡之路也，而大王行之，棄南面之位，奮諸、賁之勇，常出入危亡之路，臣之所見，高皇帝之神必不廟食於大王之手，明白。」〔註46〕這裡所列如許罪狀，哪一條有具體的謀反事實呢？哪一條罪是大惡不赦、必須用棄市除國暴折懲治呢？劉長何時因何事請求以布衣守冢眞定的？身爲高祖子而寧願棄王守冢，應該不是一件小事、不是一件常見的普通的事情，理當值得記載，司馬遷何以不記載？何以不著錄此信？班固補寫此傳，顯然是覺得此傳有不宜省略的省略；班固雖然補錄了薄昭這封信，卻也僅僅錄他人之文而已，不再作史實的補充，包括劉長請以布衣守母冢之事，給人點到爲止的感覺，這是爲什麼呢？是否因爲「爲其切當世之文而罔襃，忌諱之辭」（《史記‧匈奴列傳》）呢？司馬遷較班固更爲「切當世」因而連該信都避開不錄了？

　　凡此種種，不得不叫人懷疑事件中的隱情與傳文中的曲筆。後之讀史者，如徐復觀先生便以爲其中有冤屈：「淮南屬王長，與文帝爲兄弟，卒以『欲以有爲』（引者按：出自《史記‧淮南衡山列傳》所錄張蒼請治劉長棄市書）的死罪……『欲以有爲』的罪名，正是『莫須有』的罪名」；「在文帝時，除諸

〔註46〕（漢）班固撰，（唐）顏師古注《漢書》，北京：中華書局，1962 年版，冊 7　　　第 2137～2138 頁。

侯王的丞相出自朝廷外，其餘秩二千石的，本應由王自置。但漢廷亦數為罪名。而淮南王長寧願棄王位，以布衣守冢真定，由此不難推想文帝所加給他的不能忍受的壓迫」〔註47〕。

例4：《淮南衡山列傳》圍繞淮南王劉安謀反所錄的淮南王劉安孫劉建使莊芷上武帝告安太子遷陰謀書、武帝令議淮南王安罪、趙王彭祖《淮南王安罪議》、膠西王劉端《淮南王安罪議》：

劉安，淮南厲王劉長之子。劉長在劉安幼小之年即被除國遷蜀而死道中，劉安長大後對此心懷怨恨，之後又對朝廷屢屢削奪諸侯權力、地盤而心懷不滿，這些如若是事實，那也是在所難免、不足為奇的。但心懷怨恨與是否蓄意謀反及最終謀反與否是三回事，不可混淆等同。且常人或多或少都有各自的睚眥怨恨，正常情況下，又豈能憑此而不憑事實地治罪呢！況係謀反大罪！

同樣，在字面上司馬遷依然站在朝廷這邊，認定劉安是謀反的，「謀為畔逆，仍父子再亡國，各不終其身，為天下笑」（《淮南衡山列傳·太史公曰》），並認為「此非獨王過也，亦其俗薄，臣下漸靡使然也。夫荊楚僄勇輕悍，好作亂，乃自古記之矣」（《淮南衡山列傳·太史公曰》）。

然而該傳傳文對劉安謀反罪實的記錄卻並不能讓後人信服。（一）七國之亂時劉安欲發兵應之，但卻沒有記載為什麼要參加造反？難道說「謀反」的劉長，其兒子就一定會造反嗎，就是劉安想加入七國之亂的理由嗎？但劉長的另一個兒子、亦即劉安的兄弟衡山王劉勃不就「堅守無二心」「上以為貞信」（《淮南衡山列傳》）嗎？這顯然是沒有道理的。又，劉安既然有心造反而相不聽令，他既然能任命其相為將，為何不能廢免其將，卻被相控制了整個局面？（二）建元二年（前139）武安侯田蚡媚言劉安宮車晏駕當立之事，可疑，且不能成立。田蚡是王太后的弟弟、武帝的舅舅，至親的外戚，不宜說此事，此其一。景帝後元三年（前141）16歲的武帝即位，到這時候即位才兩年，正18歲左右，其舅怎麼談宮車晏駕呢？是武帝身體不好，還是斷言武帝無後呢？前者依據何在，而後者，武帝才18歲，又為知其無後！此其二。其三，縱然武帝無後早卒，景帝共有14子，且王皇后之妹王夫人生有四子（《漢書·景十三王傳》「王夫人生廣川惠王越、膠東康王寄、清河哀王乘、常山憲王舜」），於田蚡來說同樣是其舅，於親情上當向著外甥這邊；於漢代皇位繼承

〔註47〕兩處皆引自徐復觀《兩漢思想史》（第一卷），上海：華東師範大學出版社，2001年，第106頁。

慣例看，亦輪不到劉安的次第。無後則以最親的兄弟相及，故高祖傳子惠帝，惠帝傳其子，經誅呂政變後惠帝無子（亦無同母兄弟），尋惠帝異母弟、高祖親子文帝繼之，文、景、武皆父子相傳，故即便武帝無後早卒，亦有景帝諸子、孫可繼。劉安的父親是漢文帝的異母弟且被定爲謀反罪，劉安是景帝的不同祖母的堂兄弟，劉安是武帝隔了幾層的堂叔而已，血緣上已相隔數層。

（三）「元朔五年……諸使道從長安來，爲妄妖言，言上無男，漢不治，即喜；即言漢廷治，有男，王怒，以爲妄言，非也」（《淮南衡山列傳》）。元朔五年（前 124），武帝長子劉據已五歲，劉安是在愚弄自己還是在封鎖消息、愚弄社會以爲造反作準備？然而，縱然淮南遠離朝廷，劉安又豈能封鎖得了天下人？豈能控制整個淮南人不知情？且其前聽田蚡如此媚言宮車晏駕時大喜、見彗星時又存此念，其後與伍被部署兵之出入時又自云「上無太子，宮車即晏駕，廷臣必徵膠東王，不即常山王，諸侯並爭，吾可以無備乎！」（《淮南衡山列傳》）顯然，他一直不知道武帝已經有兒子了，所謂「言漢廷治，有男，王怒，以爲妄言，非也」，不是他故意封鎖消息，而是他自己竟然如此地「愚癡」、如此地白日夢！然而，一個正常人尚不及如此愚癡，況「爲人好讀書鼓琴，不喜弋獵狗馬馳騁」（《淮南衡山列傳》）、且「亦欲以行陰德拊循百姓，流譽天下」（《淮南衡山列傳》）的人嗎？其愚癡之甚者，還有與伍被部署兵事，伍被初不肯反，然後又「首爲王劃反謀」（《淮南衡山列傳》載張湯語），謀反沒有發動起來，就馬上自首去了；淮南王既然志欲謀反，刻好皇帝、丞相等印璽，做好如許謀劃，卻「聞漢使來，恐其捕之，乃與太子謀刺之如前計。及中尉至，即賀王，王以故不發」（《淮南衡山列傳》），「諸使道從長安來，爲妄妖言，言上無男，漢不治，即喜；即言漢廷治，有男，王怒，以爲妄言」（《淮南衡山列傳》），「淮南王見建已徵治，恐國陰事且覺，欲發，被又以爲難，乃復問被曰……」（《淮南衡山列傳》），「恐」「計未決」，「又欲」，「未發」，「奈何」，「欲殺而發兵」（《淮南衡山列傳》），「王念獨殺相而內史中尉不來，無益也，即罷相」不殺（《淮南衡山列傳》），「王猶豫，計未決」（《淮南衡山列傳》），「太子念所坐者謀刺漢中尉，所與謀者已死，以爲口絕」（《淮南衡山列傳》）而願意送自己給漢廷逮捕，「王亦偷欲休，即許太子。太子即自剄，不殊。伍被自詣吏，因告與淮南王謀反，反蹤跡俱如此。吏因捕太子、王后，圍王宮，盡求捕王所與謀反賓客在國中者，索得反具以聞」（《淮南衡山列傳》），「丞相弘、廷尉湯等以聞，天子使宗正以符節治王。未至，淮南王安自剄殺（按：《漢

書・五行志》云在元狩元年十二月，即前 122 年）。王后荼、太子遷諸所與謀反者皆族。天子以伍被雅辭多引漢之美，欲勿誅。廷尉湯曰：『被首為王畫反謀，被罪無赦。』遂誅被。國除為九江郡」（《淮南衡山列傳》），簡直如一場轟轟鬧劇！漢廷不發一兵一卒而「謀反」就被一網打盡了，連既首劃又自首揭發的伍被也不能幸免，處理得乾乾淨淨！其荒唐幼稚，哪裏像是一場蓄意謀反呢。然而流血卻是真真切切的，「上下公卿治，所連引與淮南王謀反列侯二千石豪傑數千人，皆以罪輕重受誅」（《淮南衡山列傳》），「淮南、衡山王謀反，發覺，皆自殺。使者行郡國，治黨與，坐死者數萬人」（《漢書・五行志》）〔註48〕。讀者當思，何以如此？（四）「太史公曰：……謀為畔逆，仍父子再亡國，各不終其身，為天下笑。此非獨王過也，亦其俗薄，臣下漸靡使然也。夫荊楚僄勇輕悍，好作亂，乃自古記之矣」（《淮南衡山列傳》）。但是，據該傳傳文所記，淮南王的賓客下屬並沒有「好作亂」的啊：七國之亂時，「淮南王欲發兵應之」，「王乃屬相兵。淮南相已將兵，因城守，不聽王而為漢」，結果被相控制了整個局面，淮南王欲亂而不能、如同傀儡了；為劉安「首劃」的重要謀士伍被，起初並不願謀反，並且還勸諫淮南王勿反，最後是被淮南王逼勸並用而為之「首劃」謀反的，但謀反還沒有真正發動起來便先去自首了，連天子都以為「伍被雅辭多引漢之美，欲勿誅」（《淮南衡山列傳》），可見淮南臣子於朝廷還是忠貞的；「王欲發國中兵，恐其相、二千石不聽」（《淮南衡山列傳》），「召相，相至；內史以出為解。中尉曰：『臣受詔使，不得見王』」（《淮南衡山列傳》），可見淮南君臣上下不和，相、二千石、內史、中尉等重要官屬都是忠於朝廷而不聽從淮南王的；故依此看，謀反全是淮南王的意向、淮南王的過錯，而非荊楚人「僄勇輕悍，好作亂」（《淮南衡山列傳》）。「太史公曰」與正文自成矛盾，難道是司馬遷竟然疏忽拙劣至此，還是此地無銀三百兩以暗示曲筆呢？（五）此傳正文僅記淮南王等謀反罪事，但卻特為標明「伍被自詣吏，因告與淮南王謀反，反蹤跡俱如此」（《淮南衡山列傳》）、「丞相弘、廷尉湯等以聞」（《淮南衡山列傳》），則此文來源於自首的伍被的單方面的供詞、酷吏張湯等審問後的結卷等官方材料無疑，除此之外並沒有多少史家司馬遷自己的文字。這種情形，不得不叫人深思。諸如徐復觀先生，發出這樣的感慨：「歷史的政治表面，常常是由統治者所編造的材料寫成的。

〔註48〕（漢）班固撰，（唐）顏師古注《漢書》，北京：中華書局，1962 年版，冊 5
　　　　第 1424 頁。

尤其關於最高權力鬥爭中的機微之際，對失敗者不利的材料，必定被誇張；對成功者不利的材料，必定被隱沒。著史和讀史者能不受此種情勢所欺瞞的實在很少。有關兩漢朝廷與諸侯王發生重大關係的材料，使我痛切感到這一點。」〔註49〕（六）且治案者張湯、論淮南王罪議者丞相公孫弘、趙王劉彭祖、膠西王劉端等，他們都是何許人呢：「彭祖爲人巧佞卑諂，足恭而心刻深。好法律，持詭辯以中人。……相、二千石欲奉漢法以治，則害於王家。是以每相、二千石至，彭祖衣皁布衣，自行迎，除二千石舍，多設疑事以作動之，得二千石失言，中忌諱，輒書之。二千石欲治者，則以此迫劫；不聽，乃上書告，及污以姦利事。彭祖立五十餘年，相、二千石無能滿二歲，輒以罪去，大者死，小者刑，以故二千石莫敢治。而趙王擅權，使使即縣爲賈人権會，入多於國經租稅。……彭祖取故江都易王寵姬王建所盜與姦淖姬者爲姬，甚愛之。……諸使過客以彭祖險陂，莫敢留邯鄲」（《史記・五宗世家》）；「端爲人賊戾，又陰痿，一近婦人，病之數月。……爲郎者頃之與後宮亂，端禽滅之，及殺其子母。數犯上法……端心慍，遂爲無訾省。府庫壞漏盡，腐財物以鉅萬計……相、二千石往者，奉漢法以治，端輒求其罪告之，無罪者詐藥殺之。所以設詐究變，強足以距諫，智足以飾非。相、二千石從王治，則漢繩以法。故膠西小國，而所殺傷二千石甚眾」（《史記・五宗世家》）。「御史大夫張湯智足以拒諫，詐足以飾非，務巧佞之語，辯數之辭，非肯正爲天下言，專阿主意。主意所不欲，因而毀之；主意所欲，因而譽之。好興事，舞文法，內懷詐以御主心，外挾賊吏以爲威重」（《史記・汲鄭列傳》載汲黯語）。「湯爲人多詐，舞智以御人」（《史記・酷吏列傳》），「湯決大獄，欲傅古義，乃請博士弟子治尙書、春秋補廷尉史，亭疑法。奏讞疑事，必豫先爲上分別其原，上所是，受而著讞決法廷尉絜令，揚主之明」（《史記・酷吏列傳》），「所治即上意所欲罪，予監史深禍者；即上意所欲釋，與監史輕平者。所治即豪，必舞文巧詆……而刻深吏多爲爪牙用者，依於文學之士。丞相弘數稱其美。及治淮南、衡山、江都反獄，皆窮根本……其治獄所排大臣自爲功，多此類。於是湯益尊任，遷爲御史大夫」（《史記・酷吏列傳》），「狄山曰：『臣固愚忠，若御史大夫湯乃詐忠。若湯之治淮南、江都，以深文痛詆諸侯，別疏骨肉，使蕃臣不自安。臣固知湯之爲詐忠。』於是上作色曰：『吾使生居一郡，能無

〔註49〕徐復觀《兩漢思想史》（第一卷），上海：華東師範大學出版社，2001年，第104頁。

使虜入盜乎？』……山自度辯窮且下吏……於是上遣山乘鄣。<u>至月餘，匈奴斬山頭而去。自是以後，群臣震懾</u>」（《史記‧酷吏列傳》）。「<u>自公孫弘以《春秋》之義繩臣下取漢相</u>，張湯用峻文決理爲廷尉，於是<u>見知之法生，而廢格沮誹窮治之獄用矣</u>。其明年，淮南、衡山、江都王謀<u>反跡見</u>，而公卿尋端治之，<u>竟其黨與，而坐死者數萬人</u>，長吏益慘急而法令明察」（《史記‧平準書》）。這些人直接偵察、處理、論斷淮南王謀反案，然而這些內容卻不見於《史記‧淮南衡山列傳》，有幸的是可以散見於它篇，依舊可觀。（七）武帝時期的諸侯王實際權力、勢力有多大，還具有謀反作亂的實力與否，如此重要的信息卻在《淮南衡山列傳》傳中並無交代，史家乾脆地著錄「官文書」〔註50〕而已。這難道是司馬遷沒有意識到這層信息對於論斷造反之事的重要性嗎？事實不然，因爲司馬遷在別的篇章中卻又作了明白敘述：「高祖時諸侯皆賦，得自除內史以下，漢獨爲置丞相，黃金印。諸侯自除御史、廷尉正、博士，擬於天子。自吳楚反後，五宗王世，漢爲置二千石，去『丞相』曰『相』，銀印。諸侯獨得食租稅，奪之權。其後諸侯貧者或乘牛車也」（《史記‧五宗世家》）。「……使諸侯得推恩分子弟國邑，……淮南分三，及天子支庶子爲王，王子支庶爲侯，百有餘焉。吳楚時，前後諸侯或以適削地，是以燕、代無北邊郡，吳、淮南、長沙無南邊郡，齊、趙、梁、楚支郡名山陂海咸納於漢。諸侯稍微，大國不過十餘城，小侯不過數十里，上足以奉貢職，下足以供養祭祀，以蕃輔京師。而漢郡八九十，形錯諸侯間，犬牙相臨，秉其阸塞地利，強本幹，弱枝葉之勢，尊卑明而萬事各得其所矣」（《漢興以來諸侯王年表》）。「至太初百年之間，見侯五，餘皆坐法隕命亡國，秏矣。罔亦少密焉……」（《高祖功臣侯者年表》）。可見《淮南衡山列傳》傳不言天下形勢力量，並不是司馬遷不清楚所致。然而爲什麼卻不直接說明呢？如若作此說明，則淮南王根本沒有造反謀亂的實力自然明瞭，如此則正文中的「官文書」對淮南王謀反罪的論定就會站不住腳了。明知此事而不做說明，卻互見於它篇，則史家採用正面迴避、暗地曲筆的手法十分醒豁了。（八）《漢書‧淮南衡山濟北王傳》載「（引者按：劉安）招致賓客方術之士數千人，作爲《內書》二十一篇，《外書》甚眾，又有《中篇》八卷，言神仙黃白之術，亦二十餘萬言。時武帝方

〔註50〕徐復觀先生謂「《史記》、《漢書》兩傳中，充滿了當時誣構的『官文書』」。見徐復觀《兩漢思想史》（第一卷），上海：華東師範大學出版社，2001年，第109頁。

好藝文，以安屬爲諸父，辯博善爲文辭，甚尊重之。每爲報書及賜，常召司馬相如等視草乃遣。初，安入朝，獻所作《內篇》，新出，上愛秘之。使爲《離騷傳》，旦受詔，日食時上。又獻《頌德》及《長安都國頌》。每宴見，談說得失及方技賦頌，昏莫然後罷」〔註51〕。《漢書‧藝文志》載「淮南王賦八十二篇，淮南王群臣賦四十四篇」〔註52〕、「淮南歌詩四篇」〔註53〕，梁蕭統所編《文選》中，有題爲劉安所作的《招隱士》，《古文苑》收劉安《屏風賦》一篇，等等。可見歷史上的劉安並不是《史記‧淮南衡山列傳》中所呈現的那樣愚癡、幼稚、可笑的人物，這方面《史記》本身也略有涉及（《史記‧淮南衡山列傳》云「淮南王安爲人好讀書鼓琴，不喜弋獵狗馬馳騁，亦欲以行陰德拊循百姓，流譽天下」），但卻爲什麼隻字不提《離騷傳》《淮南子》的事情呢，反而是一再地寫劉安的愚癡幼稚可笑的一面？《離騷傳》部分文字曾被毫無痕跡地化錄到《屈原賈生列傳》〔註54〕。《淮南子》，司馬遷是否見過，人們看法不一。金德建先生〔註55〕、陳桐生先生〔註56〕都以爲司馬遷見過，並且受到了影響；但漆子揚先生卻認爲「因武帝嚴加禁錮，太史令司馬遷也未能一睹該書之宏觀」〔註57〕。但無論《離騷傳》是否是司馬遷自己採進屈原傳的、《淮南子》是否得以目睹，不管怎樣，司馬遷大約出生於景帝中元五年（前 145）〔註58〕，劉安卒於元狩元年前 122 年，兩人生活的時間交集達 20 多年，司馬遷成長於太史之家，且少年時期曾有廣泛遊歷的經歷，淮南王平素召賓客、著學說之事不可能沒有耳聞過；《離騷傳》與劉安其他所作詩賦

〔註51〕（漢）班固撰，（唐）顏師古注《漢書》，北京：中華書局，1962 年版，冊 7 第 2145 頁。

〔註52〕（漢）班固撰，（唐）顏師古注《漢書》，北京：中華書局，1962 年版，冊 7 第 1747 頁。

〔註53〕（漢）班固撰，（唐）顏師古注《漢書》，北京：中華書局，1962 年版，冊 6 第 1754 頁。

〔註54〕湯炳正先生以爲這是後人竄入的，力之先生以爲司馬遷自己採錄的。參上文注釋。又張大可《史記研究‧史記殘缺與補竄考辨》（蘭州：甘肅人民出版社，1985 年）亦不以爲是他人補、竄之作。

〔註55〕金德建《司馬遷所見書考》，上海：上海人民出版社，1963 年。

〔註56〕陳桐生《〈史記〉與〈淮南子〉》，《東南大學學報》（哲學社會科學版），2002 年第 2 期。

〔註57〕漆子揚《〈史記〉未著錄〈淮南子〉原因及作者問題考論》，《蘭州大學學報》（社會科學版），2008 年第 1 期，第 98 頁。

〔註58〕王國維著，彭林整理《觀堂集林》（上），石家莊：河北教育出版社，2001 年，第 306 頁。

則是未被禁止傳播的，但也不見述於劉安傳啊？至於《淮南子》，《漢書・淮南衡山濟北王傳》云「初，安入朝，獻所作《內篇》，新出，上愛秘之」〔註59〕，則所謂「秘之」的是《內篇》而已，且係出於「愛」而「秘之」；即便如漆子揚先生所言，是「漢武帝當時對劉安及著作的禮節性態度……出於叔姪輩分或君臣之禮，或出於籠絡諸侯的政治考慮，也要對叔叔的獻禮表現出喜愛神情，這是交往的禮節。而『秘之』，則是武帝真實心理的寫照，揭示了漢武帝在閱讀《淮南》之後，嚴禁傳播的處理態度」〔註60〕，但既然用「愛」來掩飾「秘之」，則「秘之」的禁令並未公開宣佈，未公開宣佈禁令，至少又怎能禁止《淮南子》在淮南國內的傳播呢？既然沒有徹底禁止傳播，則社會上肯定不止武帝見過此書，至少不止武帝知曉此書、此事。故生活在此時的、父親為太史公的司馬遷，不可能對此一無所知。如果說有公開的禁令存在，那麼應該是在淮南王「謀反」之後，所以之前還是有聽聞乃至目睹的可能的，且《淮南子》當不止獻給武帝的那一份而已。觀《史記》慣例，大凡有著述的人，總會或多或少地提及其著述情況，管仲、晏嬰、屈原、賈誼、韓非、商君、孟子、荀卿、李斯、陸賈等等，皆如此。這是故意往一端傾斜而留此空白，以引起人們注意此間所藏的曲筆嗎？〔註61〕

　　如此種種，《淮南衡山列傳》正面順從迴避、暗地埋藏曲筆，當是可以肯定無疑的。該傳圍繞淮南王劉安謀反所錄的淮南王劉安孫劉建使莊芷上武帝告安太子遷陰謀書、武帝令淮南王安議罪、趙王彭祖《淮南王安罪議》、膠西王劉端《淮南王安罪議》等，都是「戰勝者」的「官文書」及被「戰勝者」所利用的家庭內部矛盾，其間蘊含曲筆自不待言。

　　綜上四例我們可以肯定，《史記》中的某些錄文是暗藏曲筆（側筆）的。

〔註59〕（漢）班固撰，（唐）顏師古注《漢書》，北京：中華書局，1962年版，冊7第2145頁。

〔註60〕漆子揚《〈史記〉未著錄〈淮南子〉原因及作者問題考論》，《蘭州大學學報》（社會科學版），2008年第1期，第98頁。

〔註61〕以上八點質疑，部分地綜合參考了徐復觀先生《兩漢思想史》（第一卷）（上海，華東師範大學出版社2001年版）、錢穆先生《秦漢史・西漢之全盛・王國對於學術的提倡》（北京，生活.讀書.新知三聯書店2004年版）、陳廣忠先生《試析劉安冤案》（《安徽大學學報》2007年第4期）與《〈淮南子〉的傾向性和淮南王之死》（《江淮論壇》1981年第1期）、漆子揚先生《淮南王劉安謀反冤案辨析》（《新學術》2007年第3期）、康清蓮《淮南王劉安謀反案之再分析研究》（《江西社會科學》2005年第6期）等。這些文章對淮南王劉安的冤案及該傳，有諸多質疑與論述。

儘管這些所錄之文不乏雙層乃至多層錄文目的，但對於涉及含冤、忌諱、敏感的人物、事件時，曲筆（側筆）不失爲一個重要的思考角度。

二、《史記》暗藏曲筆的錄文分類

　　《史記》暗藏曲筆的錄文可分三種情況。第一種是著錄受害人自己的文章，不費史家一詞而自現冤屈、自呈眞相，乃至以此及彼地揭示更深層、更廣闊的眞相。《呂太后本紀》中趙王劉友之歌可謂是這種類型，其歌不僅道出了他一己之悲痛，也折射出漢代社會其時的諸侯王的壓抑、痛苦的生活（上有羅網，層層壓迫，下無忠臣，奸細監視，等等）。

　　第二種是著錄當權者、勝利者的文章，正面順從其聲調，展現這種強勢聲調自身的荒唐、破綻，並隱藏無關勝利者聲音之外的別的方面的眞實以強化強勢聲調的荒唐、破綻，形成一種明顯的、離譜的傾斜。史家雖表面上順從了這種強勢聲調，但已羅織、彰顯了此聲調自身的荒唐、虛僞，讓它自身不能成立，從而引起讀者自發地另求眞相。圍繞淮南王劉長、劉安父子所錄的「官文書」當屬於這類。

　　第三種是，著錄民間的讓人找不到作者的作品，如民歌、謠諺，這樣既可以避禍，又可以借無「主」之文暗示眞相。在劉長謀反案中，司馬遷即著錄了百姓嘲諷文帝兄弟不能相容的歌。

　　這三種錄文方式有個共同的特點，即不用史家司馬遷本人露面，借他人之口說話，史家可免禍，而實錄又可幽微曲折地得以實現。在理論上，這實與小說中的「複調」類似〔註62〕。因此史家或者自己噤聲，不讓自己的「聲音」參與事件之中，保持客觀中立；史家或者找一個當事人之口代替自己說話，即史家自己不發言不參與事件之中，記錄某些觀點與史家相同的當事人

〔註62〕小說中的「複調」，起源於俄國陀思妥耶夫斯基的小說，即讓小說中的主人公們成爲鮮活的、能夠自成主體地自持自己的觀點。「陀思妥耶夫斯基恰似歌德的普羅米修斯，他創造出來的不是無聲的奴隸（如宙斯的創造），而是自由的人：這自由的人能夠同自己的創造者並肩而立，能夠不同意創造者的意見，甚至能反抗他的意見」，陀思妥耶夫斯基長篇小說的基本特點是讓「有著眾多的各自獨立而不相融合的聲音和意識，由具有充分價值的不同聲音組成眞正的複調」（〔俄〕巴赫金著，白春仁，顧亞玲譯《陀思妥耶夫斯基詩學問題：複調小說理論》，北京：生活・讀書・新知三聯書店，1988年，第29頁）。複調中，讓思想、主張不同的主人公們自行對話、辯論，而小說作者的聲音則淹沒在其中，是迷亂讀者的視線，使之辨不出作者的聲音。

的言論，讓事件的當事人們盡其自由地行事。換言之，縱然史家的觀點主要地集中在某個當事人身上、抑或散入幾個乃至所有當事人中，然而讀者亦無法指實史家的觀點，因爲在文本中，當事人已然獨立成與史家對等的「人」而非史家的化身或奴隸；故史家縱然通過借用事件當事人之口在文中潑灑了許多悖於當權者強勢聲調的「異端」「邪說」，也是可以免禍脫身的。這種曲筆，不但保全了史家自身安危，又可以盡情地發洩了「異端」「邪說」，實現曲筆揭示眞相。《史記》通過錄文以藏曲筆的做法，實際與此相通，都是借一個個眞實的「當事人」的嘴，或正或反或側地說自己所傾向的話，幽微曲折地揭示客觀眞相。古今中外，或許領域、做法、時間存在不同，但理論實際是可以相通的。明此，可知以曲筆研究《史記》錄文目的，實際上也是合於情理的，只是這種情理在小說中被運用並被研究起來了，而在史家錄文中的卻一直有待深入研究而已。

第七節　錄之彰顯傳主（錄文目的五）

　　《史記》錄文的第五種目的是錄文以彰顯其作者之懿行德範，即史家用著錄傳主或當事人的作品的方式彰顯傳主的懿行德範，包括功、德、言、行、品、志等等。

　　《左傳》襄公二十四年穆叔云：「『大上有立德，其次有立功，其次有立言』，雖久不廢，此之謂不朽。」〔註63〕此即傳統士大夫所謂「三不朽」事業。司馬遷自云「古者人臣功有五品，以德立宗廟定社稷曰勳，以言曰勞，用力曰功，明其等曰伐，積日曰閱」（《高祖功臣侯者年表》）。孟子說「頌其詩，讀其書，不知其人，可乎？是以論其世也」（《孟子·萬章下》）。可見自古以來，人們早就注意到「言」的重要性、注意到「文」與人的相關性。而「文」實「言」也，「言」「文」實質相通。瞭解一個人的生平事蹟背景可助於理解其詩書，反過來，讀其詩書也可以助於瞭解其人。古人，包括司馬遷，不僅認識到詩書與其人的相關性，並積極利用了這種關聯。故孟子通過知人論世以解讀古人的詩書，司馬遷則又通過詩書來觀察作者其人。故《史記》中常有「余讀其……」、「與其人行事相類」、「想見其爲人」之語〔註64〕。《史記》

〔註63〕李學勤主編《春秋左傳正義》（繁體版），北京：北京大學出版社2000年版，第1152頁。

〔註64〕如《孔子世家》「余讀孔氏書，想見其爲人」；《管晏列傳》「吾讀管氏《牧民》、

中的某些錄文，也有這種目的，通過著錄傳主（或當事人）之文，以見作者其人之功、德、言、行、志、品等。

譬如《項羽本紀》著錄項羽斬上將軍宋義後下達的軍中令：「項羽晨朝上將軍宋義，即其帳中斬宋義頭，<u>出令軍中曰</u>：『宋義與齊謀反楚，楚王陰令羽誅之。』當是時，諸將皆懾服，莫敢枝梧。皆曰：『首立楚者，將軍家也。今將軍誅亂。』乃相與共立羽爲假上將軍。使人追宋義子，及之齊，殺之。使桓楚報命於懷王。懷王因使項羽爲上將軍，當陽君、蒲將軍皆屬項羽。」（《項羽本紀》）項羽明明是弑殺了上將軍，然《令》中卻說是受楚王的密令，觀眾將之反應及其之後行動可知受密令之事是項羽編的謊言。但是此《令》讓人看到了項羽的叱吒風雲的另一面：或者說果敢、機智，或者說狡猾、虛僞、蠻橫。又該本紀前面著錄了宋義的軍令，項羽諫宋義，宋義不同意並且「<u>因下令軍中曰</u>：『猛如虎，狠如羊，貪如狼，強不可使者，皆斬之』」（《項羽本紀》）。很明顯，宋義之令意在項羽，而項羽乾脆來個先斬後奏，強奪主動權。故通過這兩個軍中《令》，項羽與宋義之人品、智勇、能力立刻再現於讀者眼前，且二人之高下一目了然。如果不著錄項羽、宋義的這兩篇軍令，史家要想表達以上意蘊則需要另外費不少筆墨，效果卻不及直接著錄當事人的作品直接、有力、全方位。

又如《李斯列傳》著錄了李斯的《諫逐客書》、阿二世意書、上二世言趙高短書、獄中上二世書。史家讓李斯的真實形象借他自己的作品呈現，這些作品真切地展現了李斯的內心、才能、功德、言行，讓人們清楚地看到了李斯以閭巷之身而卒成秦王帝業之功與阿順苟合、嚴威酷刑的人品及最終家破人亡毀滅秦帝國的結局。此外，李斯精湛的筆墨工夫、高超的寫作水平，司馬遷雖一字不提，但讀者可以從中自覽矣。

又如《秦本紀》著錄秦孝公近兩百字的《下令國中》，不錄商鞅變法的法令，並且僅用三兩句高度概括商鞅入秦變法之事；然《商君列傳》則恰好相反，僅「公孫鞅聞秦孝公下令國中求賢者，將修繆公之業，東復侵地，乃遂西入秦」一句替代了秦孝公《下令國中》，不但著錄了商鞅徙木令，還化錄了《商君書·更法》與《定變法之令》。何以如此？難道僅僅因爲避免重複而互

《山高》、《乘馬》、《輕重》、《九府》，及《晏子春秋》，詳哉其言之也。既見其著書，欲觀其行事，故次其傳」；《商君列傳》「余嘗讀商君《開塞》《耕戰》書，與其人行事相類」；《屈原賈生列傳》「余讀《離騷》、《天問》、《招魂》、《哀郢》，悲其志。適長沙，觀屈原所自沉淵，未嘗不垂涕，想見其爲人」，等。

見之？恐不能這麼簡單地做結論，因爲如若有心凸現它的話，《史記》錄文還是有不避重複的現象。如文帝令祕祝無移過於下詔（「上曰：『蓋聞天道禍……』」），《孝文本紀》《封禪書》皆錄；齊太倉令淳于公少女緹縈上文帝書，《孝文本紀》《扁鵲倉公傳》皆錄；秦始皇璽書賜公子扶蘇（「上病益甚，乃爲璽書賜公子扶蘇曰：『與喪會咸陽而葬。』」），《秦始皇本紀》《李斯列傳》都載，且《李斯列傳》所載較前者更詳細。然而何以解釋呢？筆者以爲，這是由於《史記》錄文各以傳主爲主，錄傳主的作品以展現傳主其人的眞面貌：言、行、志、意、功、德、品等。故某人之某文，《史記》打算予以著錄的話則大多在其本傳中著錄，他傳中若非敘述需要一般不重錄，一般一帶而過；若錄於他傳不錄於作者自己的本傳，則史家的錄文目的很可能本來就在於其所錄傳文的傳主而非其原作者。

又如，《孝文本紀》所錄漢文帝《遺詔》及漢景帝《定孝文帝廟樂詔》、申屠嘉《奏議孝文爲太宗廟》、景帝批示，實際都是意在昭示文帝的「德」「行」。這些漢景帝之詔、申屠嘉之奏，雖非傳主作品，但其圍繞的及其所昭示的依舊是傳主漢文帝的「德」「行」，故並錄於文帝的本紀。這幾篇作品未再在原作者傳中重錄、乃至不曾重提，再次說明這幾篇作品見錄於《孝文本紀》的目的，僅僅在於傳文的敘寫對象（文帝），而非原作者（景帝、申屠嘉）。

錄文以彰顯傳主的功、德、言、行、志、品等的意識，正與司馬遷欲爲閭巷、岩穴之人立傳的思想一脈相承。這種思想在《伯夷列傳》中便有所流露：人們常說「天道無親，常與善人」（《伯夷列傳》），然而伯夷叔齊積仁潔行而餓死、顏回德高好學而貧困早夭，盜跖橫行天下而以壽終；「若至近世，操行不軌，專犯忌諱，而終身逸樂，富厚累世不絕。或擇地而蹈之……非公正不發憤，而遇禍災者，不可勝數」（《伯夷列傳》）。縱如此「君子疾沒世而名不稱焉」（《伯夷列傳》），「伯夷、叔齊雖賢，得夫子而名益彰。顏淵雖篤學，附驥尾而行益顯。岩穴之士，趣舍有時若此，類名堙滅而不稱，悲夫！閭巷之人，欲砥行立名者，非附青雲之士，惡能施於後世哉？」（《伯夷列傳》）《遊俠列傳》中則說得更爲明確「古布衣之俠，靡得而聞已。近世延陵、孟嘗、春申、平原、信陵之徒，皆因王者親屬，藉於有土卿相之富厚，招天下賢者，顯名諸侯，不可謂不賢者矣。比如順風而呼，聲非加疾，其勢激也。至如閭巷之俠，修行砥名，聲施於天下，莫不稱賢，是爲難耳。然儒、墨皆排擯不載。自秦以前，匹夫之俠，湮滅不見，余甚恨之」（《遊俠列傳》），以爲遊俠

「私義廉潔退讓，有足稱者。名不虛立，士不虛附」《遊俠列傳》，「不矜其能，羞伐其德，蓋亦有足多者焉」（《遊俠列傳》），「要以功見言信，俠客之義又曷可少哉！」（《遊俠列傳》）「余悲世俗不察其意，而猥以朱家、郭解等令與暴豪之徒同類而共笑之也」（《遊俠列傳》）。其同情、關注「弱勢」賢者豪俠之意如此強烈。無文者錄事，有文可見事見賢者錄文，都是《史記》稱揚傳主的一種方式。因之，可以理解司馬遷何以不著錄、不論述社會上廣爲流傳的作品了：在篇幅有限而內容廣及數千年的史書中，欲有所彰顯則必有所裁剪，略去廣爲流傳的作品，正可爲「弱勢」賢者之「附驥尾」騰擠出一定的空間。

另外值得格外說明一點。如前所述，化錄類錄文，意在敘述（敘事）而不在文（原作的文章屬性），故謂其沒有錄文之意。但通觀《史記》化錄所錄作品，特別是帝王制詔及相關的奏書類，化錄現象比較多，而且很多都重在表現帝王的仁義恩惠、大功大德。這在客觀外相上及目的上都與用以彰顯傳主的功、德、言、行、志的錄文相似乃至相同。但實際上有著根本不同：有意識的錄文，重在「文」（原作的文章屬性），並利用作品本身所攜帶的各種價值中的一種或多種，故所錄文基本標明作者、提示文體、簡介相關背景來源等信息，且大多完整，即使不完整也大多是成段節錄；化錄類，則把作品僅僅當做史傳文字的材料使用而已，可信手取來，不標明文章（作品）的作者、出處、背景等任何信息，錄入史傳正文後則如同史家自己的文字，某些帝王詔書及某些奏議類，縱然時而冠有「上曰」「某曰」之類文字，但已形同史家用自己的文字轉述、概述，（化錄而無任何標識者，其本身就是採用第三人稱寫的，史家採用時可以不需技術處理；化錄而以「某某曰」標識者，其本身不是用第三人寫的，故無論誰把它作材料用時都需要略微技術加工，冠以「某某曰」便是最便捷的方式之一了），故化錄所錄文截錄較多，刪損改易幅度大。像《漁父》這種全文化錄的極其少見，故經過化錄後所錄文篇幅一般也較小，《孝文本紀》裏化錄的文章篇數多卻又很短小，便是很典型的例子。

這樣空說或許讓人難以信服。但有一個現象，可以幫助人理解《史記》的第五種錄文目的：錄文以彰顯其作者之懿行德範。以《孝文本紀》爲例，並對照《漢書·文帝紀》：（一）耕桑勸農類，《漢書》除照錄了《史記》所錄的文章外，還錄了文帝二年正月、二年九月、十二年三月、十三年二月、十三年六月四次詔書，其中十二年的兩次詔皆有惠民的內容；《史記》所錄詔書僅兩次，一是二年正月之詔，且較《漢書》有刪略，但已能顯現勸農之意，

二是十二年六月詔，此詔除勸農外還有除田租稅等惠民措施，然較《漢書》有刪略，但已能顯現其惠民之德了。（二）減輕刑罰類，《史記》雖有《酷吏傳》，但本紀著錄了除收帑諸相坐詔及有司議、除肉刑詔，《漢書》本紀皆無，另收入《刑法志》中。（三）謙讓立太子諸奏議、詔制，二書皆錄。即位赦詔、封周勃立帝功詔、修從代來功臣詔、封從高帝入蜀功臣詔、封趙幽王子等封臣赦民類，二書皆錄。（四）振貸詔、養民詔，《漢書》錄之；《史記》雖未錄，但卻歸入立后賜赦天下類，以「上爲立后故，賜天下鰥寡孤獨窮困及年八十以上、孤兒九歲已下……」（《史記·孝文本紀》）概言之。（五）遣灌嬰擊匈奴詔、與匈奴和親詔，《史記·孝文本紀》雖有《匈奴列傳》，但仍錄之，和親詔僅錄一篇；《漢書》本紀未錄遣灌嬰擊匈奴詔，所錄和親詔與《史記》同，另於《匈奴傳》又錄《與匈奴和親布告天下詔》。（六）即位赦天下詔，《史記》略去「制詔御史……」的套話，直接錄主題內容，《漢書》全錄之；文帝紀中的文帝詔，《史記》常有「上曰」、偶用「皇帝曰」標識，《漢書》基本用「詔曰」，個別「上曰」現象。（七）景帝《定孝文帝廟樂詔》、申屠嘉《奏議孝文爲太宗廟》、景帝批示，《史記·孝文本紀》著錄之，《漢書·文帝紀》不錄，錄於《漢書·景帝紀》。（八）《增神祠制》（十三年）有祭祀及令祝致敬毋有所祈的內容，《史記》未錄，錄在《封禪書》；《漢書》本紀錄之。但《史記》已錄令秘祝無移過於下詔、《增祀無所祈詔》；《漢書》本紀僅錄後者《增祀無所祈詔》，前者令秘祝無移過於下詔未錄，錄於《郊祀志》，且不及《史記》詳細。在文帝的本紀中，《史》《漢》錄文情況大略如此。以此，我們不難看出，《史記·孝文本紀》許多化錄完全不是爲錄文而錄文，只是當做材料用而已，證明傳主的懿行德範：二書錄文皆按年月排列，但《史記》錄文帝詔很隨意，不標明「詔」（按：《史記》串述於文的一般性錄文，大多標明「書」、「議」、「頌」、「令」、「歌」、「詩」等文體，故與人物講話「曰」的內容有著明顯的區別）；按敘事需要隨意刪節詔書，以詔書代替敘事（故錄詔後，常略去相關事實的記載與說明）；去除重複（不但多篇同類詔書之中取一篇而已，一般不重複著錄；而且一篇之中去除重複內容，故止於達意而已，多有不完整的，譬如惠民措施，其錄止於前一兩措施而刪去後面一串的舉措，然惠民之德已可備觀矣），去重時多取最早篇章而非最典型的篇章。

綜上五節所述，《史記》具有多種錄文目的，或者嘉其文辭爛然，欣賞原作文章的魅力（包括文學性、思想性等）；或者爲之震撼感染，被原作打動甚

至產生共鳴；或者以之證史，著錄原作以佐證相關歷史；或者暗藏曲筆側筆，借錄文形成曲筆側筆，幽微曲折地揭示歷史真相；或者以之彰顯傳主的功德言行志品，借著錄傳主或當事人的作品彰顯傳主或當事人的懿行德範。這五種錄文目的有時候可以兼用之。

本文所舉的具體例子是就「類」而不是就「文」（具體作品）來例舉的，但是一篇作品的著錄的具體取向，也許存在淺層次、深層次、多層次等多種情況。所以，就具體的某篇所錄文而言，其錄文目的本文或許存在尚未言盡的現象。筆者所分析的五點錄文目的，其最大價值或許並不在於對各個傳記篇章裏的各篇所錄文的具體的錄文目的的發掘，而在於給這種發掘研究提供幾個思考的角度。因此，就各篇所錄文的具體錄文目的而言，讀者可綜合參考之，見仁見智，可各自盡求之。

通過以上分析，我們可以發現，《史記》雖然開始著意於「文」，然其取向其著錄目的並不等同後世文選，因為後世的文選主要是就作品本身而選的，如藝術審美性。《史記》錄文主要是重文章所攜帶的價值的而錄（如文獻價值、曲筆等），《史記》錄文采作品無功利性的一面主要集中在文辭類，而這一類所佔比重極少，且仍不能完全脫離道義倫理。故後人謂《史記》如同文選〔註65〕，實際上是不夠準確的，因為至少他們「選」文的取向相差很大。此外，還有為敘事（敘述）而錄文的，然其用意不在於「文」，故不列入錄文意識中。

第八節　錄文意識、辨章學術意識、錄文目的、立傳目的對錄文的影響

上文已討論了影響《史記》錄文方式、錄文篇幅與所錄文作用的諸種因素〔註66〕。即原作者、原作品、錄文傳統及當時背景等客觀因素和史家的著史立傳的目的、辨章學術思想（學術意識）、錄文意識、錄文目的等主觀因素。

〔註65〕如龔鵬程先生云：「我們回頭去看看《史記》、《漢書》，不就可以發現它們正具有文選之性質嗎？」「唐代以後人，論文輒法《史記》，或說『文必秦漢』，而那些秦漢範文，十九皆出自《史記》、《漢書》……據此觀之，《史記》、《漢書》不是文選是什麼？」見龔鵬程《中國文學史》（上），北京：世界圖書出版公司北京公司，2009年，第41、44頁。
〔註66〕上文所詳論的內容，本節涉及時一律從簡。

在客觀條件一定的情況下，錄文事實上完全由主觀因素決定。《史記》史書的性質、著書的目的、結構框架的設定、本身篇幅的限制等等，都是由史家決定。這些因素一旦定下來，便也成為客觀因素的一部分了。因此，錄文的主觀因素，根本地在於史家，在於史家著史立傳的目的、學術意識、錄文意識、錄文目的。它們互有交織、影響，但對錄文來說最直接的當是錄文意識、錄文目的了。

然而錄文意識、錄文目的的形成，在很大程度上受史家辨章學術思想（學術意識）、著史立傳目的決定的。譬如溯學源、歸學類，一方面是辨章學術思想所致，另一方面卻又以這種方式替代補償了錄文，同樣也是錄文意識使然與體現；然而辨章學術也罷，錄文意識也罷，這種思想、想法之所以能在《史記》中得以發揮，關鍵還在於該書，乃至於其具體篇章紀傳的具體的著史立傳的目的，唯有合其著史立傳目的的方能寫進其書（詳見第二章）。

又如承襲，襲他人成果以為己用。正是因為這種承襲被當時社會普遍接受，且與創作並不矛盾，所以不妨礙於其所為「成一家之言」的著書目的，因之被《史記》大量採用。又，《史記》雖已滋生錄文意識而承襲並無錄文之意，但承襲與錄文的並存並不妨礙於初發展起來的錄文意識，所以承襲沒有因錄文意識的發展而被摒棄。這不但體現了司馬遷的錄文意識並不排斥承襲的思想，還能見證著司馬遷錄文意識的發展痕跡（詳見本章第一節與第八章）。

上文已論所錄文的作用直接體現了史家的錄文目的，而錄文目的決定著所錄文的作用。錄文方式、錄文篇幅皆隨錄文意識、錄文目的、錄文作用變化，並為之服務。通過錄文的方式、篇幅等信息，又可以尋覓史家的錄文意識、錄文目的及所錄文的錄文作用。錄文意識、學術意識、著史立傳目的於錄文亦然，其作用交相影響（詳見第一章第四節）。

當然，錄文意識、錄文目的、學術意識、著史立傳目的亦非橫空飛來，往往與其著作觀（創作觀）、著作權意識、人生觀、價值觀、文化觀、文化素養等息息相關。甚至可以說，正是史家一定的著作觀（創作觀）、著作權意識、人生觀、價值觀、文化觀、文化素養潛意識地養成（滋生）了史家一定的學術意識、著史立說目的和錄文意識、錄文目的。

總而言之，各類錄文方式、錄文篇幅、錄文作用與錄文意識、錄文目的、學術意識、著史立傳目的，都是相互關聯影響的。但前者無論怎樣變化、多樣，而終以後者之主觀意識為主宰。且錄文意識亦非孑然獨立，往往與史家

的學術意識、著史立傳目的、錄文目的共同作用於錄文及與之相關的舉措（舉篇目、溯學源、歸學類、承襲等）；而四者亦非橫空而來，往往與其著作觀（創作觀）、著作權意識、人生觀、價值觀、文化觀、文化素養等息息相關。所以廣義而言，司馬遷的學術意識、著作觀（創作觀）、著作權意識、人生觀、價值觀、文化觀及對《史記》整體和各個篇章的傳文立意、預設等，不但其本身相互交織滲透著，亦一同潛在地影響著錄文及錄文相關的舉措。

本章小結：

　　《史記》所呈現的錄文意識，或有或無、或明或暗、或深或淺，並非全書均一；這正與其尚有保留成分的著作觀（仍含較濃的「述」的成分）、著作權意識（仍含較多的承襲的思想）相匹配。《史記》有多種錄文目的，從整體而言大體有：嘉其文辭爛然者、為之震撼感染者、以文證史者、曲筆或側筆者、彰顯傳主的懿行德範等等。《史記》所著錄的每一篇作品的錄文目的不盡相同，或者錄文目的單一，或者兼有多重錄文目的。錄文意識、錄文作用亦非孑然獨立，往往與史家辨章學術意識、著史立傳目的、錄文目的共同作用於錄文及與之相關的舉措；而該四者亦非橫空而來，往往與史家著作觀（創作觀）、著作權意識、人生觀、價值觀、文化觀、文化素養等息息相關。

第六章 《史記・屈原賈生列傳》的傳文立意與錄文

　　《史記・屈原賈生列傳》頗有特點，很受學界關注。屈原和賈誼生活的時間間隔非常大，但兩人均有大量作品存世，因此《史記》著錄屈原、賈誼作品時其選錄原則值得玩味。屈原傳何以捨其代表作《離騷》而唯獨著錄《懷沙》（《漁父》屬於化錄）？以文章之美、再現心志論，《離騷》既美又被反覆稱道，何以不被著錄？以文章之精美、見志、簡短論，《惜往日》《悲回風》可當其選，既美又精且再三致其志，何以不被著錄？賈誼傳非常短小，賈誼的生平為何略寫其得志處？賈誼有大量影響廣泛而深遠的「切於世事」的政論文和多篇騷體，何以選擇《弔屈原賦》《鵬鳥賦》予以著錄？史家為什麼偏偏不忌重複地選錄這兩篇同類型的「不切於世事」的騷體賦？對賈誼著名的影響深遠的政論文，史家非但不未予著錄，而且未予以「論述」。這些疑問都值得深入研究。

第一節　《史記・屈原賈生列傳》的傳文立意

　　屈原傳的錄文令人產生種種困惑，譬如司馬遷何以捨棄屈原眾多優秀之作而獨錄《懷沙》、化錄《漁父》、獨述《離騷》？筆者以為史書錄文的種種問題必與其錄文目的相關，而錄文目的又必須服從於史書具體的傳文立意，然後其他諸多因素如史家個人、傳主、傳主作品等，才能生發而起作用，譬如毛之附皮。因此，要解決這一系列問題，必先考察該合傳的傳文立意和錄文目的。本節先論其傳文立意。

一、屈原傳的立意：圍繞忠信而見疑、貞才而不遇的人生，探討志行操守、生死去就的命題

司馬遷對屈原的記述，除了身世、履歷等常規內容外，主要是其遭讒被黜的經過和被黜之後不肯降志屈心、同流合污的操守，及此後楚國日益削弱、最終淪陷於秦國的命運，並雜有兩大段評論〔註1〕。一段是承接「乃作《離騷》」而來的，一段是承接屈原被黜放、懷王客死秦國而發的。前者深深同情屈原信而見疑、忠而被謗的不幸遭遇，理解屈原的滿腹怨憤，高度讚賞屈原文章兼《風》《雅》，極度推崇屈原志行的忠貞高潔，「雖與日月爭光可也」。後者一方面極其同情屈原的耿耿忠貞，「一篇之中三致志焉」，一方面則批評與嘲笑楚懷王的昏庸無能，內以見惑、外以見欺，疏賢臣、親小人，最後失地而受辱。

由此，我們可以判斷該傳的立意基本集中在兩點：一是屈原懷才不遇、忠貞被讒、疑而被放的不幸人生，二是楚國此後的日益削弱、最終淪陷於秦國的命運。兩段評論則由此生發。其實這又可以合二為一，因為前者是因，後者是果，觀前者讓人預知了後者，覽後者讓人明白了前者之因，前後鮮明對照，既昭示歷史亦警示後人。這個立意恰與該傳注重屈原的第一類作品（即書寫自己身世、內心世界者）〔註2〕相吻合。

二、賈誼傳的寫作傾向吻合了屈原傳立意

賈誼傳被史家合在屈原傳之後，賈誼傳的設計明顯地帶有傾向性。司馬遷除了記述賈誼的生平履歷外，便著錄了他的《弔屈原賦》和《鵩鳥賦》。賈

〔註1〕即「離騷者……雖與日月爭光可也」、「雖流放，眷顧楚國……王之不明，豈足福哉」兩大段。此段文字有人懷疑，如湯炳正先生認為雖是「劉安《離騷傳》裏的話，不是司馬遷本人採入《史記》的，而是後人竄入其中的」（見湯序波整理、湯炳正講述《楚辭講座》，廣西師範大學出版社2006年版，85頁）。然力之先生以為是司馬遷自己採錄了劉安之文（參力之《〈楚辭〉與中古文獻考說·〈卜居〉〈漁父〉作者考辨》，巴蜀出版社2005年版，第125頁注2）。按：包含在上述第二段文字中的「人君無愚智賢不肖」句，司馬貞《索隱》曰「此已下太史公傷懷王之不任賢，信讒而不能反國之論也」，則至少在唐人看來這兩段文字中至少有司馬遷主動採錄劉安之文的成分。《史記》中有許多不注明出處的化錄，也有許多直接承襲前人著作入正文的現象，故力之先生之說不無可能。

〔註2〕關於屈原作品的分類，可參湯炳正講述，湯序波整理《楚辭講座》，桂林：廣西師範大學出版社2006年，第65頁。

誼傳共 1800 餘字，其中兩賦便佔了近千字，眞正的傳文八百餘字而已。而《漢書》的《賈誼傳》在此基礎上擴充到 10090 餘字，篇幅近於《漢書》的《司馬相如傳》（該傳《漢書》襲用《史記》文），不但補敘了賈誼許多政見，還著錄了賈誼近七千字的《陳政事疏》〔註3〕和其他關乎國計民生的奏疏，所謂「凡所著述五十八篇，掇其切於世事者著於傳云」（《漢書‧賈誼傳‧贊》）〔註4〕。考賈誼享年三十三歲，履歷固然不多，但其政見與著述頗豐，且頗有見地，如劉向所謂「賈誼言三代與秦治亂之意，其論甚美，通達國體，雖古之伊、管未能遠過也。使時見用，功化必盛」（班固《漢書‧賈誼傳‧贊》引）〔註5〕。然而對此司馬遷僅用 150 餘字蜻蜓點水式地概括了事，略去了賈誼的大量史實與論著。可見司馬遷對賈誼傳的設計本身帶有明顯的傾向性了。

賈誼傳中不載賈誼重要的政見、政論文，並不是因爲司馬遷對此不瞭解、不欣賞。如該傳不言賈生《新書》等著作，然《秦始皇本紀‧太史公曰》竟然全文著錄了賈生《過秦論》下、上、中三篇（按：《史記》文末「太史公曰」的篇幅一般幾十字到三兩百字之間。而《過秦論》三篇共 2700 餘字，竟全錄之，這在向以簡短爲常態的文末「太史公曰」中十分罕見。有人也因此懷疑《過秦論》是後人添加進去的〔註6〕，以爲司馬遷「太史公曰」僅止於「善哉乎賈生推言之也」。但即便它的原貌如懷疑的這樣，也依然可以看出司馬遷本人對於賈誼《過秦論》的高度肯定與讚賞）。又《太史公自序》云「維我漢繼五帝末流，接三代絕業……於是漢興，蕭何次律令，韓信申軍法，張蒼爲章程，叔孫通定禮儀……自曹參薦蓋公言黃老，而賈生、晁錯明申、商，公孫弘以儒顯，百年之間……」，將賈生與蕭、韓、張、曹諸公並舉於漢代承三代

〔註3〕據《漢書》賈誼本傳的「誼數上疏陳政事，多所欲匡建，其大略曰」，可知《陳政事疏》實際是班固撮合賈誼之「數上疏」而來。（漢）班固撰、（唐）顏師古注《漢書》，北京：中華書局，1962 年版，冊 8 第 2230 頁。

〔註4〕（漢）班固撰，（唐）顏師古注《漢書》，北京：中華書局，1962 年版，冊 8 第 2265 頁。

〔註5〕（漢）班固撰，（唐）顏師古注《漢書》，北京：中華書局，1962 年版，冊 8 第 2265 頁。

〔註6〕如張大可先生以爲《秦始皇本紀》「太史公曰」下所引《過秦論》下篇爲太史公引，上、中兩篇爲讀者所增竄；《陳涉世家》「褚先生曰」下所引《過秦論》上篇爲諸少孫所續（按：然《集解》引徐廣說「一作太史公」）。見張大可《史記文獻研究‧第六章〈史記〉殘缺與補竄》，北京：民族出版社，1999年，第 192、197 頁。又見於張大可、趙生群等《史記文獻與編纂學研究》，北京：華文出版社，2005 年，第 127、131 頁。

的偉業之中，顯然是看到了賈誼的巨大貢獻與歷史地位。可見司馬遷對賈誼的政見、政論文、影響不是缺乏認識，也不是厭惡，更不是遺忘了，之所以寫得如此簡略「疏忽」，乃是有意爲之。然該傳僅著錄了賈生不「切世事」（《漢書·賈誼傳·贊》）〔註7〕的兩篇賦，其深意或恰含於此。又《伯夷列傳》所引「賈子曰」，亦出自《鵬鳥賦》。

司馬遷極力淡化賈誼歷史地位與影響，通篇彰顯不遇的基調，透露了司馬遷傳文立意的個人主觀傾向性。賈誼對漢代政治、社會有著深遠影響。如關於處理大臣有罪的問題，賈誼上書「以此譏上。上深納其言，養臣下有節。是後大臣有罪，皆自殺，不受刑」（《漢書·賈誼傳》）。除景帝時御史大夫晁錯被腰斬於市、條侯周亞夫下獄而死、「至武帝時，稍復入獄」（《漢書·賈誼傳》）外，以後皆成故事。如哀帝時的丞相王嘉，掾史涕泣和藥以進，曰「將相不對理陳冤，相踵以爲故事，君侯宜引決」，而前來逮捕的使者竟然「危坐府門上」等其自殺，而皇帝「聞嘉生自詣吏，大怒，使將軍以下與五二千石雜治」（上三處出《漢書·何武王嘉師丹傳》）。且文帝「深納」其言，是付諸行動的。如軹侯薄昭，文帝生母薄太后之弟也，坐殺使者，尚且被文帝逼令自殺（《漢書·文帝紀》「鄭氏曰」）〔註8〕。又如關於分封諸侯之事，《史記》賈誼傳僅云「賈生諫……數上疏，言諸侯或連數郡……可稍削之。文帝不聽」，似乎文帝一點也沒有接受賈誼的建議。其實不然。班固云「文帝於是從誼計，乃徙淮陽王武爲梁王……得大縣四十餘城」（《漢書·賈誼傳》），而後來七國之亂，的確「梁足以扞齊、趙」（《漢書·賈誼傳》），爲保住漢朝功不可沒。賈誼死後，「齊文王薨……文帝思賈生之言，乃分齊爲六國……」（《漢書·賈誼傳》），這都是源於賈誼的建議。有些雖然沒有徹底施行，恐也因客觀的困難。比如兄弟情義、社會輿論、以及想要展現給世人看的姿態等。如賈誼曾建議不要給淮南厲王諸子分王於淮南國，但是文帝幾經曲折後最終還是給淮南厲王三子分王，分王的地域是將原淮南國一分爲三。但是淮南厲王諸子之立追根溯源乃起因於一首民歌，「民有作歌歌淮南厲王曰：『一尺布，尚可縫；一斗粟，尚可舂。兄弟二人不能相容。』」。「上聞之，乃歎曰：『堯舜放逐骨

〔註7〕（漢）班固撰、（唐）顏師古注《漢書》，北京：中華書局，1962年，冊8第2265頁。

〔註8〕（漢）班固撰、（唐）顏師古注《漢書》，北京：中華書局，1962年，第123頁。

肉，周公殺管蔡，天下稱聖。何者？不以私害公。天下豈以我爲貪淮南王地邪？』乃徙城陽王王淮南故地，而追尊諡淮南厲王爲厲王，置園復如諸侯儀」；「孝文十六年……上憐淮南厲王廢法不軌，自使失國蚤死，乃立其三子：阜陵侯安爲淮南王，安陽侯勃爲衡山王，陽周侯賜爲廬江王，皆復得厲王時地，參分之」（上三處出《史記·淮南衡山列傳》）。因此我們不能因此否定文帝原本想實施賈誼不給淮南王諸子分王的努力。

所以班固說「追觀孝文玄默躬行以移風俗，誼之所陳略施行矣」（《漢書·賈誼傳·贊》）。且賈誼享年三十三歲，雖位未至公卿，然「亦天年早終」（《漢書·賈誼傳·贊》），因此甚至認爲他「未爲不遇也」（《漢書·賈誼傳·贊》）。而司馬遷對此事實卻予以淡化乃至不提，一主悲哀不遇的基調，亦足賈誼傳立意的個人主觀傾向性了。不過認爲賈生盛才而不遇者，也非司馬遷一人。如前引劉向語，「賈誼……雖古之伊、管未能遠過也。使時見用，功化必盛。爲庸臣所害，甚可悼痛」（《漢書·賈誼傳·贊》引）。

其次，賈誼傳所載賈誼的兩篇賦及「太史公曰」，都圍繞著忠信見疑、貞才不遇的人生困惑，探討志行操守與生死去就的命題。《弔屈原賦》一方面是哀悼屈原遭時不幸乃隕厥身，一方面批評屈原不知退隱、不知遠走他方另擇明君。《鵬鳥賦》則抒發了另一種人生觀：萬物遷化，物我同一，天命不可慮謀，當超然無累、知命不憂。又本傳「太史公曰：『余讀《離騷》……悲其志。適長沙，觀屈原所自沉淵，未嘗不垂涕，想見其爲人。及見賈生弔之，又怪屈原以彼其材，游諸侯，何國不容，而自令若是。讀《鵬鳥賦》，同死生，輕去就，又爽然自失矣。』細味之，知司馬遷對整個《屈原賈生列傳》感慨的焦點即在於人生的生死去就，在於崇高的志向節操與悲哀的現實的矛盾掙扎；而問題乃引自於屈原的悲劇遭遇與悲劇選擇，即忠信而見疑、貞才而不遇、終不肯降節而自沉，賈誼傳及所錄兩賦所圍繞的也正是這個命題。

再次，從《太史公自序》及賈誼傳的起筆看，亦足見該傳傾向性所在。《太史公自序》云：「作辭以諷諫，連類以爭義，《離騷》有之。作《屈原賈生列傳》第二十四。」雖云「《離騷》有之」，然「作辭以諷諫，連類以爭義」，顯然是合屈、賈二人說的；因此合傳以此立意便不足爲怪了。即便「作辭以諷諫，連類以爭義」事實上偏重於屈原，也不妨礙於視此爲合傳的立意，況就賈誼傳本身看，也的確是用意於此。所以八百餘字的眞正本傳中，首言其才學淵博、年雖少而諸老先生以爲不及、超遷諸事，又數言天子「疏之」、「不

用其議」、宣室前席而問鬼神、「數上疏」卻「不聽」。這都是在強調賈生之才大與不遇，其悲同如屈原。所以無怪乎賈生本傳直接就從「自屈原沉汨羅後百有餘年，漢有賈生，爲長沙王太傅，過湘水，投書以弔屈原」引出。只是，不用屈原的楚君與楚國的命運被明白地寫出來了，而不用賈生的漢帝與漢朝的結局卻隻字不提，大約言有盡而意無窮。

　　總之賈誼傳諸種不平正，對於史筆來說無疑有輕重、取捨不當之失，但換一角度，這恰恰突顯了司馬遷此篇傳文的立意：圍繞忠信而見疑、貞才而不遇，討論人生的志行操守、生死去就的問題。聯繫司馬遷本人忠言上諫而受腐刑、忍辱偷生而爲著書留名的人生經歷，因此借屈原、賈誼兩個悲劇人物的傳記，探討志行操守、生死去就的命題，也是可以理解的。故鍾惺曰「賈生經世才，與屈原同傳，以騷合耳。故諸奏書皆略不入」（引自葛氏《史記》卷八四）〔註9〕；陶必銓云「史公亦藉以自寫牢騷耳」（《萸江古文存》卷三《屈賈合傳論》）〔註10〕；李景星謂「此篇以遭際合也。通篇多用虛筆，以抑鬱難遏之氣，寫懷才不遇之感，豈獨屈、賈兩人合傳，直作屈、賈、司馬三人合傳讀可也」（《史記評議》卷三《屈原賈生列傳》）〔註11〕。李景芳所謂「通篇多用虛筆」實際就是史家的史論、感慨成分較多而已，所謂「抑鬱難遏之氣」實際是史家對屈原、賈誼人生的看法及結合史家本人人生經歷的一種共鳴。

　　綜上，賈誼傳之所以出現取捨不當的史筆之失，不是司馬遷的疏忽或缺乏識見，乃是有意爲之。這匹配了屈原傳的立意，使整個合傳形成一個統一的傳文立意，即圍繞忠信而見疑、貞才而不遇的人生，探討志行操守、生死去就的命題。明白傳文立意，則屈原傳舍眾作而獨錄《懷沙》以及賈誼傳的錄文的諸多問題都可以迎刃而解了。

第二節　屈原傳的錄文

　　屈原的作品，大致可以分爲三類，第一類以《離騷》《九章》爲代表，抒寫屈原內心世界，包括身世感慨、政治遭遇、理想操行等；第二類「《九歌》

〔註9〕 楊燕起，陳可青，賴長揚匯輯《史記集評》（張大可，安平秋，俞樟華主編《史記研究集成》第六卷），北京：華文出版社，2005年，第512頁引。

〔註10〕 楊燕起，陳可青，賴長揚匯輯《史記集評》（張大可，安平秋，俞樟華主編《史記研究集成》第六卷），北京：華文出版社，2005年，第513引頁。

〔註11〕 楊燕起，陳可青，賴長揚匯輯.史記集評〔M〕.北京：華文出版社，2005，第512、513、514頁。

以樂歌鼓舞、宣達民情爲主」〔註 12〕；第三類「《天問》以探索眞理、發揮哲思爲主」〔註 13〕。除了在敘述屈原流放江濱澤畔時化錄了《漁父》以外，屈原的作品僅著錄了《懷沙》一文。《漁父》《懷沙》都可以歸入屈原的第一類作品。可見《史記》錄文注重屈原的第一類作品。但在第一類作品中，若以文論，《離騷》是其代表作，何以不錄？若以篇幅論，《惜往日》《悲回風》等篇幅都很短小，何以不錄？若以明「原所以死」，《離騷》《惜往日》《悲回風》等均有自沉之志，何以不錄？以下試做分析。

一、代表作與否不是選文的主要依據

　　《離騷》是屈原的代表作，是《楚辭》的代表作。這不僅是今人的看法，漢人就已這樣看了，有如下幾個表現。首先是漢代常以《離騷》代指屈原賦作，甚至以「離騷」代指屈原。如班彪《悼離騷》云「夫華植之有零茂，故陰陽之度也；聖哲之有窮達，亦命之故也。惟達人進止得時，行以遂伸，否則詘而坱蟆，體龍蛇以幽潛」〔註 14〕，名爲「悼離騷」，實則悼屈原。《新序》卷七〔註 15〕，談屈原時僅舉《離騷》篇名。《漢書·地理志》云：「始楚賢臣屈原被讒放流，作《離騷》諸賦以自傷悼。後有宋玉、唐勒之屬慕而述之，皆以顯名」〔註 16〕。應劭云「屈原作《離騷》之賦，自投汨羅」〔註 17〕。諸如此類，都以「離騷」代稱屈原賦作。

　　其次，漢代將《楚辭》分爲經、傳，尊《離騷》爲「經」。王逸《楚辭章句》云「淮南王劉安作《離騷經章句》」，「而班固、陸逵復以所見改易前疑，各作《離騷經章句》。其餘十五卷，闕而不說……今臣復以所識所知，稽之舊章，合之經傳，作十六卷章句」〔註 18〕，並將《離騷》篇稱作「離騷經章句

〔註 12〕 湯炳正講述，湯序波整理《楚辭講座》，桂林：廣西師範大學出版社，2006年，第 65 頁。

〔註 13〕 湯炳正講述，湯序波整理《楚辭講座》，桂林：廣西師範大學出版社，2006年，第 65 頁。

〔註 14〕 （清）嚴可均輯、許振生審訂《全後漢文》卷二十三，北京：商務印書館 1999年版，第 229 頁。

〔註 15〕 （漢）劉向編著、石光瑛校釋《新序校釋》，北京：中華書局 2001 年版。

〔註 16〕 （漢）班固《漢書》，北京：中華書局 1962 年繁體版，第 1668 頁。

〔註 17〕 （漢）應劭撰、王利器校注《風俗通義校注》卷一《六國》，北京：中華書局1981 年版，第 28 頁。

〔註 18〕 （宋）洪興祖撰，《楚辭補注》，北京：中華書局 1983 年版，第 48 頁。

第一」，且於前七卷（《離騷經》《九歌》《天問》《九章》《遠遊》《卜居》《漁父》）卷首的篇名下均題有「離騷」二字，於其他卷的卷首篇名下則概題爲「楚辭」。章學誠云：「王逸作注，《離騷》之篇已有經名……至宋人注屈，乃云『一本《九歌》以下有傳字』。」〔註19〕可見《楚辭》分經傳，並將屈原之作並稱「離騷經」，其他代屈原體（及疑似屈原所作而不能斷定者，如《大招》）則通稱「楚辭」、「傳」。

再次，漢代認爲《離騷》是辭賦之祖。王逸《離騷後序》云：「夫《離騷》之文，依託《五經》以立義焉……誠博遠矣。自終沒以來，名儒博達之士，著造詞賦，莫不擬則其儀表，祖式其模範，取其要妙，竊其華藻。所謂金相玉質，百世無匹，名垂罔極，永不刊滅者矣。」〔註20〕章學誠云：「夫屈子之賦，固以《離騷》爲重，史遷以下，至取《騷》以名其全書，今尤是也。」〔註21〕觀漢代以來辭賦模擬屈原及輾轉模擬之風，確實如此。且不僅辭賦體模擬屈原作品，甚至漸連其他體裁如詩歌亦對屈原作品進行跨體裁模擬。曹植便常跨文體模擬屈作，如《遠遊篇》《遊仙》《五遊》《上仙籙》《神遊》《飛龍昇天》《飛龍》等，皆化辭賦爲詩歌，意擬屈原《遠遊》。江淹詩歌《山中楚辭》六首，從標題即知與《楚辭》有關，第一首即仿《九歌·東皇太一》；詩歌《雜三言五首》之五《愛遠山》即模擬了《九章·哀郢》。〔註22〕

再次，司馬遷本人也高度稱許《離騷》，認爲它是屈原的代表作。《史記·屈原賈生列傳》云「《國風》好色而不淫，《小雅》怨誹而不亂。若《離騷》者，可謂兼之矣……明道德之廣崇，治亂之條貫，靡不畢見。其文約，其辭微，其志潔，其行廉，其稱文小而其指極大，舉類邇而見義遠。其志潔，故其稱物芳。其行廉，故死而不容。自疏……推此志也，雖與日月爭光可也。」〔註23〕《太史公自序》又云：「孔子厄陳蔡，作《春秋》；屈原放逐，著《離

〔註19〕 （清）章學誠著、葉瑛校注《文史通義校注》，中華書局 1985 年版，第 111
頁。

〔註20〕 前揭《楚辭補注》，中華書局 1983 年版，第 49 頁。

〔註21〕 前揭《文史通義校注》，中華書局 1985 年版，第 111 頁。

〔註22〕 關於賦的模擬，參陳恩維《模擬與漢魏六朝文學嬗變》，中國社會科學出版社
2010 年版，第 82～83 頁。

〔註23〕 此段文字雖暗引了劉安之說，然可以表司馬遷之意有。按：這段雖然文字也
有人懷疑「不是司馬遷本人採入《史記》的，而是後人竄入其中的」（見湯炳
正講述，湯序波整理《楚辭講座》，廣西師範大學出版社 2006 年版，第 85 頁）。
但仍有人堅持是司馬遷自己採錄了劉安之文，如力之先生（參力之《〈楚辭〉

騷》」，《報任安書》復云：「仲尼厄而作《春秋》，屈原放逐，乃賦《離騷》」（《漢書·司馬遷傳》）。一方面反覆稱道《離騷》，一方面，大凡談屈原作品則徑以《離騷》代稱之。這說明在司馬遷眼裏，《離騷》是屈原最有代表性的作品，是屈原的代表作。

　　然而，司馬遷作《屈原賈生列傳》時，除了在敘述屈原流放江濱澤畔時化錄了《漁父》以外，屈原作品僅著錄了《懷沙》全文，卻不錄其代表作《離騷》。何以如此？與屈原合傳的賈誼部分，司馬遷除了記述其生平履歷外，還著錄了賈誼的兩篇賦（《弔屈原賦》和《鵩鳥賦》），共約 1800 餘字，其中這兩篇賦便佔了近 1000 字的篇幅。然從《漢書·賈誼傳》可知，歷史上的賈誼實際上參與了許多的重大的政治活動、且有許多影響重大的政見，《漢書》便補充著錄了近七千字的《陳政事疏》〔註 24〕和其他關乎國計民生的奏疏，全傳共約 10090 字，近於《漢書》和《史記》中的司馬相如傳的篇幅。這於史筆來說無疑是輕重失調、取捨不當，但從另一方面卻足以說明司馬遷此篇傳記別有用意，並不是唯代表作是錄，也並不唯政治活動、政治貢獻是記，此篇立意的設定滲透著司馬遷個人的主觀深意。

　　且事實上，司馬遷雖然在《司馬相如列傳》中明確地說過要採其頗為流傳的作品，「相如他所著……不采，采其尤著公卿者云。……太史公曰：『……余采其語可論者著於篇』」（《司馬相如列傳》），但也同樣明白地說過有意迴避社會廣為流傳的作品。如《樂書》云：「春歌《青陽》，夏歌《朱明》，秋歌《西暤》，冬歌《玄冥》。世多有，故不論。」《管晏列傳》云：「吾讀……詳哉其言之也。……至其書，世多有之，是以不論，論其軼事。」《司馬穰苴列傳》云：「世既多《司馬兵法》，以故不論，著穰苴之列傳焉。」《孫子吳起列傳》云：「世俗所稱師旅，皆道《孫子》十三篇，《吳起兵法》，世多有，故弗論，論其行事所施設者。」等等。可見代表作與否、影響廣泛與否，並不是《史記》所有錄文的取捨標準，至少不是通用於全書的一刀切式的標準。

　　　　與中古文獻考說·〈卜居〉〈漁父〉作者考辯》，巴蜀出版社 2005 年版，第 125 頁注 2）。筆者以為，《史記》中有許多不注明出處的化錄，也有許多直接承襲前人著作入正文的現象，故力之先生之說不無可能。但即便如湯先生所言，司馬遷還是論及了《離騷》，且正因其原文論及了《離騷》，後人才有機緣因之竄入《離騷傳》之文。

〔註 24〕據《漢書·賈誼傳》「誼數上疏陳政事，多所欲匡建，其大略曰」，可知《陳政事疏》乃班固合誼之「數上疏」而來，並非賈誼一篇作品。（漢）班固撰、（唐）顏師古注《漢書》，北京：中華書局，1962 年版，冊 8 第 2230 頁。

又，如上所述，司馬遷之所以常常迴避社會廣爲流傳的作品，非但不予以著錄，乃至不予論述。這大約與司馬遷有意爲「弱勢」賢者揚名後世之「附驥尾」騰擠出一定的空間有關。因爲跨時數千年的《史記》，就整體來說篇幅總是有限的，有所側重有所突出，則必然有所淡化有所略去。（詳參上文第二章、第五章）所謂「若至近世，操行不軌，專犯忌諱，而終身逸樂，富厚累世不絕。或擇地而蹈之⋯⋯非公正不發憤，而遇禍災者，不可勝數」（《伯夷列傳》），然而「君子疾沒世而名不稱焉」（《伯夷列傳》）、「伯夷、叔齊雖賢，得夫子而名益彰。顏淵雖篤學，附驥尾而行益顯。巖穴之士，趣舍有時若此，類名堙滅而不稱，悲夫！閭巷之人，欲砥行立名者，非附青雲之士，惡能施於後世哉？」（《伯夷列傳》）所謂「古布衣之俠，靡得而聞已。近世延陵、孟嘗、春申、平原、信陵之徒，皆因王者親屬，藉於有土卿相之富厚，招天下賢者，顯名諸侯，不可謂不賢者矣。比如順風而呼，聲非加疾，其勢激也。至如閭巷之俠，修行砥名，聲施於天下，莫不稱賢，是爲難耳。然儒、墨皆排擯不載。自秦以前，匹夫之俠，湮滅不見，余甚恨之⋯⋯」（《遊俠列傳》），「要以功見言信，俠客之義又曷可少哉！」（《遊俠列傳》），「余悲世俗不察其意，而猥以朱家、郭解等令與暴豪之徒同類而共笑之也」（《遊俠列傳》）等等。又，司馬遷反覆強調自己「網羅天下放失舊聞」（《太史公自序》《報任安書》〔註25〕），又云「以拾遺補藝⋯⋯厥協六經異傳，整齊百家雜語」（《太史公自序》。可見司馬遷同情「弱勢」賢者及搜遺補漏之意是異常強烈的。

然而屈原的悲劇人生，其於政治上無疑是弱勢者，但在名氣上，相對「閭巷之人」來說卻不是弱勢賢者了。如前所述，《離騷》在漢代影響極其大，且於屈原時代，亦有一批人追隨他，哪怕是文章上的追隨。《屈原賈生列傳》曰「屈原既死之後，楚有宋玉、唐勒、景差之徒者，皆好辭而以賦見稱；然皆祖屈原之從容辭令，終莫敢直諫。」可見，對於「名不稱焉」來說，屈原不算是弱勢賢者，而是著名人物。故若因避「熱」以爲弱勢賢者之「附驥尾」騰擠空間的話，《離騷》在社會上十分「熱」，應當予以迴避之，對於屈原眾多作品來說亦是「熱」點，亦當予以迴避。故《離騷》落選於《史記》錄文，或許這是一個比較有影響力的因素。

當然，在《史記》中，不少原則都是事無絕對的。如果純粹考慮到避「熱」

〔註25〕 （漢）班固撰，（唐）顏師古注《漢書》，北京：中華書局，1962 年版，冊 9
第 2735 頁。

的話，則屈原的其他作品也應當完全迴避。況屈原其他作品，雖然難以清晰地確考其於當時及至漢代的知名度、影響度，但從宋玉一批人「皆祖屈原之從容辭令」來看，也未必不是連同《離騷》一起被「祖」從的。然而事實上屈原的作品被《史記》全文著錄的只有《懷沙》（《漁父》屬於化錄）。

二、篇幅長短不是選文的主要原因

《史記》不憚於著錄單篇長文，亦不憚長篇幅地多篇連錄。《史記》所載的《懷沙》約僅 500 餘字，篇幅的確短小。而《離騷》約 2800 餘字，相比之下篇幅的確較大，但這不是《史記》不著錄它的決定性因素。這可參看其他篇章：《說難》約 1140 餘字，《老子韓非列傳》著錄之。蘇秦兄弟、張儀等游說諸國的說辭，《蘇秦列傳》《張儀列傳》大量著錄之。《上林賦》（含《子虛賦》）約 4400 餘字，《司馬相如列傳》著錄之；且同傳還著錄了相如《檄蜀文》《哀二世賦》《大人賦》《難蜀父老》、諫疏、封禪書等六篇作品，篇幅約 5000 餘字，該傳所錄文合計 9400 餘字。約 3900 餘字的《屈原賈誼列傳》尚不及其所錄作品之一篇。觀此，則僅一人之作，其所錄文都可以達近萬字的份量，2800 餘字的《離騷》真是小巫見大巫。可見《史記》並不憚於著錄單篇長文，2800 餘字的長文，在司馬遷錄文原則裏並不是沒有被著錄的可能的；《史記》亦不憚於長篇幅地多篇連錄，故《懷沙》之外的眾多屈原作品，在司馬遷的錄文原則裏是可以容忍並存的，而不是非棄不可的。

《史記》選錄文章亦不唯短是好。在屈原的作品中，《惜往日》500 餘字，與《懷沙》字數相當，《悲回風》也僅 800 餘字而已，然而都未被著錄。這說明《史記》選錄文章並不是越短越好。合前論長篇作品情況，這足以說明篇幅長短不是《史記》選錄作品的決定性因素，文長不憚於被著錄，而文短也未必會被著錄。

當然，《史記》是一部跨越數千年的通史，作為《史記》本身來說，自然有篇幅的限制，不可能無限無邊。也正因此，故有被錄之文，也有不錄之文，有所取而有所棄。只是，如上所述，就某篇傳記中具體某個人的具體某篇作品的著錄而言，則並沒有篇幅上的嚴格限制，既不偏愛短，也不憚於長，故既有不錄文現象，亦時錄長篇大作，時而累篇連錄。《離騷》之落選，是否有篇幅的顧慮，恐怕只有司馬遷本人才能確曉了。或許未必完全沒有顧慮；但設使它有足夠的可錄性與必錄性，則未嘗沒有突破該顧慮的可能性而被著錄

的，前舉諸例便可說明。然可以明確的是，篇幅長短究竟不是《史記》選錄作品的決定性因素。

三、略古詳今不是獨錄《懷沙》不錄《離騷》的主要原因

《史記》存在的古略今詳現象多係客觀原因所致的被動結果，多非有意所爲。《史記》的確存在古略今詳現象。比如《五帝本紀》，將漫長的傳說中的五帝歲月的歷史合作一篇，字數不到五千字；乃後夏、殷、商三代，一代歷史合作一篇，前兩篇不到五千字，《周本紀》則一萬多字，較之前代愈詳。至秦則於《秦本紀》外分出《秦始皇本紀》，此乃一代歷史分作兩篇了，入漢則基本上一個皇帝一篇本紀了。五帝歷史除本紀外基本無世家、列傳，三代漸有世家、列傳，戰國、秦代愈多，入漢愈繁盛。秦以前數千年之中的列傳尚不及乃後漢代百來年間的數量。非但如此，五帝事無表，三代事作世表，十二諸侯與六國作年表，秦楚之際作月表，入漢後則另增 6 種表。其種種表現，的確古略今詳。

但這並非司馬遷刻意略古詳今的主觀意志所致。因爲時代越往古，留下來的史料越少，而可信的材料更少。時代越近，則材料越豐富，不但有「文」可參，還有「獻」可訪。司馬遷是個比較嚴謹的史家，不是可靠的東西往往寧存闕疑。於是他往往多方考證，甚至實地調查訪問。比如他在《伯夷列傳》云「夫學者載籍極博，猶考信於六藝」。《高祖功臣侯者年表》自云其製作之態度：「於是謹其終始，表見其文，頗有所不盡本末；著其明，疑者闕之」。《大宛列傳》云「太史公曰」記錄了他對各個書本關於九州山川的考證，得出結論「言九州山川，《尚書》近之矣。至《禹本紀》、《山海經》所有怪物，余不敢言之也」（《大宛列傳》）。《五帝本紀》「太史公曰」記錄了他通過實地考察、各個古籍記載等方式對五帝傳說的考證，最後「擇其言尤雅者，故著爲本紀書首」；《酈生陸賈列傳》的寫成亦然，「太史公曰：『世之傳酈生書……乃非也……余讀陸生《新語》書十二篇，固當世之辯士。至平原君子與余善，是以得具論之』」（《酈生陸賈列傳》）；《屈原賈生列傳》的寫成也通過實地考察與文獻閱讀，並與賈誼的後代賈嘉有書信聯繫，「太史公曰：『余讀《離騷》、《天問》、《招魂》、《哀郢》，悲其志。適長沙，觀屈原所自沉淵，未嘗不垂涕，想見其爲人。及見賈生弔之……讀《鵩鳥賦》，同死生，輕去就，又爽然自失矣』」（《屈原賈生列傳》）。這樣，時代越是古遠，材料少而多僞，所以作風嚴

謹的司馬遷自然寧缺毋濫，「不敢言之也」，自然寫得簡略起來，而並非要達到略古詳今的要求。

《史記》中，同是有影響的人與事，「今」有略寫，「古」有詳寫，時有「古」詳於「今」的現象。長約 1200 字的《難蜀父老》、4400 餘字的《上林賦》（含《子虛賦》）可以被全篇著錄，司馬相如被著錄的作品共萬餘字。而擁有眾多作品的、在漢代頗有影響的屈原，其作品獨錄 500 餘字的《懷沙》而捨棄其 2800 餘字的大名作《離騷》，頗有略古詳今之疑，但其實並不是略古詳今所致。比觀《史記》諸傳篇幅，則許多「今人」傳記的份量未必比得上「古人」。

如賈誼與屈原比：合傳共約 3900 餘字，其中屈原部分約 2100 餘字，賈誼僅 1800 餘字，而所錄《弔屈原賦》《鵩鳥賦》即已占去 980 餘字。賈誼雖然享年三十三歲，但在歷史上還是有一定的分量的。《漢書》疊於《史記》的人物多襲從《史記》，如《司馬相如傳》，《史》《漢》都用了約 11100 餘字；然而《漢書‧賈誼傳》卻予以擴補到 10090 餘字的篇幅，大量地補錄了賈誼較大的政治活動和多篇政治奏疏。劉向說「賈誼言三代與秦治亂之意，其論甚美，通達國體，雖古之伊、管未能遠過」（《漢書‧賈誼傳‧贊》引），班固說「追觀孝文玄默躬行以移風俗，誼之所陳略施行矣」（《漢書‧賈誼傳‧贊》）。又《史記‧太史公自序》云「維我漢繼五帝末流，接三代絕業……於是漢興，蕭何次律令，韓信申軍法，張蒼爲章程，叔孫通定禮儀，則文學彬彬稍進，《詩》《書》往往間出矣。自曹參薦蓋公言黃老，而賈生、晁錯明申、商，公孫弘以儒顯，百年之間，天下遺文古事靡不畢集太史公」，列舉漢代各項功業、流派而將賈生與蕭、韓、張、叔孫、曹諸公並舉之，顯然司馬遷本人也的確看到了賈誼的社會貢獻與價值。可見以賈誼的地位、影響、著述看，賈誼是個本該詳寫的「今人」，但在《史記》中卻被略寫了，篇幅尚不及作爲「古人」的屈原。

又可對比大儒董仲舒傳：《漢書‧司馬遷傳》約 8620 餘字，《漢書‧東方朔傳》約 7902 字，《漢書‧揚雄傳》約 11830 字，《漢書‧董仲舒傳》約 8980 字，可見董仲舒的歷史地位在班固看來也不是太輕的。而司馬遷本人也明白董仲舒的地位：「言《春秋》……於趙自董仲舒」（《史記‧儒林列傳》），「漢興至於五世之間，唯董仲舒名爲明於《春秋》」（《史記‧儒林列傳》）；「公孫弘以《春秋》白衣爲天子三公，封以平津侯。天下之學士靡然鄉風矣」（《史記‧儒林列傳》），「公孫弘治《春秋》不如董仲舒，而弘希世用事，位至公卿。

董仲舒以弘爲從諛。弘疾之」（《史記・儒林列傳》）。然《史記》把董仲舒合入《儒林列傳》，只用了 300 餘字而已，作爲「今人」之大儒而所佔筆墨分量竟然如此之輕。

由此可見，在材料的多寡、眞僞等方面，「今」縱然明顯優越於「古」，但《史記》對於傳主用墨的份量並不是一味地詳於「今」，「今」亦有被略寫者。無論「古」與「今」，其筆墨詳略的分配都有著司馬遷自己結合各篇傳文立意後對具體歷史與人物的輕重權衡的看法。如前舉董仲舒、賈誼，兩人對漢代影響極大而所佔份量卻極其輕，多不及許多古人。又如韓非子傳，雖然也在合傳之中，但卻用了約 1720 字，其中所錄《說難》一文則 1140 餘字，遠甚於董仲舒 300 餘字的傳記的分量。

因此，司馬遷捨棄《離騷》及其他眾多屈作而獨錄《懷沙》也不應簡單地歸之於爲合於「略於古」的原則、節約篇幅所致。且屈原時代距離司馬遷時代，在三千年的通史中並不算遠、不算太古。且如前所論，《史記》之所以出現「略古詳今」的面貌多是迫於客觀因素的被動結果，多非有意略寫古代與古人。因此屈原時代的確「古」於秦漢，但與屈原同時代或稍後的蘇秦、張儀等，其傳記之濃墨重彩的分量一點也不亞於秦漢時人。《蘇秦列傳》約 9000 餘字，其中蘇秦部分約 6170 餘字，《張儀列傳》約 8380 字，其中張儀部分約 6900 字。《孟嘗君列傳》約 4430 字，《春申君列傳》約 3630 字，《呂不韋列傳》約 2110 字，《李斯列傳》約 8820 字。「今人」如《留侯世家》約 4980 字，《陳丞相世家》約 4300 字，《蕭相國世家》約 2200 字，且張、蕭、陳對於漢代的開國與長治久安有著舉足輕重的分量，相比之下，其傳記篇幅尚且如此簡短；《黥布列傳》約 3300 字，《吳王濞列傳》約 5340 字，《淮陰侯列傳》約 7595 字，《張丞相列傳》之張蒼傳約 2080 字，《司馬相如列傳》約 11100 字，賈誼傳約 1800 餘字等等。而比這時間更早的人，如《老子韓非列傳》之老子及其後學莊子、申不害以及老子子孫部分，數人合傳才 900 餘字而已，而同傳的韓非子卻用了約 1720 字，其中所錄《說難》一文則 1140 餘字；《商君列傳》約 3300 餘字；《伍子胥列傳》約 3380 餘字；《孫子吳起列傳》兩人合傳共約 2800 餘字，等等。可見大體而言屈原同時代及稍後時代的人，其傳記所用筆墨並不比「今人」少，其重要人物的用墨甚至遠遠大於「今人」中一般的人乃至有著重要歷史影響的人物的分量；因之，司馬遷對屈原時代前後的歷史人物，常與「今人」一視同仁，並未用「古今」差別的標準而有詳略之別。

四、屈原傳著錄《懷沙》的原因

　　《離騷》與《懷沙》，及《九章》的其他篇章如《惜往日》《悲回風》等，都鮮明地書寫了屈原的內心世界，都可以從中看到他的滿腹的怨憤不平與忠貞自潔的德行志願。然而《史記》獨錄《懷沙》而已。洪興祖曰：「原所以死，見於此賦，故太史公獨載之。」（《〈楚辭補注・懷沙〉序》）〔註26〕照洪興祖的意見，則司馬遷之所以著錄《懷沙》因為看重屈原的以死明志以死殉國的精神。先且不論此說確否，若欲明屈原之死因，《離騷》《惜往日》《悲回風》諸篇都反覆述說了屈原「寧溘死流亡兮，余不忍為此態」而願「依彭咸之遺則」〔註27〕的死志，且《懷沙》所述之死因也反覆重見於《離騷》《惜往日》《惜誦》《悲回風》諸篇。且《惜誦》「欲儃佪以干傺兮，恐重患而離尤。欲高飛而遠集兮，君罔謂汝何之？欲橫奔而失路兮，蓋志堅而不忍。背膺牉以交痛兮，心鬱結而紆軫」〔註28〕數語便高度概括了《離騷》「除篇首自述身世、抱負與遭遇（至『傷靈修之數化』），篇末的『亂曰』以外（點出政治理想的幻滅）的全部內容」〔註29〕，其沉淵之志也在反覆陳說。就篇幅論，《惜往日》500 餘字，與《懷沙》相當，而《悲回風》也僅 800 餘字而已。《惜往日》等，也是理想的備選之文，何以捨諸篇而獨錄《懷沙》呢？

　　這得考察一下在《屈原賈誼列傳》裏，司馬遷的主要著眼點，即傳文立意。司馬遷對屈原的記述，除了記敘身世、履歷等常規內容外，主要是屈原遭讒被黜的經過和被黜之後不肯降志屈心同流合污的操守，以及此後楚國日益削弱、最終淪陷於秦的命運，並雜有兩大段評論。一是承接「乃作《離騷》」而來的，一是承接屈原被黜放、懷王客死於秦而發的。前者深深同情屈原信而見疑、忠而被謗的不幸遭遇，深刻理解屈原的滿腹怨憤，高度讚賞其文章兼《風》《雅》，極度推崇其志行忠貞高潔，「雖與日月爭光可也」。後者，一方面極其同情屈原耿耿忠貞，「一篇之中三致志焉」，一方面則批評嘲笑楚懷王昏庸不明，內以見惑外以見欺，疏賢臣親小人，卒坐使失地而受辱。

　　由此，我們可以判斷該傳的立意基本集中在兩點：一是屈原懷才不遇、忠貞被讒、疑而被放的不幸人生，二是楚國此後的日益削弱、最終淪陷於秦

〔註26〕（宋）洪興祖撰《楚辭補注》，北京：中華書局，1983 年版，第 146 頁。
〔註27〕（宋）洪興祖撰《楚辭補注》，北京：中華書局，1983 年版，第 153 頁。
〔註28〕（宋）洪興祖撰《楚辭補注》，北京：中華書局，1983 年版，第 127 頁。
〔註29〕湯炳正講述，湯序波整理《楚辭講座》，桂林：廣西師範大學出版社，2006 年，第 76 頁。

國的命運。兩段評論則由此生發。其實這又可以合二爲一，因爲前者是因，後者是果，觀前者讓人預知了後者，覽後者讓人明白了前者之因，前後鮮明對照，既昭示歷史亦警示後人。這個立意恰與該傳注重屈原的第一類作品（即書寫自己身世、內心世界者）〔註30〕相吻合。

結合賈誼傳的傾向性考察，賈誼傳的諸種不平正，對於史筆來說無疑有輕重、取捨不當之失，但這不是司馬遷的疏忽或缺乏識見，乃是有意爲之。司馬遷在賈誼傳的目的即是該傳的傳文立意與屈原傳的傳文立意吻合，使整個合傳形成一個統一的立意：圍繞忠信而見疑、貞才而不遇的人生，探討志行操守、生死去就的命題。（詳參本章第一節）

由此看來，司馬遷敬重屈原忠貞自潔而不惜以沉淵的死志的精神是《懷沙》被著錄的主要要因之一；然而其被獨錄的原因，筆者以爲還在於司馬遷有著蓋棺定論的觀念。所謂「要之死日，然後是非乃定」（《報任安書》）〔註31〕。所以，越是屈原後期的思慮成熟透徹的作品越有可能被著錄，而絕筆被著錄的可能則更大，以其塵埃落定，更見其一生最終的意志趣處與最後的死因。關於屈原晚年的作品，尤其絕筆的問題，歷來眾說紛紜。1991 年學界的情況是，「自司馬遷提出《懷沙》爲屈原絕筆之後，治《騷》者或從其說，或另立新論，迄今已有《懷沙》說、《惜往日》說、《悲回風》說、《桔頌》說、《離騷》說等」〔註32〕，十多年後的學界依然是「研究的結果也是眾說紛紜，大致有五種說法：即《懷沙》說，《惜往日》說，《悲回風》說，《橘頌》說，《離騷》說」〔註33〕。撇開後人對屈原絕筆的爭論，我們直接看司馬遷的看法。從《史記》的敘述順序和「乃作《懷沙》之賦，其辭曰……於是懷石遂自（投）〔沉〕汨羅以死」（《屈原賈生列傳》）的記載看，認定司馬遷即以《懷沙》爲屈原的絕筆，這當是無疑問的。後人也根據此記載，認同《懷沙》爲屈原絕筆，「後世從此說的有原本王逸《楚辭章句》、洪興祖《楚辭補注》、林雲銘《楚辭燈》、戴震《屈原賦注》、近人劉永濟《屈賦通箋》、聶石樵《楚辭新注》以及高亨、陸侃如、黃孝纖等人的《楚辭選》等」〔註34〕。

〔註30〕關於屈原作品的分類，可參湯炳正講述，湯序波整理《楚辭講座》，桂林：廣西師範大學出版社 2006 年，第 65 頁。

〔註31〕（漢）班固撰，（唐）顏師古注《漢書》，北京：中華書局，1962 年版，冊 9 第 2736 頁。

〔註32〕謝東貴《屈原絕筆研究述評》，《求索》1991 年第 6 期，第 76 頁。

〔註33〕鄭莉《屈原絕命辭考辨》，《中北大學學報》2006 年第 6 期，第 34 頁。

〔註34〕謝東貴《屈原絕筆研究述評》，《求索》1991 年第 6 期，第 76 頁。

在司馬遷看來，他既然知道屈原的絕筆是《懷沙》，且有「要之死日，然後是非乃定」(《報任安書》)〔註35〕的蓋棺定論的觀念，那麼他取《懷沙》入屈原傳便是很自然的事了。且將《懷沙》與其他篇章，尤其是《離騷》相對比，便會發現《離騷》《惜往日》等篇章，雖狠言死志，但終究處於矛盾掙扎、取捨煎熬中，或一時雖言死志然而其他的想法也時而復燃，或雖下了死的決心但仍然有所顧慮而並未將赴死的行動提上日程、因而可能有他變的可能。總之，並沒有將「死」平息他心中所有的憤懣不平、並沒有將「死」壓倒他其他所有的想法。

如以《離騷》為例。可以把它的內容作一個大致歸納。「除篇首自述身世、抱負與遭遇（至『傷靈修之數化』），篇末的『亂曰』以外（點出政治理想的幻滅），全篇約分三大段」，「第一大段（從『余既滋蘭之九畹兮』到『豈余心之可懲』），是圍繞著進、退問題展開的」，「第二大段（從『女嬃之嬋媛兮』到『沾余襟之浪浪』），是圍繞著降志、守志問題而展開的」，「第三大段（從『跪敷衽以陳辭兮』到『蜷局顧而不行』），是圍繞著去、留問題而展開的」。〔註36〕這三大段的主要內容，在《惜誦》中被集中提出來了，即「欲儃佪以干傺兮，恐重患而離尤。欲高飛而遠集兮，君罔謂汝何之？欲橫奔而失路兮，蓋志堅而不忍。背膺牉以交痛兮，心鬱結而紆軫。」(《惜誦》)〔註37〕湯炳正先生說「這三點無異於詩人對《離騷》的高度概括。」〔註38〕

但是，整個《離騷》，充滿了痛苦的矛盾徘徊與激烈的自我煎熬。雖然文中到處可見屈原堅決憤恨的誓詞，如「豈余身之憚殃兮，恐皇輿之敗績」〔註39〕，「荃不察余之中情兮，反信讒而齌怒。余固知謇謇之為患兮，忍而不能舍也。指九天以為正兮，夫唯靈修之故也」〔註40〕，「亦余心之所善兮，雖九死其猶未悔」〔註41〕，「忳鬱邑余侘傺兮，吾獨窮困乎此時也。寧溘死以流亡兮，

〔註35〕（漢）班固撰，（唐）顏師古注《漢書》，北京：中華書局，1962 年版，冊 9第 2736 頁。

〔註36〕上四處分別見湯炳正講述，湯序波整理《楚辭講座》，桂林：廣西師範大學出版社，2006 年，第 76、76、77、77 頁。

〔註37〕（宋）洪興祖撰《楚辭補注》，北京：中華書局，1983 年版，第 127 頁。

〔註38〕湯炳正講述，湯序波整理《楚辭講座》，桂林：廣西師範大學出版社，2006年，第 77 頁。

〔註39〕（宋）洪興祖撰《楚辭補注》，北京：中華書局，1983 年版，第 8 頁。

〔註40〕（宋）洪興祖撰《楚辭補注》，北京：中華書局，1983 年版，第 9 頁。

〔註41〕（宋）洪興祖撰《楚辭補注》，北京：中華書局，1983 年版，第 14 頁。

余不忍爲此態也」〔註42〕。但此時的屈原終究是在矛盾徘徊中，憤恨堅決之辭只是其內心困獸之鬥的一方面；同時還存在另一方面，如「悔相道之不察兮，延佇乎吾將反。回朕車以復路兮，及行迷之未遠」〔註43〕，「進不入以離尤兮，退將復修吾初服」〔註44〕，等。在這裡，屈原滿腹的冤屈憤恨得以盡情地傾瀉，而內心的相互矛盾的雙方面也得以恣情的戰鬥。「戰鬥」的結果雖然是以忠貞自潔占住了上風，但是無可否認的是，此時的屈原正值矛盾徘徊、左右煎熬之中。雖然忠貞自潔的一面於篇終最終占住了上風，但這還不是思考徹底、毫無雜慮、永不動搖的成熟狀態。正如湯炳正先生說「是積極奮進，還是消極引退？這一點，的確揭示了詩人當時內心深處的矛盾」〔註45〕，並說《惜誦》中的「欲儃佪以干傺兮，恐重患而離尤。欲高飛而遠集兮，君罔謂汝何之？欲橫奔而失路兮，蓋志堅而不忍。背膺牉以交痛兮，心鬱結而紆軫」〔註46〕數句，「無異於詩人對《離騷》的高度概括。它深刻地反映了屈原被黜後內心的矛盾與痛苦」〔註47〕，「詩篇中就不免流露出悲憤、悒鬱、彷徨、矛盾的心情，但這正是時代局限……毫不影響《離騷》作爲祖國文學寶庫中的光輝詩篇而永垂不朽」〔註48〕。

對比《懷沙》的內容，它大致可以概括爲：對世道的清醒認識與徹底絕望（小人障道得志、賢人困厄不遇、聖賢有不並時而生者、世人庸俗不明）；檢討與解釋曾經所犯下的「錯」（「任重載盛兮，陷滯而不濟」）（湯炳正先生謂「屈原在政治活動中似乎曾犯過錯誤」，「大概當時屈原內政外交集於一身，事情很多，日理萬機，有的事情也許處理得不妥當，甚至還犯了一些小的錯誤，這都是很有可能的。當時那些讒人肯定也抓住了些小的把柄，不完全是無中生有」〔註49〕）；肯定自己德行才能、勉勵安慰自己於不再希冀中（如「刓

〔註42〕 （宋）洪興祖撰《楚辭補注》，北京：中華書局，1983年版，第15～16頁。

〔註43〕 （宋）洪興祖撰《楚辭補注》，北京：中華書局，1983年版，第16頁。

〔註44〕 （宋）洪興祖撰《楚辭補注》，北京：中華書局，1983年版，第17頁。

〔註45〕 湯炳正講述，湯序波整理《楚辭講座》，桂林：廣西師範大學出版社，2006年，第76頁。

〔註46〕 （漢）班固撰，（唐）顏師古注《漢書》，北京：中華書局，1962年版，冊9第2736頁。

〔註47〕 湯炳正講述，湯序波整理《楚辭講座》，桂林：廣西師範大學出版社，2006年，第77頁。

〔註48〕 湯炳正講述，湯序波整理《楚辭講座》，桂林：廣西師範大學出版社，2006年，第78頁。

〔註49〕 湯炳正講述，湯序波整理《楚辭講座》，桂林：廣西師範大學出版社，2006年，第109頁。

方以爲圜兮，常度未替」，「邑犬群吠兮，吠所怪也。非俊疑傑兮，固庸態也」，「重華不可遻兮，孰知余之從容！古固有不並兮，豈知何其故！湯禹久遠兮，邈而不可慕。懲連改忿兮，抑心而自強。」）；遺言死志，留作後世榜樣（「離閔而不遷兮，願志之有像」，「知死不可讓，願勿愛兮。明告君子，吾將以爲類兮」等）。相比於《離騷》乃至《天問》《九章》（《懷沙》之外者）等其他屈原之作，《懷沙》冷靜、理智、清晰，不用香草美人之諷喻，不用日月羲和之誇飾，也無赤裸裸的對靈修的怨憤之語，也不再作依「彭咸之遺則」的堅決誓詞，而是直接陳述對世道人心清醒的認識與徹底的絕望，並「明告君子，吾將以爲類兮」，甚至有一種心意已決後的輕鬆從容（如「進路北次兮，日昧昧其將暮。舒憂娛哀兮，限之以大故」）。這是其他諸篇所沒有的。這當是屈原經過反覆的痛苦的思索後塵埃落定了的結果，可供蓋棺定論了。所謂「要之死日，然後是非乃定」〔註50〕，所以《懷沙》得到了司馬遷的著錄便豁然得釋。

第三節　賈誼傳錄文的深層目的

　　賈誼雖然享年33歲，卻是漢文帝時期對漢代政治、社會有著廣泛且深遠影響的人物。班固爲之單獨設立萬餘字的長傳，記載了許多政治活動、重要政見，並合錄了長約七千字的政論奏書〔註51〕，其於《漢書》所佔分量著實不小。但司馬遷卻把他與戰國後期的屈原合傳，合傳共四千餘字，賈誼部分占 1800 餘字，其中所錄《弔屈原賦》《鵩鳥賦》便佔了近一千字的篇幅。所以《史記》賈誼傳的敘述部分僅 800 餘字而已，對其重要的政治活動和政見基本一筆帶過，其著名的史論文、政論奏書基本沒有涉及，遑論爲之著錄或簡介了。而所錄《弔屈原賦》《鵩鳥賦》的內容主要是「意不自得」、「弔屈原」，「傷悼」自己、爲賦「自廣」（上四處引自《史記‧屈原賈生列傳》），皆非「切於世事者」（《漢書‧賈誼傳‧贊》）。這不得不令人困惑：《史記》賈誼傳爲何不重功德、不錄「切於世事」者卻全文著錄「不切於世事者」？如果選錄「不切於世事者」，又爲何不忌重複地著錄同型的兩篇賦而捨棄其他同類之作？以下逐一探討。

〔註50〕　（漢）班固撰、（唐）顏師古注《漢書‧司馬遷傳》，北京：中華書局，1962
　　　　　年版，冊9，第 2736 頁。
〔註51〕　《漢書‧賈誼傳》云「誼數上疏陳政事，多所欲匡建，其大略曰」，知《陳政
　　　　　事疏》乃班固合賈誼「數上疏」的內容而成。（漢）班固撰、（唐）顏師古注
　　　　　《漢書》，北京：中華書局，1962 年版，冊 8 第 2230 頁。

一、爲何捨棄衆多影響深廣的「切於世事」之作

　　首論《史記》賈誼傳爲何捨棄衆多影響廣泛且深遠的「切於世事」之作。衆所周知，《史記》各篇傳記的寫作方法靈活多變，風格多樣。要研究司馬遷在各篇傳記中的錄文深意，首先應該從該傳記的整體定位、整體立意入手。司馬遷對賈誼傳的整體傾向是淡化乃至忽略賈誼政見對當時及身後漢代政治、社會的重大、深遠的影響效應，重點強調賈誼才高絕群卻遭受嫉妒、被疏遠排擠、不受重用，懷才不遇、處境不如意，抑鬱於心，最終早卒。這與賈誼傳不錄「切於世事者」，偏偏選錄「不切於世事」的、飽含懷才不遇、處境不如意、抑鬱於心的騷體賦的做法一致。所以要探究賈誼傳爲什麼不錄「切於世事」之作，當首先弄清楚該傳爲何要淡化賈誼廣泛而深遠的政治影響、重要政見。而要探究這個問題，都應從該傳的整體傳文立意上尋找答案。

　　《史記》中的賈誼傳合在屈原傳之後，首句便是「自屈原沉汨羅後百有餘年，漢有賈生，爲長沙王太傅，過湘水，投書以弔屈原」（《史記・屈原賈生列傳》）；接著插入格式爲「某人姓字，籍貫，基本事蹟」的、內容比較簡要的一般性傳記內容；然後再引出「乃以賈生爲長沙王太傅……及渡湘水，爲賦以弔屈原」（《史記・屈原賈生列傳》）之事，緊接著便以「其辭曰」插入《弔屈原賦》的全文內容；之後再簡要地續寫賈誼的行事。這種承接關係，給人感覺賈誼傳即續屈原傳而來。又《史記・太史公自序》云：「作辭以諷諫，連類以爭義，《離騷》有之。作《屈原賈生列傳》」，本是合傳而僅云屈原《離騷》，則其意或側重於屈原，或以屈原包舉了賈誼。如係前者，則賈誼傳服從於屈原傳已成必然之勢；如係後者，則司馬遷立傳的本意即已把賈誼看做屈原同類、並以屈原代之。無論前者後者，都說明司馬遷設置的賈誼傳與屈原有千絲萬縷的關聯。又該傳「太史公曰：余讀《離騷》……悲其志。適長沙，觀屈原所自沉淵，未嘗不垂涕，想見其爲人。及見賈生弔之，又怪屈原以彼其材，游諸侯，何國不容，而自令若是。讀《鵩鳥賦》，同死生，輕去就，又爽然自失矣」，前兩句說的是屈原，第三四句有了賈誼，但還是圍繞屈原發論的。觀此，則賈誼傳承屈原傳而來便已一目了然，說明屈原傳的基調、立意深刻地影響了賈誼傳的設計。正因爲服從此設計，司馬遷對賈誼傳的主次安排便偏離了客觀現實。

　　事實上司馬遷對賈誼在政治、歷史上的影響是十分清楚的，且論斷較合理，甚至十分讚賞賈誼的貢獻。司馬遷列舉漢代各項功業、流派時將賈生與

蕭、韓、張、叔孫、曹諸公並舉之，所謂「於是漢興，蕭何次律令……自曹參薦蓋公言黃老，而賈生、晁錯明申、商，公孫弘以儒顯，百年之間，天下遺文古事靡不畢集太史公」，並且置於「維我漢繼五帝末流，接三代業」的崇高地位（上兩處出《史記·太史公自序》）。在《史記·秦始皇本紀·太史公曰》裏還深情地感歎「善哉乎賈生推言之也」。既然對賈誼的定論有如此清楚且合理的認識，為何在賈誼傳裏卻「糊塗」地偏離了客觀現實呢？這恰從另一個角度證明此種「偏頗」是有意為之的，有著另一種深刻用意。這種深刻用意，即是屈原傳和賈誼傳所要表達的傳文立意。

那麼司馬遷對屈原傳的整體立意是什麼呢？顯然是懷著巨大的同情、惋惜，乃至共鳴，進而深入思考這種忠信而見疑、貞才而不遇的人生困境下的生死去就、志行操守的問題〔註52〕。這種立意在該傳「太史公曰：余讀……悲其志。適長沙，觀屈原所自沉淵……不垂涕，想見其為人。及見賈生弔之，又怪屈原以彼其材，游諸侯，何國不容，而自令若是。讀《鵩鳥賦》，同死生，輕去就，又爽然自失矣」，實則流露出來了。賈誼傳的脈絡幾乎就是按照這種思緒展開的：賈誼的兩賦引起了司馬遷對該問題的進一步思考，讀《弔屈原賦》而使司馬遷「怪屈原」，讀《鵩鳥賦》卻又叫司馬遷「爽然自失矣」。照著這段「太史公曰」將屈、賈兩部分合讀之，則一股對人生困境下的生死去就、志行操守問題的苦苦探究、討論、追索的氛圍濃烈可感。所以賈誼傳不僅敘事內容偏向於此，錄文亦以此為依據，僅著錄討論生死去就、志行操守問題的這兩篇賦，概不涉及其他作品。

可見，賈誼眾多「切於世事」的政論文之所以不被著錄，不是因為司馬遷瞧不起其文章之價值或是沒有眼觀辨別其價值，而在於它們不符合該傳的整體立意。因為史書的錄文，以其受限於史的本質，所以必然服從傳文，即錄文立意服從傳文立意。

二、為何不忌重複著錄同類型的兩賦

次論：《史記》賈誼傳為何不忌重複地著錄同類型的兩篇賦，為何捨棄其他同類作品而選錄《弔屈原賦》《鵩鳥賦》？探討人生的志行操守、生死去就問題的作品，賈誼除《弔屈原賦》《鵩鳥賦》外，還有《惜誓》。談到這裡便

〔註52〕鄧桂姣《論〈史記·屈原賈生列傳〉的傳文立意》，《蘭臺世界》，2013（1下旬）。

有兩個問題：既然三者同屬其類，爲何並錄兩賦而不忌重複？既然不忌重複，爲何單單不錄《惜誓》？且《鵩鳥賦》與屈原直接相關的僅僅是創作地點而已，《惜誓》則是代屈原立言〔註53〕，與屈原關係更緊密，爲什麼反而不錄《惜誓》？

《惜誓》的作者，雖然後人曾有疑惑，但一般認爲是賈誼〔註54〕。司馬遷不著錄《惜誓》並不是因爲疑惑其作者問題。一方面司馬遷距離賈誼時代較近，且與賈誼的孫子有直接往來〔註55〕，《惜誓》的作者問題或許在司馬遷及那個時代並無疑議。一方面，被司馬遷捨棄不錄的作品遠遠多於被他著錄的作品，所以不錄不能天然地證明司馬遷否認它是傳主之作。因此，如果司馬遷以爲《惜誓》非賈誼所作，則此傳不錄它似無不妥；如果司馬遷同樣認爲它是賈誼所作，這就值得討論司馬遷捨棄它的原因了。既然東漢的王逸都無法否定「或曰賈誼」所作，那麼只要沒有新的材料力證其僞，就不能不考慮它作爲賈誼作品的情況，就有討論賈誼傳何以不錄《惜誓》的必要。

對於上述問題，賈誼傳爲何不忌重複地著錄同類型的兩篇賦，爲何捨棄其他同類作品《惜誓》而選錄《弔屈原賦》《鵩鳥賦》，筆者以爲，原因大略有四。

其一，《惜誓》重複了《弔屈原賦》的思想內容。《惜誓》「已矣哉」之後的內容，大意乃至文字，都類似於《弔屈原賦》的「訊曰」內容。對此，洪興祖亦云二者之意頗同〔註56〕，王夫之亦云如是〔註57〕。

〔註53〕 參力之先生《從〈楚辭〉成書之體例看其各非屈原作品之旨》，見力之《〈楚辭〉與中古文獻考說》，成都：巴蜀書社，2005 年。

〔註54〕 《惜誓》的作者存在一定的爭議。王逸云「不知誰作也。或曰賈誼，疑不能明也。」洪興祖、朱熹、王夫之等都認爲是賈誼所作（見賈誼撰，閻振益、鍾夏校注《新書校注》，中華書局 2000 年，第 439 頁）。龔克昌先生主張「在還沒有找到確鑿的反證之前，我們是應將《惜誓》視爲賈誼之作」（龔克昌、蘇瑞隆等《兩漢賦評注》，山東大學出版社 2011 年版，第 19～20 頁）。筆者以爲，誠如力之先生所總結的，《惜誓》的作者問題，「悲觀地說，至今我們仍在王逸《惜誓序》的域內『踏步』：既無新的材料證其必爲賈誼作，然亦無以否定或懷疑其不是賈誼作的根據」（力之《〈楚辭〉與中古文獻考說·〈遠遊〉〈惜誓〉均非唐勒所作辨》，巴蜀書社 2005 年版，第 119～120 頁）。

〔註55〕 《史記·屈原賈生列傳》云「賈生之孫……賈嘉最好學，世其家，與余通書」。

〔註56〕 （宋）洪興祖撰《楚辭補注》，北京：中華書局，1983 年版，第 227 頁。

〔註57〕 （漢）賈誼撰，閻振益、鍾夏校注《新書校注》，北京：中華書局，2000 年版，第 439 頁。

　　其二，該傳錄文，本質上屬於史書的錄文，因此必須以符合史傳傳記敘述的需要爲前提，《惜誓》相比於《弔屈原賦》《鵩鳥賦》，後兩者更合適。《弔屈原賦》產生的背景，即前引「乃以賈生爲長沙王太傅……及渡湘水，爲賦以弔屈原」（《史記・屈原賈生列傳》），這恰可導出賈誼外放長沙的事件，既滿足了對賈誼行事的敘史需要，又表達了史家設傳的深意，即史家把屈賈聯繫起來，屈原死了百年之後有一個同樣不遇的賈生來到屈原流放的地方憑弔他，參與對士人志行操守、生死去就命題的思考。《鵩鳥賦》則緣於賈誼做長沙王太傅期間遇鵩鳥入室之事，仍然串聯在上述外放事件中。而這些是《惜誓》做不到的。

　　其三，如前所述本傳傳文立意含有明顯的主觀傾向，意圖十分明顯，即借屈原、賈誼之事，深入討論、求索在困境下的士人的志行操守與生死去就問題。《弔屈原賦》《鵩鳥賦》雖屬同類、且話題相近，但所表達的思想內容各有不同，恰構成了對屈原九死不悔的死志精神與行爲的不同層面的反思，客觀上形成了兩種「聲音」的討論。

　　《弔屈原賦》主要表達了對屈原不幸遭遇的同情、悲傷、憤慨，但否定屈原死守一國的做法，以爲「何必懷此都也？鳳皇翔於千仞兮，覽德輝而下之；見細德之險徵兮，搖增擊逝而去之。彼尋常之污瀆兮，豈能容吞舟之魚！橫江湖之鱣鱏（同「鱘」）兮，固將制於蟻螻」（《弔屈原賦》）〔註58〕。《鵩鳥賦》一則認爲福禍無常、命不可說不可知、「天不可與慮兮，道不可與謀。遲數有命，惡識其時」（《鵩鳥賦》）〔註59〕；二則以爲萬物同一、異化不足爲患、遺物與道、知命不憂。可知這兩篇賦，前者直接反思屈原堅守故國的死志精神，後者境界更高，進而反思人生所有的執著凝滯、反思人生的牽累憂患；前者關注的是個人的窮達處世，由此否定屈原的固執，認爲屈原的固執徒使自己困苦、徒使後人傷悼，而後者則站在天地的高度，因此連前者較爲「通達」的看法都被看做是執著的一種，都予以否定，追求眞正無累、無憂的瀟灑之境。由此可見《弔屈原賦》《鵩鳥賦》雖然出自同一作者，卻像兩位觀點相異的人一樣，面對同一話題，面對屈原式精神、行爲，各自反思，然後進行對話、各抒己見，只是反思的角度、境界和反思的結論不同而已。

〔註58〕　（漢）班固撰，（唐）顏師古注《漢書》，北京：中華書局，1962 年版，冊 8
　　　　　第 2224 頁。

〔註59〕　（漢）班固撰，（唐）顏師古注《漢書》，北京：中華書局，1962 年版，冊 8
　　　　　第 2227 頁。

　　因此賈誼傳並錄二賦，不但沒有同類重複之嫌，恰實現了史家的立傳深意。故該傳「太史公曰：……及見賈生弔之，又怪屈原以彼其材，游諸侯，何國不容，而自令若是。讀《鵩鳥賦》，同死生，輕去就，又爽然自失矣」。顯然，真正參與該話題討論的並不止屈原、《弔屈原賦》、《鵩鳥賦》三者，還有一直隱身其中的史家司馬遷本人，也正是由於這個隱藏者司馬遷的苦苦追索，才推動了這個深層次討論的形成。

　　其四，《惜誓》的體例是代屈原立言體，雖然與傳文討論的命題關係密切，但該體例遮蔽了作者賈誼的主體性，從而使《惜誓》沒有參與對志行操守與生死去就問題和屈原式精神行為的討論與反思。《惜誓》係代屈原立言體，對此力之先生已有詳實論證〔註60〕。所以《惜誓》基本上是用屈原的口吻模擬屈原的所思所想，故有「惜余年老而日衰兮，歲忽忽而不反」（《楚辭・惜誓》）〔註61〕之語。若非代言，賈誼不可能有這話。因為賈誼終其一生亦僅33歲，何以言老？梁懷王是文帝愛子，又襃封大國，因此拜賈誼為梁王太傅已不再是貶謫〔註62〕，而《惜誓》卻很可能在貶謫期所作。明此，則代屈原體《惜誓》類似「屈原之作」，而不是討論和反思屈原的作品。因此無論《惜誓》內容上是否完全符合屈原九死不悔的死志精神與行為，都是代擬的「像」與「不像」的問題了，都不再適合《屈原賈生列傳》試圖反思屈原，試圖討論、求索人生困境下的生死去就、志行操守問題的深層用意了。

　　且《惜誓》的內容實際上也基本是用屈原的口吻模擬屈原的所思所想，並沒有真正討論或反思屈原。其前面大部分都寫高舉遠遊的情景，然後說「念我長生而久仙兮，不如反余之故鄉」（《惜誓》），這顯然很吻合屈原的思想、行事。但「已矣哉」之後，貌似有評論屈原的成分，其實不然。其云「獨不見夫鸞鳳之高翔，乃集大皇之埜。循四極而回周兮，見盛德而後下。彼聖人之神德兮，遠濁世而自藏。使麒麟可得羈而係兮，又何以異虖犬羊？」（《惜誓》）這段話，洪興祖即已指出它與《弔屈原賦》數句語意乃至字句相同〔註63〕，而《弔屈原賦》顯然是評論並反思了屈原的。但是我們不可以因此就認為《惜誓》

〔註60〕 參力之先生《從〈楚辭〉成書之體例看其各非屈原作品之旨》，見力之《〈楚辭〉與中古文獻考說》，成都：巴蜀書社，2005年。

〔註61〕 （宋）洪興祖撰《楚辭補助》，北京：中華書局，2008年，第230～231頁。

〔註62〕 徐復觀《兩漢思想史》（第二卷），上海：華東師範大學出版社，2001年版，第70頁。

〔註63〕 （宋）洪興祖《楚辭補注》，北京：中華書局，1983年版，第227頁。

這篇賦也評論、反思了屈原。對比一下《離騷》則很明瞭了，不僅《離騷》的「亂曰」有「國無人莫我知兮，又何懷乎故都」，正文中也多次動搖徘徊，並非一直都持有至剛至大的、堅定的死志精神。《遠遊》亦「託配仙人，與俱遊戲，周歷天地，無所不到」（王逸語）〔註64〕，但以「超無爲以至清兮，與泰初而爲鄰」（《遠遊》）結尾，誠如洪興祖曰「《騷經》《九章》皆託遊天地之間，以泄憤懣，卒從彭咸之所居，以畢其志。至此章獨不然，初曰『長太息而掩涕』，思故國也。終曰『與泰初而爲鄰』，則世莫知其所如矣」〔註65〕。可見屈原本人之作尙且存在矛盾、徘徊，則代言之作又豈能不容許擬仿其矛盾之筆呢？且在抉擇確定之前存在反覆矛盾的現象，本身也是正常的現象。所以，《惜誓》末尾縱然有類似《弔屈原賦》中一反屈原九死不悔的死志精神與行爲的言辭，仍未超出代擬的範疇，並沒有跳出被代擬者的身份、從而亮出作者賈誼的主體性以反思被代擬者屈原，沒有進而討論人生的生死去就、志行操守問題。

綜上所論，《史記》賈誼傳的寫作傾向深受合傳之屈原傳的影響，傳文立意於圍繞忠信而見疑、貞才而不遇的人生困境，探討士人的生死去就、志行操守的問題，整個合傳充滿了濃烈的討論、求索的氛圍。賈誼傳選錄文章的標準服從於該傳的傳文立意，故但凡不在該命題內的作品，勢必落選。賈誼眾多影響廣大深遠的「切於世事」的作品，因此未被選錄。《弔屈原賦》《鵩鳥賦》《惜誓》雖同屬該命題、屬同類型作品，但前二者以其表達的思想內容不同而於客觀上形成了兩種不同的「聲音」，從而構成了對該問題的討論和對屈原式精神、行爲的不同角度的反思，因此雖予並錄而無重複之嫌。《惜誓》因係代屈原立言，該體例遮掩了作者賈誼的主體性，使其不能跳出被代者身份、進而參與該命題的討論與反思，終致落選。可見《史記》賈誼傳及其錄文，正是在「偏頗」的表象下，蘊含了深刻而隱晦的深意。

本章綜述

屈原之賦，尤其是以《離騷》和《九章》爲代表的大量作品，不僅都反覆抒寫了屈原的愛恨趣舍、志行理想等內心世界，且文辭皆優美。然而司馬遷《史記‧屈原賈生列傳》何以捨諸賦而獨錄《懷沙》（不含化錄）呢？篇幅

〔註64〕（宋）洪興祖《楚辭補注》，北京：中華書局，1983年版，第163頁。
〔註65〕（宋）洪興祖《楚辭補注》，北京：中華書局，1983年版，第175頁。

長短、文章優劣、略古詳今都不是被著錄與否的主要原因。故《離騷》雖美且長且被反覆稱道，但終不被著錄，《惜往日》《悲回風》雖然同見死志，且文辭優美、篇幅精練，但依然不被著錄。司馬遷尤其敬重屈原「雖九死其猶未悔」的堅決而頑強的死志精神，且循蓋棺定論之說，所謂「要之死日，然後是非乃定」，故獨取《懷沙》。《懷沙》者，司馬遷以為屈原絕筆，且備述死志之由，是塵埃落定後的蓋棺定論之作，最見屈原之志行。與屈原合傳的傳賈誼傳，之所以表現出懷才不遇的傾向性，蓋亦圍繞既忠且才而竟不遇的人生主題，而該主題的引出又緣於屈原的悲劇遭遇與悲劇選擇。故無怪乎屈賈雖越百年而可合傳之。賈誼大量影響廣泛而深遠的「切於世事」的政論文和多篇騷體賦。然而《史記》賈誼傳卻偏偏不忌重複地選錄兩篇同類型的「不切於世事」的騷體賦。這是因為賈誼傳的傳文立意與屈原傳一致，立意於探討人生困境下士人的生死去就、志行操守問題，賈誼「切於世事」的作品因不切合該命題致使落選。《弔屈原賦》《鵩鳥賦》雖有雷同的因素但表達的思想內容不同，從而構成了對該命題的討論和對屈原式精神行為的不同角度的反思，因此並錄而不重複。《惜誓》係代屈原立言，遮掩了作者賈誼的主體性，使之不能跳出被代者身份而未參與該命題的討論與反思，終致落選。

下編　《史記》之引文、承襲與錄文

　　本編著重從比較研究中探析錄文，以《史記》自身的、與其錄文相似的引文和承襲做比較，在比較的視野下研究《史記》錄文。並從承襲與錄文、承襲與著作及「成一家之言」的追求，這兩組看似矛盾而並存的現象，分析司馬遷的著作觀（創作觀）、著作權意識，進而從其著作觀（創作觀）、著作權意識反觀錄文、驗證錄文意識的存在。首先分論引文與承襲各自情況，繼而分別與錄文比較之，再合論三者之比較。

第七章 《史記》之引文與錄文

　　《史記》除了錄文之外還有引文。引文是各種著作普遍存在的現象。在錄文、引文並存的《史記》中，錄文與引文具有較大的相似性，但又有著本質的區別。通過比較引文，從另一個角度加深對《史記》錄文的全貌認識。本章主要闡述引文及《史記》引文的分類，《史記》引文與錄文的比較，辨析幾種特殊的錄文、引文個例。

第一節 引文分類概說與《史記》引文分類

　　如上文所述，「錄文」在本文特指於己作中著錄他人之作或者自己的其他作品，《史記》錄文即指在《史記》中著錄傳主或相關傳主相關事件的作品或者自己的其他作品。引文，一般解釋為「引自其他書籍或文件的語句。也叫引語」〔註1〕。鑒於《史記》等古籍的實際情況，本文將「引文」的定義進一步明確，指在說話或作品中稱引他人的言語文辭以資己論的現象，稱為引文。因此，引文有多種類型，除了一般性引文之外，還有類書引文、注釋類引文、轉引引文等等。顧名思義，類書引文與注釋類引文分別主要出現於類書和注疏箋傳中，都是出現於特定範圍、用於特定的需要。《史記》所採用的引文主要是另兩種。

〔註1〕中國社會科學院語言研究所詞典編輯室《現代漢語》（2002 年增補本），北京：商務印書館，2003 年，第 1054 頁「引文」條。

一、引文分類概說

就引文整體情況而言，可有多種類別。

第一類類書引文，可謂引文中的一個特類。因為類書本身是「以對文獻、對事物、對知識的類分而得名」〔註2〕，彙集「大量文獻資料，加以分門排比，其性質約略相等於現代的百科全書和資料類編」，「在當時起著傳授知識、臨文備查」作用〔註3〕。故類書之引文，按類抽取群書種種，以類相聚而已，或類事或類文或事文並舉。其與錄文有著很大區別，易於區別，茲暫不贅敘。

第二類注釋類引文，引文以資注釋用。如李善注《文選》之雜引《漢書》等諸書，裴松之注《三國志》之雜引諸書等。這一類引文注釋之意甚明，與錄文不相混，茲亦暫不贅敘。

第三類所錄他人言辭中的引文，即於自己作品中所著錄的他人言語、作品中所引之文，亦即轉引引文。這在《史記》中頗多。

第四類一般性引文，即於自己的作品中稱引他人言辭（含語言、作品）以資佐自己的觀點論述的現象。這種現象普遍存在於古往今來的人們言語、行文中，《史記》亦然。

以上前兩類引文，或出現在類書中，或出現在注疏箋傳中，都是在特定範圍中用於特定的用途，與錄文容易區別。且就《史記》而言，其引文主要屬於後兩類，即所錄他人言辭中的引文和自身的一般性引文。本文著重論述《史記》錄文與《史記》所錄言辭中的引文、《史記》自身引文的比較。

二、《史記》引文分類

《史記》對文獻材料的引用主要有兩種形式，即轉引引文和一般性引文。

第一類：《史記》的轉引引文

《史記》的轉引引文又有三種情況。一種是引文內自身包含的引文，一種是所錄作品中自身包含的引文，一種是傳主（或其他非傳主人物）言辭中包含的引文。引文內自身包含的引文，如：

> 二十五年春，鸜鵒來巢。師己曰：「文成之世童謠曰『鸜鵒來巢，
> 公在乾侯。鸜鵒入處，公在外野』。」季氏與郈氏鬥雞，季氏芥雞

〔註2〕夏南強《類書通論》，武漢：湖北人民出版社，2001年，第1頁。
〔註3〕胡道靜《中國古代典籍十講》，上海：復旦大學出版社，2004，第106頁。

羽……〔註4〕（《史記·魯周公世家》）

師己的話是司馬遷的引文，但師己的話中又包含著一層引文，即文成之世童謠。該童謠於司馬遷而言，屬於轉引之文。但是這種引文內自身包含的引文在《史記》中比較罕見。

《史記》所錄作品自身包含的引文，在《史記》中很常見。因爲《史記》雖然是史書，卻著錄了傳主或相關傳主的大量作品，這些作品裏往往或多或少地自身攜帶了引文。如《史記·司馬相如列傳》收錄司馬相如的《封禪書》，《封禪書》本身有引文：「《書》曰『元首明哉，股肱良哉』。」〔註5〕《史記·魯仲連鄒陽列傳》收錄鄒陽獄中上梁孝王書，該書中曾引民諺，「諺曰：『有白頭如新，傾蓋如故』。」《史記·李斯列傳》收錄李斯阿二世意書，該書引《申子》語，「申子曰『有天下而不恣睢，命之曰以天下爲桎梏』」。這類轉引之文相對較多，不必一一列舉。

《史記》第三類轉引引文是傳主或其他人物的言辭中所包含的引文。如：

項王曰：「壯士，能復飲乎？」樊噲曰：「……懷王與諸將約曰『先破秦入咸陽者王之。』……」（義帝《與諸將約》，見《項羽本紀》）

太后稱制，議欲立諸呂爲王，問右丞相王陵。王陵曰：「高帝刑白馬盟曰『非劉氏而王，天下共擊之』。今王呂氏，非約也。」太后不說……（高祖與群臣刑白馬之盟約，見《呂太后本紀》）

李兑謂肥義曰……肥義曰：「不可，昔者主父以王屬義也，曰：『毋變而度，毋異而慮，堅守一心，以歿而世。』義再拜受命而籍之……」（趙武靈王《命相國肥義傅少子》，見《趙世家》）

王曰：「笑豈有說乎？」髠曰：「今者臣從東方來，見道傍有禳田者，操一豚蹄，酒一盂，祝曰：『甌窶滿篝，污邪滿車，五穀蕃熟，穰穰滿家。』臣見其所持者狹而所欲者奢，故笑之。」……（闕名《禳田祝》，見《滑稽列傳》）

在這三類轉引引文中，第三類是《史記》轉引引文中最常用的手法。這是由《史記》紀傳體史書性質所致的。因爲史書的基本職責是記載歷史人物、歷史事件，而「紀傳體」更突出地以人物爲中心，因此很容易涉及到人物的

〔註4〕司馬遷撰，裴駰集解，司馬貞索引，張守節正義《史記》，北京：中華書局2014年版，第1861頁。

〔註5〕司馬遷撰，裴駰集解，司馬貞索引，張守節正義《史記》，北京：中華書局2014年版，第3712頁。

語言。《史記》記敘人物的篇章主要集中在列傳、世家、本紀中，這三種體例佔據了《史記》絕大部分的篇幅。所以傳主或其他人物言辭中所攜帶的引文在《史記》中十分多。

然相對而言，《史記》中大部分的轉引引文並不是司馬遷主動所為的。諸如以上數例，對司馬遷來說，他主要的目的是記錄筆下人物的言辭或作品，因而被記錄的言辭（作品）中自身攜帶的引文，得以沾光一同被著錄下來。故被轉引之文，是傳主（或其傳中他人物）所錄所引，非史家（司馬遷）直接地為之著錄稱引。因此決定其被引用與否、引用的方式、引用的篇幅等情況的，主要是原引者，而不是司馬遷。司馬遷對這些轉引之文，除了保留、刪節或略去它們之外，便基本沒有任何別的主動權了。

不過也有某些特殊情況，貌似被動地照搬他人言辭中的引文，實際上是史家（司馬遷）著意於著錄該人言辭中所稱引之引文。如上文所舉的《史記·魯周公世家》的《文成之世童謠》，《左傳》昭公二十五年的記載是：

> 「有鸜鵒來巢」，書所無也。師己曰：「異哉！吾聞文、成之世，童謠有之曰：『鸜之鵒之，公出辱之。鸜鵒之羽，公在外野，往饋之馬。鸜鵒跦跦，公在乾侯，徵褰與襦。鸜鵒之巢，遠哉遙遙，稠父喪勞，宋父以驕。鸜鵒鸜鵒，往歌來哭。』童謠有是。今鸜鵒來巢，其將及乎！」秋，書再雩，甚旱也。……季氏與郈氏鬥雞……〔註6〕

按：兩相比較，《史記》之文源自《左傳》。《左傳》昭公二十五年「經」記載了八件事，其中魯國事六件，「傳」記載了十件事，其中魯國事六件。而《史記》唯獨記載了兩件事，「鸜鵒來巢」居其一焉，然而這僅僅是一個自然現象而已，且此年還有「秋，七月上辛，大雩；季辛，又雩」兩次雩祭，縱如此而僅錄此事。可見司馬遷把這個異象看得很重，引師己的話就是為了解釋「鸜鵒來巢」的異象，而師己引《文成之世童謠》也是因為它包含了對「鸜鵒來巢」的闡釋。司馬遷不僅刪略師己的話，所引《文成之世童謠》也經過大量的刪節，其目的性十分突出，目的是表達「鸜鵒來巢」預示著國家將發生政變，「公在乾侯」「公在外野」。故知此童謠表面上看是司馬遷在稱引師己的話中被動地轉引了它，但實際上司馬遷的本意就是為了引用該童謠，如果師己的話沒有引出該童謠，恐怕司馬遷未必引師己的話了。至於司馬遷本意想引

〔註6〕李學勤主編《春秋左傳正義》（繁體版），北京：北京大學出版社2000年版，第1676頁。

用《文成之世童謠》卻爲什麼不直接引用、卻借師己之口拐彎轉引，便是由於司馬遷對資料來源處理原則決定的。

首先，相比於《左傳》，《史記》刪改幅度十分大，雖然留下「師己曰」字眼，但已是十分簡練經濟了，且刪節中帶有極強的目的性。可見司馬遷在處理文獻材料時有過考辨過程，所謂「論考之行事」（《史記・太史公自序》）。

其次，司馬遷處理文獻材料時，有「以信傳信、以疑傳疑」的原則。對有懷疑的材料，或者「疑則傳疑」（《史記・三代世表》），或者「疑者闕焉」（《史記・仲尼弟子列傳》）。就前引《文成之世童謠》而言，司馬遷完全可以刪去「師己曰」三字，直接引童謠內容；然而卻偏偏保留這三個字，這樣便注明了該童謠的出處；刪去師己對童謠所進行的義理發揮，使之理性、客觀。這些正符合其謹慎的態度，即對於一些異象，雖採錄而持謹慎態度，即所謂「所有怪物，余不敢言之」（《史記・大宛列傳》），並且效法孔子論六經，「紀異而說不書」（《史記・天官書》），記載一些奇異的現象卻不做義理發揮、義理闡釋，保證歷史書寫的理性、客觀。

第二類：《史記》的一般性引文

《史記》中使用頻率最高的引文屬於一般性引文。這類引文也是我們一般人寫作中最常用的引文方式，即於作品論述中稱引他人的言辭以資己論。如：

> 孔子曰：「伯夷、叔齊，不念舊惡，怨是用希。」「求仁得仁，又何怨乎？」余悲伯夷之意，睹軼詩可異焉……（《伯夷列傳》）

> 或曰：「天道無親，常與善人。」若伯夷、叔齊，可謂善人者非邪？（《伯夷列傳》）

> 子曰：「道不同不相爲謀」，亦各從其志也。故曰：「富貴如可求，雖執鞭之士，吾亦爲之。如不可求，從吾所好」。「歲寒，然後知松柏之後凋」。舉世混濁，清士乃見。豈以其重若彼，其輕若此哉？（《伯夷列傳》）

> 「君子疾沒世而名不稱焉。」賈子曰：「貪夫徇財，烈士徇名，誇者死權，眾庶馮生。」「同明相照，同類相求。」「雲從龍，風從虎，聖人作而萬物睹。」伯夷、叔齊雖賢，得夫子而名益彰。顏淵雖篤學，附驥尾而行益顯。巖穴之士，趣舍有時若此，類名堙滅而不稱，悲夫！閭巷之人，欲砥行立名者，非附青雲之士，惡能施於後世哉？（《伯夷列傳》）

或曰「東方物所始生，西方物之成熟」。夫作事者必於東南，收功實者常於西北。故禹興於西羌，湯起於亳，周之王也以豐鎬伐殷，秦之帝用雍州興，漢之興自蜀漢。（《六國年表》）

《傳》曰「其身正，不令而行；其身不正，雖令不從」。其李將軍之謂也？余睹李將軍悛悛如鄙人，口不能道辭。及死之日，天下知與不知，皆為盡哀。彼其忠實心誠信於士大夫也。諺曰「桃李不言，下自成蹊」。此言雖小，可以諭大也。（《李將軍列傳》）

這類引文與《史記》中轉引引文的最大區別在於，它的主動權完全掌握在史家（司馬遷）手中。它是否被引用，完全由史家（司馬遷）決定；而影響史家（司馬遷）是否引用它的決定因素在於它是否有益於史家的行文敘述的需要。因此這類引文往往與史家的敘述語契合無間，或者為史家佐證論點，或者為史家引出論點，成為史家敘述語中的重要組成部分。轉引引文則不同，它的主動權首先取決於原引者，它不一定契合史家的敘述語，但是卻滿足了史家記載歷史人物、歷史事件的需要。

第二節　《史記》引文與錄文比較

面對紛雜而眾多的文獻材料，《史記》除了大量引文之外，還大規模地錄文，而且二者關係密切、表象相似。引文中的轉引引文，與錄文差別較大，很容易區分，但轉引引文中卻有一種是屬於所錄作品中自身包含的引文，即所錄文中的引文。一般性的引文與錄文的表象十分相似，特別是與串述於文中的錄文，幾乎難辨雌雄。但實質上，《史記》的一般性引文與錄文有著根本區別，以下分別論之。

一、本質與功用有別

《史記》一般性引文與錄文，都是夾雜在史家（司馬遷）敘述語言中的他人的言辭（或完整作品，或片段，或一句幾句話）。但是一般性引文是為了引出或論證、論述史家的某一觀點、看法，成為史家論述的重要組成部分，因此它以引者（司馬遷）為中心。錄文則不為錄文者（史家司馬遷）本人觀點的論述服務，而是為記載事件、傳述傳主、展現原文等其他目的服務的。引文多稱引前賢今哲、詩書經傳、俗語謠諺等經典性的、典範性的、具有廣泛的社會影響力社會認同度的言辭，一般比較簡短凝練，具有很強的說服力。

錄文一般不受此束縛，通常不以經典性、典範性為唯一重要標準，在「紀」「傳」篇章中常以人物為核心，在「書」「表」中常以事件為核心，以史家在各篇章中具體的傳文立意、錄文意識、錄文目的為標準，所錄篇幅或長或短，但一般比引文的篇幅大。所以，《史記》的一般性引文一般與傳主或相關傳主的人物及其作品無關，相反，錄文則緊緊圍繞傳主（及其他人物）或核心事件。所以一般情況下，在傳主的本傳中收錄傳主或相關傳主的作品。比如韓非、司馬相如、屈原等人，都被《史記》收錄了一篇或幾篇作品，但都毫不例外地收錄於各自的本傳中。

　　從功用角度而言，錄文的作用，或重所錄之文或為相關之事，都與傳主的生平、事蹟、思想、德行、意志，或與核心事件本身有直接的關聯。譬如《采薇歌》，這是傳主即將餓死時所作的歌。《懷沙》是傳屈原主臨終前的賦〔註7〕。《弔屈原賦》《鵩鳥賦》是傳主賈誼書寫內心苦痛的作品，且該文的創作背景涉及到賈誼的生平事蹟（貶謫，為長沙王太傅），且《弔屈原賦》的寫作對象即是合傳之傳主（屈原）。《河渠書》所錄武漢帝《瓠子》之詩悲歡黃河汜濫，田蚡《上言勿塞決河》、鄭當時《上言引渭穿渠》、番係《上言作河東渠田》、無名氏《通褒斜道行船漕對》、莊熊羆《上言穿商洛渠》等，都是直接圍繞「河渠」之事的。《平準書》錄孔僅、東郭咸陽《上言鹽鐵》、公卿請治緡錢書等，都是關於經濟的，皆圍繞著「平準」一事，等等。

　　引文則不然，它與傳主生平事蹟、思想品德、事件本身等，一般沒有直接的關聯；其作用在於輔助史家（司馬遷）的論說、論證。譬如上文所舉《伯夷列傳》諸例，引文與傳主事蹟都沒有任何直接的關聯，既不是傳主之文，也不是敘述傳主之文，也不是他人評價傳主之文；僅僅是司馬遷引以論說自己的觀點、評論的輔助工具而已。又如《貨殖列傳》之引文：

　　　　《老子》曰：「至治之極，鄰國相望，雞狗之聲相聞，民各甘其食，美其服，安其俗，樂其業，至老死不相往來。」必用此為務，挽近世塗民耳目，則幾無行矣。……

　　　　《周書》曰：「農不出則乏其食，工不出則乏其事，商不出則三寶絕，虞不出則財匱少。」財匱少而山澤不闢矣。此四者，民所衣食之原也。……

　　　　故曰：「倉廩實而知禮節，衣食足而知榮辱。」禮生於有而廢於

無。故君子富，好行其德；小人富，以適其力。淵深而魚生之，山深
而獸往之，人富而仁義附焉。富者得勢益彰，失勢則客無所之，以而
不樂。夷狄益甚。諺曰：「千金之子，不死於市。」此非空言也。故
曰：「天下熙熙，皆爲利來；天下壤壤，皆爲利往。」夫千乘之王，萬
家之侯，百室之君，尚猶患貧，而況匹夫編户之民乎！……

　　諺曰：「百里不販樵，千里不販糴。」……〔註8〕（《貨殖列傳》）

諸如此類，引文內容與傳主及核心事件本身並無直接的聯繫。其被引用，乃
在於吻合了史家（司馬遷）論說需要而已。

二、初具「著作權意識」但側重點不同

　　客觀而言，《史記》的一般性引文與部分錄文都體現了司馬遷初步具有一
定的「著作權意識」。以下分論之。

　　《史記》一般性引文是引他人言辭爲資己論，借用的正是該言辭本身、
或原作者的「光環」（經典性、影響性、認可度等），因此，這必然要對引文
材料的「他人」的所屬性有十分清晰的認識，這是毫無疑問的。而這種「他
人」所屬性的意識，用今天的話表達即是著作權意識。當然，《史記》一般性
引文體現的「著作權意識」僅具雛形而已，距離今天所謂「著作權意識」的
內涵還有較遠的距離。因爲司馬遷對引文他屬性的意識的出發點在於借用他
人的「光環」，從而引出自己的討論或增強論述的說服力而已，並不是爲了尊
重他人著作成果。

　　《史記》的錄文有多種方式，不同的錄文方式所體現的錄文意識、錄文
目的深淺不一。其中明顯有錄文意識者（比如直接錄文類、串述於文中的一
般性錄文等）則可以說已經清楚地注意到作品的歸屬權了。譬如爲弱勢賢者
留名青史而爲之立傳錄文者，因嘉賞某文文辭爛然而特地錄文者，被某文震
撼感染而特地錄文者等。如以「爲之震撼感染而錄文」爲例，有屈原的《鵩
鳥賦》《弔屈原賦》《懷沙》。司馬遷自述《屈原賈生列傳》的立傳之意云：「余
讀《離騷》、《天問》、《招魂》、《哀郢》，悲其志。適長沙，觀屈原所自沉淵，
未嘗不垂涕，想見其爲人。及見賈生弔之，又怪屈原以彼其材，游諸侯，何
國不容，而自令若是。讀《鵩鳥賦》，同死生，輕去就，又爽然自失矣」（《史
記·屈原賈生列傳·太史公曰》），《太史公自序》云「作辭以諷諫，連類以爭

〔註 8〕　（漢）司馬遷撰，裴駰集解，司馬貞索引，張守節正義《史記》,北京：中華
　　　　書局 2014 年版，第 3949～3969 頁。

義，《離騷》有之。作《屈原賈生列傳》」。可見司馬遷深受屈原作品的震撼、感染。又如韓非的《說難》，司馬遷云「申子、韓子皆著書，傳於後世，學者多有」故而不予著錄，然「韓非知說之難，為《說難》書甚具，終死於秦，不能自脫」（《老子韓非列傳》），「余獨悲韓子為《說難》而不能自脫耳」（《老子韓非列傳》）。正是因為被傳主作品的魅力所震撼，而為之著錄。如果在錄文之時沒有清楚地意識到這些作品屬於其原作者所有，則何談借錄文而為之立傳、為之附驥尾呢，何談嘉賞其文辭呢，何談為之震撼感染呢！正是因為司馬遷明確意識到這些作品的歸屬性和作者的所有權，所以才能認識到作品在展現其原作者方面的價值，因此才能夠因文立傳、以文彰顯其原作者。因而從這個角度講，史書大量著錄傳主及相關傳主的作品則是十分合情合理的了。因此，凡是有一定錄文意識的錄文（如化錄則不在此例，只是取其史料價值而已），雖然《史記》所錄之文可能未著篇名（當然有些作品原本無篇名，如書信），然總以不淹沒它們的原作者為底線。

可見，《史記》一般性引文和有意著錄的錄文都能反映出史家（司馬遷）初具一定的著作權意識，然側重點略有不同。一般性引文雖然明確意識到材料歸屬於對方，但核心在於藉以為我所用，對著作所有權問題沒有更深的在意。有錄文意識的錄文不僅僅注意到所錄作品有其歸屬，並進一步強化了著作歸屬權意識，並發揮這種歸屬性，進行因人錄文、借文傳人、甚至還因文立傳。因人錄文是《史記》中的普遍現象，即絕大數錄文都是隨作者著錄於作者的本傳之中。借文傳人即借著錄傳主的作品替代對傳主的史傳敘述。如鄒陽傳，全傳幾乎只寫了獄中上書一事，對鄒陽生平的敘述僅三兩句話而已，約 109 字；卻著錄了長達 1640 餘字的獄中奏書，借文傳人之意顯而易見。因文立傳即因為某文的出色故而為其作者傳述其人或為之記載相關歷史事件，如《河渠書》，太史公云「甚哉，水之為利害也！余從負薪塞宣房，悲《瓠子》之詩而作《河渠書》」（《河渠書》）。

三、淵源可能不同

《史記》一般性引文與錄文，不但本質不同，而且各有自己的發展源頭。

1.《史記》引文源頭追溯

《史記》一般性引文的發展源頭可以往前上溯，當與中國古代要求人的行為舉止必須合乎禮儀、道德的社會公共意識息息相關。

引他文他書他人言辭作為自己行文立說的依據、論據，使得自己言必有據、行必有依。這種傳統由來已久。孔子說「不學《詩》，無以言」、「不學《禮》，無以立」（《論語・季氏》）〔註 9〕。所以，春秋時諸侯聘享、行人往來都要引《詩》以言己志，聽者又通過對方所賦之《詩》以察其志、觀其意。漢朝結束戰國百家爭鳴的局面，獨尊儒術，立諸博士，不僅言行舉止借儒家理論、先賢懿德為依據或表飾，批評他人著作時也需依經立義〔註 10〕。譬如《屈原賈生列傳》云「《國風》好色而不淫，《小雅》怨誹而不亂。若《離騷》者，可謂兼之矣。……明道德之廣崇，治亂之條貫，靡不畢見。其文約，其辭微，其志潔，其行廉，其稱文小而其指極大，舉類邇而見義遠。其志潔，故其稱物芳。其行廉，故死而不容。自疏濯淖污泥之中，蟬蛻於濁穢，以浮游塵埃之外，不獲世之滋垢，皭然泥而不滓者也。推此志也，雖與日月爭光可也。」（《屈原賈生列傳》）司馬遷評司馬相如賦「雖多虛辭濫說，然其要歸引之節儉，此與詩之風諫何異」（《司馬相如列傳》）。故人們行文著述往往用「臣聞」、「蓋聞」等引出自己的觀點。天子、諸侯的詔、令亦不例外。如燕王喜以書謝樂間引「語曰：『仁不輕絕，智不輕怨』」、「諺曰：『厚者不毀人以自益也，仁者不危人以要名』」、「語曰：『論不修心，議不累物，仁不輕絕，智不簡功』」〔註 11〕，越王句踐《與國人誓》《誓眾》皆云「寡人聞古之賢君……」〔註 12〕，漢武帝賜卜式爵詔云「朕聞報德以德，報怨以直……」（《漢書・公孫弘卜式兒寬傳》）〔註 13〕、制書報胡建云「制曰：《司馬法》曰『國容不入軍，軍容不入國。』何文吏也……」（《漢書・楊胡硃梅雲傳》）〔註 14〕，元光元年策賢

〔註 9〕（宋）朱熹撰《四書章句》（新編諸子集成），北京：中華書局 1983 年版，第 173、174 頁。

〔註 10〕力之先生說，「自武帝接受董仲舒對策……後……歷史進入了一個以經學之眼光觀文學的時代，故其時的理論批評家對於屈原及其作品，則『依經立義』以衡之」，班固《離騷序》《奏記東平王蒼》、王逸《楚辭章句序》是其例，「無論是貶還是褒，均以儒家經典為依歸」。參見力之《文學理論批評的自覺──魏晉南北朝文學思想史論之一》，《江漢大學學報》（人文科學版），2003 年第 1 期，第 22、23 頁。

〔註 11〕諸祖耿撰《戰國策集注匯考・燕三》，南京：鳳凰出版社 2008 年版，第 1640 頁。

〔註 12〕徐元誥撰《國語集解・越語上》，北京：中華書局 2002 年版，第 571 頁。

〔註 13〕（漢）班固撰、（唐）顏師古注《漢書》，北京：中華書局，1962 年版，第 2627 頁。

〔註 14〕（漢）班固撰，（唐）顏師古注《漢書》，北京：中華書局 1962 年版，第 2910 頁。

良制云「蓋聞五帝、三王之道……」、「蓋聞虞舜之時……」、「蓋聞『善言天者必徵於人……』……《詩》不云乎：『嗟爾君子……』」（《漢書・董仲舒傳》）〔註15〕等等。《詩》是春秋時代最重要的最常被稱引的材料之一。孔子說「不學《詩》，無以言」〔註16〕，正是說明言辭中稱引的重要性。

以上這些實際上形成了一種社會公共意識，即人的行為舉止必須合乎禮儀、道德；或者說本身就體現了這種社會公共意識。《史記》中大量地引用經典的、具有高認同性高影響性的言論，實際也是這種傳統與社會公共意識的延續。

2.《史記》錄文源頭追溯

《史記》錄文的發展源頭則不然，可能有兩個源頭，一個是對上古史官記言、記載「言」類作品的傳統的繼承，一個是與自古以來的隨意性的承襲相關。

先說《史記》錄文是對上古史官記言、記載「言」類作品的傳統的繼承。班固說「古之王者世有史官。君舉必書，所以慎言行，昭法式也。左史記言，右史記事，事為《春秋》，言為《尚書》，帝王靡不同之」（《漢書・藝文志》）〔註17〕班固所謂的「記言」應該包括人物的語言以及用於發言的各種發言稿。《尚書》即是典型的「記言」作品，裏面有很多周王、周公的講話，或實錄講話，或者是講話的發言稿，或者說是政治文書彙集。這樣看的話，史書收錄作品可謂源自《尚書》，淵源深遠。而後世總集、選集的最早源頭也可以追溯到《尚書》。《史記》及後世史書錄文是將《尚書》的記言傳統與《春秋》的記事傳統合二為一，具體操作是將以傳記為經，以人物生平史記、事件發展為緯，根據這一經一緯，將相關作品相應地穿插著錄其中。後世總集、選集的錄文是將《尚書》純粹錄文的傳統予以發揚光大，但總集、選集的編者有著各自不同的選錄作品的準則。

次說《史記》論文與自古以來比較隨意性的承襲相關。吳樹平先生說「古

〔註15〕 （漢）班固撰，（唐）顏師古注《漢書》，北京：中華書局1962年版，第2496～2513頁。
〔註16〕 （宋）朱熹撰《四書章句》（新編諸子集成），北京：中華書局1983年版，第173頁。
〔註17〕 （漢）班固撰、（唐）顏師古注《漢書》，北京：中華書局，1962年版，冊6第1715頁。

人寫書還是比較隨便的，整段引用他人的文字司空見慣」〔註18〕。這種隨意性的「引用」實即承襲，《史記》本身就存在大量的承襲。如《五帝本紀》前三帝全據《五帝德》（見《大戴禮記》），並補以《帝系》（司馬遷所謂《帝系姓》，出《世本》，亦見《大戴禮記》），後二帝全據《尚書・堯典》（且照抄原文），並補以《帝系》《五帝德》之說及《世本》。《夏本紀》承襲了《堯典》（或譯錄部分，或摘錄大意）、襲錄漢今文《尚書・皋陶謨》全篇（亦即古文《尚書》之《皋陶謨》《益稷》兩篇）、襲錄漢今文本《尚書・禹貢》全篇、襲錄《孟子・萬章上》部分、襲錄《左傳》昭公二十九年蔡墨之語（文字稍有損益修飾）等。《殷本紀》襲錄《尚書・高宗肜日》全篇（文字略有益損、改動）、襲錄《尚書・西伯戡黎》全篇（但文字有損益、更改），等等。諸如此類不可勝數。

這種承襲很多時候是原文照抄的。有些儘管略有改動、刪益，但這也未必沒有爲了便於融入史家敘述文字所作的必要的技術加工及參考多種資料後而有所取捨的因素。錄文亦是將他人作品（或自己的其他作品）搬進自己的敘述文字中。故承襲與錄文的表象極其相似，尤其是串述於文中的錄文、化錄錄文，與承襲十分臨近。如果把所著錄之文僅僅當做材料、當做自己行文的部件用的話，亦即將他人之文（作品）爲「我」所用，而不爲文、亦不爲原作者，則可以看做是承襲；如果由此更進一步，滲入錄文意識，重視作品「文」的屬性，則可以看做是錄文。錄文的做法有承襲可供其倣仿，但卻不像承襲那樣以「我」（史家）爲中心，而更重客體，重視所錄之作品本身，及該作品所體現出來的其他的信息（如原作者的德行、意志、操守，涉及到的事件、歷史等）。

四、與引文臨界的錄文：零散的錄文

《史記》錄文，說到底有直接再現人物歷史眞實面貌的客觀作用。故錄文中也常有雜錄傳主的乃至相關傳主的一些零散的句子（話）的現象。因爲零散，故而使得這種特殊的錄文無意中與引文相臨界了（按：引文，此本來僅指《史記》自身的引文，但實際也適用於其他作品、人物言辭中的一般性引文，但並不牽涉注書、類書之引文）。這在《孔子世家》《仲尼弟子列傳》

〔註18〕吳樹平等《全注全譯史記・前言》，天津：天津古籍出版 1995 年版，第 7 頁。

中尤爲顯著。裏面編排著錄了許多孔子的言辭，雖多出自《論語》，但卻不是一字不變地照抄《論語》，而是將之融進具體史實中，據之以重新編排，且作爲史料直接著錄而不標明出處。《論語》本身就是由一則則不同時、不同地說出的零散的言詞組成的記言體，司馬遷又予以重排雜錄，故「言」「事」結合、所引之「言」更簡短凝練，更給人以引文的感覺了。另外，錄文中也常有截選部分著錄的現象，這又給人以大段引文的貌相。而大段的引文，又常給人以小段截取的錄文的感覺。從這一點看，《史記》錄文與引文十分相似，但其實卻有根本的不同：

引文是圍繞言說者（在《史記》指司馬遷）的一個觀點，引他文他書他人言辭作爲依據、論據，使得言說者的觀點看來是有根有據的而不是橫空冒出的胡言亂語。故引文多引經典性、典範性、具有較廣泛的社會影響的言辭。或出自前人典範性的著作，如「傳」曰「書」曰「周書」曰「詩」曰；或出自前賢，如孔子說「周任有言曰」，「孔子曰」，「老子曰」；或出自同時代而有較大影響的人，如「賈子曰」（《伯夷列傳》）；或出自俚語、諺語、民歌等有著廣泛影響的言詞，如「諺曰」「野語有言」「民歌」「俚語曰」等等。故引文多斷章截取，只抽取有利於自己的論說的那部分，或以之爲依據予以發揮，或者作爲論據予以論證。之所以引文，在於以此引出自己的觀點言論或引以佐證之，故目的不在於引文本身，而在於自身的論說。是故引文之後（前）常有引者大加發揮的言論，而引文本身則常以簡短凝練的狀態出現。

錄文所圍繞的則不是錄文者（亦即史家，在《史記》即司馬遷），也不是錄文者的某種論述、某種觀點，而是被言說者（傳主，或被述寫的對象，包括事件）。而被言說者則恰恰是所錄之文的作者或所錄之文言說的對象（或錄與作者相關之文，如於《列傳》、《世家》中著錄詔書、著錄其他人書信等。此類及《書》《表》等所錄之文，多屬便於記事之類，有些甚至沒有錄文之意，此略之）。故錄文，對經典性、典範性的可擇錄性相對較低，即便有著錄經典性、典範性的作品的追求，也是難以操作與實現的。因爲縱然傳主眾多、傳主之文或相關傳主之文也很多，但天下又豈是人人皆聖賢、篇篇皆典範？但錄文既是以人物（傳主，或事件）爲中心，便不可能再有引文那樣對經典、典範追求的自由度了。故雖錄其人之文，而其人未必足夠聖賢，雖錄其文，而其文亦未必足夠經典。因之，所錄之文在水準上已天然地達不到引文的經典度、典範度了，本身難以甚至不能充當引文的作用了。

　　而從司馬遷錄文的實際看，《史記》本身也並不把所錄文當做自己發言立論時引經據典的依據或者引以論證的證據材料用。無論是直接錄文類（如「其辭曰」類），還是串述於文中錄文類（如「乃上書曰」類、無提示類），或有意識地錄文，或直接作爲史料用、成爲敘事的一部分，但都沒有參與史家（司馬遷）的觀點、評價的論說與論證中。故《史記》著錄某人之某文，不能說其所圍繞的僅僅是司馬遷的一個觀點，因爲所錄文本身已然不在司馬遷的某段論述中了，且所錄文的客觀意蘊實際上亦非錄文者（司馬遷）的某一觀點所能苑囿的。（縱然抑或司馬遷某個觀點的滲入，然其客觀外延必然不再是司馬遷的某一觀點所能局限的了。）如《老子韓非列傳》之錄《說難》，《屈原賈生列傳》之錄《懷沙賦》《漁父》《弔屈原賦》《鵩鳥賦》，《平津侯主父列傳》之錄主父偃上書武帝言九事、趙人徐樂上武帝書言一事、齊人嚴安上書言一事等，《河渠書》所錄漢武帝瓠子歌二首、田蚡《上言勿塞決河》、鄭當時《上言引渭穿渠》、番係《上言作河東渠田》、無名氏《通褒斜道行船漕對》、莊熊羆《上言穿商洛渠》，《封禪書》之所錄諸多文章，等等，皆此類。

　　當然，一篇傳記、書表，自然有史家的傳文立意，其作傳時圍繞其傳文立意而豐滿全文也是自然之事。故雜錄諸文而以傳文立意爲主腦、爲中心亦是必然之事。若從這個意義上說，謂錄文實際也參與了史家的言論、觀點的論證，亦非誣詞。如上文所析《李斯列傳》，其所錄李斯諸文便是爲論證「人皆以斯極忠而被五刑死，察其本，乃與俗議之異。不然，斯之功且與周、召列矣」（《李斯列傳・太史公曰》）：著錄《諫逐客書》，是因爲李斯從此尊用；著錄阿二世意書，是因爲李斯從此持高爵厚祿而阿順苟合；著錄上二世言趙高短書，因爲「諸侯已畔，斯乃欲諫爭，不亦末乎」；著錄獄中上二世書，說明李斯的初衷不過緣於一己性命與祿位而已；觀李斯自己的作品可以見李斯的行事，從而糾正人們對歷史的誤解、對李斯的歪曲認識。其他以文證史類亦類此。但需區別的是，即使從這個意義上說錄文參與了錄文者（司馬遷）的論說論證，但它並不同於引文所參與的引文者（司馬遷）的論說論證。因爲錄文頂多是以文代替史家（錄文者、史家）說話、以材料說話而已，並沒有直接參與史家（錄文者、史家）的觀點的論證。

　　錄文的方式常有全篇著錄、節錄、零散的著錄等多種。零散著錄（如錄孔子及其弟子言論）與引文的外在形式很臨近了，簡短的節錄亦近似於引文。然就整體來說，尤其全篇著錄類，錄文的篇幅大大地超過引文。如《屈原賈

生列傳》《李斯列傳》《司馬相如列傳》《扁鵲倉公列傳》等篇章裏所著錄的文章，其篇幅遠非一般的引文所能比擬。就篇幅而言，因引文的重點在於其所要引出（或要論證）的言論，故引文一方面是有篇幅的顧慮的，另一方面是有明確的針對性與實用性的（引要言，而非繁言，而非無說服力的冗詞）。由此便決定了引文在篇幅上的拘束，使之無法放開。錄文則不然。以其圍繞的核心是人（或事件）而不是觀點，只要有涉於該人（事）的文章乃至相關於他（它）的別人的文章，且被史家（言說者，司馬遷）看上，不管史家用的是哪一條錄文原則，那他都可以完全放開地著錄它。至於是否著錄，怎樣（以何種方式）著錄則完全在於史家的自由了。故，錄文雖然不以言說者（史家，司馬遷）的某種論斷、觀點（關於傳主或核心事件──如封禪、河渠、平準、貨殖等事件──的評判、觀點）為圍繞的核心，但此時言說者（史家，司馬遷）的某些觀點（錄文意識、錄文目的、價值觀等）卻主宰著錄文與否和著錄的方式等相關問題。由此看，不管是引文還是錄文，其主宰者都是言說者（史家）。但要區別的是，引文的真正主宰者在於言說者（史家）某種論斷、觀點（關於傳主或核心事件──如封禪、河渠、平準、貨殖等事件──的評判、觀點）的需要，而錄文則是由言說者（史家，司馬遷）的某種錄文原則（錄文意識，錄文目的，抑或價值取向）決定的。當然，一個人、一篇文章是否被引用、是否被選擇著錄，除了言說者（史家，司馬遷）一方面的因素外，還要取決於其人、其文自身這一方面的因素。這便又是引文與錄文一個共同點了。

五、《史記》特殊錄文：雜錄《論語》、民歌、謠諺

　　《孟子・萬章下》曰「以友天下之善士為未足，又尚論古之人。頌其詩，讀其書，不知其人，可乎？是以論其世也。是尚友也」，知人論世由此提出。原文只是單向強調知其詩書之後還要知人論世。史，本身就是「世」也，傳，本身就是其「人」也。史傳中既已記其人其世，然後又載之以其詩其書，這豈不是更好地更全面地再現了「古人」了嗎？孔子及其弟子的言論，雖然零雜、簡短，有如引文；但對於司馬遷來說，這都源自於同一本書（《論語》），即使照抄該書也仍有零雜、簡短不成篇的感覺，然司馬遷結合了《左傳》等史料，把《論語》裏對應的孔子及其弟子的言辭散入具體的史實中，充實其中，使得「言」、「事」結合，因而使之與以文證史者相類。如《匈奴列傳》，

「初，周襄王欲伐鄭……於是戎狄或居於陸渾，東至於衛，侵盜暴虐中國。中國疾之，故詩人歌之曰『戎狄是應』，『薄伐獫狁，至于大原』，『出輿彭彭，城彼朔方』。周襄王既居外四年……」（《匈奴列傳》），又如上文所舉《齊太公世家》之《萊人歌》，《田敬仲完世家》之齊人歌王建亡國歌，《曹相國世家》之百姓歌蕭曹歌，《孟子荀卿列傳》之齊人頌騶衍、奭、淳于髡，《樗里子甘茂列傳》之錄秦人頌，等等。非但司馬遷這麼做，褚少孫補《外戚世家》亦如此：

> 衛子夫立爲皇后，后弟衛青字仲卿，以大將軍封爲長平侯。四子，長子伉爲侯世子，侯世子常侍中，貴倖。其三弟皆封爲侯，各千三百戶，一曰陰安侯，二曰發干侯，三曰宜春侯，貴震天下。天下歌之曰：「生男無喜，生女無怒，獨不見衛子夫霸天下！」（《外戚世家》褚少孫補部分）

故《孔子世家》《仲尼弟子列傳》之雜錄《論語》，亦有如其一貫的錄文做法。故與其將之看做引文，視爲錄文當更妥當。且非但這類雜錄是錄文，其他一些詩歌、謠諺、俚語、民歌亦不可輕易斷作引文，其中有很大一部分是錄文而非引文。如《萊人歌》：齊景公立少子荼（即晏孺子）病而「命國惠子、高昭子立少子荼爲太子，逐群公子，遷之萊」（《齊太公世家》），及卒，太子荼立，「未葬，而群公子畏誅，皆出亡。荼諸異母兄公子壽、駒、黔奔衛，公子駔、陽生奔魯。萊人歌之曰：『景公死乎弗與埋，三軍事乎弗與謀，師乎師乎，胡黨之乎？』」（《齊太公世家》）以下便另敘晏孺子元年春之事了。《萊人歌》正說明了景公立少的惡果。

又如齊人歌王建亡國：「四十四年，秦兵擊齊。齊王聽相后勝計，不戰，以兵降秦。秦虜王建，遷之共。……始，……君王后死，后勝相齊，多受秦間金，多使賓客入秦，秦又多予金，客皆爲反間，勸王去從朝秦，不修攻戰之備，不助五國攻秦，秦以故得滅五國。五國已亡，秦兵卒入臨淄，民莫敢格者。王建遂降，遷於共。故齊人怨王建不蚤與諸侯合從攻秦，聽姦臣賓客以亡其國，歌之曰：『松耶柏耶？住建共者客耶？』疾建用客之不詳也。」（《田敬仲完世家》）這首歌可謂一語中的，既吻合了歷史，又揭示了原因。

又如百姓歌蕭曹：傳中云「參始微時，與蕭何善；及爲將相，有卻。至何且死，所推賢唯參。參代何爲漢相國，舉事無所變更，一遵蕭何約束」，曹參傳敘完之後云「參爲漢相國，出入三年。卒，謚懿侯。子窋代侯。百姓歌之曰：「蕭何爲法，顜若畫一；曹參代之，守而勿失。載其清淨，民以寧一」。

（《曹相國世家》）可見此歌證史之意。

又如齊人頌：「騶衍之術迂大而閎辯；奭也文具難施；淳于髡久與處，時有得善言。故齊人頌曰：『談天衍，雕龍奭，炙轂過髡。』」（《孟子荀卿列傳》）

又如秦人諺：「昭王七年，樗里子卒，葬於渭南章臺之東。曰：『後百歲，是當有天子之宮夾我墓。』樗里子疾室在於昭王廟西渭南陰鄉樗里，故俗謂之樗里子。至漢興，長樂宮在其東，未央宮在其西，武庫正直其墓。秦人諺曰：『力則任鄙，智則樗里。』」（《樗里子甘茂列傳》）此諺與上文貌似沒有直接聯繫，但實際上樗里子「後百歲」的預言及其實現便是其「智」的表現之一。諺所云，益證其智。

以上諸例，雖係民歌、謠諺、俚俗、頌，容易讓人不經意地就誤判爲引文。其實不然，如上所作區分，此之民歌、謠諺、頌等，皆直接關係於傳主本身（或事件本身），並非一般性引文所能做到的。

六、《史記》特殊錄文：《過秦論》

《過秦論》的作者賈誼，與屈原合傳，賈誼傳中錄賈誼的《弔屈原賦》《鵩鳥賦》，未錄其任何政論文、奏書（《漢書·賈誼傳·贊》云「凡所著述五十八篇」，並於其本傳增補了近七千字的《陳政事疏》〔註19〕及諫王淮南屬王諸子疏）。《過秦論》雖係賈誼作品，但卻著錄於《秦始皇本紀》文末「太史公曰」下〔註20〕、《陳涉世家》文末「褚先生曰」下〔註21〕。前者依次錄《過秦論》下、上、中三篇，後者僅錄《過秦論》上篇。

一般地，《史記》文末「太史公曰」是史家對本篇傳記人物、事件的評論性文字，多有引文以資論述、論斷的現象。譬如《李將軍列傳·太史公曰》：

〔註19〕據《漢書·賈誼傳》云「誼數上疏陳政事，多所欲匡建，其大略曰」，則《陳政事疏》當係合數篇所成。（漢）班固撰、（唐）顏師古注《漢書》，北京：中華書局，1962 年版，冊 8 第 2230 頁。

〔註20〕《史記》之「太史公曰」位置不一，一篇之中，時有不止一處者，但文末常有之。

〔註21〕按：「褚先生曰」以下，張大可先生《史記研究·史記殘缺與補竄考辨》（蘭州：甘肅人民出版社，1985 年第 1 版，第 177 頁）「褚少孫等續史篇目內容」表中列此條，但「說明」欄補充道「《集解》引徐廣說『一作太史公』。」李解民先生亦認爲是褚少孫所補做的（見 1995 年天津古籍出版社吳樹平等《全注全譯史記》之《陳涉世家》章）。韓兆琦先生認爲「褚先生曰」當作「太史公曰」（見韓兆琦等《史記：評注本》，長沙：嶽麓書社，2004 年，第 796 頁）。

「《傳》曰『其身正，不令而行；其身不正，雖令不從』。其李將軍之謂也？余睹李將軍悛悛如鄙人，口不能道辭。及死之日，天下知與不知，皆爲盡哀。彼其忠實心誠信於士大夫也？諺曰『桃李不言，下自成蹊』。此言雖小，可以論大也。」（《李將軍列傳・太史公曰》）而《秦始皇本紀・太史公曰》云：「秦之先伯翳，嘗有勳於唐虞之際，受土賜姓。及殷夏之間微散。至周之衰，秦興，邑於西垂。自繆公以來，稍蠶食諸侯，竟成始皇。始皇自以爲功過五帝，地廣三王，而羞與之侔。善哉乎賈生推言之也！曰……」（《秦始皇本紀・太史公曰》），《陳涉世家》文末「褚先生曰」下云「地形險阻，所以爲固也；兵革刑法，所以爲治也。猶未足恃也。夫先王以仁義爲本，而以固塞文法爲枝葉，豈不然哉！吾聞賈生之稱曰……」（《陳涉世家》），則《過秦論》插錄於史家（「太史公」抑或「褚先生」）的論說下明矣。該文雖然直接關聯到傳主本身（秦始皇、秦始皇后代等，陳涉、吳廣等），亦直接關涉於秦漢歷史興敗大事，故貌似錄文；但卻又出現在史家評論論說之中，錄此論說之文正可資己論，因之又類似於引文；史家在論說時想起該文之論述或有共鳴之感，難免沒有因共鳴而予以著錄之意，若然，則其重文之意又同於錄文也。如此，《史記》兩錄《過秦論》究竟屬於引文還是錄文便難以劃分涇渭了。不過我們從中正可以看到錄文與引文本身有著千絲萬縷的關係：縱然其質不同而其貌相似，其用互相促進、甚至相互轉化，若淡化錄文意識而增強引者（著錄者，史家）觀點的論辯意識，則傾向到引文了；若淡化引者（著錄者，史家）觀點的論辯意識而強化其對所引（錄）文的錄文意識，則傾向到錄文了。故其相臨之近，有時或在一念之間。錄文，突出的是他人之文，強調他人作品的存錄價值；引文，強調的是自己之文，引他人言辭以爲己用。

然而，以此作爲錄文亦不無可能。譬如《建元以來王子侯者年表》之錄武帝許推恩諸侯王子弟詔（「制詔御史：『諸侯王或欲……』」），《河渠書》之錄武帝瓠子歌二首、田蚡《上言勿塞決河》，《孝文本紀》之錄陳平《奉詔除連坐法議》、周勃《爲仍用連坐法議》、齊太倉令淳于公少女緹縈上文帝書、景帝《定孝文帝廟樂詔》、申屠嘉《奏議孝文爲太宗廟》，等等，這些作品都未在傳主的本傳（紀）中見錄，或因事件、或因敘述而見錄於他人紀傳中、書中、表中。且大多於本傳（紀）不再重錄，如景帝《定孝文帝廟樂詔》、申屠嘉《奏議孝文爲太宗廟》、《孝文本紀》之錄陳平《奉詔除連坐法議》、周勃

《爲仍用連坐法議》等等；少數亦重錄於自己的本傳中〔註22〕（如齊太倉令淳于公少女緹縈上文帝書，《扁鵲倉公列傳》亦錄）。故文末的「太史公曰」（「褚先生曰」）下因事件或因其他某種因素而錄他人乃至傳主之文，亦可仿此義、此舉，謂之錄文可也。

本章小結：

引文有類書引文、注疏引文、轉引引文、行文中一般性的引文等多種，與《史記》錄文關係密切的便是《史記》轉引引文和一般性引文。引文或源於上古要求人們的行爲舉止必須合乎禮儀、道德的社會公共意識，錄文源頭可能有兩個，一是源於對上古史官記言、記載「言」類作品的傳統的繼承，二是源於自古以來的隨意性的承襲的啓發。但錄文應當受到了引文的啓示；引文乃重材料的經典性、典範性、高影響性，藉以沾光，以輔助論證自己的觀點，有意識的錄文則重其文本身的某種價值，或欲彰顯其人，或欲彰顯其文，總以不淹沒原作者爲底線，並不是藉以爲自己的觀點、論述、敘事服務（當然，也存在爲敘事服務的錄文，如化錄，更多地近似於承襲，不在此類錄文之列）。有很多現象恰臨界於二者，如被零散地著錄的《論語》章節、某些民歌謠諺、「太史公曰」（「褚先生曰」）下所錄《過秦論》等，辨別時宜愼重。

〔註22〕按：所謂本傳，未必即是此人單獨之傳，有時其本人未被立傳而是附於相關人物傳紀中，如父子間、家族間等。如淳于意之女便是附其父而見載。

第八章　《史記》之承襲與錄文

　　本章主要闡述《史記》中承襲的具體情況，從承襲與「著」「作」的追求、承襲與錄文兩組矛盾而並存的現象分析司馬遷的著作觀（創作觀）與著作權意識，比較錄文與承襲。

第一節　《史記》承襲的概況

一、承襲與錄文貌似而實異

　　《史記》在史家敘述文字中夾雜他人文字（作品）的現象，除了錄文、引文外，還有承襲。所謂承襲，即承前人他人成果而襲用之，亦即襲用他人文字以作己文〔註1〕。

　　承襲與錄文非常相似，對原作品大都有刪、改、增、易、譯等改造現象，二者容易混淆。而化錄錄文與承襲幾乎難辨伯仲，難以分個究竟。串述於文中的一般性錄文與直接的錄文，若其提示語在流傳過程中不小心脫去了，則又淪爲化錄、承襲的樣子了。錄文與承襲，似乎只有一線之隔，二者隨時都可能突破邊界向對方轉化。

　　然而承襲與錄文有著本質的區別，前者忽略原作的著作歸屬、價值等因素，後者則重視原作的著作歸屬和原作的文辭、文獻等多種價值。《史記》中存在大量承襲的現象。以下分言之。

〔註 1〕本文關於承襲的界定及說明，詳見術語說明。

二、《史記》承襲的規模

據本文不完全統計〔註 2〕，《史記》所寫秦漢以前的歷史，存在大量的承襲現象。其篇章主要分佈在五帝、夏、殷、周等四《本紀》，魯周公、陳杞、衛康叔、宋微子、晉、楚、鄭、趙、魏、韓、田敬仲完、孔子等十二《世家》，管晏、仲尼弟子、蘇秦、張儀、穰侯等五《列傳》。就承襲的篇幅而言，越是往前的歷史，承襲占該篇的比例越大。譬如《五帝本紀》，前三帝全據《大戴禮記·五帝德》、并補以《大戴禮記·帝系》，後二帝全據《尚書·堯典》、并補以《大戴禮記·帝系》《大戴禮記·五帝德》及《世本》；或零散襲錄之（如將《大戴禮記·五帝德》「黃帝者，少典之子……三戰，然後得其志」一段拆作兩段，中間融入一段司馬遷自己的敘述語），或大段襲錄（如《尚書·堯典》），或譯錄（如所錄《尚書·堯典》後半部分），等等。《夏本紀》共約四千多字，其中承襲的文字約有三千字，錄文一百餘字，此係本文目前查考出來的數據，若有遺漏的話，則司馬遷於此紀的自寫文字更少。其他《周本紀》《魏世家》《趙世家》《韓世家》《田敬仲完世家》等篇章的承襲亦佔了當篇很大的比例，參見本文附表二承襲類表。

　　《史記》承襲的文字很難判斷它一定出自哪本作品，因為若不是作者自道，很難判斷被承襲的作品究竟是哪一部。但《史記》的許多文字卻重見於之前的他書他文，知是承襲無疑。被《史記》承襲的作品主要是先秦歷史著作，如《五帝德》《帝系》（皆見《大戴禮記》）、《世本》、《尚書》（含今文）、《逸周書》、《禮記》、《呂氏春秋》、《國語》、《左傳》、《戰國策》、《戰國縱橫家書》、《論語》、《墨子》、《韓非子》、《孟子》、《荀子》、《春秋公羊傳》等。換而言之，《史記》的承襲主要集中於先秦歷史。

　　《史記》的承襲何以主要集中在先秦歷史？這可以從兩方面說，一是具有可資承襲資料的史傳，一是缺乏可資承襲資料的史傳。就前者具有可資承襲資料的歷史而言，需要區分兩種情況，一是已查實為承襲者，二是未能確

〔註 2〕本文著意於研究《史記》錄文，故而兼及承襲。雖然本文本著搜全的初衷努力，但以一人之力在有限的時間欲將之一網打盡顯然不現實。加之筆者見窄識淺，且時間極有限，故亦未能完全放開地進行此項搜羅工作。另一方面，古人書籍傳之於今者，蓋不知什幾。流傳中亡軼了大量書籍，致使今天無法考察《史記》是否承襲了這些作品。故所統計的承襲數據也許有所遺漏，未能盡美。是誠為憾也。今僅就可查者盡力考之，雖然有遺漏，亦已足見《史記》承襲之盛矣。

定其承襲與否而貌似無承襲者。賴古人著作流傳至今而尚可查者，故能查證《史記》承襲的情況；若被《史記》承襲的古籍及相近書文皆已亡佚，則縱然《史記》承襲了古籍我們也無從查證了。故秦漢歷史於《史記》雖目前給人較少承襲的面貌，事實上是否如此則難以知曉了。譬如對於陸賈的書，班固就說「司馬遷據《左氏》、《國語》，采《世本》、《戰國策》，述《楚漢春秋》，接其後事」（《漢書・司馬遷傳・贊》）〔註3〕，劉知幾說「劉氏初興，書唯陸賈而已，子長述楚、漢之事，專據此書」〔註4〕，金德建先生說「《楚漢春秋》裏的史料被《史記》所採取的地方的確是有不少，可證班固的話並不錯」，但「史遷之敘楚、漢間事，未嘗專據《楚漢春秋》」〔註5〕。今《楚漢春秋》早已亡佚，今所能見到的只有這些零星資料而已，至於《史記》襲用此書的具體情況則不得而知了。此僅是一例，況且其他古籍已亡佚且又無人論及的承襲。

　　就後者缺乏可資承襲資料的史傳而言，在沒有可供承襲的條件而又不可繞過這段歷史時，史家自然只能自己動用文思敘述收集起來的各種歷史史實了。譬如漢以來的人物、歷史，無現成的書文可供承襲，那只能自己寫了。秦漢以來，以其切近於當時而尚無多少相關著述，故《史記》難有承襲的條件。因之，《史記》之承襲主要集中在秦漢前的歷史，這是條件所致的。所以班固云「自古書契之作而有史官，其載籍博矣。至孔氏籑之，上〔斷唐〕堯，下訖秦繆。唐虞以前，雖有遺文，其語不經，故言黃帝、顓頊之事未可明也。及孔子因魯史記而作《春秋》，而左丘明論輯其本事以爲之傳，又撰異同爲《國語》。又有《世本》，錄黃帝以來至春秋時帝王公侯卿大夫祖世所出。春秋之後，七國並爭，秦兼諸侯，有《戰國策》。漢興伐秦定天下，有《楚漢春秋》。故司馬遷據《左氏》、《國語》，采《世本》、《戰國策》，述《楚漢春秋》，接其後事，訖於天漢」（《漢書・司馬遷傳・贊》）〔註6〕，正因爲這些史料使得《史記》具有承襲的條件。

〔註3〕（漢）班固撰，（唐）顏師古注《漢書》，北京：中華書局，1962 年版，冊 9 第 2737 頁。

〔註4〕劉知幾《史通・雜說上》，趙呂甫云此所謂「書」指《楚漢春秋》，見趙呂甫《史通新校注》，重慶：重慶出版社，1990 年，第 919 頁。

〔註5〕金德建《司馬遷所見書考》，上海：上海人民出版社，1963 年，分別見第 321、325 頁。

〔註6〕（唐）顏師古注《漢書》，北京：中華書局，1962 年版，冊 9 第 2737 頁。

假如這些歷史、人物也都具備承襲的條件，譬如秦漢前的歷史有《尚書》《五帝德》《春秋》《國語》《左傳》《戰國策》等書籍可供襲用，則司馬遷還是會採用承襲的。如前金德建先生所說的陸賈的《楚漢春秋》，備述楚漢間之事。雖然秦漢以後的歷史司馬遷主要是自己創造，但依然採用了《楚漢春秋》。至於「採用」的程度，是否成篇成段地照搬襲用，便隨著該書的亡佚而難以查考了。

所以，這種自創史載（即《史記》司馬遷自創部分）並不能說明作者就已完全沒有承襲的想法了。《史記》諸多化錄，之所以不標識作者、出處（或有標明某人「曰」、「言」，然實同史家之轉述，看不出是錄用了他人之文），其實是把它們當作材料使用（既是史料，又是可供自己行文的文字材料），其義同於承襲。

第二節 《史記》承襲的技法

《史記》對承襲的處理其實與錄文有許多共同之處，當然也有自己的特色。

一、承襲的篇幅

就襲用而來的文字於其原文（被襲用之文）的篇幅來說：有全部襲用的、有部分襲用的、有分散襲用的。

1、全部襲用者

如《戰國策·魏三》「魏將與秦攻韓」一節，全部重見於《史記·魏世家》（「無忌謂魏王曰……入朝而為臣不久矣」），文字基本相同；又重見於《戰國縱橫家書》（大略相同）。《戰國策·魏三》「秦敗魏於華走芒卯而圍大梁」一節，全部重見於《史記·穰侯列傳》，文字基本相同，略異；又重見於《戰國縱橫家書》之「須賈說穰侯」章，三者文字略有異而已。《尚書·洪範》，全篇皆重見於《史記·宋微子世家》。《戰國策·東周一》「秦假道於周以伐韓」節，全篇見於《史記·周本紀》。《尚書·湯誓》，全篇重見於《史記·殷本紀》。諸如此類。

2、部分襲用者

如《尚書·堯典》，部分重見於《史記·五帝本紀》（「能明馴德，以親九

族……於是堯妻之二女，觀其德於二女。舜飭下二女於嬀汭，如婦禮」)。《左傳》昭公二十九年，部分重見於《史記・夏本紀》(「天降龍二……」)。《孟子・梁惠王下》，部分重見於《周本紀》(「薰育戎狄攻之……亦多歸之」)。《國語・鄭語上》，部分重見於《史記・周本紀》(「三年，幽王嬖愛褒姒……棄女子出於褒，是爲褒姒」)。《尚書・呂刑》，部分重見於《史記・周本紀》(「王曰：『吁，來！有國有土，告汝祥刑……五刑之屬三千』」)。《呂氏春秋・疑似》，部分重見於《史記・周本紀》(「褒姒不好笑……其後不信，諸侯益亦不至」)等等。

3、分散襲用者

如《大戴禮記・五帝德》，被《史記・五帝本紀》分散在許多地方。譬如開頭「黃帝者，少典之子……成而聰明」(「姓公孫」三字除外)；中間「治五氣……三戰，然後得其志」；其後「黃帝居軒轅之丘……生高陽」；其後「高辛生而神靈，自言其名……風雨所至，莫不從服」；其後「其仁如天……黃收純衣，形車乘白馬」(《史記・五帝本紀》)，等等，這些片段都同出於《五帝德》。其中某些片段在原文本是相連的，而在《史記》卻被拆開襲用，中間再插入別的東西。如「黃帝者，少典之子……成而聰明」中添「姓公孫」三字；「黃帝者……成而聰明」段與「治五氣……三戰，然後得其志」本相連，但《史記》把它拆開，中間插入別的八十五字。另有些分散襲用，則係截取了同一篇之中的不同部分。如《史記・周本紀》：

A：

景王十八年……二十年，景王愛子朝，欲立之，會崩，子丐之黨與爭立，國人立長子猛爲王，子朝攻殺猛。猛爲悼王。晉人攻子朝而立丐，是爲敬王。(按：劃線部分重見於《左傳》昭公二十二年，略異。)敬王元年，晉人入敬王，子朝自立，敬王不得入，居澤。四年，晉率諸侯入敬王於周，子朝爲臣，(按：劃線部分重見於《左傳》昭公二十六年，略異)諸侯城周。十六年，子朝之徒復作亂，敬王犇於晉。(按：劃線部分重見於《左傳》定公六年，略異)十七年，晉定公遂入敬王於周。(《周本紀》)

B：

西周武公之共太子死，有五庶子……果立公子咎爲太子。(按：劃線部分類似於《戰國策・東周策》之《周共太子死》和《戰國策・西周策》之《謂齊王》。)

八年，秦攻宜陽，楚救之。而楚以周爲秦故，將伐之。蘇代爲周

說楚王曰：「何以周爲秦之禍也？……周絕於秦，必入於郢矣。」（按：據李零先生於《周本紀第四》注云，劃線部分今本《戰國策》所無。見《全注全譯史記》，天津古籍出版社，1995 年，119 頁。）

秦借道兩周之間，將以伐韓，周恐：借之，畏於韓；不借，畏於秦。史厭謂周君曰：「何不……是受地於韓而聽於秦。」（按：劃線部分重見於《戰國策・東周策》之《秦假道於周以伐韓》，文字略異。）

秦召西周君，西周君惡往，故令人謂韓王曰：「秦召西周君，將以使攻王之南陽也，王何不出兵於南陽？周君將以爲辭於秦。周君不入秦，秦必不敢逾河而攻南陽矣。」（按：此段重見於《戰國策・西周策》之《秦召周君》，文字略異。）

東周與西周戰，韓救西周。或爲東周說韓王曰：「西周故天子之國，多名器重寶。王案兵毋出，可以德東周，而西周之寶必可以盡矣。」（按：劃線部分重見於《戰國策・東周策》之《東周與西周戰》。）

王赧謂成君。楚圍雍氏，韓徵甲與粟於東周，東周君恐，召蘇代而告之。代曰……相國曰：「善。」果與周高都。（按：劃線部分重見於《戰國策・西周策》之《雍氏之役》，文字略異。）

三十四年，蘇厲謂周君曰：「秦破韓、魏，撲師武……『……今又將兵出塞，過兩周，倍韓，攻梁，一舉不得，前功盡棄。公不如稱病而無出』。」（按：劃線部分重見於《戰國策・西周策》之《蘇厲謂周君》，文字略異。）

四十二年，秦破華陽約。馬犯謂周君曰：「請令梁城周。」乃謂梁王曰……梁王曰：「善。」遂使城周。（按：據《索隱》，劃線部分出自《戰國策》，然今本無。）

四十五年，周君之秦客謂周冣曰：「公不若譽秦王之孝，因以應爲太后養地，秦王必喜，是公有秦交。交善，周君必以爲公功。交惡，勸周君入秦者必有罪矣。」（按：劃線部分重見於《戰國策・西周策》之《周君之秦》，文字有改動。）秦攻周，而周冣謂秦王曰：「爲王計者不攻周。……秦與天下獘，則令不行矣。」（按：劃線部分重見於《戰國策・西周策》之《秦欲攻周》，文字有改動。）

五十八年，三晉距秦。周令其相國之秦，以秦之輕也，還其行。客謂相國曰：「秦之輕重未可知也……是周常不失重國之交也。」（按：劃線部分重見於《戰國策・東周策》之《三國隘秦》，文字略異。）秦信周，發兵攻三晉。（《周本紀》）

C：

a 穆王將征犬戎，祭公謀父諫曰：「不可。先王燿德不觀兵。夫兵戢而時動……其有以禦我矣。」王遂征之，得四白狼四白鹿以歸。自是荒服者不至。（按：劃線部分重見於《國語‧周語上》，字詞改動者僅七處。）

諸侯有不睦者，甫侯言於王，作修刑辟。王曰：「吁，來！有國有土，告汝祥刑。在今爾安百姓，何擇非其人……大辟之罰其屬二百：五刑之屬三千。」（按：劃線部分，重見於《尚書‧呂刑》，字詞有所改動。）命曰《甫刑》。

穆王立五十五年，崩，子共王繄扈立。b 共王遊於涇上，密康公從，有三女餎犇之。其母曰……康公不獻，一年，共王滅密。（按：劃線部分重見於《國語‧周語上》，僅個別文字異）共王崩，子懿王囏立。懿王之時，王室遂衰，詩人作刺。

……

夷王崩，子厲王胡立。厲王即位三十年，好利，d 近榮夷公。大夫芮良夫諫厲王曰……厲王不聽，卒以榮公爲卿士，用事。（按：劃線部分重見於《國語‧周語上》，文字或有損益不同。）

c 王行暴虐侈傲，國人謗王。召公諫曰：「民不堪命矣。」王怒，得衛巫，使監謗者，以告，則殺之……於是國莫敢出言，三年，乃相與畔，襲厲王。厲王出奔於彘。（按：劃線部分重見於《國語‧周語上》，文字或有損益不同。）

e 厲王太子靜匿召公之家，國人聞之，乃圍之。……乃以其子代王太子，太子竟得脫。（按：劃線部分重見於《國語‧周語上》，文字或有損益不同。）

召公、周公二相行政……

f 宣王不修籍於千畝，虢文公諫曰不可，王弗聽。三十九年，戰於千畝，王師敗績於姜氏之戎。宣王既亡南國之師，乃料民於太原。仲山甫諫曰：「民不可料也。」宣王不聽，卒料民。（按：劃線部分重見於《國語‧周語上》，但其中刪去了虢文公、仲山甫的諫詞，刪去「魯武公以括與王戲見王……乃命魯孝公於夷宮」一段。）

四十六年，宣王崩，子幽王宮湦立。g 幽王二年，西周三川皆震。……是歲也，三川竭，岐山崩。（按：劃線部分重見於《國語‧周語上》，然文字或有損益、不同。）（《周本紀》）

限於篇幅，僅引 ABC 三部分爲例。然亦足見：同書之文、同書且同卷之文，往往是被《史記》分散襲用；即使是一篇之文，亦難免被分散襲用；非但分散襲用，甚至顛倒其於原文的次序，一以史家之意重排之。如上所舉 A 組例子中，《戰國策》原來的順序是：《東周策》本在《西周策》前，《東周策》本 28 篇，《史記》所襲用的《東周與西周戰》《秦假道於周以伐韓》《周共太子死》《三國隘秦》分別在第 3、7、24、25 篇；《西周策》本 17 篇，《史記》所襲用的《雍氏之役》《周君之秦》《蘇厲謂周君》《秦召周君》《秦欲攻周》《謂齊王》分別在第 4、5、6、10、13、15 篇。然而它們被司馬遷承襲到《史記》後的編排順序是：《東周策》之《周共太子死》，《西周策》之《謂齊王》，《東周策》之《秦假道於周以伐韓》，《西周策》之《秦召周君》，《東周策》之《東周與西周戰》，《西周策》之《雍氏之役》，《西周策》之《蘇厲謂周君》，《西周策》之《周君之秦》，《西周策》之《秦欲攻周》，《東周策》之《三國隘秦》，順序較之《戰國策》而言頗爲「凌亂」。顯然，司馬遷對承襲而來的文字做了重新編排。

上所舉《史記》承襲《國語‧周語上》的例子，段落 a、b、c、d、e、f、g 在《國語》中本是順次相接的。然被《史記》承襲過來後，除了文字有輕微改動、變異外，還對 f 段作了大量的刪節，既有用概括的方式縮小承襲篇幅的，也有連事件一併刪略的情況（f 段刪除了「魯武公以括與王戲見王……乃命魯孝公於夷宮」一段，涉及王不聽樊仲山父之諫而立戲、三十二年春宣王伐魯立孝公，諸侯由是不睦等）。原來的文本本是銜接連貫之文，被《史記》承襲過來後卻被史家拆成數份，中間或插入別的承襲，或插入司馬遷自己敘史文字，或略作交代以便把上下文銜接起來；把 d 插進將 b、c 之中，將本來順次相接之文顛倒順序，而另作調整〔註7〕。諸如此類現象在《史記》中難以盡數。

〔註7〕考察順次問題，當需考慮到《史記》和所重見的他書（如《戰國策》），及承襲流程中相關的輾轉承襲的版本問題，以及流傳中帶來的衍漏訛誤倒等因素。在無法考查時，便只能就現存面貌予以比觀。但上引 B 組例子，在《國語‧周語上》時，c 段云「厲王虐，國人謗王。邵公告曰『民不堪命矣』……邵公曰：『是障之也。防民之口，甚於防川……夫民慮之於心而宣之於口，成而行之，胡可壅也？若壅其口，其與能幾何？』王不聽，於是國莫敢出言，三年，乃流王於彘」，d 段云「厲王說榮夷公，芮良夫曰：『王室其將卑乎！夫榮公好專利而不知大難……榮公若用，周必敗。』既，榮公爲卿士，諸侯不享，王流於彘」，e 段曰「彘之亂，宣王在邵公之宮，國人圍之。邵公曰：『昔吾驟諫王，王不從是以及此難。今殺王子，王其以我爲懟而怒乎！夫事君者險而不懟，怨而不怒，況事王乎？』乃以其子代宣王，宣王長而立之」，f 段云「宣王即位，不籍千畝。虢文公諫曰……」。由此觀之，c 段「防民之口，

足見《史記》對承襲的操作靈活多樣、自由無拘。

二、承襲的方式

就《史記》的承襲方式來說，有照抄原文的、有意譯原文的、有摘錄大意的等。當然，在討論這個問題時，需考慮版本及流傳所帶來的衍漏訛誤倒等因素。這不僅包括被《史記》直接承襲的原文（甲）的版本（含當時被《史記》襲用的版本（a）及今天所能見到的各種版本，或 a 或 b 或 c 等）、該原文（甲）的直接來源（乙，即甲的承襲源頭）及最原始的被承襲者（丙，即甲追根溯源的最早的來源者）、承襲該原文（甲）的其他諸多作品（丁、戊、己、庚等）、該原文（甲）流傳於今的衍漏訛誤倒因素，還包括《史記》本身的不同版本（A、B、C、D 等）及流傳至今所產生的衍漏訛誤倒因素。理清這個問題，是極其複雜、極其困難的。故本文之比較僅從大略。字詞差異較少的（如幾個字詞的出入等，其差異於該所承襲之文的整個篇幅來說比例極其小者）當可斷爲完全照抄他人之文。至於刪、補、改、異於其篇幅較大者，則不敢輕易斷爲完全照抄了被承襲之文，亦不敢輕易斷言它沒有完全照抄被承襲之文。因爲難以確查其被直接承襲的文章及此文流傳於今的變化情況，而這其間的變數是難以猜測的。隔靴搔癢是不能解決問題的，故只能闕疑之，只論其可論者。

A 相同的程度：

來源於完全照抄他人文字的承襲，在《史記》中很少，但亦不乏其例。譬如《周本紀》，「穆王將征犬戎……自是荒服者不至」（《周本紀》）一段，共615 字，文字異於《國語·周語上》者僅七處；「共王遊於涇上……共王滅密」《周本紀》，異於《國語·周語上》者僅個別字。《史記·魏世家》「無忌謂魏王曰……入朝而爲臣不久矣」一段，與《戰國策·魏三》之「魏將與秦攻韓」基本完全相同，文字個別異而已。這種微小的不同，難免不是版本或流傳時

___

甚於防川」，如此「三年」終於導致「彘之亂」，故 e 段「彘之亂」時邵公「昔吾驟諫王，王不從是以及此難」云云，由此談及宣王之立，故下一段 f 便記宣王當政的事情了，順序井然；d 段「厲王說榮夷公」，而「榮公若用，周必敗」，周卒用榮公，結果「諸侯不享」，使得周更孤立無援，以補充說明何以「王流於彘」，用的是插敘的敘事手法。以今中華書局本《史記》看，其欲用順序的敘事手法，故棄此插敘，重排順序。

所帶來的，數千年之後還能見到這麼高程度的相同度已屬不易了。

把「求同」的條件再放寬點，只要基本上相同、文字或有些出入的承襲。這種較前者明顯增多，但還不是主要的承襲現象。譬如《史記‧五帝本紀》「能明馴德，以親九族。九族既睦，便章百姓……於是堯妻之二女，觀其德於二女。舜飭下二女於嬀汭，如婦禮」一段與《尚書‧堯典》「舜乃在璇璣玉衡，以齊七政……以變東夷：四罪而天下咸服」一段基本相同，文字略異而已。《史記‧夏本紀》之襲用《尚書‧禹貢》《尚書‧皋陶謨》《尚書‧甘誓》，《史記‧周本紀》之襲用《國語‧周語上》，《史記‧殷本紀》之襲用《尚書‧高宗肜日》《尚書‧湯誓》，等等。

如果把這種文字出入的條件再放寬點，包括刪、益、改等情況的話，這類承襲則更多。可以這麼說，一般的承襲，據今天的資料看來，有改動、變異、刪損是最為普遍、最為常見的。變動很小的，十分難見，變幅較大倒比較多；但若變動太大的，則與其歸入承襲，不如當做採用者加工出來的新作了。如《史記‧孔子世家》，「夏，魯桓釐廟燔……已而果然」（《史記‧孔子世家》）一段，事見《左傳》哀公三年，《史記》據《左傳》史實改寫而較之稍簡略；「見齊衰、瞽者，雖童子必變」（《史記‧孔子世家》）一事，事見《論語‧子罕》，文字上《史記》較之刪損改易大。《史記‧鄭世家》，「三十七年，莊公不朝周……夜令祭仲問王疾」（《史記‧鄭世家》）一段，《左傳》桓公五年雖有此事，但二者文字大異；「三十八年，北戎伐齊……三子皆君也」（《史記‧鄭世家》）一段，《左傳》桓公十一年雖有此事，但文字大異；「娶申侯女為夫人，曰武姜……於是遂從之，見母」（《史記‧鄭世家》），事見《左傳》隱公元年，但《史記》在文字上改寫較大。諸如此類不一一盡舉。

這些情況在《史記》中雜存著，具體比例則難以統計。

B 譯錄原文的與摘錄大意的承襲：

譯錄類承襲，總的來說就是在襲用他人著作的時候做了以今語替代原語、以通俗的語言替代原來難懂的語言的加工。一般來說，這種翻譯的加工，主要用在襲用上古作品時。常把上古使用的而今天（漢）不用了或不常用了的字、詞，改成今語，包括專有名詞、習慣用語（如以「其」代「厥」）等。對於通俗性的加工，有時做到了對應翻譯，即一個字詞對應一個字詞地翻譯，有時則就大意而譯。故有些翻譯後的承襲距離原文並不遠，有些則距離原貌很遠了，猶如司馬遷自己新創的。

　　摘錄大意類承襲：對於時間近於今（漢）的作品，則不需要翻譯的加工，就史家所需予以摘要襲用。對於上古典籍，則在摘要的同時，其實也暗含了翻譯的加工，只是它與原文沒有一一對應地翻譯，並在潛在的翻譯後的譯文的基礎上又做了摘要工作，因此這種承襲距離其原貌則更遠了一層。譬如：

> 當帝堯之時，鴻水滔天，浩浩懷山襄陵，下民其憂。堯求能治水者，群臣四嶽皆曰鯀可。堯曰：「鯀爲人負命毀族，不可。」四嶽曰：「等之未有賢於鯀者，原帝試之。」於是堯聽四嶽，用鯀治水。九年而水不息，功用不成。（按：譯錄《尚書·堯典》）於是帝堯乃求人，更得舜。舜登用，攝行天子之政，巡狩。行視鯀之治水無狀，乃殛鯀於羽山以死。天下皆以舜之誅爲是。於是舜舉鯀子禹，而使續鯀之業。

> 堯崩，帝舜問四嶽曰：「有能成美堯之事者使居官？」皆曰：「伯禹爲司空，可成美堯之功。」舜曰：「嗟，然！」命禹：「女平水土，維是勉之。」禹拜稽首，讓於契、后稷、皋陶。舜曰：「女其往視爾事矣。」（按：劃線處摘錄《尚書·堯典》大意）（《史記·夏本紀》）

> 帝曰：「咨！四嶽！湯湯洪水方割，蕩蕩懷山襄陵，浩浩滔天。下民其咨，有能俾乂？」僉曰：「於，鯀哉！」帝曰：「吁！咈哉！方命圯族。」嶽曰：「異哉，試可，乃已。」帝曰：「往，欽哉！」九載，績用弗成。（《尚書·堯典》）〔註8〕

> 流共工於幽洲，放驩兜於崇山，竄三苗於三危，殛鯀於羽山，四罪而天下咸服。

> 二十有八載，帝乃殂落，百姓如喪考妣……

> ……

> 舜曰：「咨！四嶽。有能奮庸熙帝之載。使宅百揆，亮采惠疇？」僉曰：「伯禹作司空。」帝曰：「俞咨！禹，汝平水土，惟時懋哉！」禹拜稽首，讓於稷、契暨皋陶。帝曰：「俞！汝往哉！」（《尚書·堯典》）〔註9〕

　　上引《史記·夏本紀》與《尚書·堯典》兩段文字。兩相對比可知，《史記》「功用不成」之前，雖然從《尚書》翻譯而來，但一下子就可以找到《尚書》中對應的句子；其後面的文字，雖然同是源於《尚書》，但若未通讀過《堯典》（含《舜典》）的人，則即便瞻前顧後也一時難以尋出出處來。原因在於

〔註8〕李民、王健撰《尚書譯注》，上海：上海古籍出版社，2004 年版，第 7 頁。
〔註9〕李民、王健撰《尚書譯注》，上海：上海古籍出版社，2004 年版，第 14～18頁。

前者主要是譯錄，而後者則在翻譯的基礎上進一步摘要。故摘要翻譯之文，雖所成之文篇幅不大，但跨越原文的篇幅較大，即對原文的濃縮較大，離原文的面貌自然較前者更遠了。

又，無論是翻譯承襲，還是摘要承襲，都不影響《史記》對其所承襲的原文的刪、益、補、換等加工處理，觀以上所舉例子可知。這種現象在《史記》中比較普遍。《史記》之承襲，無論採用哪種方式，都沒有被某種方式所完全限制，其間依然活躍著自由。

如果說「當帝堯之時……」（《史記・夏本紀》）這段翻譯承襲的對應性還不太嚴謹、使之與原文原貌存在一定差距的話，那《史記》還有更嚴謹的翻譯承襲。如〔註10〕：

冀州：既載壺口，治梁及岐。既修太原，至於岳陽。覃懷致功，至於衡漳。其土白壤。賦上上錯，田中中。常、衛既從，大陸既爲。鳥夷皮服。夾右碣石，入於海。

濟、河維沇州：九河既道，雷夏既澤，雍、沮會同，桑土既蠶，於是民得下丘居土。其土黑墳，草繇木條。田中下，賦貞，作十有三年乃同。其貢漆絲，其篚織文。浮於濟、漯，通於河。

海岱維青州：堣夷既略，濰、淄其道。其土白墳，海濱廣潟，厥田斥鹵。田上下，賦中上。厥貢鹽絺，海物維錯，岱畎絲、枲、鉛、松、怪石，萊夷爲牧，其篚檿絲。浮於汶，通於濟。

海岱及淮維徐州：淮、沂其治，蒙、羽其藝。大野既都，東原厎平。其土赤埴墳，草木漸包。其田上中，賦中中。貢維土五色，羽畎夏狄，嶧陽孤桐，泗濱浮磬，淮夷蠙珠臮魚，其篚玄纖縞。浮於淮、泗，通於河。

淮、海維揚州：彭蠡既都，陽鳥所居。三江既入，震澤致定。竹箭既布。其草惟夭，其木惟喬，其土塗泥。田下下，賦下上上雜。貢金三品，瑤、琨、竹箭，齒、革、羽、旄，島夷卉服，其篚織貝，其包橘、柚錫貢。均江海，通淮、泗。（《史記・夏本紀》）

冀州既載，壺口治梁及岐。既修太原，至於岳陽。覃懷底績，至於衡漳。厥土惟白壤，厥賦惟上上錯，厥田惟中中。恒、衛既從，大陸既作。島夷皮服。夾右碣石，入於河。

〔註10〕此例引文爲將《史記》與他處文字對照，故將相應文字用黑體、斜體、下劃線分別對應標識之。

　　濟、河惟兗州：九河既道，雷夏既澤，灉、沮會同；桑土既蠶，是降丘宅土。厥土黑墳。厥草惟繇，厥木惟條。厥田惟中下，厥賦貞。作十有三載，乃同。厥貢漆絲，厥篚織文。浮於濟、漯，達於河。

　　海、岱惟青州。嵎夷既略，濰、淄其道。厥土白墳，海濱廣斥。厥田惟上下，厥賦中上。厥貢鹽、絺，海物惟錯，岱畎絲、枲、鉛、松、怪石。萊夷作牧。厥篚檿絲。浮於汶，達於濟。

　　海、岱及惟徐州。淮、沂其乂，蒙、羽其藝。大野既豬，東原底平。厥土赤埴墳。草木漸包。厥田惟上中，厥賦中中。厥貢惟土五色，羽畎夏翟，嶧陽孤桐，泗濱浮磬，淮夷蠙珠暨魚。厥篚玄纖縞。浮於淮、泗，達於河。

　　淮、海惟揚州。彭蠡既豬，陽鳥攸居。三江既入，震澤底定。篠簜既敷，厥草惟夭，厥木惟喬。厥土惟塗泥。厥田惟下下，厥賦下上上錯。厥貢惟金三品，瑤、琨、篠簜，齒、革、羽、毛、惟木。島夷卉服，厥篚織、貝。厥包橘柚錫貢。沿於江、海，達於淮、泗。（《尚書·禹貢》）〔註11〕

　　《史記·夏本紀》基本上是按字、按詞翻譯《尚書·禹貢》的：將語氣詞「厥」一律改為「其」（唯獨「厥貢鹽絺」未改）；改「三載」為「三年」。

　　《史記》又將「底」改作「致」，「績」改作「功」。孫星衍曰：「史公所『底』為『致』者，《釋言》文。『績』為『功』者，《訓詁》文也。」〔註12〕又《尚書正義·傳》云「底，之履反，致也。」〔註13〕又《尚書譯注》注云，「底，致，獲得。績，功績」〔註14〕。

　　《史記》將「通」改作「達」。孫星衍曰：「史公『達』為『通』者，與《廣雅·釋詁》同。」〔註15〕

〔註11〕李學勤主編《尚書正義》，北京：北京大學出版社2000年版，第160～175頁。
〔註12〕孫星衍《尚書今古文注疏》（清人十三經注疏），北京：中華書局，1986年，第140頁。
〔註13〕孔穎達等《尚書正義》中華書局聚珍仿宋版（阮元刻十三經注疏），第199頁；孔穎達等《尚書正義》（阮元刻十三經注疏），北京：中華書局，1980年，第148頁。
〔註14〕李民、王健撰《尚書譯注》（十三經譯注系列），上海：上海古籍出版社，2004年。
〔註15〕孫星衍《尚書今古文注疏》（清人十三經注疏），北京：中華書局，1986年，第150頁。

《史記》將「乂」改作「治」。孫星衍曰：「史公『乂』爲『治』者，《說文》：『𤫊，治也。』乂，省文。」〔註16〕又《尚書正義》曰：「乂，訓治也。」〔註17〕

《史記》將「豬」改作「都」，將「攸」爲「所」。鄭康成曰：「南方謂都爲諸。」孫星衍曰「史公『豬』爲『都』者，義見鄭注。『攸』爲『所』者，《爾雅・釋言》文。」〔註18〕

《史記》將「篠、簜」，改爲「竹箭」。鄭康成曰：「篠，箭。簜，大竹也。」孫星衍云：「史公『篠簜』作『竹箭』，今文異字也。」〔註19〕

《史記》將「沿」、「達」分別改作「均」、「通」。孫星衍曰：「『沿』，鄭本作『松』，蓋古文。又云：『馬本作「均」。』與史公同，蓋今文也。」〔註20〕

以上這段承襲，除了翻譯替換，基本沒有改動了。

三、承襲時的技術加工

《史記》承襲而來的文字插入正文時的技術加工，有加工和不加工的情況。

不用加工而直接插入的，就像是自己寫的文字一樣，沒有任何「外來」性的標誌。如上面所舉《史記・夏本紀》「當帝堯之時……」便是其例。又如《史記・夏本紀》襲用《孟子・萬章上》（「帝舜薦禹於天……姓姒氏」、「十年，帝禹東巡狩……是爲夏后帝啓」），《史記・周本紀》之襲用《國語・周語上》（「穆王將征犬戎……自是荒服者不至」、「宣王不修籍於千畝……卒料民」等），等等。

〔註16〕孫星衍《尚書今古文注疏》（清人十三經注疏），北京：中華書局，1986年，第154頁。

〔註17〕孔穎達等《尚書正義》中華書局聚珍仿宋版（阮元刻十三經注疏），第197頁；孔穎達等《尚書正義》（阮元刻十三經注疏），北京：中華書局，1980，第148頁。

〔註18〕孫星衍《尚書今古文注疏》（清人十三經注疏），北京：中華書局，1986年，第158頁。

〔註19〕孫星衍《尚書今古文注疏》（清人十三經注疏），北京：中華書局，1986年，第160頁。

〔註20〕孫星衍《尚書今古文注疏》（清人十三經注疏），北京：中華書局，1986年，第162頁。

　　至於需要加工處理的承襲，以圓融地融入史家傳文敘述爲目標，其具體操作則有多種。

　　譬如予以轉化文體，從而吻合《史記》整體風格。如《五帝本紀》「是爲帝堯。帝堯者，放勳。其仁如天……彤車乘白馬」，《大戴禮‧五帝德》爲「宰我曰：『請問帝堯。』孔子曰：『高辛之子也，曰放勳。其仁如天，其知如神……丹車白馬」〔註21〕：顯然，爲合於傳記體例及其上下文，改對話體爲一般性敘述；因前文交代了高辛生放勳，故此略去，但爲便於承襲，而替之以「帝堯者」來彌合上下文的銜接縫隙。

　　再如予以轉換稱呼。如《史記‧五帝本紀》錄《尚書‧堯典》，將「帝曰」改作「堯曰」。《堯典》裏「帝」僅指堯，而《史記‧五帝本紀》裏的五個「帝」，以此得以區分，且合於該篇體例。

　　又如，在承襲而來的文字的前面或後面，增加適當的銜接詞。或述背景以開啓將承襲之文，或作總結使得承襲之文得以完整，或者承上啓下，使得承襲之文圓融地融入上下文之中，等等。如《史記‧夏本紀》承襲了《尚書‧禹貢》，去其原文第一句「禹敷土，隨山刊木，奠高山大川」，而替之以「禹行自冀州始」，以開啓《堯典》對各州情況的記載。何以如此？大概《尚書‧禹貢》的「禹敷土，隨山刊木，奠高山大川」句，涉及敷土、刊木、奠山等事件，而司馬遷又想詳記此事，故專門著有「命諸侯百姓興人徒以傅土，行山表木，定高山大川」一段，繼而云「禹乃行相地宜所有以貢，及山川之便利」（《史記‧夏本紀》）；接著襲錄《尚書‧堯典》各州山川田賦等情況，故中間插一句「禹行自冀州始」以緊接《尚書‧堯典》所敘第一州「冀州」。所承襲的《尚書‧堯典》的最後一句是「於是帝錫禹玄圭，以告成功於天下」，而下文即將襲用《尚書‧皋陶謨》了，故插入「天下於是太平治。皋陶作士以理民。帝舜朝，禹、伯夷、皋陶相與語帝前。皋陶述其謀曰……」（《史記‧夏本紀》）。插入第一句是爲總結上文用的，後二句是爲開啓下文用的。並去掉《尚書‧皋陶謨》原文首句「若曰稽古」，將原文第二句「皋陶曰」擴充爲「皋陶述其謀曰」，從而是承襲後《史記》傳文進一步圓融一體。

　　又如，按需選擇承襲的部分，或分散承襲，以增加敘述的靈活度。將一篇之文，根據需要選擇性地承襲，可以使得傳文按著史家自己的想法自由經

營，而不是夾生米飯，「插痕」斑斑。即使上下文所承襲的都源自一篇作品，《史記》可能會將這篇被承襲的作品砍斷成數段，然後再散入到史家傳文之中，這樣史記傳文的靈活度就更大了，史家的傳文也就更爲圓融有生機了。猶如圓，本來難以測量其面積，但其實可以將之按一定方法把它切割下來再重新拼湊成矩形，這樣就完全改頭換面，可以按矩形的面積公式進行計算了。上文涉及過這方面的例子，限於篇幅，茲不贅舉。

又，分散承襲中還有一種將來源不一的文字穿插承襲的現象。這種方式更見承襲之靈活自如和按需承襲的特點。譬如《史記‧周本紀》「穆王將征犬戎……乃以其子代王太子，太子竟得脫」及其後數段，都是從《國語‧周語上》襲用而來，但其中卻插入《尚書‧呂刑》一段文字（「王曰：『吁，來！有國有土……五刑之屬三千』」）。

《史記》承襲的方式，大體就是如上幾類。總之，襲用他人之文入自己之文時，之所以要技術加工與不需要技術加工，取決於承襲者與被承襲者兩方面。

其一，對於承襲者來說，承襲在於爲我所用，以服務於自身作品爲目的；視他人之文爲天下公器，可以按需任取，並對此掌握「生殺予奪」之大權，不必體恤「被承襲者」而可以將其作品「草菅人命」之。

其二，被承襲之文雖處於被「草菅人命」的弱勢狀態，但卻先於承襲它的人誕生而早已自具特點，使得承襲它的人在承襲時不得不予以「正視」，合其意、合其文者，則直接採走，不合者則只能稍作技術加工了。故承襲者對承襲而來的文字是否作技術性加工，看不出承襲者對此有多少深意，這說明的主要是「主」、「客」二者其天然性的「合」與「不合」及相「合」的程度而已。

分散承襲與否，蓋亦如此。一方面取決於承襲者的爲我所用。有補充、擴寫等需要時則分，無則順序承襲。想全部承襲則全部承襲之，想截取便截取之，悉聽自便。另一方面則與被承襲的原文文本身有關。比如，原作本身係語錄對話體，本身具有零散性，天然地與《史記》紀傳體不合，故《史記》採用時，除了儘量將之整合爲一體外，恐怕也難免受其影響，需要拆開錄用，中間再添加些補充、說明以充實之。這一點可以對比一下《孔子世家》《仲尼弟子列傳》著錄《論語》的情況。其分散的程度，在錄文中極其罕見。然而

這其實與《論文》本身的語錄體的零散性很有關係。可見承襲、錄文在這些方面是有共性的，都受原文的影響、限制。

第三節　論承襲可能產生錄文

　　《史記》的承襲可能產生錄文。譬如《魏世家》之范痤上信陵君書（「痤因上書信陵君曰……」）。此信出於趙獻地使魏殺范痤之事，但連同記敘該事的文字，皆見於《戰國策》（儘管文字上多有出入）。《張儀列傳》所錄《從約》（「要約曰：『秦攻楚，……』」），此約夾雜在蘇秦說趙王的說辭中，但連同《從約》前後的說辭，皆見於《戰國策》。

　　承襲與錄文相互交織、包含，特殊情況下，二者甚至難辨雌雄。如《蘇秦列傳》與《張儀列傳》，兩傳著錄了蘇代《遺燕昭王書》（「齊伐宋，宋急，蘇代乃遺燕昭王書曰……」）、蘇代《約燕昭王》（據嚴可均輯文補入）（「蘇代約燕王曰：『楚得枳而國亡……』」）、張儀《為秦破從連橫獻書楚王》（據嚴可均輯文補入）（「張儀既出，未去，聞蘇秦死，乃說楚王曰：『秦地半天下……臣以為計無便於此者』」）、張儀《獻書韓王》（據嚴可均輯文補入）（「張儀去楚，因遂之韓，說韓王曰：『韓地險惡山居……』」）等傳主之文。我們將這種現象視作錄文本來是沒有問題的，但兩傳本身便存在著大量的承襲，連同上列所錄諸作及其他文字，皆重見於《戰國策》，故看做承襲亦不無不可。然究竟算錄文，還是承襲呢？又如《孔子世家》著錄孔子《去魯歌》（歌曰：「彼婦之口，可以出走……」）、孔子歎而歌（「孔子因歎，歌曰：『太山壞乎！樑柱摧乎！哲人萎乎！』因以涕下」）、魯哀公為孔子誄（「哀公誄之曰：『旻天不弔……』」）。《去魯歌》，連同其前「齊人聞而懼，曰：孔子為政必霸……」（《史記·孔子世家》）及至此歌，其事散見於《韓非子·內儲說下》《論語·微子》等古籍，然行文頗異。（亦見《孔子家語·子路初見》，文字大同，略異。）孔子歎而歌，重見於《禮記·檀弓上》（又重見於《孔子家語·終記》），雖然都是不盡相同的。魯哀公為孔子誄，重見於《左傳》哀公十六年、《禮記·檀弓上》（亦見於《孔子家語·終記解》），《左傳》《孔子家語》與《史記》基本相同且稍詳之，《禮記》與《史記》差異頗大，較此簡略。這種情況下，這三篇作品究竟算錄文還是承襲呢，雌雄難辨。諸如此類的還有《史記·趙世家》蘇厲為齊遺趙王書（「十六年，

秦復與趙數擊齊，齊人患之。蘇厲爲齊遺趙王書曰……」）（按：此書亦見於《戰國策・趙策一》，文字有異同，但云蘇秦遺趙王書）等。要說明這些錄文現象，究竟是錄文還是承襲，則需要探討一下承襲與錄文相互產生與包含的問題。

筆者以爲，承襲，以其爲「我」（史家）所用的目的、有著分散襲用等多種靈活自由的方式，故承襲者（史家）有能力主宰承襲的主要面貌。即使被承襲的作品裏本來含有他人的作品（或同一作者的其他作品）（如《左傳》中含有魯哀公爲孔子作的誄，《論語》中含有楚狂接輿之歌等），襲用者（史家）亦有能力決定其所包含的他作的去留。譬如司馬遷在承襲《左傳》時，他完全可以決定魯哀公爲孔子作的誄的去留、留多少、留哪一部分等，在襲用《論語》時，亦可自由裁決楚狂接輿之歌。在這種充分自由的條件下，被《史記》承襲的原文（甲）中所包含別的其他作品（乙）的去留情況，完全可以體現司馬遷對該文的去留刪易等意志。換言之，史家（司馬遷）承襲作品甲的時候完全可以決定對作品乙著錄與否，即史家在承襲作品甲的時候完全可以展示其對作品乙的著錄意識。故承襲中產生錄文，於情理上完全可能；觀上所舉實例，知事實上也的確如此。故上文所舉列的作品，縱然完全包含在承襲之中，但算作錄文是沒有問題的；然而歸入承襲時則需十分謹愼了。原因在於，若該文緊鄰的上下文不是承襲而來的話，則很難斷定這是承襲時連帶著錄的。當然，若明知該作品與承襲無關，則僅係錄文無疑；若明知其因承襲連帶而來，則雖係錄文，歸入承襲亦無不可。

雖然《史記》的承襲可以產生錄文，然《史記》的錄文卻不能產生承襲，縱然含有承襲，那也是所錄文（原作者）的承襲，不能算作是錄文者（司馬遷）的承襲。原因有三。其一，《史記》錄文以其重「文」故多盡力保持作品原貌，史家於錄文的加工操作遠不及承襲之自由自在。縱然錄文有刪節易改的情況，但總的來說這種情況主要存在於無錄文意識的錄文之中（爲敘事所用之類）。故就錄文整體來說，錄文者（史家）並沒有改動、處理被錄文內部結構的努力與自由，因此從根本上來說錄文者（史家）不能決定所錄文本身原有的承襲。其二，《史記》承襲在於爲「我」所用（爲史家所用），故承襲而來的文字爲史家表述了相應部分的內容，成爲史家傳文不可或缺的成分。錄文者（史家）如果看上了某作品，自然不能去掉該作品原有的承襲部分，除非是節錄。其三，錄文者（史家）對所錄原文的操作權相對承襲而言是十分有限的，只能予以保留或刪去其原有的承襲，卻不能增加（或曰產生）新的承襲。

第四節 論司馬遷的著作觀與著作權意識：承襲、 錄文、「成一家之言」追求的矛盾並存

一、《史記》的承襲與「著」「作」及「成一家之言」的追求不矛盾

如上節所論，司馬遷自創的、沒有承襲的傳文並不能說明司馬遷已經完全沒有承襲的想法了。《史記》諸多化錄，之所以不標識作者、出處（或有標明某人「曰」、「言」，然實同史家之轉述，看不出是錄用了其人之文），其實是把它們當作材料用（既是史料，又是可替代史家行文的文字材料），其義同於承襲。

所以，只有能明確查出存在承襲現象的，才能考察其承襲；今查而不見有承襲的，事實上可能未必無承襲；縱然事實上的確無承襲的，也不能輕易斷言史家於此便無承襲的初衷了。因此，司馬遷自創的、沒有承襲的傳文不能說明他是否完全放棄了承襲的想法，而唯有承襲能說明他不把承襲排除在「創」作、「著」作、「成一家之言」、表達「私心」、表現自己之「文采」之外。其《報任安書》即云「所以隱忍苟活，函糞土之中而不辭者，恨私心有所不盡，鄙沒世而文采不表於後也」（《漢書·司馬遷傳》）〔註22〕，「僕竊不遜，近自託於無能之辭……成一家之言。草創未就……僕誠已著此書」（《漢書·司馬遷傳》）〔註23〕。《太史公自序》雖曰「余所謂述故事，整齊其世傳，非所謂作也，而君比之於《春秋》，謬矣」〔註24〕，且數用「述」字；但是其於每篇篇名都云「作」，總結時又云「著十二本紀」「作十表」「作八書」「作三十世家」「作七十列傳」「成一家之言」。又歷數古聖賢發憤著書的眾多例子以勉勵自己，其例在《報任安書》中說「作《春秋》」「賦《離騷》」「《兵法》修列」「《詩》三百篇，大抵賢聖發憤之所為作也」（見《漢書·司馬遷傳》），在《太史公自序》中亦云「作《春秋》」「著《離騷》」「論《兵法》」「大抵賢聖發憤之所為作也」，可見他一直以來將自己的史書也定位在「著」「作」中，傳承著「賢聖發憤之所為作」，縱然其間有許多承襲。梁啓超先生亦謂《史記》

〔註22〕（漢）班固撰、（唐）顏師古注《漢書》，北京：中華書局，1962 年版，冊 9 第 2733 頁。

〔註23〕（漢）班固撰、（唐）顏師古注《漢書》，北京：中華書局，1962 年版，冊 9 第 2735 頁。

〔註24〕（漢）班固撰、（唐）顏師古注《漢書》，北京：中華書局，1962 年版，冊 9 第 2719 頁。

「竊比《春秋》」〔註25〕。綜上可知：司馬遷自云「非所謂作也」純係自謙，《史記》在其心目中是「著」「作」無疑。此其一也。

其二，《太史公自序》中幾次使用「述」字也不完全出於自謙，乃是事實。正如司馬遷自謂《史記》係「故事」「整齊」而已：「故事」，則必有前人、他人的敘說了，不然無以傳至今（漢），今或襲用其言而重敘之，其謂「述」不亦宜乎；傳者或有多說，故謂「整齊其世傳」「厥協六經異傳，整齊百家雜語」（《太史公自序》），其間經過史公「網羅天下放失舊聞，考之行事，稽其成敗興壞之理」（《報任安書》）〔註26〕等考辨整理，使之成為一個有結構完整的、內容可靠、系統規範的統一的通史，如司馬遷自謂的「一家之言」者也。

其三，在司馬遷眼裏，「承襲」是合情合理的，毫無學術道德問題。故雖承襲了大量的他人之作，但心中依然隱含著「著」作、「創」作、表「私心」、表「文采」、以前賢發憤著作自勉的崇高的自許。且在其他漢人看來，承襲於創作亦無道德問題，故漢明帝詔中亦謂之為「著書」（「司馬遷著書，成一家之言」，見班固《典引序》，載《文選》卷四八）。班固雖知《史記》採用了許多史料（《漢書·司馬遷傳·贊》羅列出《史記》採用的諸多史料），但卻並不以此介意，反而以此稱讚他「斯以勤矣」（「涉獵者廣博，貫穿經傳，馳騁古今，上下數千載間，斯以勤矣」，見《漢書·司馬遷傳·贊》）〔註27〕；班固對司馬遷雖頗多指責（《漢書·司馬遷傳·贊》），但仍然稱道司馬遷「博物洽聞」，並為之傷悼「『既明且哲，能保其身』，難矣哉」（見《漢書·司馬遷傳·贊》）〔註28〕。班固又曰「定令則趙禹、張湯，文章則司馬遷、相如」（《漢書·公孫弘卜式兒寬傳·贊》）〔註29〕。又，《漢書·東方朔傳》載「朝廷多賢材，上復問朔：『方今……司馬遷之倫，皆辯知閎達，溢於文辭，先生自視，何與比哉？』」〔註30〕又，「自劉向、揚雄博極群書，皆稱遷有良史之材，服

〔註25〕梁啟超《要籍解題及其讀法》，北京：清華週刊叢書社，1925年，第35頁。
〔註26〕（漢）班固撰，（唐）顏師古注《漢書》，北京：中華書局，1962年版，冊9第2735頁。
〔註27〕（漢）班固撰，（唐）顏師古注《漢書》，北京：中華書局，1962年版，冊9第2737頁。
〔註28〕（漢）班固撰，（唐）顏師古注《漢書》，北京：中華書局，1962年版，冊9第2738頁。
〔註29〕（漢）班固撰，（唐）顏師古注《漢書》，北京：中華書局，1962年版，冊9第2634頁。
〔註30〕（漢）班固撰，（唐）顏師古注《漢書》，北京：中華書局，1962年版，冊9第2863頁。

其善序事理，辨而不華……」(《漢書·司馬遷傳·贊》)〔註31〕。由此可見，《史記》縱然多有承襲，但並不影響同時代人對司馬遷的作品及其創作能力的普遍肯定。這說明了著述中允許承襲現象的存在，這是當時社會的共識。

何以襲用他人著作爲己作而能被社會認可、成爲社會共識？蓋與古人行文之隨意有關。正如吳樹平先生說「古人寫書還是比較隨便的，整段引用他人的文字司空見慣」〔註32〕。至於何以如此隨便，則與古人尚無今人這樣嚴謹的學術規範、古人書籍難以求得而多憑記憶引用、這種憑記憶的方式又增加了古人的隨意性等因素有關。古人直到漢代才發明了紙，但紙的普遍使用是漢以後遙遠的事情了。古人書寫的材料都是笨重的簡牘，流傳只能靠抄寫，文化又主要集中在少數人手中而未能在社會廣泛普及，故書籍之於人們之難以求得可想而知。憑記憶，自然成爲人們儲存閱讀材料和參考他人材料的重要方式。然憑記憶的方式本身就有很多模糊性、隨意性。但社會上人們普遍地憑記憶，則這模糊性、隨意性自然形成社會共識，不以爲意了。

非但漢代人們隨意，之後的人們仍然普遍地存在隨意。如力之先生考證唐人《藝文類聚》，其「『事』之部分所引的句子，並沒有經過編撰者嚴格的『篩選』，而往往憑記憶寫下了事」，「因之，這一部分出現了引同一書異卷（篇）而往往雜亂無章現象，甚者張冠李戴。而意識到這一點，即古人著述與注書的引文，時或僅憑記憶而非核之所引之原書，對考辨某一具體的詩、文之作者與其今傳者是否『完璧』，以至整理古籍等等，均有著重要意義」，而之所以會這樣紊亂且被接受，「最大的原因就在於其編撰者沒有將這一問題當作問題……而他們所以如此，與當時整個社會的看法是一致的。即在當時，編撰類書序次所引書（文）之時代這樣的亂尚不是問題」〔註33〕。

其四，司馬遷所謂「一家之言」非後人概念中的「一家之言」。司馬遷所謂「一家」乃是針對「百家雜語」「異傳」而言的；司馬遷的「成一家言」，翻譯成今語，意思大致相當於：「使之（眾多雜亂、異繆的史料、說法）（整理）成爲統一的系統的說法（局面）」。

〔註31〕 （漢）班固撰，（唐）顏師古注《漢書》，北京：中華書局1962年版，冊9第2738頁。
〔註32〕 吳樹平《前言》，見吳樹平等譯注《全注全譯史記》，天津：天津古籍出版社，1995年，第7頁。
〔註33〕 力之先生《關於〈藝文類聚〉引書文之無序問題——〈藝文類聚〉研究之二》，見端木黎明主編《宋永培先生紀念文集》，北京：中國文聯出版社，2010年。

　　今人概念中所謂的「一家」猶如一個人的、個人的或自成一特色、自具一成就〔註34〕。亦即，要麼強調是個人的而非普遍的、公認的，猶如一家所見；要麼強調其開創性、創新性，強調其特有的成就〔註35〕。後人普遍將司馬遷所謂之「一家之言」的內涵等同於今人概念中的內涵。

　　如張大可先生說，「融會貫通百家學說以建立統一的新思想體系」，「『言』即議論、理想和主張。『成一家之言』就是要獨創一個思想體系，具有劃時代的內容，能啓迪後人，影響社會。『成一家之言』是司馬遷在歷史學上的一個首創」，之後又就思想方面展開論述，如其云「這種差異並不是兩種思想體系的對立，而是『一家之言』的發展——從偏重道家的色彩轉向偏重儒家」，「司馬遷的『一家之言』既然是博採百家，融會貫通構成一個新思想體系，所以從《史記》中摘引單方面的資料來闡述司馬遷的某一個方面的思想傾向……正是學術界評論司馬遷思想往往產生對立觀點的主要原因。但這都不是『成一家之言』的司馬遷」，「司馬遷的『一家之言』不屬於陰陽、儒、墨、名、法、道中的任何一家，也不是雜家，而是一個嶄新的思想體系」〔註36〕。張先生對所謂「融會貫通百家學說」甚有見地，但對「一家」的界定，他所強調的主要是思想，且重在「新」「獨創」「首創」「影響」。

　　其實僅字義來說，「一家」就是統一「百家」以成「一」之意，「成一家之言」即把雜亂的歷史材料整頓成一個條理清晰的（《太史公自序》：「既科條之矣」）、經考究而可靠可信的（《太史公自序》云「罔羅天下放失舊聞……原始察終……論考之行事，略推三代……」）、統一的（《太史公自序》云「略推三代，錄秦漢，上記軒轅，下至於茲，著十二本紀」、「並時異世，年差不明，

〔註34〕如《現代漢語詞典》（中國社會科學院語言研究所詞典編輯室，北京：商務印書館，2003 年）「一家之言」條釋云「指有獨特見解、自成體系的學術論述。也泛指一個學派或個人的理論、說法。」《漢典》釋云「指有獨特見解自成體系的論著。」（見 http://www.zdic.net/cy/ch/ZdicE4ZdicB8Zdic8021637.htm）

〔註35〕如張大可先生說，「融會貫通百家學說以建立統一的新思想體系」，「『言』即議論、理想和主張。『成一家之言』就是要獨創一個思想體系，具有劃時代的內容，能啓迪後人，影響社會。『成一家之言』是司馬遷在歷史學上的一個首創」。見張大可《史記研究・試論司馬遷的一家之言》，蘭州：甘肅人民出版社，1985 年第一版，第 338 頁。

〔註36〕以上五段引文分別見張大可《史記研究・試論司馬遷的一家之言》，蘭州：甘肅人民出版社，1985 年第 1 版，第 338 頁、338 頁、344 頁、345 頁、346 頁。（亦見張大可《試論司馬遷的「一家之言」》，《西北師大學報》（社會科學版），1983 年第 3 期。）

作十表」、「承敝通變，作八書」、「二十八宿環北辰，三十輻共一轂，運行無窮，輔拂股肱之臣配焉……作三十世家」、「扶義俶儻，不令己失時，立功名於天下，作七十列傳」、「序略，以拾遺補藝」、「厥協六經異傳，整齊百家雜語」）系統。在這具體操作過程中自然融匯、整合了諸家學說，而融會整合之時自然滲入了史家自己的史學思想及其他設想，但以信、達、雅三標準來翻譯「成一家之言」這五個字的話，其本身遠沒有這麼崇高。況就整理眾多史料、使之成為一個系統的統一體，《春秋》早在《史記》之前，不知在張先生看來何以孔子之《春秋》不算在內，不然何以謂《史記》之成「一家」為史學之「首創」。將雜亂無章、真偽混雜的眾多歷史材料整理成系統的、經考究的統一體，其價值自然無窮，其功勞自然崇高偉大，但其崇高在於形成「成一家」的史書之後的意義，而不在於其原話「成一家之言」本身所表達的內容。

張先生整篇之中所反覆闡述的，實際上是經司馬遷整理成統一系統後的「言」的面貌、內容、特點、意義。張先生的分析的確詳實而精到，但卻混淆了「一家之言」本身詞義的界定與經「一家」（統一一體）之後的「言」的特點、內涵的界定，故其文與其自謂的「這就是本文探討司馬遷『一家之言』的界說」〔註37〕之旨恐稍失偏離。

其實司馬遷「成一家之言」的本義，就是整理史料，使得百家雜亂之史成為一個系統的完整的整體的意思。理解司馬遷「成一家之言」的本義只要細讀一下司馬談留下的遺囑與司馬遷自敘寫史的話，就能準確理解了。《太史公自序》中三次提到其父著史的遺囑，除此以外，司馬遷又三次自敘著史原委。司馬談父子的話，一是強調家族世典其官的榮耀，宜乎發揚光大；二是父親的著史遺囑；三是強調太史職責，不敢廢棄天下史文；四是揚名後世，以顯父母；五是天將降大任於斯人而不可讓也，周公卒後五百年而後有孔子，孔子卒後於今亦五百歲，暗示繼承孔子傳統的意思；六是自獲麟以來四百餘歲而史記放絕，今漢興一統，君明臣賢宜論載，史官在這個時期有特別值得著述的職責。這六點中，給予司馬遷巨大而頑強的動力與毅力的、稱得上「意欲以究天人之際，通古今之變，成一家之言」（《報任安書》）〔註38〕宏偉大志

〔註37〕張大可《史記研究·試論司馬遷的一家之言》，蘭州：甘肅人民出版社，1985年第1版，第346頁。

〔註38〕（漢）班固撰、（唐）顏師古注《漢書》，北京：中華書局，1962年版，冊9第2717頁。

的，究竟哪一條才是最爲關鍵的一點呢？筆者以爲第六點才是司馬遷的宏偉大志之所在：四百年來史記放絕，猶政治社會中漢前幾百年混亂的歷史，今漢興，海內清平，在政治上已經一統天下了，學術上亦逐漸結束百家爭鳴的局面、并最終由漢武帝實現了大一統（罷黜百家獨尊儒術）。司馬遷身爲太史，正宜其傚仿周公、孔子於文化事業上（具體說當爲「史文」〔註39〕）大展宏圖、一統天下、遺則千秋（「孔子修舊起廢，論《詩》《書》，作《春秋》，則學者至今則之」，見《太史公自序》司馬談遺囑），以匹配漢興以來在政治歷史上的大一統；此番大志非憑空妄想，一者世典其官，身爲其後，既完全有此能力，亦當以此爲務，二者周公卒後五百歲孔子乃出，孔子卒後至於今亦五百歲，其「『有能紹明世，正《易傳》，繼《春秋》，本《詩》、《書》、《禮》、《樂》之際？』意在斯乎！意在斯乎！小子何敢讓焉」（《太史公自序》），故司馬遷有這份天命，定能「繼《春秋》」，亦有這份天職，當「繼《春秋》」；周公、孔子都是非世出之賢，五百歲乃一出，其繼周公、孔子之業而一統史文者，豈不偉乎！正合其「亦欲以究天人之際，通古今之變」之宏偉大志！然既有如此壯烈之宏願，必有如此堅韌不拔之奮鬥。故司馬遷雖艱難困苦而隱忍苟活，「函糞土之中而不辭」（《報任安書》），「是以腸一日而九回，居則忽忽若有所亡，出則不知所如往。每念斯恥，汗未嘗不發背沾衣也。身直爲閨閣之臣，寧得自引深藏於岩穴邪！故且從俗浮沉，與時俯仰，以通其狂惑」（《報任安書》）〔註40〕，所以如此深自隱隱者，爲的是「草創未就……惜其不成，是以就極刑而無慍色」（《報任安書》）〔註41〕。至於其他五點，如此則皆可實現；之所以如此強調核心因素之外的五點，乃在於古人的謙遜，雖於文化事業（「史文」）大有「野心」，但不可以直言，需借用這些所謂的「義務」（如父命、家族使命、職責等）、這些被動因素以遮掩其個人內心的宏偉大願（而不僅僅是他父親的遺願）。這種心理，即便在開放的、強調個性的今天，恐怕也會在某些特定的時候特定性格的人們的身上存在。尤其是性格內向些的、不敢表現自己的人，雖然默默地頑強地爲追求而奮鬥，但卻

〔註39〕 《太史公自序》司馬談遺囑司馬遷有云「自獲麟以來四百有餘歲，而諸侯相兼，史記放絕。今漢興，海內一統，明主賢君忠臣死義之士，余爲太史而弗論載，廢天下之史文，余甚懼焉，汝其念哉！」

〔註40〕 （漢）班固撰、（唐）顏師古注《漢書》，北京：中華書局，1962 年版，冊 9 第 2736 頁。

〔註41〕 （漢）班固撰、（唐）顏師古注《漢書》，北京：中華書局，1962 年版，冊 9 第 2735 頁。

不敢輕易表現自己的追求、自己的奮鬥，尤其人微、志大而內向的人。又，《論語‧季氏》孔子批評冉有「君子疾夫舍曰欲之，而必爲之辭」，這實際上也是這種心理（「季氏將有事於顓臾」，孔子批評做季氏家臣的冉有，冉有說不是他想這麼做、是季氏想這麼幹，孔子即批評冉有在其位而不善導季氏、不稱其職，冉有即辯解說「今夫顓臾，固而近於費，今不取，後世必爲子孫憂」（《論語‧季氏》），孔子便接著批評說「求，君子疾夫舍曰欲之，而必爲之辭……」（《論語‧季氏》），意思是說君子討厭這種明明自己是想這樣卻要找藉口掩飾的行爲。在孔子看來冉有本有這種想法，而他卻躲躲掩掩、找些別的東西來遮掩，自己不敢表現也不敢承認。

只有這樣，把「成一家之言」與統一文化事業（具體當是「史文」，見《太史公自序》）聯繫起來，才能眞正解讀司馬遷「亦欲以究天人之際，通古今之變，成一家之言」（《報任安書》）的大志；也只有這樣，「成一家之言」（整理成統一的系統的歷史）──將自古以來（《太史公自序》：「歷黃帝以來至太初而訖」）、普天之下（中原的、夷狄越匈奴等少數民族）的文化、歷史（保守地具體地說當是「史文」，見《太史公自序》）形成「成一家」──才能匹配其前面兩句所謂的「究天人」「通古今」。

且在漢代將「一家」解作一統、統一局面的現象有很多。僅《史記》便可以舉出數例：「夫天下合爲一家」（《劉敬叔孫通列傳》）；「然天下同姓爲一家也，愼無反」（《吳王濞列傳》）；「諸引弓之民，並爲一家」（《匈奴列傳》）；「朕與單于皆捐往細故，俱蹈大道，墮壞前惡，以圖長久，使兩國之民若一家子」（《匈奴列傳》）；「連四海之外以爲席，安於覆盂，天下平均，合爲一家」（《滑稽列傳》。按：此係褚少孫所補寫《史記》中所載東方朔語，雖非司馬遷作，但褚、東方皆係漢人，故引之）。據筆者統計，《史記》之「一家」用作統一局面之意的，便佔了半數。

後人翻譯「成一家之言」時往往照搬下來而不做翻譯（如施丁先生譯《太史公自序》，見吳樹平等《全注全譯史記》，天津古籍出版社，1995 年）。其實由於古今意義的流轉，這很容易給人造成誤解，不少專業人士尚有誤解，況普通人。譬如梁啓超先生引《報任安書》與《太史公自序》之「成一家之言」，謂「其著書最大目的，乃在發表司馬氏『一家之言』，與荀卿著《荀子》、董生著《春秋繁露》，性質正同。不過其『一家之言』，乃借史的形式以發表耳」〔註42〕。

〔註42〕梁啓超《要籍解題及其讀法》，北京：清華週刊叢書社，1925 年，第 35 頁。

又如趙明正先生，亦引司馬遷自謂的「成一家之言」爲依據，謂「司馬遷創立了一個史家的學派體系而自成『一家之言』……」〔註 43〕。又如，有人說「司馬遷寫《史記》主要是要通過『究天人之際，通古今之變』，『原始察終，見盛觀衰』，向人們展示一個有別於他家之言的歷史規律性……」〔註 44〕，等等。若單純地想表達司馬遷（或《史記》）有突出建樹、可謂成就了一家之言的看法，則這只是見仁見智個人看法的問題，並沒有什麼不可以；但將「成一家之言」加上引號就是引用司馬遷的原話了，況且是在引用司馬遷相關原話的背景下繼而再引其「成一家之言」，所以這就不得不考究司馬遷原話的本意了；此番細節雖小，但若失於考究，則只能讓人以爲您不理解司馬遷原話的本意而張冠李戴了。故宜其慎哉！

這種誤讀當是源於人們對司馬遷有著崇高的敬意而失於分辨地、無意識地、想當然地拔高式的誤讀。理清這種誤讀並不難，讀者不妨反思一下：如果司馬遷追求成就不同凡響的自成一派系的一家，那他爲什麼要反覆自明爲「整齊」、「厥協」各類凌雜史料，爲什麼一再強調其所面對的材料、其所整齊的是「世傳」「異傳」「百家雜語」？既然是想要成就不同凡響的自成一派系的一家，何以大量地採用承襲？既摻和了大量承襲，爲何心中暗詡自己的史書是「著」「作」、「創」「作」、表「私心」、表「文采」、「成一家之言」，爲何將他人成果「厚顏無恥」地當做「自己」的不同凡響的自成一派系的一家的成就？難道是司馬遷臉皮如此之厚嗎？再者，司馬遷雖不乏很高的自詡，《史記》的創作或許實際就是以《春秋》自勉的，但他字面上還是一再地表示謙虛。如《太史公自序》云「非所謂作也，而君比之於《春秋》，謬矣」。又如《報任安書》，雖然其強烈的自許與追求躍然紙面，但行文依然極盡委婉曲折，古人之謙遜可見一斑。「成一家之言」，若照今天的理解，即使是處在開放的、張揚的今天，恐人們也未必敢輕易地這樣自負地公然宣稱自己的東西成就了一家、敢以一家自居，何況《史記》曾再三如此宣稱。在封建社會時代，以「溢於文辭」著稱〔註 45〕的司馬遷竟會在欲以「揚名後世」（《太史

〔註 43〕趙明正《論司馬遷的「一家之言」》，《雲夢學刊》，2004 年第 5 期，第 30 頁。

〔註 44〕鄭振邦，鄭紅娟《也談司馬遷的「成一家之言」》，《渭南師專學報》（社會科學版），1997 年第 2 期，第 1 頁。

〔註 45〕《漢書‧東方朔傳》「是時，朝廷多賢材，上復問朔：『方今公孫丞相……董仲舒……司馬相如、吾丘壽王、主父偃、朱買臣、嚴助、汲黯、膠倉、終軍、嚴安、徐樂、司馬遷之倫，皆辯知閎達，溢於文辭，先生自視，何與比哉？』」

公自序》載司馬談之遺言）的史書中如此赤裸裸地自負嗎？

當然，人們對司馬遷「成一家之言」誤解的形成，與古人的稱引情況亦不無關係。如班固《典引‧序》載漢明帝詔曰：「司馬遷著書成一家之言，揚名後世，至以身陷刑之故，反微文刺譏，貶損當世，非誼士也。司馬相如洿行無節，但有浮華之辭，不周於用，至於疾病而遺忠，主上求取其書，竟得頌述功德，言封禪事，忠臣效也」〔註46〕。將「成一家之言」與「揚名後世」相連，本身沒有什麼問題，但卻容易讓後來的讀者因之將「一家之言」往獨特、偉大方面誤讀。

要之，司馬遷所謂「成一家言」的「一家」，乃是針對「百家雜語」「異傳」而言的；司馬遷「成一家之言」的本意大致相當於：「使之（眾多雜亂、異繆的史料、說法）（整理）成為統一的系統的說法（局面）」。這種整理材料（「整齊」「厥協」，「述故事」「世傳」「異傳」「雜語」等，見《太史公自序》），便是司馬遷所謂的「述」，而「述」則自然難免引用前人、他人的作品與材料，加之古人著述中向來的隨意性，故承襲便自然得到大量的使用了。

綜上所述，承襲與司馬遷所謂的著作、「成一家之言」的追求並不矛盾，其「著」「作」、「成一家之言」的追求仍然保留著較濃的「述」的成分，並不排斥、並不摒棄承襲。其著作觀（創作觀）仍不排斥承襲的思想，依然保留著較濃的「述」的成分。以此正可補充、修正人們對司馬遷著作觀和「成一家之言」追求的理解。

二、承襲與錄文，承襲之與「成一家之言」的追求：看似矛盾而實際並不矛盾

《史記》的承襲與錄文，《史記》的承襲之與司馬遷對「著」「作」「成一家之言」的追求，看似矛盾而實際並不矛盾。

《史記》一方面存在大量的承襲，一方面又強調自己的對「著」「作」追求，並大量地錄文。承襲於客觀上忽略了原作的著作歸屬權，而司馬遷對「著」

（（漢）班固撰，（唐）顏師古注《漢書》，北京：中華書局 1962 年版，冊 9 第 2863 頁）又，班固於《漢書‧公孫弘卜式兒寬傳第》贊云「文章則司馬遷、相如」（（漢）班固撰，（唐）顏師古注《漢書‧司馬遷傳》，北京：中華書局 1962 年版，冊 9 第 2634 頁），等等。

〔註46〕 見《文選》卷四十八。（梁）蕭統編，（唐）李善注《文選》（下冊），北京：中華書局，1977 年，第 682 頁上欄。

「作」的追求則說明他不但意識到著作歸屬權問題，並欲藉此留名後世。承襲把原作當做公共資源而任意取用不做說明，在客觀上無視原作的著作歸屬問題，但錄文卻正是留意到原作的著作歸屬問題，有些甚至爲文立傳、借錄文而爲其人揚名後世。從表面上看，這構成了兩組矛盾。

然從發展的眼光看則它們並不矛盾。《史記》的承襲與對著作的追求的並存，一方面說明司馬遷有一定的「著」「作」的觀念，但此時司馬遷的所謂「著」「作」觀，並不摒棄承襲的存在，依然存在著「述」的成分；另一方面說明，在司馬遷著作觀（創作觀）的發展過程中，此時正是由「述」向「作」的過渡階段，故承襲尚合情合理地被依舊沿用著，而「著」「作」成分也在不知不覺中漸漸壯大發展起來。

《史記》的承襲與對「著」「作」的追求，它們看似矛盾卻並不矛盾的實質，正可以解釋《史記》承襲與錄文爲何可以並存。它們看似矛盾卻並不矛盾的實質，說明了司馬遷對著作的歸屬權意識，一方面漸漸脫離原始公共資源觀而逐漸成長起來，形成了一定的著作權意識，一方面卻又尚未完全成長起來，依然保留著原先的公共意識中的承襲的思想。《史記》之所以錄文，乃在於前者，在於司馬遷具有了一定的著作觀、著作權意識；《史記》之所以承襲，則源於後者，司馬遷依舊保留著原先的公共意識中的「述」的成分、隨意性的思想。這兩組「矛盾」現象，其實質是相通的。

而著作觀（創作觀）、著作權意識，顯然促進了錄文意識的產生與發展，亦從側面見證了錄文意識的可能性。如果沒有一定的著作觀（創作觀）、著作權意識，恐難有一定自覺的錄文意識。而於事實上，《史記》不均一的、尚不完全自覺的錄文意識，正與尚有保留成分的著作觀（創作觀）、著作權意識相匹配（可參第一章、第五章）。

因此，《史記》大量的承襲與強烈的著作追求、大量的錄文，三者的並存，不但見證了司馬遷乃至漢人的著作觀（創作觀）、著作權意識的發展，也見證了錄文意識的發展。

承襲與錄文的具體比較，詳見下文。

本章小結：

《史記》承襲的具體情況複雜多樣，與《史記》錄文貌似神異、同源異流，有時也出現異質合流、甚至承襲產生錄文。《史記》錄文的產生與發展一方面受到了上古「左史記言」的傳統和《尚書》收錄大量政治文件的啓發而

來，一方面受承襲影響，乃至因承襲而生，再一方面也受到引文的啟示。《史記》錄文、引文、承襲，三者外表或有相近相似，然實質不同。《史記》的承襲與對「著」「作」及「成一家之言」的追求，《史記》的承襲與錄文，兩組看似矛盾卻又大量並存，這說明司馬遷乃至漢人的著作觀（創作觀）中仍保留較濃的「述」的成分、著作權意識中仍保留較多承襲思想。而著作觀（創作觀）、著作權意識，顯然促進了錄文意識的產生與發展，亦從側面見證了錄文意識的可能性。而於事實上，《史記》不均一的、尚不完全自覺的錄文意識，正與尚有保留成分的著作觀（創作觀）、著作權意識相匹配。

第九章　綜論《史記》的錄文、引文、承襲

第一節　綜論《史記》之錄文與承襲

《史記》之錄文與承襲，其方式、技法、篇幅等，上文均已詳述，在此略作總結：

就篇幅而言，《史記》的錄文與承襲都是極其自由的。既不憚於長篇採錄，也不輕易捨棄短篇乃至零散之語，或節錄，或全篇採錄。故承襲與錄文一樣，其篇幅或長或短，莫有定則。但總的來說承襲與錄文的篇幅和規模遠遠大於《史記》一般性引文。

就方式而言，《史記》的錄文與承襲都是靈活多樣的，但錄文以其更忠實於原文而顯得相對嚴謹、規範（當然化錄除外，因為化錄在很大程度上已接近於承襲，史家所用而不為「文」即被化錄之文著想，並不以保持所錄文原貌為追求）。為此，承襲可以把原文隨意分散襲用、穿插承襲等，而錄文基本沒有這種做法。因之可以進一步反觀錄文中的錄文意識、重文思想的作用。若非有心重「文」（所錄文）、有意錄文，《史記》被錄之文恐亦難免遭受如被襲用之文的「面目全非」的命運。

但是，也並不是所有的化錄與承襲都離所錄文原文原貌很遙遠，《史記》有些化錄之文甚至原封不動地保持了其原貌不變（當然，時至於今而略見其個別文字被同義替換了或另有出入了，這其中難免不是由於版本、流傳所致，故不當如此苛求）。

當然，《史記》的化錄、承襲之所以能保持所錄文的原貌，並不是因為此

時突然重視了「文」（所原文）、並不是史家偶然地有了保持原貌的努力；而是所錄文原文較完整、較好地敘述了相關事件、相關歷史，並且得到了司馬遷的認可，或者除此以外沒有別的資料、或別的更好的資料以作補充了，所以照原貌採用了下來。

就外來文字融入史傳所做的技術加工來說，一般地，《史記》承襲的需要做的技術加工相對較多，除了增加一些承上啓下的語句，往往還對所錄文的原文做了一些乃至大量或大幅度的刪砍、改易，使得外來文字如同史家手筆。若無一定的知識儲備，承襲而來的部分與自創自寫的部分「亂花迷人眼」，讀者甚至根本不能看出來。

然而錄文則不然，縱然有「其辭曰」「其文曰」「乃上書曰」「與某某書曰」，及「然後」「於是」等上下文銜接詞，但這些詞基本形成套路、程式，沒有承襲的技術加工那樣「因文制宜」、靈活多樣。且在內容上也不會因爲要使與傳文達到水乳交融的面貌而作更改。當然這並不是說錄文便沒有刪削，相反節錄錄文的方式倒還比較多，另有改錄、譯錄等，只是這些刪削、改動的主要原因並不是爲了是所錄文與傳文水乳交融，錄文自有其錄文的目的。當然，這裡所論的錄文並不包括化錄。化錄十分臨界於承襲，不是典型的錄文。

四、就外來文字於己文所起作用來說，承襲在於爲「我」所用，視他人之文爲天下公器而可以公開地任意取用。這猶如用一個個的字來組織文章一樣，字雖是他人造就的，其於該文章有不可磨滅之功，但文章的版權、榮譽等卻全部歸屬於「我」。

錄文則不然（化錄除外），他人之文並沒有被錄文者所淹沒不彰。錄其文，其意或者在其「文」的某種價值，或在爲「文」、爲原作者彰顯、立傳，尤其是「閭巷之人，欲砥行立名者」（《伯夷列傳》），讓他們「附驥尾而行益顯」（《伯夷列傳》）。故雖然所錄之文或未著篇名（有些文章，或許也本無篇名，如書信），然總以不淹沒其原作者爲底線。當然，一些沒有錄文之意的錄文及化錄則不在此例，只是是取其敘事、歷史而已。

《史記》的承襲是承他人、前人之文來代替重新組織文字敘述相關人物、歷史，但不是承襲傳主之文，又無錄文意識，因此承襲不算錄文，與錄文有著本質區別。《史記》錄文的產生與發展一方面受到了上古「左史記言」的傳統和《尚書》收錄大量政治文件的啓發而來，一方面受承襲影響，乃至因承襲而生，再一方面也受到引文的啓示。

　　就錄文與承襲的發展關係來說，當是同源異流、貌似神異，特殊時候又匯流起來、乃至於承襲對錄文單向相生。承襲最開始時當是源於人們的隨意性的社會普遍意識。故從言語的沿用、稱引，繼而到書面的沿用、稱引；從小段小規模的沿用，繼而到成段、成篇的沿用；在大段、大規模的沿用的時候，及稱引《詩》《書》、賢者言論的盛行（引文的盛行）。許多人的文章，尤其是短小篇章，往往會被不經意地著錄到自己的文章裏來了，例如《左傳》錄魯哀公之誄孔子、士蔿之《狐裘歌》等等；伴隨著「三不朽」思想（立德、立功、立言）及人對自身價值、文章價值等認識的發展，漸漸滋生了錄文意識，產生了有意的著錄，有意識的錄文。然而漫長的隨意性的公共意識卻並未消失，依舊延續著，故承襲與錄文並存而異流起來。隨著承襲的繼續與錄文的逐漸發展成熟，使得承襲與錄文最終同源而異質。當然，因為同源而繼續保留了一些共同的面貌，但其實已是貌同神異了，有著各自的追求目標。保持所錄文原貌的承襲與不露痕跡的化錄，分別是承襲與錄文中最靠近二者臨界線的形式，它們見證了承襲與錄文最初的同源的淵源關係；在某些特定的時候，承襲與錄文，這兩條同源異流後的河流又會不經意間地匯流起來，使得二者雌雄難辨、涇渭難分，或者並兼承襲與錄文的性質，並且承襲還會產生錄文來，只是錄文卻不能產生承襲來。

第二節　綜論《史記》之錄文與引文、承襲

　　如上文所論，《史記》的引文、承襲，都是以「我」（引文者、承襲者即史家司馬遷）為中心，所引文、所承襲的他人的文字皆為「我」（引文者、承襲者即史家司馬遷）所用。

　　不同的是，引文，為「我」（司馬遷）所用的在於資助「我」的觀點、充實「我」的論證，故而需要沾沾所引文的地位、影響的光。所以，引文一般標出原文作者或出處篇名，即使是無作者無篇名的（諸如謠、諺、野語等），也特為標明「諺曰」、「野語曰」、「某某（如齊人、秦人等）歌曰」等。這些被引用的文字，本身很經典，其出處要麼是前賢、時賢，要麼是經典性作品，即便是野語、謠諺、民歌，它們的社會影響力都是很高的。且在古代文化沒有得到廣泛普及、書籍文字亦未廣泛普及於社會民眾的情況下，通過口耳相傳的民間野語、謠諺、民歌等，相對而言在社會上卻更具知名度、影響度。故史家引之論證自己的觀點，則更具說服力。

　　承襲則不然，因為「我」（承襲者，史家司馬遷）要利用它（被承襲的文字）的地方不在於資助「我」的觀點、充實「我」的論證，不在於借被承襲的文字的地位、影響的光；而在於可以在「我」（承襲者，史家司馬遷）「整齊百家語」後，為「我」表述歷史、形成一個擁有統一體系的「一家」之言，從而不用「我」（承襲者，史家司馬遷）再重新費力創造敘述文字。故《史記》承襲對原文常有各種刪節、改易、譯錄、全錄等多種情況。《史記》承襲以方便史家敘述行文為目的，不在乎對原文出處的標注。因此，**承襲**，於不同人物的傳記中承襲相同一本書中相同一個段落裏相同一件事時，往往會依據其行文立意的不同而處理為不同承襲面貌；同時，對於相同的一件事，也可能於己作之甲篇完全承襲丙書內容，而於己作之乙篇雖承襲了丙書但又不盡賴丙書，而補以丁書、戊書等。如述趙、魏始祖於晉國始封之事，二者皆因隨晉獻公伐霍、耿、魏而同時分別獲封，其事並載於《左傳》閔公元年同一文中。然司馬遷作趙、魏兩《世家》時，雖同是承襲了此文，然承襲的面貌卻各不相同，承襲時所作的損益也時有不同的。《趙世家》除承襲此書之此事，還補寫了趙夙伐霍又復霍之事，這是《左傳》沒有記載而《魏世家》也沒載入的內容。卜偃占卜畢萬之事，《魏世家》從《左傳》詳錄了下來，然《趙世家》對此都一概略去了。可見，雖是同一人承襲同一文，在不同的取用下承襲的面貌也是有異同的。因為承襲完全以史家為核心，以其主觀意志為主導；被承襲的作品的情況，只是史家的參考因素而已；史家史傳的需要，才是承襲者真正關心的問題；而史家史傳需要的是材料、是敘述文字，全然不用沾被承襲之文地位、影響之光。因此，承襲一般不會標識文字出處、原作者等信息。

　　錄文則大不然。因為儘管錄文的主宰權依然在錄文者（史家）身上，但錄文者（史家）已然不再「傲慢」地以為「我」（錄文者，史家）所用、以為「我」服務為中心，而將所錄之文邀作「貴賓」敬待，立意於突出所錄之文，並由所錄之「文」來突顯與其相關的東西（諸如原作者的懿行德範等，歷史、事件等）。儘管《史記》的部分錄文，尤其是串述於文中的錄文，對所錄文作者的生平敘述也起到了一定的替代幫助。但是，司馬遷花大量篇幅長篇著錄以求替代他對該文涉及的事實的敘述，很多時候是很不划算的，因為司馬遷完全可以三言兩語地予以概述、甚至一筆帶過。然而司馬遷寧願花這麼大「本錢」著錄該文，其重文之本意便十分了然了。

　　至於某些僅作敘述、材料用的錄文，尤其化錄錄文，其意不在於彰顯該「文」也是可以明顯看出來的，其與承襲的目的、操作十分相似。但這不是《史記》典型的錄文，也不占主導地位。這正說明了《史記》錄文與承襲並非全然無「瓜葛」，其間有著千絲萬縷的姻緣，其用意稍微偏向傾斜，其本質便相互轉化了。錄文之與引文，其不同點之一也在於引文乃為「我」（引文者，史家）所用、錄文不圖為「我」（錄文者，史家）所用而在於突出所錄之文。

　　當然《史記》錄文本身就在史家（錄文者）的謀篇立意主導下進行的，並結合著錄文意識、滲透著錄文者價值觀等，其錄文又怎能脫離史家（錄文者）的主觀意志呢。因之，就這個層面來說，錄文也不能洗盡為「我」（史家）服務的干係。只是這層干係早已隱退，其凸現的是所錄之文。就客觀作用而言，某些錄文也的確為史家（錄文者）的傳文敘述提供了幫助乃至替代作用。且某些錄文亦無錄文意識，當作材料、敘述等功能使用。故錄文與引文、錄文與承襲，時有界限模糊的現象。這種模糊不能以此泯滅它們之間的質的區別，但正可以說明它們在淵源上有一定的同源互促以及分流後形同神異的關係。

餘　論

一、錄文、引文、承襲及司馬遷乃至漢人的著作觀（創作觀）、著作歸屬權意識

　　綜上研究可知，《史記》錄文即在司馬遷的敘述的文字中著錄他人（或自己的其他）作品，在一定意義上說，亦即在自己的作品中雜以他人和自己的其他書文（作品）。然於己作雜以他人或自己的其他書文的現象則非錄文所獨有，《史記》引文、承襲亦然。三者非徒貌似而已，甚至跨越臨界狀態而交叉轉化：譬如一些短小的詩歌謠諺，是錄文還是引文呢？《孔子世家》《仲尼弟子列傳》所零散著錄的《論語》言辭，是引用還是錄文，還是承襲呢，等等。其實這些特殊現象恰是它們三者的臨界狀態，錄文意識一重則進入錄文的領域，沒有錄文之意而代之以取材、敘事之用則離開了錄文領域；若將之當做公共資源而任意地拿來「述」史事，為史家自己的敘述服務，則仍屬於承襲的範疇；若重其經典性、典範性、高影響性而將之當做證據、依憑，用來佐證自己的觀點、論斷服務，而屬於引文（一般性引文）的範疇了。

　　《史記》的錄文、引文、承襲，三者非但有臨界交叉轉化的關係，甚至還有淵源流承的關係。《史記》錄文的產生與發展一方面受到了上古「左史記言」的傳統和《尚書》收錄大量政治文件的啟發而來，一方面受承襲影響，乃至因承襲而生，再一方面也受到引文的啟示。引文的源頭當與古人要求行為舉止必須合乎禮儀道德的公共意識相關。故子曰「不學《詩》，無以言」、「不學《禮》，無以立」（《論語・季氏十六》），故人們行文舉動多用「臣聞」「蓋聞」「傳曰」「書曰」引出，上自天子諸侯，下至平民言語。引文的篇幅稍

長，則讓人疑似錄文；雖異於錄文，而錄文的發展或許有啓發於此焉。承襲則是錄文更爲直接的淵頭，一方面啓發了錄文，一方面則直接地產生了錄文。

《史記》的錄文、引文、承襲，三者雖有淵源之因緣，但畢竟各自異流而去。承襲多任隨意，將他人作品當做公共資源不加標注地任我取用，如同自己的文字，沒有絲毫著作權意識。引用，已經認識到原作作者或原作本身的經典性、高影響性問題，並欲「沾其光」、藉以佐證自己的觀點、論斷；雖已開始注意到原作的著作權問題，但爲己所用，並沒有彰顯原作及原作者本身的意識。《史記》的許多錄文則不但尊重原作著作權問題，還要爲文立傳、因文而彰顯原作者，且部分錄文已經有一定的相當明確的錄文意識了。當然，《史記》的錄文規模與方式之多皆是前所未有的，有其不可磨滅的開創之功，亦留下了錄文與錄文意識從承襲、承襲意識、引文中逐漸脫胎成長的痕跡，譬如化錄。正是這些痕跡，不但不可以此降低《史記》錄文之功，恰見證了《史記》錄文成長之不易與成就之可貴。

承襲與司馬遷自云對著作、「成一家之言」的追求看似矛盾而實不矛盾，與錄文亦然。這說明當時的著作觀（創作觀）、著作歸屬權意識還在萌芽、發展中，司馬遷「述」的思想還有很大一部分依舊存留在他的著作觀（創作觀）中，承襲的思想尚未被著作權意識完全排擠掉。而著作觀（創作觀）、著作權意識，顯然促進了錄文意識的產生與發展，亦從側面見證了錄文意識的可能性。而於事實上，《史記》不均一的、尚不完全自覺的錄文意識，正與尚有保留成分的著作權意識、創作觀相匹配。因此，《史記》錄文的同時而有大量承襲現象的並存，這不但見證了錄文意識的發展，也見證了司馬遷乃至漢人的著作觀（創作觀）、著作權意識的發展。

二、錄文意識、錄文目的、辨章學術意識、著史立傳目的與舉篇目、溯學源、歸學類

《史記》錄文，方式多樣、篇幅不一、作用多種，總之以錄文之意、錄文目的爲主。然《史記》錄文目的亦有多種，概言之有嘉其文辭爛然者、爲之震撼感染者、以文證史者、曲筆或側筆者、彰顯傳主的懿行德範者，即作品本身所具有的文辭價值、情感價值、文獻價值。凡此種種，又歸之於錄文意識、錄文目的。《史記》已有明確的、一定自覺了的錄文意識，因此以直接

著錄的方式、甚至明白說明錄文原因地著錄了大量作品；但還沒完全自覺，仍見它從承襲、引文發展過渡而來的痕跡，因此《史記》錄文的同時並存了大量的承襲，還產生了錄文、承襲、引文三者的臨界狀態，讓人難辨甲乙。

　　錄文意識、錄文目的之作用於錄文，也非單槍匹馬，往往與辨章學術意識、著史立傳目的相輔相成，一起影響著《史記》的錄文。並且，辨章學術意識往往滋生、促成了錄文意識、錄文目的，而錄文意識、錄文目的亦反向助長了辨章學術意識。而著書立傳的目的，一方面受到了辨章學術意識與錄文意識的影響，一方面也直接決定了錄文存在與否。縱然司馬遷內心重文，內心有著錄文的意識，但唯有符合其於《史記》的著史立傳的目的時方才能將錄文意識容納其間。

　　且《史記》的錄文意識、辨章學術意識、著史立傳目的亦非憑空飛來。這往往與司馬遷的著作觀（創作觀）、著作權意識、人生觀、價值觀、文化觀、文化素養息息相關。甚至可以說，正是其一定的人生觀、價值觀、文化觀、文化素養，潛意識地養成（滋生）了其一定的學術意識、著史立傳目的和錄文意識。

　　天下文章本來就難以盡載，何況是篇幅有限而時間上下數千年的通史，故《史記》錄文於篇幅的限制是可以想像的。《史記》舉篇目、溯學源、歸學類便很好地解決了這一矛盾，不但可以替代補償未能著錄的遺憾，也可以通過這種標舉篇目、概述大要的方式彌補未予錄文的缺失。

　　《史記》舉篇目、溯學源、歸學類，於錄文算是幫了一個大忙。然它們價值並不限於此，於辨章學術、梳理學術流派亦極具意義。對學術派別的討論，雖然此前早有莊子、荀子、韓非子等人，但將舉篇目、溯學源、歸學類集中於專章論述（《儒林列傳》等），並且廣泛地應用於大量的傳記中的，則肇始於司馬遷。這既是辨章學術思想所使然，亦是辨章學術思想的體現。

　　由此看，辨章學術思想於《史記》確實存在，而且很顯然。因此，用辨章學術的思想來解釋《史記》錄文及錄文意識的產生、發展，是完全合理的。

三、錄文研究

　　幾千年來，《史記》和史書的研究甚爲豐富，然而作爲史書、作爲非總集的錄文卻極少人專門關注，其他非總集的錄文問題則更少專門的研究〔註1〕。

〔註1〕《漢書》雖有部分被關注了，但顯然還不夠。近年來陝西師範大學陸續出了幾篇關於錄文的碩博論文，值得欣喜。

人們對錄文的研究大多集中在總集，對引文的研究則大多專注於注疏、類書等，而對承襲的研究則大多簡單地視作隨意而已；往往忽視了非總集的錄文與我們日常行文中的引文，以及二者的淵源關係；忽視了非總集錄文與承襲的淵源關係和二者共同隱含的著作觀（創作觀）與著作權意識，以及著作觀（創作觀）與著作權意識對二者的反向影響；忽視了其間與之不可或缺地關聯著的錄文意識、辨章學術意識、錄文目的、著史立傳目的等主觀因素。這是何等遺憾之事！

　　本文對《史記》錄文及其與引文、承襲的研究，以及屈原傳何以獨錄《懷沙》（《漁父》是化錄的）、賈誼傳何以著錄兩個同類性質的不切世事騷體賦的微觀個例的分析，僅僅是這座大礦山中的小小一粒而已，算是拋磚引玉以啓來者。

參考文獻

一、正文引用文獻（以引用先後次序）

1. 張大可，史記研究〔M〕，蘭州：甘肅人民出版社，1985。

2. （清）嚴可均輯，全上古三代秦漢三國六朝文〔C〕，北京：商務印書館，1999。

3. 逯欽立輯，先秦兩漢魏晉南北朝詩〔C〕，北京：中華書局，1983。

4. 徐朔方，史漢論稿〔M〕，南京：江蘇古籍出版社，1984。

5. 吳福助，史漢關係〔M〕，臺北：文史哲出版社，1987。

6. （唐）劉知幾撰，（清）浦起龍通釋，王煦華整理，史通通釋〔M〕，上海：上海古籍出版社，2009。

7. （清）章學誠著，葉瑛校注，文史通義校注〔M〕，北京：中華書局，1985。

8. 龔鵬程，中國文學史（上）〔M〕，北京：世界圖書出版公司北京公司，2009。

9. 力之，《楚辭》與中古文獻考說〔C〕，成都：巴蜀出版社，2005。

10. 張大可，史記文獻研究〔M〕，北京：民族出版社，1999。

11. 張大可，趙生群等，史記文獻與編纂學研究〔M〕，北京：華文出版社，2005。

12. （漢）司馬遷，史記〔M〕，北京：中華書局，1982。

13. （漢）司馬遷，史記〔M〕，北京：中華書局，2014。

14. （漢）司馬遷著，韓兆琦等評注，史記：評注本〔M〕，長沙：嶽麓書社，2004。

15. （漢）班固，漢書〔M〕，北京：中華書局，1962。

16. 湯炳正講述，湯序波整理，楚辭講座〔M〕，桂林：廣西師範大學出版社，2006。

17. （唐）孔穎達等正義，春秋左傳正義（阮元校刻十三經注疏）〔M〕，北京：中華書局，1980。

18. 吳德新著，法家簡史：法、術、勢合而爲一的東方政治學〔M〕，重慶：重慶出版社，2008。

19. 張開泰編著，法家史話〔M〕，北京：中國大百科全書出版社，2000。

20. 白壽彝，史記新論〔M〕，北京：求實出版社，1981。

21. 劉松來著，兩漢經學與中國文學〔M〕，南昌：百花洲文藝出版社，2001。

22. 周桂鈿，秦漢思想史〔M〕，石家莊：河北人民出版社，2000。

23. （戰國）呂不韋著，陳奇猷校釋，呂氏春秋新校釋〔M〕，上海：上海古籍出版社，2002。

24. 徐復觀，兩漢思想史（第二卷）〔M〕，上海：華東師範大學出版社，2001。

25. 陳廷傑，經學概論〔M〕，上海：商務印書館，1930。

26. （清）皮錫瑞著，周予同注釋，經學歷史〔M〕，北京：中華書局，2008。

27. 程舜英，兩漢教育制度史資料〔M〕，北京：北京師範大學出版社，1983。

28. （清）江藩撰，漆永祥箋釋，國朝漢學師承記〔M〕，上海：上海古籍出版社，2006。

29. （南朝·宋）范曄，後漢書〔M〕，北京：中華書局，1965。

30. 龔克昌，漢賦研究〔M〕，濟南：山東文藝出版社，1990。

31. 敏澤，中國文學理論批評史〔M〕，長春：吉林文史出版社，1993（增訂本）。

32. 力之，文學理論批評的自覺——魏晉南北朝文學思想史論之一〔J〕，江漢大學學報（人文科學版），2003，（1）。

33. 劉毓慶，論漢賦對文學自覺進程的意義〔J〕，中州學刊，2002，（3）。

34. （清）梁玉繩撰，史記志疑〔M〕，北京：中華書局，1981。

35. （宋）王應麟著，（清）翁元圻注，困學紀聞〔M〕，北京：商務印書館，1959。

36. （韓）朴宰雨，《史記》《漢書》比較研究〔M〕，北京：中國文學出版社，1994。

37. 徐復觀，兩漢思想史（第三卷）〔M〕，上海：華東師範大學出版社，2001。

38. 楊燕起，陳可青，賴長揚匯輯，史記集評〔M〕，北京：華文出版社，2005。

39. 閻崇東，史記史學研究〔M〕，北京：華文出版社，2005。

40. 楊成孚，論司馬遷的曲筆〔J〕，南開學報，1986，（3）。

41. 李運寧，《史記》「曲筆」芻議〔J〕，學術論壇，1992，（2）。

42. 李永錯，司馬遷卓越藝術才能再探——《史記》描寫的曲筆與側筆〔J〕，貴州大學學報，1994（1）。

43. 徐復觀，兩漢思想史（第一卷）〔M〕，上海：華東師範大學出版社，2001。

44. 金德建，司馬遷所見書考〔M〕，上海：上海人民出版社，1963。

45. 陳桐生，《史記》與《淮南子》〔J〕，東南大學學報（哲學社會科學版），2002（2）。

46. 漆子揚，《史記》未著錄《淮南子》原因及作者問題考論〔J〕，蘭州大學學報（社會科學版），2008（1）。

47. 彭林整理，王國維著，觀堂集林（上）〔C〕，石家莊：河北教育出版社，2001。

48. 揚雄，法言〔M〕，北京：中華書局，1985。

49. 錢穆，秦漢史〔M〕，北京：生活·讀書·新知三聯書店，2004。

50. 陳廣忠，試析劉安冤案〔J〕，安徽大學學報（哲學社會科學版），2007，（4）。

51. 陳廣忠，《淮南子》的傾向性和淮南王之死〔J〕，江淮論壇，1981，（1）。

52. 漆子揚，淮南王劉安謀反冤案辨析〔J〕，新學術，2007，（3）。

53. 康清蓮，淮南王劉安謀反案之再分析研究〔J〕，江西社會科學，2005，（6）。

54. （俄）巴赫金著，白春仁，顧亞玲譯，陀思妥耶夫斯基詩學問題：複調小說理論〔M〕，北京：生活·讀書·新知三聯書店，1988。

55. 夏南強，類書通論〔M〕，武漢：湖北人民出版社，2001。

56. 胡道靜，中國古代典籍十講〔M〕，上海：復旦大學出版社，2004。

57. 梁啓超，要籍解題及其讀法〔M〕，北京：清華週刊叢書社，1925。

58. 力之，關於《藝文類聚》引書文之無序問題——《藝文類聚》研究之二〔A〕，端木黎明，宋永培先生紀念文集〔C〕，北京：中國文聯出版社，2010。

59. 趙明正，論司馬遷的「一家之言」〔J〕，雲夢學刊，2004，（5）。

60. 鄭振邦，鄭紅娟，也談司馬遷的「成一家之言」〔J〕，渭南師專學報（社會科學版），1997，（2）。

61. （梁）蕭統編，（唐）李善注，文選〔C〕，北京：中華書局，1977。

62. （清）孫星衍，尚書今古文注疏（清人十三經注疏）〔M〕，北京：中華書局，1986。

63. （漢）孔安國傳，（唐）孔穎達等正義，尚書正義〔M〕，北京：中華書局，1980。

64. 謝東貴，屈原絕筆研究述評〔J〕，求索，1991，（6）。

65. 鄭莉，屈原絕命辭考辨〔J〕，中北大學學報，2006，（6）。

二、表所用參考書目（順序隨機）

1. （漢）司馬遷，史記，〔M〕，北京：中華書局，1982。

2. （漢）司馬遷，史記，〔M〕，北京：中華書局，2014。

3. （漢）司馬遷著，韓兆琦等評注，史記：評注本〔M〕，長沙：嶽麓書社，2004。

4. （漢）班固，漢書〔M〕，北京：中華書局，1962。

5. （清）阮元校刻，十三經注疏〔M〕，北京：中華書局，1980。

6. （漢）伏勝撰，鄭玄注，陳壽祺輯校，尚書大傳（影印本，叢書集成初編）〔M〕，北京：中華書局，1985。

7. 孔晁注，逸周書（叢書集成初編）〔M〕，北京：中華書局，1985。

8. （吳）韋昭注，國語〔M〕，上海：上海古籍出版社，1998。

9. 徐元誥撰，王樹民，沈長雲點校，國語集解〔M〕，北京：中華書局，2002。

10. （春秋）管仲撰，黎翔鳳撰，梁運華整理，管子校注（新編諸子集成）〔M〕，北京：中華書局，2004。

11. 吳則虞撰，晏子春秋集解〔M〕，北京：中華書局，1962。

12. （清）孫詒讓著，晏子春秋校注（諸子集成第四冊）〔M〕，北京：中華書局，1954。

13. 蔣禮鴻撰，商君書錐指（新編諸子集成）〔M〕，北京：中華書局，1986。

14. （魏）王弼注，樓宇烈校釋，老子道德經校釋（新編諸子集成）〔M〕，北京：中華書局，2008。

15. （清）郭慶藩，莊子集釋〔M〕，北京：中華書局，2004。

16. （清）王先謙集解，鍾哲點校，韓非子集解（新編諸子集成）〔M〕，北京：中華書局，1998。

17. 程樹德撰，程俊英，蔣建元點校，論語集釋（新編諸子集成）〔M〕，北京：中華書局，1990。

18. （漢）趙曄撰，張覺校注，吳越春秋校注〔M〕，長沙：嶽麓書社，2006。

19. 周生春撰，吳越春秋輯校匯考〔M〕，上海：上海古籍出版社，1997。

20. 諸祖耿撰，戰國策集注匯考〔M〕，南京：江蘇古籍出版社，1985。

21. 馬王堆漢墓整理小組編，戰國縱橫家書：馬王堆漢墓帛書〔M〕，北京：文物出版社，1976。

22. （清）王先謙撰，沈嘯寰，王興賢點校，荀子集解（新編諸子集成）〔M〕，北京：中華書局，1988。

23. （宋）洪興祖撰，楚辭補注〔M〕，北京：中華書局，1983。

24. （清）蘇興撰，鍾哲點校，春秋繁露義證（新編諸子集成）〔M〕，北京：中華書局，1992。

25. （戰國）呂不韋著，陳奇猷校釋，呂氏春秋新校釋〔M〕，上海：上海古籍出版社，2002。

26. 吳毓江撰，孫啟治點校，墨子校注（新編諸子集成）〔M〕，北京：中華書局，2006。

27. 劉文典撰，馮逸，喬華點校，淮南鴻烈集解〔M〕，北京：中華書局，1989。

28. 汪榮寶撰，陳仲夫點校，法言義疏〔M〕，北京：中華書局，1987。

29. （漢）應劭撰，王利器校注，風俗通義校注〔M〕，北京：中華書局，1981。

30. （漢）韓嬰撰，許維遹校釋，韓詩外傳集釋〔M〕，北京：中華書局，1980。

31. （漢）劉向編著，石光瑛校釋，新序校釋〔M〕，北京：中華書局，2001。

32. 王利器撰，新語校注（新編諸子集成）〔M〕，北京：中華書局，1986。

33. （漢）賈誼撰，閻振益，鍾夏校注，新書校注（新編諸子集成）〔M〕，北京：中華書局，2000。

34. （漢）劉向撰，向宗魯校證，說苑校證〔M〕，北京：中華書局，1987。

35. （漢）袁康，（漢）吳平輯錄，越絕書〔M〕，上海：上海古籍出版社，1985。

36. （晉）干寶撰，汪紹楹校注，搜神記〔M〕，北京：中華書局，1979。

37. （秦）孔鮒，孔叢子（影印本）〔M〕，上海：上海古籍出版社，1989。

38. （三國）王肅注，孔子家語〔M〕，上海：上海古籍出版社，1990。

39. （清）嚴可均輯，全上古三代秦漢三國六朝文〔M〕，北京：商務印書館，1999。

40. 逯欽立輯，先秦兩漢魏晉南北朝詩〔M〕，北京：中華書局，1983。

三、其他參考文獻

1. 張新科，俞樟華等，史記研究史及史記研究家〔M〕，北京：華文出版社，2005。

2. 施丁，廉敏主編，史記研究（上下）〔C〕，北京：中國大百科全書出版社，2009。

3. 曾小霞，明清《史記》《漢書》比較研究綜述〔J〕，蘇州大學學報（哲學社會科學版），2009，（2）。

4. 曾小霞，近 30 年《史記》《漢書》比較研究綜述〔J〕，陝西教育學院學報，2009，（1）。

5. 陳桐生，百年《史記》研究的回顧與前瞻〔J〕，文學遺產，2001，（1）。

6. 韓兆琦，《史記》書法釋例〔J〕，北京師範大學學報（社會科學版），1984，（03）。

7. 趙生群，《史記》編纂學導論〔M〕，南京：鳳凰出版社，2006。

8. 張大可，司馬遷評傳〔M〕，南京：南京大學出版社，1994。

9. 李長之，司馬遷之人格與風格〔M〕，北京：三聯書店，1984。

10. 曹道衡，劉躍進著，先秦兩漢文學史料學〔M〕，北京：中華書局，2005。

11. （漢）桓寬著，王利器校注，鹽鐵論校注（新編諸子集成）〔M〕，北京：中華書局，1992。

12. 呂思勉，秦漢史〔M〕，上海：上海古籍出版社，1983。

13. 汪高鑫，司馬談與《史記》〔J〕，安徽史學，2002，（2）。

14. 施丁，陳可青編著，司馬遷研究新論〔M〕，鄭州：河南人民出版社，1982。

15. 趙生群，《史記》文獻學叢稿〔M〕，南京：江蘇古籍出版社，2000。

16. 漆子揚，《淮南子》未見於《史記》及作者問題〔J〕，淮南師範學院學報，2007，（4）。

17. 崇明宇，淺論《史記》的目錄學貢獻〔J〕，黑龍江教育學院學報，2009，（2）。

18. 王純，從《史記》看司馬遷對文獻學的貢獻〔J〕，圖書與情報，2002，（2）。

19. 紀麗真，論司馬遷的文獻學成就〔J〕，齊魯學刊，2006，（1）。

20. 張耀元，史傳文學援引謠諺之考察——以反映先秦兩漢歷史的史傳著作為中心〔D〕，西安：陝西師範大學（碩士學位論文），2008。

附　表

附表一：《史記》錄文及舉篇目類表

本紀表一

篇名	錄文
五帝本紀第一	
夏本紀第二	
殷本紀第三	錄《尚書·湯誥》全篇。（「既絀夏命，還亳，作《湯誥》……」） ——按：此所錄文與今存之古文《尚書·湯誥》不同。
周本紀第四	
秦本紀第五	
秦始皇本紀第六	泰山石刻文〔註1〕（「二十八年，始皇東行郡縣……乃遂上泰山，立石……刻所立石，其辭曰：『皇帝臨位……永承重戒。』於是乃並渤海以東……」）

〔註 1〕　按：古人著作大多本無篇名，蓋後人爲指代方便或戳要命名，或取開頭幾個字命名，或取高頻率的幾個詞命名。有些篇名漸成定名，《詩經》《論語》的各個篇章即是，但有些作品依然還有許多異名。如李斯爲諫逐客上秦始皇之書，《史記》徑云「斯乃上書曰」，無篇名，《文選》作「上書秦始皇」，嚴可均《全上古三代秦漢三國六朝文》作「上書諫逐客」，今人常作「諫逐客書」。又如李斯重爵祿而阿諛二世答督責之事上二世書，《史記》無篇名，嚴可均《全上古三代秦漢三國六朝文》作「上書對二世」，今人吳煒華《中國秦漢文學史》作「論督責書」（見顏品忠等主編《新編中國秦漢史》之卷六，北京：人民文學出版社 1994 年版第 9 頁）。本文爲契合《史記》錄文的提示語，常戳要名之，但不標書名號，若篇名同於嚴可均《全上古三代秦漢三國六朝文》則以書名號標識。

秦始皇本紀第六	琅邪石刻文（二十八年，「作琅邪臺，立石刻，頌秦德，明得意。曰：『維二十六年，皇帝作始……各安其宇。』」）
	《議刻金石》〔註2〕。——按：據嚴可均輯文，此文由琅邪石刻文中分出別錄。
	之罘石刻文（「二十九年，始皇東遊……登之罘，刻石。其辭曰：『維二十九年，時在中春……』其東觀曰：『維二十九年，皇帝春遊……』」）
	之罘東觀刻文（摘要見上條）
	碣石門刻文（「三十二年，始皇之碣石……刻碣石門……其辭曰……」）
	黔首或刻隕石文（「三十六年……黔首或刻其石曰『始皇帝死而地分』。」）
	會稽石刻文（「三十七年十月癸丑，始皇出遊……上會稽，祭大禹，望於南海，而立石刻頌秦德。其文曰：『皇帝休烈，平一宇內……』」）
	二世石刻文（「南至會稽，而盡刻始皇所立刻石，石旁著大臣從者名，以章先帝成功盛德焉：皇帝曰『金石刻盡始皇帝所爲也……」）
項羽本紀第七	
高祖本紀第八	
呂太后本紀第九	
孝文本紀第十	
孝景本紀第十一	
孝武本紀第十二	

〔註2〕 按：嚴可均《全上古三代秦漢三國六朝文》將此文從「維秦王兼有天下，立名爲皇帝」一斷爲二，前爲《琅邪刻石頌》後爲《議刻金石》。嚴氏謂「《史記》以此議連屬《琅邪刻石頌》之下。今頌碑見存，『五夫二楊樛』後，便刻二世詔書，驗知此議當有別石，不得與頌同碑，故分錄之」。今從而分錄。

本紀表二

篇名	串述於文中的錄文	備註
五帝本紀 第一		《宰予問五帝德》今存於《大戴禮記》；《九招》，又作《九韶》，相傳舜所製古樂名。（按：參見《全注全譯史記·五帝本紀第一》之劉起釪、林小安注。天津古籍出版社，1995 年，第 21 頁。）
夏本紀第二	錄《甘誓》全篇。（「大戰於甘。<u>將戰，作《甘誓》</u>，乃召六卿申之。啓曰：『……予則帑僇女』。」——按：劃線部分《尚書·甘誓》無，係司馬遷添加。）	《五子之歌》《胤征》，古文《尚書》有，僞作。
	《賡歌》（「帝用此作歌曰：『陟天之命，維時維幾。』乃歌曰：『股肱喜哉，元首起哉，百工熙哉！』皋陶……乃更爲歌曰：『元首明哉……』又歌曰：『元首叢脞哉……』帝拜曰：『然，往欽哉！』」）——按：此文是在襲錄漢今文《尚書·皋陶謨》全篇時連帶並錄的。故亦可入承襲類。	
殷本紀第三	錄《尚書·湯誓》全篇，文字有損益。——按：先錄《湯誓》全篇，錄完以後云「以告令師，作《湯誓》」。	「湯歸至於泰卷陶，中紵作誥。」按：此即《尚書·仲虺之誥》，已佚。
	商湯《網祝》（「湯出，見野張網四面，祝曰：『自天下四方皆入吾網。』湯曰：『嘻，盡之矣！』乃去其三面，祝曰：『欲左，左；欲右，右。不用命，乃入吾網。』諸侯聞之，曰：『湯德至矣，及禽獸。』」）——按：據嚴可均輯文。又見《呂氏春秋·異見》，賈誼《新書七》、《新序》，皆小異。	所舉篇名，除《湯誓》《盤庚》《高宗肜日》都是佚篇（有的篇名見於今本《古文尚書》，是後人僞作）。
	商湯《湯征》（「湯征諸侯。葛伯不祀，湯始伐之。<u>湯曰：『予有言：人視水見形，視民知治不。』伊尹曰：『明哉！言能聽，道乃進。君國子民，爲善者皆在王官。勉哉，勉哉！』湯曰：『汝不能敬命，予大罰殛之，無有攸赦。</u>』作《湯征》。」）——按：嚴可均輯下劃線部分爲《湯征》。《湯征》是《尚書》佚篇，然《書序》云「湯征諸侯，葛伯不祀，湯始徵之，作《湯征》」。此段文字極有可能是其佚文，嚴氏蓋據此錄之。今錄而存疑。若是，則可歸入承襲類、亦同化錄錄文類等。	

周本紀第四	節錄《泰誓》〔註3〕（「武王乃作《太誓》。告於眾庶……勉哉夫子，不可再，不可三！」）——按：漢傳今文《尚書·泰誓》，今佚。	「公劉……復修后稷之業，務耕種……百姓懷之，多徙而保歸焉。周道之興自此始，故詩人歌樂思其德。」——按：此指《詩·大雅·公劉》。
	化錄《尚書·牧誓》全篇而不著明篇名出處。——按：字詞有改動之、有損益，故亦可可入化錄錄文、改錄錄文類。	「古公……作五官有司。民皆歌樂之，頌其德。」——按：此指《詩·大雅·緜》。《禮記曲禮下》：「天子之五官曰司徒、司馬、司空、司士、司寇。」《詩·大雅·緜》所述只有司徒、司空。
	錄《甫刑》（較《尚書·呂刑》字詞有改動，先言緣由，然後錄《甫刑》內容，最後言此篇名）。——按：亦可視作襲錄《尚書·呂刑》，詳見襲錄表。	西伯蓋即位五十年。其囚羑里，蓋益《易》之八卦為六十四卦。——按：文王演《周易》。
	尹佚《武王即位策》（「尹佚筴祝曰：『殷之末孫季紂，殄廢先王明德，侮蔑神祇不祀，昏暴商邑百姓，其章顯聞於天皇上帝。』於是武王再拜稽首，曰：『膺更大命，革殷，受天明命。』武王又再拜稽首，乃出。」）——按：此文是在承襲《逸周書·克殷》全篇時連帶並錄的。	「懿王之時，王室遂衰，詩人作刺。」——按：此指《詩·小雅·采薇》。
	周宣王時童謠（「後宮之童妾……無夫而生子，懼而棄之。宣王之時童女謠曰：『檿弧箕服，實亡周國。』於是宣王聞之……」）——按：此文是在承襲《國語·周鄭上》時連帶並錄的。故可入承襲類。	
秦本紀第五	《石棺銘》（「是時蜚廉為紂石北方，還，無所報，為壇霍太山而報，得石棺，銘曰『帝令處父不與殷亂，賜爾石棺以華氏』。死，遂葬於霍太山。」	
	秦孝公《下令國中》（「孝公於是布惠……下令國中曰：『昔我繆公自岐雍之間……與之分土。』於是乃出兵東圍陝城……衛鞅聞是令下，西入秦……」）	

〔註3〕據李零先生考查，此本紀自「九年，武王上祭於畢」至「勉哉夫子，不可再，不可三」皆係本自漢代流傳的所謂今文《泰誓》（李零《周本紀第四》注釋，見吳樹平等《全注全譯史記》，天津古籍出版社，1995年，第93頁），則可知「告於眾庶」以下所引係《史記》所引《泰誓》之一部分。

秦始皇本紀第六	秦始皇《令丞相御史議帝號》（「秦初併天下，令丞相、御史曰……」）	「太史公曰」下錄賈誼《過秦論》下、上、中三篇（「善哉乎賈生推言之也！曰……」）
	王綰《議帝號》（據嚴可均輯文補）（「丞相綰、御史大夫劫、廷尉斯等皆曰：『昔者五帝地方千里……』」）	
	秦始皇對王綰議帝號的批示（《報王綰等議帝號》）（「王曰：『去「泰」，著「皇」……』」）	
	秦始皇《除諡號制》（「制曰：『朕聞太古有號毋諡……』」）	
	王綰《議封建》（據嚴可均輯文補入）（「丞相綰等言：『諸侯初破……請立諸子，唯上幸許。』始皇下其議於群臣，群臣皆以爲便。」）——按：亦可入化錄錄文類。	
	李斯《議廢封建》（據嚴可均輯文補入）（「廷尉李斯議曰：『周文武所封子弟……』」）	
	秦始皇《報李斯議廢封建》（據嚴可均輯文補）（「始皇曰：『天下共苦戰鬥不休……』」）——按：亦可入化錄錄文類。	
	周青臣向秦始皇進頌（「僕射周青臣進頌曰：『他時秦地不過千里……』始皇悅。」）	
	◎淳于越《議封建》（據嚴可均輯文補入）（博士齊人淳于越進曰：『臣聞殷周之王千餘歲……非忠臣。』始皇下其議。」）——按：又見錄於《李斯列傳》，文字略異。	
	◎李斯《議燒詩書百家語》（據嚴可均輯文補入）（「始皇下其議。丞相李斯曰：『五帝不相復……古者天下散亂……以吏爲師。』」）——按：此文又見錄於《李斯列傳》，但僅節錄「古者天下散亂」以下。	
	秦始皇對李斯《議燒詩書百家語》的批覆（「制曰：『可。』」）〔註4〕	
	徐市《上書請求仙》（「既已，齊人徐市等上書，言海中有三神山，名曰蓬萊、方丈、瀛洲，仙人居之。請得齋戒，與童男女求之。於是遣徐	

〔註4〕按：所錄文中，「制曰可」是最短的一種。因太簡短，因此文中如無與之相應的奏議而僅有類似制文，本表不錄，亦未入本文統計之中；若錄有相應的奏議則對應制文亦錄入此表，作爲一篇錄文計。

	市發童男女數千人，入海求仙人。」）——按：《史記》中華書局 2014 年版標點如上。但嚴可均輯劃線部分爲徐市《上書請求仙》。此文可能是概述原文而成、或擇要改錄而成。今從嚴氏錄之。	
	◎秦始皇璽書賜公子扶蘇（「上病益甚，乃爲璽書賜公子扶蘇曰：『與喪會咸陽而葬。』」）——按：《李斯列傳》亦載此書，較此更詳細。	
	群臣議尊秦始皇廟（「令群臣議尊始皇廟。群臣皆頓首言曰：『古者天子七廟……』」）	
項羽本紀第七〔註5〕	項羽《垓下歌》（「於是項王乃悲歌忼慨，自爲詩曰……歌數闋，美人和之」。）——按：《史記》未著篇名。	
	宋義《下令軍中》（「因下令軍中曰：『猛如虎，很如羊，貪如狼，強不可使者，皆斬之。』」）——按：嚴可均亦輯錄之。	
	項羽《斬宋義出令軍中》（「項羽晨朝上將軍宋義，即其帳中斬宋義頭，出令軍中曰：『宋義與齊謀反楚，楚王陰令羽誅之。』當是時，諸將皆懾服……」）	
	陳餘遺章邯書（「陳餘亦遺章邯書曰：『白起爲秦將……』」）	
高祖本紀第八	劉邦《大風歌》（「十二年，十月，高祖已擊布軍會甀，還歸，過沛，留。置酒沛宮，悉召故人父老子弟縱酒……酒酣，高祖擊筑，自爲歌詩曰……高祖乃起舞，慷慨傷懷，泣數行下。」）	
	蕭何《令諸大夫》（「蕭何爲主吏，主進，令諸大夫曰：『進不滿千錢，坐之堂下。』」）〔註6〕——按：據嚴可均輯文補入，雖然，此短小之令，其爲口頭言語也未可知也。雖然，文實言也，言又何嘗不算文。故從廣義說，口頭語亦可算文。俚俗謠諺國風，皆採自民間，先從口頭然後寫定之。今據嚴氏錄之，寧存疑也。	

〔註5〕 該本紀有《義帝與諸將約》（「樊噲曰：『……懷王與諸將約曰「先破秦入咸陽者王之。」……』」），係他人言語轉引之詞，屬引文之類。故本表不錄。

〔註6〕 按：據嚴可均輯文補入。此令短小，很可能是口頭言語。但是「文」實「言」也，「言」又何嘗不算「文」。故從廣義之說，口頭語亦可算「文」。俚俗謠諺國風，皆採自民間，先以口頭傳播然後才被寫定。今據嚴氏錄之，寧存疑也。

呂太后本紀第九〔註7〕	趙王劉友《幽歌》（未著篇名）（其後呂女譖之，七年正月，太后召趙王友，令衛圍守之，弗與食，「趙王餓，乃歌曰……丁丑，趙王幽死」。）	
	齊哀王劉襄遺諸侯王書（「齊王乃遺諸侯王書曰……」）	
	呂太后《廢少帝詔》（「太后聞而患之……太后曰：『凡有天下治爲萬民命者……今皇帝病久不已，乃失惑惛亂，不能繼嗣奉宗廟祭祀，不可屬天下，其代之。』群臣皆頓首言：『皇太后爲天下齊民計所以安宗廟社稷甚深，群臣頓首奉詔。』」）〔註8〕——按：可歸入化錄錄文類。	
	周勃《入北軍行令軍中》（「太尉將之入軍門，行令軍中曰：『爲呂氏右袒，爲劉氏左袒。』」）——按：據嚴可均輯文補入。此令短小，也可能是口頭命令。但是文實言也，言又何嘗不算文。故從廣義說，口頭語亦可算文。俚俗謠諺國風，皆採自民間，先從口頭傳播，然後寫定。今據嚴氏錄之，寧存疑也。	
孝文本紀第十〔註9〕	張武《議止代王入嗣》？（「代王問左右郎中令張武等。張武等議曰：『漢大臣皆故高帝時大將……』」）——按：據嚴可均輯文補入。有可能是代王廷議時，左右大臣當庭言語。今據嚴氏錄之，寧存疑也。	
	宋昌《勸進代王議》？（「中尉宋昌進曰：『群臣之議皆非也。夫秦失其政……』」）——按：據嚴可均輯文補入。有可能是代王廷議時，左右大臣當庭言語。今據嚴氏錄之，寧存疑也。	
	陳平等欲迎立代王，代王占卜辭（「占曰……」）	

〔註7〕　此本紀有高祖與群臣刑白馬之盟約（「王陵曰：『高帝刑白馬盟曰「非劉氏而王，天下共擊之」。今王呂氏，非約也。』太后不說」）。按：此係他人言辭中轉引之文，引文類也，故未錄入表中。

〔註8〕　按：從「太后曰」很難辨別是言語還是文書，但從內容看，具有濃厚的書面語氣息，下文又有所謂「奉詔」，當是詔書無疑。嚴可均《全漢文》亦輯錄之。

〔註9〕　該本紀有許多以「上曰」「帝曰」開頭的文字，細讀之當屬詔令形式的文章，《漢書‧文帝紀》雖仍《史記》，但多改用「詔曰」替之，是知此大多爲詔令無疑。然《漢書》未盡仍之，嚴可均《全漢文》亦有所遺漏，爲謹慎起見，凡二書未明言「詔」「令」等體例且嚴可均未收者皆以「？」標識。

陳平等《上代王即位議》（「遂馳入代邸。群臣從至。丞相陳平、太尉周勃、大將軍陳武、御史大夫張蒼、宗正劉郢、朱虛侯劉章、東牟侯劉興居、典客劉揭皆再拜言曰：『子弘等皆非孝惠帝子，不當奉宗廟。臣謹請陰安侯列侯頃王后與琅邪王、宗室、大臣、列侯、吏二千石議曰：「大王高帝長子……」代王曰：『奉高帝宗廟，重事也……』群臣皆伏固請。代王西鄉讓者三，南鄉讓者再。」）——按：此文看似以敘述語記代王即位事，然《漢書·文帝紀》云「入代邸，群臣從至，上議曰：『丞相臣平……再拜言大王足下』」云云，且此中有「議曰」，知係奏議無疑。可入化錄錄文類。	
文帝《即位赦詔》（「制詔丞相、太尉、御史大夫」）——按：《漢書》所載較詳，《史記》較略。	
文帝益封周勃萬戶等詔（《封賜周勃等詔》）（「皇帝曰……」）	
文帝議除連坐詔（「上曰：『法者，治之正也……其議之。』有司皆曰：『民不能自治，故爲法以禁之。相坐坐收，所以累其心，使重犯法，所從來遠矣。如故便。』」）——按：《漢書·刑法志》云「孝文二年，又詔丞相、太尉、御史：『法者……』」云云。知係詔議無疑。可入化錄錄文類。	
周勃《爲仍用連坐法議》（摘要見上條「有司皆曰」）——按：《漢書·刑法志》：「左右丞相周勃、陳平奏言：『父母妻子同產相坐及收，所以累其心，使重犯法也。收之道，所由來久矣。臣之愚計，以爲如其故便。』」知此係同一奏議，且所載各有刪損。今據《漢書》補此條作者。可入化錄錄文類。	
文帝再議除連坐詔（「有司皆曰：『……如便故。』上曰：『朕聞法正則民愨……朕未見其便，其孰計之。』有司皆曰：『陛下加大惠，德甚盛，非臣等所及也。請奉詔書，除收帑諸相坐律令。』」）——按：可入化錄錄文類。	
陳平等《奉詔除連坐法議》（摘要見上條「有司皆曰：『陛下……』」）——按：《漢書·刑法志》云「平、勃乃曰：『陛下幸加大惠於天下，使有罪不收，無罪不相坐，甚盛德，臣等所不	

及也。臣等謹奉詔，盡除收律相坐法。』」知此係陳平領銜之奏，且《史記》所錄文多刪改。可入化錄錄文、改錄錄文類。	
有司請文帝立太子（合三篇）？（「正月，有司言曰：『蚤建太子，所以尊宗廟。請立太子。』上曰：『朕既不德……』有司曰：『豫建太子，所以重宗廟社稷，不忘天下也。』上曰：『楚王，季父也，春秋高……朕甚不取也。』有司皆固請曰：『古者殷周有國，治安皆千餘歲……請建以爲太子。』上乃許之。」）〔註10〕——按：同化錄錄文類。	
文帝《答有司請建太子詔》（「上曰……」）（合二篇）（摘要見上條）——按：同化錄錄文類。	
文帝封從代來功臣詔（《修代來功詔》）（「上曰……」）——按：同歸化錄錄文類。	
文帝《益封高帝從臣詔》（「上曰……」）——按：同化錄錄文類。	
文帝《令列侯之國詔》（「上曰……」）——按：可歸化錄錄文類。	
文帝《日食求言詔》（與《漢書》數字有異）（「上曰……」）——按：同化錄錄文類。	
文帝《開籍田詔》（「上曰……」）——按：較《漢書》所錄省略一半。同化錄錄文類。	
文帝封劉辟彊等詔（《王辟強等詔》）（「上曰……」）——按：《漢書》所錄同此。同化錄錄文類。	
文帝《除誹謗妖言法詔》（「上曰……」）——按：《漢書》所錄同，漏「結」字。同化錄錄文類。	
文帝《復遣周勃率列侯之國詔》（「上曰……」）——按：《漢書》所錄同，漏「或」字。）同化錄錄文類。	
文帝《遣灌嬰擊匈奴詔》（「帝曰……」）——按：文字與《漢書》所錄略異。同化錄錄文類。	
文帝《赦濟北吏民詔》（「乃詔有司曰……」）——按：與《漢書》所錄僅兩字相異。	

〔註10〕按：嚴可均輯有司第三次請立太子文（「古者殷周有國，治安皆千餘歲……請建以爲太子」）爲闕名氏《固請建太子》，又輯錄文帝對前兩次有司請建太子的批覆，但卻沒輯同爲有司爲同一事所請的前兩次請求。是嚴氏之遺漏。今補。

	◎文帝令秘祝無移過於下詔（「上曰：『蓋聞天道禍⋯⋯』」）——按：《封禪書》亦載此詔，但節錄，且所節錄部分亦有刪損。	
	◎齊太倉令淳于公少女緹縈上文帝書（「上書曰⋯⋯」）——按《扁鵲倉公傳》亦錄此書，但文字略異之。	
	文帝覽緹縈書下除肉刑詔（「乃下詔曰⋯⋯」）	
	文帝《勸農詔》（十三年，勸農且除田租稅賜布帛絮，「上曰⋯⋯」）——按：《漢書》所載較此更詳。同化錄錄文類。	
	文帝《增祀無祈詔》（十四年）（「上曰⋯⋯」）——按：與《漢書》所錄兩字有異。同化錄錄文類。	
	文帝《議郊祀詔》（十五年）（「上乃下詔曰⋯⋯」）——按：與《漢書・郊祀志山》所錄兩字異。	
	文帝《除肉刑詔》（十三年）（「上曰⋯⋯」）——按：《漢書・刑法志》所錄完整，《史記》所錄前後有損略。同化錄錄文類。	
	文帝《與匈奴和親詔》（後二年）（「後二年，上曰：『朕既不明，不能遠德⋯⋯和親已定，始於今年。』」）——按：與《漢書》所錄有八字相異。同化錄錄文類。	
	文帝《遺詔》（後七年）（「遺詔曰⋯⋯」）——按：與《漢書》所錄有五字相異。	
	景帝《定孝文帝廟樂詔》（「制詔御史曰⋯⋯」）——按：與《漢書》所錄同。	
	申屠嘉《奏議孝文為太宗廟》（「丞相臣嘉等言⋯⋯」）——按：與《漢書》所錄同。 景帝對申屠嘉《奏議孝文為太宗廟》批示	
孝景本紀第十一		
孝武本紀第十二	賜地土將軍（欒大）樂通侯詔（「制詔御史⋯⋯」）	
	封禪還赦天下詔（「於是制詔御史⋯⋯」）	
	令諸侯各治邸泰山下詔（「又下詔曰⋯⋯」）	

本紀表三

篇　　名	舉篇名
五帝本紀第一	「禹乃興《九招》之樂。」
夏本紀第二	「帝太康失國，昆弟五人，須於洛汭，作《五子之歌》。」
	「帝中康時，羲、和湎淫，廢時亂日。胤往征之，作《胤征》。」
殷本紀第三	「湯始居亳，從先王居，作《帝誥》。」
	「湯征諸侯。葛伯不祀，湯始伐之。<u>湯曰：『予有言：人視水見形，視民知治不。』伊尹曰：『明哉！言能聽，道乃進。君國子民，爲善者皆在王官。勉哉，勉哉！』湯曰：『汝不能敬命，予大罰殛之，無有攸赦。』</u>作《湯征》。」——按：嚴可均輯下劃線部分爲《湯征》。《湯征》，《尚書》佚篇，然《書序》云「湯征諸侯，葛伯不祀，湯始徵之，作《湯征》。」此段文字極有可能是其佚文，嚴氏蓋據此錄之。今且存疑。若是，則可歸入承襲類、亦同化錄錄文類等。
	「湯既勝夏，欲遷其社，不可，作《夏社》。」
	「伊尹去湯適夏。既醜有夏，復歸於亳。入自北門，遇女鳩、女房，作《女鳩》、《女房》。」
	「湯遂伐三㚇，俘厥寶玉，義伯、仲伯作《典寶》。」
	「伊尹作《咸有一德》。」 「帝太甲元年，伊尹作《伊訓》，作《肆命》，作《徂后》。」 「伊尹嘉之，乃作《太甲訓》三篇，襃帝太甲，稱太宗。」
	「咎單作《明居》。」 「帝沃丁之時，伊尹卒。既葬伊尹於亳，咎單遂訓伊尹事，作《沃丁》。」
	「伊陟曰：『臣聞妖不勝德，帝之政其有闕與？帝其修德。』太戊從之……伊陟贊言於巫咸。巫咸治王家有成，作《咸艾》，作《太戊》。」 「帝太戊贊伊陟於廟，言弗臣，伊陟讓，作《原命》。」
	「《仲丁》書闕不具。」
	「帝小辛立，殷復衰。百姓思盤庚，乃作《盤庚》三篇。」——按：今存《尚書·盤庚》記載的是盤庚在遷都前後對貴族、百姓的訓話。

	「帝武丁崩，子帝祖庚立。祖己嘉武丁之以祥雉爲德，立其廟爲高宗，遂作《高宗肜日》及《訓》。」
周本紀第四	「(武王既克殷) 行狩，記政事，作《武成》。封諸侯，班賜宗彝，作《分殷之器物》。」
	「初，管、蔡畔周，周公討之，三年而畢定，故初作《大誥》，次作《微子之命》，次《歸禾》，次《嘉禾》，次《康誥》、《酒誥》、《梓材》，其事在周公之篇。」
	「成王在豐……周公復卜申視……作《召誥》、《洛誥》。」
	「成王既遷殷遺民，周公以王命告，作《多士》、《無佚》。」
	「成王自奄歸，在宗周，作《多方》。」
	「既絀殷命，襲淮夷，歸在豐，作《周官》。」
	「成王既伐東夷，息慎來賀，王賜榮伯，作《賄息慎之命》。」
	「成王既崩，二公率諸侯，以太子釗見於先王廟，申告以文王、武王之所以爲王業之不易……作《顧命》。」
	「康王即位，徧告諸侯，宣告以文武之業以申之，作《康誥》。」
	「康王命作策畢公分居里，成周郊，作《畢命》。」
	「穆王閔文武之道缺，乃命伯冏申誡太僕國之政，作《冏命》。」
秦本紀第五	「三十九年，繆公卒，葬雍。從死者百七十七人，秦之良臣子輿氏三人名曰奄息、仲行、鍼虎，亦在從死之中。秦人哀之，爲作謌《黃鳥》之詩。」
秦始皇本紀第六	「始皇不樂，使博士爲《仙眞人詩》，及行所遊天下，傳令樂人歌弦之。」
項羽本紀第七	
高祖本紀第八	
呂太后本紀第九	趙王劉恢歌四章。(「(由梁徙趙) 王有所愛姬，王后使人酖殺之。王乃爲歌詩四章，令樂人歌之。王悲，六月即自殺」。)
孝文本紀第十	
孝景本紀第十一	
孝武本紀第十二	

本紀表四

篇　名	其他出現的篇名
五帝本紀第一	《帝系姓》《尚書》《宰予問五帝德》《春秋》《國語》《書》《九招》（樂）
夏本紀第二	《夏小正》（「孔子正夏時，學者多傳《夏小正》云」）、《甘誓》《五子之歌》《胤征》
殷本紀第三	
周本紀第四	
秦本紀第五	
秦始皇本紀第六	
項羽本紀第七	
高祖本紀第八	
呂太后本紀第九	
孝文本紀第十	《武德》《文始》《五行》之舞；《昭德》之舞
孝景本紀第十一	
孝武本紀第十二	

十表一

篇　名	錄文	串述於文中的錄文	其他出現的篇名	備　註
三代世系表第一			《五帝系諜》《尚書》《世表》	
十二諸侯年表第二			《春秋曆譜諜》	「及如荀卿、孟子、公孫固、韓非之徒，各往往捃摭《春秋》之文以著書，不可勝紀。」
				「漢相張蒼曆譜五德，上大夫董仲舒推《春秋》義，頗著文焉。」
六國年表第三			《禮》《春秋》《傳》	「秦既得意，燒天下《詩》《書》，諸侯史記尤甚，爲其有所刺譏也。《詩》《書》所以復見者，多藏人家，而史記獨藏周室，以故滅。」

			獨有《秦記》，又不載日月，其文略不具。
秦楚之際月表第四			
漢興以來諸侯年表第五			
高祖功臣侯者年表第六		《書》	
惠景間侯者年表第七			
建元以來侯者年表第八		《詩》《書》	
建元以來王子侯者年表第九	推恩諸侯王子弟詔（《許諸侯王分子弟邑詔》）（「制詔御史：『諸侯王或欲……』」）		
漢興以來將相名臣年表第十			

十表二

篇　名	舉篇目
三代世系表第一	「孔子因史文次《春秋》，紀元年，正時日月，蓋其詳哉。至於序《尚書》，則略無年月；或頗有，然多闕，不可錄。」
	「帝啓，伐有扈，作《甘誓》。」
	「季歷生文王昌。益《易卦》。」
	「穆王滿。作《甫刑》。」
十二諸侯年表第二	「周道缺，詩人本之衽席，《關雎》作。仁義陵遲，《鹿鳴》刺焉。」
	「是以孔子明王道，干七十餘君，莫能用，故西觀周室，論史記舊聞，興於魯而次《春秋》，上記隱，下至哀之獲麟，約其辭文，去其煩重，以制義法，王道備，人事浹。七十子之徒口受其傳指，爲有所刺譏褒諱挹損之文辭不可以書見也。」
	「魯君子左丘明懼弟子人人異端，各安其意，失其眞，故因孔子史記具論其語，成《左氏春秋》。」

	「鐸椒爲楚威王傅，爲王不能盡觀《春秋》，採取成敗，卒四十章，爲《鐸氏微》。」	
	「趙孝成王時，其相虞卿上採《春秋》，下觀近勢，亦著八篇，爲《虞氏春秋》。」	
	「呂不韋者，秦莊襄王相，亦上觀尙古，刪拾《春秋》，集六國時事，以爲八覽、六論、十二紀，爲《呂氏春秋》。」	
六國年表第三——漢興以來將相名臣年表第十		

八書一

篇　　目	錄　　文	串述於文中的錄文
禮書第一		漢武帝定制作詔（《定禮儀詔》）（「上聞之，制詔御史曰……」）
樂書第二	《太一之歌》〔註11〕（「復次以爲《太一之歌》。歌曲曰……」）	
	得大宛千里馬歌〔註12〕（「次作以爲歌。歌詩曰……」）	
律書第三		將軍陳武等《議征南越朝鮮》（「歷至孝文即位，將軍陳武等議曰：『南越、朝鮮自全秦時內屬爲臣子……以一封疆。』孝文曰：『朕能任衣冠……且無議軍。』故百姓無內外之繇……」）——按：據嚴可均輯文補入。可歸入化錄錄文類。
		文帝《答陳武》（摘要見上條）按：據嚴可均輯文補入。可歸入化錄錄文類。
曆書第四	《曆術甲子篇》	◎公孫臣以終始五德上文帝書（「至孝文時，魯人公孫臣以終始五德上書，言……」）——按：此作又見錄於《封禪書》。
		漢武帝率應土德詔（《定正朔改元太初詔》）（「乃改元，更官號，封泰山。因詔御史曰……」）

〔註11〕 韓兆琦謂此段似後人增竄之作。見韓兆琦等《史記：評注本》，嶽麓書社，2004，第 315 頁。

〔註12〕 韓兆琦謂此段似後人增竄之作。見韓兆琦等《史記：評注本》，嶽麓書社，2004，第 315 頁。

天官書第五		
封禪書第六〔註13〕		諸儒生向秦始皇議封禪（「即帝位三年……至乎泰山下。諸儒生或議曰：『古者封禪爲蒲車，惡傷山之土石草木；埽地而祭，席用菹稭，言其易遵也。』始皇聞此議各乖異，難施用，由此絀儒生。」）
		高祖二年令重祭祀詔（《重祠詔》）（「下詔曰……」）
		※（「後四歲，天下已定，詔御史令豐謹治枌榆社……而南山巫祠南山秦中。」）──按：此係化錄乃至改錄錄文類。
		《請臘祀社稷》？（「高祖十年春，有司請令縣常以春三月及時臘祠社稷以羊豕，民里社各自財以祠。制曰：『可。』」）〔註14〕──按：歸入化錄類、改錄類錄文，乃至視爲純係司馬遷改寫的而不予錄，皆可。
		高祖對有司《請臘祀社稷》的批覆
		高祖令立靈星祠詔（於是高祖制詔御史……）
		◎文帝令祕祝不移過於下詔（「即位十三年，下詔曰：『令祕祝移過於下……」）──按：《孝文本紀》亦載此詔，此處節錄之，且所節錄中亦有刪略。
		文帝令祝致敬毋有所祈制（即《增神祠制》）（是歲，制曰：「朕即位十三年於今……」）

〔註13〕 按：此書「是時丞相張蒼好律曆，以爲漢乃水德之始，故河決金隄，其符也。年始冬十月，色外黑內赤，與德相應。如公孫臣言，非也。罷之。後三歲……」嚴可均截「漢乃……非也」爲張蒼《奏駁公孫臣漢應土德議》，非。中華書局2014年版《史記》如上斷句，並將之視作張蒼文，誠是。故不錄。

〔註14〕 按：中華書局《史記》《漢書》皆如上標點，嚴可均輯「令……以祠」爲闕名氏《請臘祀社稷》。這部分文字不是完整的原文當無疑義，或爲司馬遷用自己的語言撮其大意，或爲擇其原話摘要概括，乃至擇錄部分原話又添加些司馬遷的話，皆有可能。故錄之，歸入化錄類、改錄類，乃至視爲純係司馬遷改寫的而不予錄，皆可。

	◎公孫臣上文帝言漢當土德書（「魯人公孫臣上書曰：「始秦得水德……」」）——按：此文又錄於《曆書》。
	文帝議郊祀上帝諸神詔（「其夏，下詔曰：『異物之神見於成紀……』」）
	趙人新垣平《上言設五廟》（「其明年，趙人新垣平以望氣見上，言『長安東北有神氣，成五采……』」）——按：據嚴可均輯文補入。此文有可能是當面請於皇帝。也可入化錄錄文類。
	新垣平言闕下有寶氣來？（「其明年，新垣平使人持玉杯，上書闕下獻之。平言上曰：『闕下有寶玉氣來者。』已視之，果有獻玉杯者……平又言『臣候日再中』。居頃之，日卻復中。於是始更以十七年爲元年，令天下大酺。」）——按：此條嚴可均未輯錄，但錄「又言」條。然前既云「上書」，固書也；後亦是「言」而嚴氏輯之，則前即使是「言也」，亦當輯錄。故補嚴氏遺漏而錄。可歸入化錄錄文類。
	新垣平言日再中？（摘要見上條）〔註15〕——按：可歸入化錄錄文類。
	新垣平言迎周鼎？（「平言曰：『周鼎亡在泗水中……兆見不迎則不至。』於是上使使治廟汾陰南，臨河，欲祠出周鼎。」）——按：據嚴可均輯文補入。可歸入化錄錄文類。
	謬忌奏祠太一方（「亳人謬忌奏祠太一方，曰：『天神貴者太一，太一佐曰五帝……』」）——按：《漢書·郊祀志上》同。據嚴可均輯文補入。
	有人上書言祭祀神三一（「其後人有上書，言：『古者天子三年壹用太牢祠神三一……』」）
	復有人上書言春解祠（「後人復有上書，言『古者天子常以春解祠……』」）

〔註15〕按：嚴可均將「居頃之，日卻復中」也輯入新氏文中，誤。此二語乃是驗證新氏謂「日再中」的預言，是司馬遷的敘述語，「於是」以下正是實現了「日再中」預言後的事情。

	司馬談《祠后土議》（「有司與太史公、祠官寬舒議……」）──按：此條據嚴可均《全漢文》補入。且「太史公」《漢書·郊祀志上》作「太史令談」。
	武帝封周子南君詔（「過雒陽，下詔曰：『三代邈絕……』」）
	武帝封欒大樂通侯詔（「制詔御史：『昔禹疏九江……』」）
	齊人公孫卿有札書（「卿有札書曰：『黃帝得寶鼎宛朐……』」）
	武帝令議寶鼎？（「至長安，公卿大夫皆議請尊寶鼎。天子曰：『間者河溢，歲數不登，故巡祭后土，祈爲百姓育穀。今歲豐庑未報，鼎曷爲出哉？』有司皆曰：『聞昔泰帝興神鼎一，一者壹統，天地萬物所繫終也……藏於帝廷，以合明應。』制曰：『可。』」） ──按：此條嚴可均未輯。前既言「議」，後有武帝問及有司答，當是對前所謂議論的具體情況的補述。嚴可均既認爲後者爲文，何以不錄前者呢，當係遺漏，或者武帝文所錄不全，或者經過司馬遷改易。故此條可歸入化錄、改錄錄文皆無不可。
	有司請尊寶鼎議（元鼎四年）（摘要見上條引）──按：《漢書·郊祀志上》亦載，此較之有刪節、改易。可歸入化錄錄文、改錄錄文類。 武帝對有司請尊寶鼎議的批覆（摘要見上條引）
	寶鼎贊饗辭（《郊拜太一贊饗文》）（「其贊饗曰：『天始以寶鼎神策授皇帝……』」）
	武帝《議后土祠》（元狩二年）（「其明年冬，天子郊雍，議曰：『今上帝朕親郊……』有司與太史公、祠官寬舒議：『天地牲角繭栗……』」）──按：據嚴可均輯文補入。可歸入化錄錄文類。

		司馬談《議立太畤壇》（「太史公、祠官寬舒等曰『天地牲角繭栗……』」）——按：據嚴可均輯文補入。可歸入化錄錄文類。
		武帝封禪後大赦天下詔（「天子從禪還……群臣更上壽。於是制詔御史：『朕以眇眇之身……』」）
		武帝令諸侯治邸泰山下詔（「又下詔曰：『古者天子五載一巡狩……』」）
		祝祠太一贊饗辭（《拜祝祠太一贊饗文》）（「其來年冬，郊雍五帝。還，拜祝祠太一。贊饗曰：『德星昭衍……』」）
		甘泉房中生芝九莖，武帝赦天下詔（「夏，有芝生殿房內中。天子為塞河，興通天台，若見有光云，乃下詔：『甘泉房中生芝九莖，赦天下，毋有復作。』」）
		武帝令尊祠靈星詔（「上乃下詔曰……」）
		祠上帝明堂贊饗辭（「天子親至泰山……祠上帝明堂，毋修封禪。其贊饗曰：『天增授皇帝太元神策……』」）
河渠書第七		漢武帝瓠子歌二首（「悲《瓠子之詩》」）（「天子既臨河決，悼功之不成，乃作歌曰：『……』一曰：『……』」）
		田蚡《上言勿塞決河》（「是時武安侯田蚡為丞相，其奉邑食鄃。鄃居河北，河決而南則鄃無水菑，邑收多。蚡言於上曰：『江河之決皆天事……』」）——按：《漢書》同。據嚴可均輯文補。可歸入化錄錄文類。
		鄭當時《上言引渭穿渠》（「是時鄭當時為大農，言曰：『異時關東漕粟從渭中上，度六月而罷……』天子以為然，令齊人水工徐伯表，悉發卒數萬人穿漕渠……」）——按：《漢書》亦用「言」，所錄文僅數字相異。據嚴可均輯文補。可歸入化錄錄文類。

		番係《上言作河東渠田》(「其後河東守番係言：『漕從山東西……』天子以爲然，發卒數萬人作渠田。」)——按：《漢書》同。據嚴可均輯文補。可歸入化錄錄文類。
		無名氏《通褒斜道行船漕對》(「其後人有上書欲通褒斜道及漕，事下御史大夫張湯。湯問其事，因言：『抵蜀從故道，故道多阪，回遠……擬於巴蜀。』天子以爲然……作褒斜道五百餘里。」)——按：《漢書》同。據嚴可均輯文補。可歸入化錄錄文類。
		莊熊羆《上言穿商洛渠》(「其後莊熊羆言：『臨晉民願穿洛以溉重泉……』於是爲發卒萬餘人穿渠，自徵引洛水至商顏下。」)——按：《漢書》基本同，「莊熊羆」作「嚴熊」。據嚴可均輯文補。可歸入化錄錄文類。
平準書第八		有司請置賞官書？(「有司言：『天子曰「朕聞五帝之教……」請置賞官……』」)——按：可歸入化錄錄文類。
		有司言金有三等書？(「有司言曰：『古者皮幣，諸侯以聘享……』」)——按：嚴可均亦輯錄之。可歸入化錄錄文類。
		孔僅、東郭咸陽《上言鹽鐵》(「大農上鹽鐵丞孔僅、咸陽言：『山海，天地之藏也，皆宜屬少府……置小鐵官，便屬在所縣。』使孔僅、東郭咸陽乘傳舉行天下鹽鐵，作官府，除故鹽鐵家富者爲吏。」)——按：據嚴可均輯文補。可歸入化錄錄文類。
		公卿請治緡錢書(「商賈以幣之變，多積貨逐利。於是公卿言：『郡國頗被菑害……敢犯令，沒入田僮。』」)——按：據嚴可均輯文補。可歸入化錄錄文類。
		武帝憐山東河災詔(「天子憐之，詔曰：『江南火耕水耨……』」)

		卜式請往平南越效死書（「齊相卜式上書曰：『臣聞主憂臣辱。南越反，臣原父子與齊習船者往死之。天子下詔曰：『卜式雖躬耕牧……』」）——按：此處所錄較之《漢書‧卜式傳》刪、改較多。
		武帝對卜式請往平南越效死書的批示與賜侯詔
		卜式《上言官求雨》（「是歲小旱，上令官求雨，卜式言曰：『……亨弘羊，天乃雨。』」）——按：據《全漢文》補入。

八書二

篇　　目	舉篇目	其他出現的篇名	備註
禮書第一			
樂書第二	成王作《頌》（按：指《周頌‧小毖》）	《虞書》	自仲尼不能與齊憂遂容於魯，雖退正樂以誘世，作五章以刺時，猶莫之化。
	高祖過沛詩《三侯之章》，令小兒歌之——按：即《大風歌》。	《雅》《頌》	今上（武帝）即位，作十九章，令侍中李延年次序其聲——按：指《郊祀歌》。
	春歌《青陽》，夏歌《朱明》，秋歌《西暤》，冬歌《玄冥》按：武帝《郊祀歌》中的四首。	《詩》《書》	
律書第三			
曆書第四			
天官書第五			而（尹）皋、唐（眛）、甘（德）、石（申）因時務論其書傳——按：後世傳有《甘石星經》。
封禪書第六	湯伐桀，欲遷夏社，不可，作《夏社》。	《尚書》	
	（文帝）使博士諸生刺《六經》中作《王制》	《周官》	
河渠書第七			
平準書第八			

世家一

篇　目	錄　文	串述於文中的錄文	其他出現的篇名	備　註
吳太伯世家第一			歌《周南》《召南》《邶》《鄘》《衛》《王》《鄭》《齊》	
			歌《豳》《秦》《魏》《唐》《陳》《小雅》《大雅》《頌》	
			舞《象箾》《南籥》《大武》《韶護》《大夏》《招箾》	
			《盤庚》之誥	
齊太公世家第二		西伯將出獵卜辭（「西伯將出獵，卜之，曰『所獲非龍……』」）		詩人稱西伯受命曰文王——按：指《詩經·大明》
		齊遺魯請殺子糾召忽管仲書（「齊遺魯書曰：『子糾，兄弟……』」）		
		萊人歌（「萊人歌之曰：『齊景公死而弗與埋……』」）		
魯周公世家第三	周公《多士》《毋逸》（「周公歸，恐成王壯，治有所淫佚，乃作《多士》，作《毋逸》。《毋逸》稱……《多士》稱曰……」）	周公為成王病祝神策（「初，成王少時，病，周公乃自揃其蚤沈之河，以祝於神曰：『王少未有識……』」）〔註16〕		
	《肸誓》（「於是伯禽率師伐之於肸，作《肸	文成世童謠（「十一年……二十五年春，鸜鵒來巢。師		

〔註16〕《蒙恬列傳》亦引此文，文字略異（「及成王有病甚殆，公旦自揃其爪以沈於河，曰：『王未有識，是旦執事。有罪殃，旦受其不祥。』乃書而藏之記府，可謂信矣」）。——按：此係他人語中轉引之詞，非錄文，故不錄。

誓》，曰……作此《肸誓》，遂平徐戎，定魯。」）	己曰：『文成之世童謠曰「鸜鵒來巢，<u>公在乾侯</u>。鸜鵒入處，<u>公在外野</u>」。』季氏與郈氏鬥雞，季氏芥雞羽……二十六年春，齊伐魯……」）——按：觀上下文知司馬遷之所以錄師己語乃在於該童謠，引童謠乃在於解釋闡發鸜鵒來巢。故雖係他人言辭轉引之文，亦係作者有心選錄，因出自師己口而已。又按：此條見於《左傳》昭公二十五年，刪改極大，此係改錄錄文。		
燕召公世家第四	周公《君奭》（「周公攝政，當國踐祚，召公疑之，作《君奭》……周公乃稱……」）——按：此節錄《君奭》。		
管蔡世家第五			
陳杞世家第六		齊懿仲欲妻陳敬仲占卜卜辭（「卜之，占曰：『是謂鳳皇于飛……』」）	
衛康叔世家第七			
宋微子世家第八	箕子《麥秀》之詩（「箕子傷之……乃作《麥秀》之詩以歌詠之。其詩曰：『麥秀漸漸……』」）		

晉世家第九		晉大夫士蔿的狐裘歌（「退而歌曰：『狐裘蒙茸，一國三公，吾誰適從！』」）	趙衰歌《黍苗》詩	
		晉獻公伐驪戎卜辭（「初，獻公將伐驪戎，卜曰『齒牙爲禍』。」）		
		晉惠公夷吾在梁遺里克書（「乃遺里克書曰：『誠得立，請遂封子於汾陽之邑。』」）		
		晉國兒謠（「兒乃謠曰：『恭太子更葬矣，後十四年，晉亦不昌，昌乃在兄。』」）		
		晉介之推從者懸宮門書（「介子推從者憐之，乃懸書宮門曰：『龍欲上天……』」）		
		周作《晉文侯命》（「周作《晉文侯命》：『王若曰：父義和……』」）		
		晉太史董狐書（「晉太史董狐書曰『趙盾弒其君』」）		
		巫臣遺子反書（「巫臣怒，遺子反書曰：『必令子罷於奔命！』」）		
楚世家第十		周惠王《賜楚成王胙》（「成王惲元年……天子賜胙，曰：『鎮爾南方夷越		

		之亂，無侵中國。』於是楚地千里。」） ——按：據嚴可均輯文補。<u>可歸入化錄錄文類。</u>		
		楚莊王《初即位令國中》（「莊王即位三年，不出號令，日夜爲樂，令國中曰：『有敢諫者死，無赦！』伍舉入諫。」）		
		觀從《令乾谿師衆》（「觀從從師於乾谿，令楚衆曰：『國有王矣。先歸，復爵邑田室。後者遷之。』楚衆皆潰……」）		
		齊愍王遺楚王書（「二十年，齊愍王欲爲從長……乃使使遺楚王書曰：『寡人患楚之不察於尊名也……』」）		
		秦昭王遺楚王書（「三十年，秦復伐楚，取八城。秦昭王遺楚王書曰：『始寡人與王約爲弟兄……』」）		
		秦遺楚頃襄王書（「六年，秦使白起伐韓……秦乃遺楚王書曰：『楚倍秦，秦且率諸侯伐楚……』」）		
越王句踐世家第十一		范蠡自齊遺大夫種書（「范蠡遂去，自齊遺大夫種書曰：『蜚鳥盡，良弓藏……』」）		

		范蠡辭句踐書(「還反國,范蠡以爲大名之下……爲書辭句踐曰:『臣聞主憂臣勞……』」)——按:《吳越春秋‧句踐伐吳外傳》亦載辭句踐書,嚴可均以爲即此書也,然甚詳實。此當是節錄,且間或改易。		
鄭世家第十二				
趙世家第十三		董安于《書趙簡子夢之帝所事》(「趙簡子疾……醫扁鵲視之,出,董安于問。扁鵲曰……董安于受言而書藏之。以扁鵲言告簡子,簡子賜扁鵲田四萬畝。」)——按:據嚴可均輯文補。可歸入改錄錄文類。		
		董安于《又書子晰事》(「他日,簡子出……簡子書藏之府。」)——按:嚴可均云如上條例,此文大約是董安于將所聽到的話記錄下來予以收藏,未必簡子自書,蓋承上文省耳。今據以補。可歸入改錄錄文類。		
		趙朔妻《置兒絝中祝》(「屠岸賈聞之,索於宮中。夫人置兒絝中,祝		

		曰：『趙宗滅乎，若號；即不滅，若無聲。』及索，兒竟無聲。」）		
		趙襄子得竹筒朱書（「親自剖竹，有朱書曰：『趙毋恤，余霍泰山山陽侯天使也……』」）		
		趙武靈王夢見處女鼓琴而歌詩（「十六年，秦惠王卒。王遊大陵。他日，王夢見處女鼓琴而歌詩曰：『美人熒熒兮……』」）		
		蘇厲爲齊遺趙王書（「十六年，秦復與趙數擊齊，齊人患之。蘇厲爲齊遺趙王書曰……」）——按：此書亦見《戰國策·趙策一》，文字有異同，但云蘇秦遺趙王書。亦可入承襲類。		
		趙民訛言（「六年，大饑，民訛言曰：『趙爲號……』」）		
魏世家第十四		范痤上信陵君書（「痤因上書信陵君曰……」）——按：此信出於趙國獻地使魏國殺范痤之事，連同該事文字皆見於《戰國策》，但多有異。亦可入承襲類。		
韓世家第十五				

田敬仲完世家第十六		齊人歌（「齊人歌之曰：『嫗乎采芑，歸乎田成子！』」）		
		齊人怨王建之亡國歌（「故齊人怨王建不蚤與諸侯合從攻秦……歌之曰：『松耶柏耶……』疾建用客之不詳也。」）——按：又見《戰國策》。		
孔子世家第十七		孔子去魯而師己送之，孔子歌（《去魯歌》）（「歌曰：『彼婦之口，可以出走……』」）——按：連同其前「齊人聞而懼，曰：孔子爲政必霸……」及至此歌，事散見於《韓非子·內儲說下》《論語·微子》等古籍，然行文頗異。亦見於《孔子家語·子路初見》，文字大同，略異。	《文王操》	
		楚狂接輿歌（「楚狂接輿歌而過孔子，曰：『鳳兮鳳兮……』」）——按：亦見於《論語·微子》。		
		孔子歎而歌（「孔子因歎，歌曰：『太山壞乎！樑柱摧乎！哲人萎乎！』因以涕下。」）——按：又亦見《禮記·檀弓上》（《孔子家語·終記》），皆不盡同。		

		魯哀公爲孔子誄（「哀公誄之曰：『旻天不弔……』」）——按：見《左傳》哀公十六年、《禮記·檀弓上》（亦見於《孔子家語·終記解》）。《左傳》《孔子家語》與此基本相同且稍詳之。《禮記》與此差異頗大，較此簡略。		

世家二

篇　目	舉篇目
吳太伯世家第一	
齊太公世家第二	「武王曰：『未可。』還師，與太公作此《太誓》。」
魯周公世家第三	「十一年，伐紂，至牧野，周公佐武王，作《牧誓》。」
	「周公乃奉成王命，興師東伐，作《大誥》。」
	「成王命唐叔以饋周公於東土，作《饋禾》。」
	「周公既受命禾，嘉天子命，作《嘉禾》。」
	「周公歸報成王，乃爲詩貽王，命之曰《鴟鴞》。」
	「天下已安，周之官政未次序，於是周公作《周官》，官別其宜。作《立政》，以便百姓。百姓說。」
燕召公世家第四	「召公卒，而民人思召公之政，懷棠樹不敢伐，哥詠之，作《甘棠》之詩。」
管蔡世家第五	
陳杞世家第六	
衛康叔世家第七	「（周公）爲《梓材》，示君子可法則。」
	「故謂之《康誥》、《酒誥》、《梓材》以命之。」
宋微子世家第八	「（箕子）遂隱而鼓琴以自悲，故傳之曰《箕子操》。」
	「乃命微子開代殷後，奉其先祀，作《微子之命》以申之，國於宋。」
	「襄公之時，修行仁義，欲爲盟主。其大夫正考父美之，故追道契、湯、高宗，殷所以興，作《商頌》。」

晉世家第九	
楚世家第十	
越王句踐世家第十一	
鄭世家第十二	
趙世家第十三	
魏世家第十四	
韓世家第十五	
田敬仲完世家第十六	
孔子世家第十七	「孔子既不得用於衛，將西見趙簡子。至於河而聞竇鳴犢、舜華之死也……乃還息乎陬鄉，作爲《陬操》以哀之。」
	「(孔子)追跡三代之禮，序《書傳》，上紀唐虞之際，下至秦繆，編次其事。
	故《書傳》《禮記》自孔氏。」
	「古者《詩》三千餘篇，及至孔子，去其重，取可施於禮義……以備王道，成六藝。」
	「孔子晚而喜《易》，序《彖》、《繫》、《象》、《說卦》、《文言》。」
	「(孔子曰)：『君子病沒世而名不稱焉。吾道不行矣，吾何以自見於後世哉？』乃因史記作《春秋》……則天下亂臣賊子懼焉……罪丘者亦以《春秋》。」
	「子思作《中庸》。」

世家三

篇　目	錄文	串述於文中的錄文	舉篇目	其他出現的篇名	備　註
陳涉世家第十八		陳涉等帛上丹書（「乃丹書帛曰：『陳勝王』」）			「褚先生曰」下引賈誼《過秦論》上〔註17〕，全篇。（「吾聞賈生稱之曰……」）

〔註17〕此文錄於「褚先生曰」以下。但「褚先生曰」以下，李解民認爲是褚少孫所補做的（見1995年天津古籍出版社《全注全譯史記·陳涉世家》），韓兆琦認爲「褚先生曰」當作「太史公曰」（見韓兆琦等《史記：評注本》，嶽麓書社，2004年版，第796頁）。若以李論，則此篇非太史公錄，不在本表範圍內，若以韓論，則亦係太史公原錄之文。

外戚世家第十九〔註18〕			故《易》基《乾》、《坤》	
			《詩》始《關雎》	
			《書》美釐降	
			《春秋》譏不親迎	
楚元王世家第二十			帝及太子諸竇不得不讀《黃帝》、《老子》	
荊燕世家第二十一	高祖立劉賈及擇劉氏子弟爲王詔（「漢六年春……當是時也，高祖子幼，昆弟少，又不賢，欲王同姓以鎮天下，乃詔曰：『將軍劉賈有功……』因立子肥爲齊王。始王昆弟劉氏也。」）			
	燕王劉定國罪議（「至元朔元年，郢人昆弟復上書具言定國陰事，以此發覺。詔下公卿，皆議曰：『定國禽獸行，亂人倫，逆天，當誅。』上許之。」）			
齊悼惠王世家第二十二	齊哀王襄遺諸侯王書（「琅邪王既行，齊遂舉兵西攻呂國之濟南。於是齊哀王遺諸侯王書曰……」）			
	城陽王劉章《耕田歌》（「酒酣，章進飲歌舞。已而曰：『請爲太后言耕田			

〔註18〕按：傳云「大行奏事畢，曰：『「子以母貴，母以子貴」，今太子母無號，宜立爲皇后。』景帝怒曰：『是而所宜言邪！』遂案誅大行……」嚴可均將之輯爲闕名氏《奏請立栗姬爲皇后》，誤。既云「奏事畢，曰」且觀武帝語，當是當面言語，非書面奏疏。既知其爲言語，則當退而堅守文的邊界，不必再將之混同廣義之文了。故不錄。

	歌。』……太后曰：『試爲我言田。』章曰：『深耕概種，立苗欲疏，非其種者，鋤而去之。』」）			
	無名氏《與路中大夫盟》（「三國將劫與路中大夫盟，曰：『若反言漢已破矣，齊趣下三國，不且見屠。』」）			
蕭相國世家第二十三				
曹相國世家第二十四	百姓歌蕭何曹參（「百姓歌之曰……」）			
留侯世家第二十五			下邳圯上老父贈張良《太公兵法》	
陳丞相世家第二十六				
絳侯周勃世家第二十七	周亞夫軍中令？（「將軍令曰『軍中聞將軍令，不聞天子之詔』」）——按：嚴可均未輯錄。			
梁孝王世家第二十八				
五宗世家第二十九	漢武帝封常山憲王劉舜之子劉平眞定王、劉商泗水王詔（「乃詔有司曰……」）			
三王世家第三十	霍去病上武帝《請立皇子爲諸侯王疏》武帝對霍去病《請立皇子爲諸侯王疏》的批示（「制曰……」）〔註19〕			

〔註19〕 按：歸有光曰：「《三王世家》本不缺，讀此贊文可見。太史公亦不及見三王後事，褚先生淺陋，遂謂『求其世家不可得』也。序亦云『三子之王，文辭可觀』，可知獨載文辭也。」（韓兆琦評注《史記評注本》引，見嶽麓書社 2012 年版第 923 頁。）然亦有人認爲前面資料係後人所編，然後又僞造「太史公曰」以假亂眞。以爲非司馬遷作的有朱東潤、韓兆琦等。寧有所益而不敢輕易有所遺，故暫錄於此，姑存疑。

	莊青翟等上武帝請定皇子（閎、旦、胥）封國名書（按：嚴可均作「嚴青翟」。）武帝對莊青翟等上武帝請定皇子（閎、旦、胥）封國名書的批示（「制曰……」）		
	莊青翟等上武帝請立皇子（劉閎劉旦劉胥）爲諸侯王書武帝對莊青翟等上武帝請立皇子（劉閎劉旦劉胥）爲諸侯王書的批示（「制曰……」）		
	莊青翟等上武帝再請立皇子（閎、旦、胥）爲諸侯王書		
	莊青翟等上武帝三請立皇子（閎、旦、胥）爲諸侯王書武帝對莊青翟等上武帝三請立皇子（閎、旦、胥）爲諸侯王書的批示		
	公孫賀上武帝奏輿地圖並請立皇子國名書武帝對公孫賀上武帝奏輿地圖並請立皇子國名書批示		
	武帝封齊王劉閎策		
	武帝封燕王劉旦策		
	武帝封廣陵王劉胥策		

列傳一

篇　　目	錄　　文	其他出現的篇名	備　　註
伯夷列傳第一			
管晏列傳第二			

老子韓非列傳第三	韓非《說難》（「爲《說難》書甚具，……《說難》曰……」）		「於是老子乃著書上下篇，言道德之意五千餘言而去，莫知其所終。」——按：即《老子》（《道德經》）。
			「或曰：老萊子亦楚人也，著書十五篇，言道家之用。」——按：《漢書·藝文志》有《老萊子》十六篇，已軼。
			「（莊周）其學無所不窺，然其要本歸於老子之言。故其著書十餘萬言，大抵率寓言也。」——按：即《莊子》。
司馬穰苴列傳第四			
孫子吳起列傳第五			「孫臏以此名顯天下，世傳其兵法。」
伍子胥列傳第六			
仲尼弟子列傳第七			
商君列傳第八			
蘇秦列傳第九			
張儀列傳第十			
樗里子甘茂列傳第十一			
穰侯列傳第十二		《周書》	
白起王翦列傳第十三			

孟子荀卿列傳第十四			「自騶衍與齊之稷下先生，如淳于髡、慎到、環淵、接子、田駢、騶奭之徒，〔註20〕各著書言治亂之事，以干世主，豈可勝道哉！」
			介紹淳于髡學說（未著錄其著作名）。
			「皆學黃老道德之術，因發明序其指意。故慎到著十二論，環淵著上下篇，而田駢、接子皆有所論焉。」
			「騶奭者，齊諸騶子，亦頗採騶衍之術以紀文。」
			「荀卿……序列著數萬言而卒。」
			「趙亦有公孫龍為堅白同異之辯，劇子之言。」
			「魏有李悝，盡地力之教。」
			楚有尸子、長盧
			阿之籲子
			墨翟，宋之大夫，善守禦，為節用。
孟嘗君列傳第十五			
魏公子列傳第十七			
春申君列傳第十八			

〔註20〕淳于髡，戰國齊人，以博文著稱；慎到，趙人，法家，有《慎子》四十二篇，已亡佚；環淵，又名蜎淵，楚人，道家，著《蜎子》十三篇，已佚；接子，齊人，道家，著《接子》二篇，已佚；田駢，齊人，道家，著《田子》二十五篇，已佚；騶奭，齊人，陰陽家，著《騶奭子》十二篇，已佚。參魏連科注《孟子荀卿列傳第十四》，見《全注全譯史記》，天津古籍出版社，1995年，第2250～2251頁。

范雎蔡澤列傳第十九			
樂毅列傳第二十			
廉頗藺相如列傳第二十一			「秦昭王聞之，使人遺趙王書，願以十五城請易璧。」——按：未錄文。
田單列傳第二十二			
魯仲連鄒陽列傳第二十三	魯仲連爲齊遺燕將書（「魯連乃爲書，約之矢以射城中，遺燕將。書曰：『吾聞之……』」）〔註21〕		
屈原賈生列傳第二十四	屈原《懷沙賦》（「乃作《懷沙》之賦。其辭曰……」）		
	賈誼《弔屈原賦》（「賈生既辭往行，聞長沙卑濕，自以壽不得長，又以適去，意不自得。及渡湘水，爲賦以弔屈原。其辭曰……」）——按：未明著篇名。		「屈原既死之後，楚有宋玉、唐勒、景差之徒者，皆好辭而以賦見稱；然皆祖屈原之從容辭令，終莫敢直諫。」
	賈誼《鵩鳥賦》（「賈生爲長沙王太傅三年，有鵩飛入賈生舍……楚人命鵩曰『服』……傷悼之，乃爲賦以自廣。其辭曰……」）——按：未明著篇名，但下文明言篇名。		「自屈原沉汨羅後百有餘年，漢有賈生……過湘水，投書以弔屈原。」——按：「書」指賈誼《弔屈原賦》。
			「文帝復封淮南厲王子四人皆爲列侯。賈生諫，以爲患之興自此起矣。賈生數上疏，言諸侯或連數郡，非古之制，可稍削之。文帝不聽。」

〔註21〕嚴可均云此文「校《戰國策》有刪節，亦有多出字句。據下文言燕將見書，泣三日自殺，知《史記》此書取之《魯連子》，非本《戰國策》者也，故並載之」。見《全上古三代秦漢三國六朝文》。

呂不韋列傳 第二十五			
刺客列傳第 二十六			「高漸離擊筑，荊軻和而 歌，爲變徵之聲……」— —按：未錄歌詞例。
			「復爲羽聲慷慨……」—— 按：未錄歌詞例。
李斯列傳第 二十七			
蒙恬列傳第 二十八			
張耳陳餘列 傳第二十九			
魏豹彭越列 傳第三十			
黥布列傳第 三十一		《春秋》	
淮陰侯列傳 第三十二			
韓信盧綰列 傳第三十三			
田儋列傳第 三十四			「蒯通者，善爲長短說，論 戰國之權變，爲八十一 首。」〔註22〕
樊酈滕灌列 傳第三十五			
張丞相列傳 第三十六		《詩》《論語》	
酈生陸賈列 傳第三十七		《詩》《書》	
傅靳蒯成列 傳第三十八			

〔註22〕按：《漢書·蒯通傳》云，其書名《雋永》。《漢書·藝文志》縱橫類著錄《蒯
　　　　子五篇》，或即其書。

劉敬叔孫通列傳第三十九			「徙爲太常，定宗廟儀法。及稍定漢諸儀法，皆叔孫生爲太常所論箸也。」
季布、欒布列傳第四十			「單于嘗爲書嫚呂后，不遜。」——按：《漢書·匈奴列傳》載冒頓單于遺呂后書。又《史記·匈奴列傳》言「冒頓乃爲書遺高后，妄言」，所指書信應同此信。
袁盎晁錯列傳第四十一			
張釋之馮唐列傳第四十二			
萬石張叔列傳第四十三			
田叔列傳第四十四			
扁鵲倉公列傳第四十五			
吳王濞列傳第四十六			
魏其武安侯列傳第四十七			「蚡辯有口，學《槃盂》諸書。」
韓長孺列傳第四十八			
李將軍列傳第四十九			
匈奴列傳第五十		周作《甫刑》之辟	
衛將軍驃騎列傳第五十一			

平津侯主父 列傳第五十 二	父偃上書武帝言九事（《上 書諫伐匈奴》）（「資用乏， 留久，諸公賓客多厭之， 乃上書闕下。朝奏，暮召 入見。所言九事，其八事 爲律令，一事諫伐匈奴。 其辭曰……」）		
	趙人徐樂上武帝書言一 事（「是時趙人徐樂、齊 人嚴安俱上書言世務，各 一事。徐樂曰：『臣聞天 下之患在於土崩，不在於 瓦解，古今一也。……何 征而不服乎哉！』嚴安上 書曰：『臣聞周有天下， 其治三百餘歲，……則不 可稱諱也。』書奏天子， 天子召見三人。」）		
	齊人嚴安上書言一事 （《上書言世務》）（摘要 見上條）——按：《漢書》 嚴安傳所載詳，此較之少 篇首 277 字。		
南越列傳第 五十三			
東越列傳第 五十四			
朝鮮列傳第 五十五			
西南夷列傳 第五十六			
司馬相如列 傳第五十七	司馬相如《子虛賦》《上 林賦》（「其辭曰……」）		
	《喻巴蜀檄》（「檄曰……」）		
	《難蜀父老》（「其辭 曰……」）		
	《諫獵疏》（「其辭曰……」）		
	《哀二世賦》（「其辭 曰……」）		

	《大人賦》(「其辭曰……」)		
	《封禪書》(「其書曰……」)		
	漢武帝封禪頌(「於是天子沛然改容……乃作頌曰……」)——按：此條亦可入串述於文中錄文類。		
淮南衡山列傳第五十八			
循吏列傳第五十九			
汲鄭列傳第六十			
儒林列傳第六十一		《關雎》《韶》《士禮》《穀梁春秋》	
		孔子使《雅》《頌》得其所	
		孔子因史記作《春秋》	
		孔子論次《詩》《書》	
酷吏列傳第六十二			
大宛列傳第六十三		《禹本紀》《山海經》《尚書》	
遊俠列傳第六十四			
佞倖列傳第六十五			
滑稽列傳第六十六			
日者列傳第六十七			
龜策列傳第六十八			
貨殖列傳第六十九			

| 太史公自序
第七十 | 司馬談《論六家要指》（「愍學者之不達其意而師悖，乃論六家之要指曰……」）——按：此條入直接錄文類亦可。 | | |

列傳二

篇　　目	串述於文中的錄文	舉篇目
伯夷列傳 第一	伯夷叔齊歌（《采薇歌》）（「及餓且死，作歌。其辭曰：『登彼西山兮……』」）	
管晏列傳 第二	「故其稱曰：『倉廩實而知禮節……令順民心。』」——按：亦見於《管子·牧民》。此條亦載於承襲類表。亦可歸入化錄錄文類。	管氏《牧民》《山高》《乘馬》《輕重》《九府》及《晏子春秋》
	「故曰『知與之爲取，政之寶也。』」——按：亦見於見《管子·牧民》。此條亦載於承襲類表。亦可歸入化錄錄文類。	
	「晏子爲齊相……晏子薦以爲大夫。」——按：亦見於《晏子春秋·內篇雜上》，字句完全相同。此條亦載於承襲類表。可歸入化錄錄文類。	
老子韓非 列傳第三	「楚莊王聞莊周賢……以快吾志焉」——按：亦見於《莊子·秋水》，略異。此條亦載於承襲類表。然此未注明出處篇名，可歸入化錄錄文類。	「（莊周）作《漁父》、《盜跖》、《胠篋》，以詆訾孔子之徒，以明老子之術……」——按：戳其旨要並作評價。
		「申子之學本於黃老而主刑名。著書二篇，號曰《申子》。」
		「（韓非）故作《孤憤》、《五蠹》、《內外儲》、《說林》、《說難》十餘萬言。」
司馬穰苴 列傳第四		「齊威王使大夫追論古者《司馬兵法》而附穰苴於其中，因號曰《司馬穰苴兵法》。」
孫子吳起 列傳第五	孫臏斫大樹書（「孫子度其行，暮當至馬陵……乃斫大樹白而書之曰……」）	孫武《孫子》十三篇
	吳王闔閭《下令孫武》（「吳王從臺上觀，見且斬愛姬，大駭。趣使使下令曰：『寡人已知將軍能用兵矣。寡人非此二姬，食不甘味，原勿斬也。』孫子曰：『臣既已受命爲將，將在軍，君命有所不受。』」）——按：據嚴可均補。	吳起《兵法》

伍子胥列傳第六		
仲尼弟子列傳第七		曾參作《孝經》
商君列傳第八	衛鞅遺魏將公子卬書（「軍既相距，衛鞅遺魏將公子卬書曰……」）	商君《開塞》《耕戰》書
	「孝公既用衛鞅……孝公曰：『善。』」──按：亦見《商君書·更法》，有刪略改動。此條亦載於承襲類表。然此未注明出處篇名，亦可歸入化錄錄文類。	
	商鞅《定變法之令》（「孝公曰：『善。』以衛鞅為左庶長，卒定變法之令。令民為什伍……」）──按：據嚴可均輯文補入。此令不見於《商君書》。此條亦可歸入化錄錄文類。	
	商鞅《南門募徙木令》（「令既具，未布，恐民之不信，已乃立三丈之木於國都市南門，募民有能徙置北門者予十金。」）──按：據嚴可均輯文補入。可入化錄錄文類。	
	商鞅《復募》（「民怪之，莫敢徙。復曰『能徙者予五十金』。有一人徙之，輒予五十金，以明不欺。」）──按：據嚴可均輯文補入。可入化錄錄文類。	
蘇秦列傳第九	蘇秦《從約》（「要約曰：『秦攻楚，……』」，夾雜在蘇秦說趙王言辭中）（據嚴可均輯文補。）──按：亦見於《戰國策》。此條亦載於承襲類表，亦可歸入化錄錄文類。	
	蘇代《遺燕昭王書》（「齊伐宋，宋急，蘇代乃遺燕昭王書曰……」）──按：又見於《戰國策》，文字或有改動）此條亦載於承襲類表，亦可歸入化錄錄文類。	
	蘇代《約燕昭王》（「久之，秦召燕王，燕王欲往，蘇代約燕王曰：『楚得枳而國亡……』」）──按：據嚴可均輯文補入。又見於《戰國策》，文字略異。此條亦載於承襲類表。然此未注明出處篇名，亦可歸入化錄錄文類。	
張儀列傳第十	張儀告楚相檄（「張儀既相秦，為文檄告楚相曰：『始吾從若飲……』」）	

	張儀《爲秦破從連橫獻書楚王》（「張儀既出，未去，聞蘇秦死，乃說楚王曰：『秦地半天下……臣竊以爲大王之計過也。』」）——按：據嚴可均輯文補入。自「說楚王曰」見於《戰國策》，但此處較之少書信末廿一字及之後楚王言辭。此條亦可歸入承襲類及化錄錄文類。	
	張儀《獻書韓王》（「張儀去楚，因遂之韓，說韓王曰：『韓地險惡山居……』」）——按：據嚴可均輯文補入。自「說韓王曰」見於《戰國策》，但此較之少書信末十七字及末韓王言辭。亦可歸入承襲類及化錄錄文類。	
樗里子甘茂列傳第十一		
穰侯列傳第十二	齊襄王使蘇代爲齊陰遺秦穰侯書（「齊襄王懼，使蘇代爲齊陰遺穰侯書曰：『臣聞往來者……』」）	
白起王翦列傳第十三		
孟子荀卿列傳第十四	齊人頌（「騶衍之術迂大而閎辯；奭也文具難施；淳于髡久與處，時有得善言。故齊人頌曰：『談天衍，雕龍奭，炙轂過髡。』」）	「天下方務於合從連衡，以攻伐爲賢，而孟軻乃述唐虞三代之德，是以所如者不合。退而與萬章之徒序《詩》《書》，述仲尼之意，作《孟子》七篇。其後有騶子之屬。」
		「騶衍乃深觀陰陽消息而作怪迂之變，《終始》、《大聖》之篇十餘萬言。」——按：詳細介紹其理論觀點。
		騶衍作《主運》。——按：對鄒衍作了評論。
孟嘗君列傳第十五	孟嘗君田文《遺秦相穰侯魏冉書》（「孟嘗君懼，乃遺秦相穰侯魏冉書曰：『吾聞秦欲以呂禮收齊……』」）	「虞卿不得意，乃著書，上採《春秋》，下觀近世，曰《節義》、《稱號》、《揣摩》、《政謀》，凡八篇。以刺譏國家得失，世傳之曰《虞氏春秋》。」

魏公子列傳第十七		信陵君魏無忌下令軍中（「勒兵下令軍中曰：『父子俱在軍中，父歸；兄弟俱在軍中，兄歸；獨子無兄弟，歸養。』」）
		「信陵君魏無忌威振天下，諸侯之客進兵法，公子皆名之，故世俗稱《魏公子兵法》。」
春申君列傳第十八	黃歇上秦昭王書（「恐壹舉兵而滅楚。歇乃上書說秦昭王曰……」）	
范雎蔡澤列傳第十九	范雎初上秦昭王書（「范雎乃上書曰：『臣聞明主立政……』」）——按：又見於《戰國策》，文字有異。此條又載入承襲類表。	
	秦昭王佯爲好遺平原君書（「秦昭王聞魏齊在平原君所，欲爲范雎必報其仇，乃詳爲好書遺平原君曰……」）	
	秦昭王遺趙王書（「昭王乃遺趙王書曰……」）	
	秦昭王《下令國中》（「秦昭王恐傷應侯之意，乃下令國中：『有敢言鄭安平事者，以其罪罪之。』」）	
樂毅列傳第二十	燕惠王《以書讓樂毅且謝之》（「燕惠王乃使人讓樂毅，且謝之曰：『先王舉國而委將軍……而亦何以報先王之所以遇將軍之意乎？』樂毅報遺燕惠王書曰……」）——按：據嚴可均輯文補。可入化錄錄文類。	
	樂毅報遺燕惠王書（「樂毅報遺燕惠王書曰……」）	
	燕王喜遺樂間書（「燕王恨不用樂間，樂間既在趙，乃遺樂間書曰：『紂之時……』」）	
廉頗藺相如列傳第二十一	李牧《備邊約》（「爲約曰：『匈奴即入盜，急入收保，有敢捕虜者斬。』匈奴每入，烽火謹，輒入收保，不敢戰。如是數歲，亦不亡失。然匈奴以李牧爲怯，雖趙邊兵亦以爲吾將怯。趙王讓李牧，李牧如故。趙王怒，召之，使他人代將。」）	
	趙奢令軍中（「兵去邯鄲三十里，而令軍中曰：『有以軍事諫者死。』」）按：此條嚴可均漏輯。	

	趙括母上書趙孝成王（「及括將行，其母上書言於王曰『括不可使將。』王曰：『何以？』對曰：『始妾事其父……父子異心，原王勿遣。』王曰：『母置之，吾已決矣。』括母因曰：『王終遣之，即有如不稱，妾得無隨坐乎？』王許諾。」）──按：嚴可均將趙括母三段話並輯爲《上書趙王》。筆者以爲文中雖然明言「上書」而實際如同對話。那麼所謂「上書」要麼僅是第一段話，要麼是多次上書，「王曰」則是趙王的批覆。故可入串述文中錄文、化錄、改錄錄文等類。	
田單列傳第二十二	田單《令城中》（「乃令城中人曰：『當有神人爲我師。』」）	
	樂毅《令軍中》（「燕之初入齊，聞畫邑人王蠋賢，令軍中曰『環畫邑三十里無入』，以王蠋之故。」）	
魯仲連鄒陽列傳第二十三	鄒陽獄中上梁孝王書（「恐死而負累，乃從獄中上書曰：『臣聞忠無不報，信不見疑……』書奏梁孝王，孝王使人出之，卒爲上客。」）	
屈原賈生列傳第二十四〔註23〕	「屈原至於江濱……又安能以皓皓之白而蒙世俗之溫蠖乎！」──按：亦見《楚辭・漁父》，全篇，文字略有不同。此條亦載於承襲類表。亦可歸入化錄錄文類。	「（屈平）憂愁幽思而作《離騷》。」──按：解釋「離騷」並作評價。）
		「余讀《離騷》《天問》《招魂》《哀郢》，悲其志……及見賈生弔之……讀《鵩鳥賦》，同死生，輕去就，又爽然自失矣。」

〔註23〕 按：《史記・屈原賈生列傳》中的「離騷者，猶離憂也……雖與日月爭光可也」、「雖流放，眷顧楚國，心繫懷王……王之不明，豈足福哉」兩大段，學界很多人以爲是劉安《離騷傳》裏的話。有以爲是後人竄入的，如湯炳正先生（見湯炳正講述、湯序波整理《楚辭講座》，廣西師範大學出版社，2006 年，第 85 頁），有以爲是司馬遷自己採入的，如力之先生（見參力之《〈楚辭〉與中古文獻考說・〈卜居〉〈漁父〉作者考辯》，成都：巴蜀出版社，2005，第 125 頁注 2）。又張大可作《〈史記〉殘缺與補竄》列《屈原賈生列傳》條目而未將以上兩段話列入他人竄入《史記》的內容，可見張先生也認爲這是司馬氏原文引入的內容（見張大可《〈史記〉文獻研究》，北京：民族出版社，1999 年，第 171 頁。又見張大可，趙生群著《史記文獻與編纂學研究》（史記研究集成卷 11），北京：華文出版社，2005 年，第 124 頁）。

呂不韋列傳第二十五	秦王政賜文信侯徙蜀書（「歲餘，諸侯賓客使者相望於道，請文信侯。秦王恐其爲變，乃賜文信侯書曰……」）	「呂不韋乃使其客人人著所聞，集論以爲八覽、六論、十二紀，二十餘萬言。以爲備天地萬物古今之事，號曰《呂氏春秋》。」
刺客列傳第二十六	荊軻易水歌（「又前而爲歌曰……」）	
	代王趙嘉《遺燕王喜書》（「秦將李信追擊燕王急，代王嘉乃遺燕王喜書曰：『秦所以尤追燕急者……』」）	
李斯列傳第二十七	李斯《諫逐客書》（「李斯議亦在逐中。斯乃上書曰……」）	始皇三十四年……博士僕射周青臣等頌始皇威德。（文見《秦始皇本紀》）
	◎李斯請燒詩書書（丞相謬齊人淳于越之說，「絀其辭，乃上書曰：『古者天下散亂……』」）——按：又見錄於《秦始皇本紀》，前有「五帝不相復……」，此處僅節錄而已。	
	◎秦始皇令趙高所爲賜公子扶蘇書（「其年七月，始皇帝至沙丘，病甚，令趙高爲書賜公子扶蘇曰……」）——按：《秦始皇本紀》亦載此書，但較此略。	
	趙高詐爲始皇書賜公子扶蘇（「於是乃相與謀，詐爲受始皇詔丞相立子胡亥爲太子。更爲書賜長子扶蘇曰……」）	
	公子高上二世書（「公子高欲奔，恐收族，乃上書曰……」）	
	李斯阿二世意書（「李斯恐懼，重爵祿，不知所出，乃阿二世意，欲求容，以書對曰：『夫賢主者，必且能全道而行督責之術者也。督責之，則臣不敢不竭能以徇其主矣……』」）	
	李斯上二世言趙高短書（「李斯不得見，因上書言趙高之短曰……」）	
	李斯獄中上二世書（「趙高治斯……不勝痛，自誣服。斯所以不死者……幸得上書自陳……而赦之……乃從獄中上書曰……」）	
蒙恬列傳第二十八	秦二世令蒙毅（「胡亥不聽。而遣御史曲宮乘傳之代，令蒙毅曰：『先主欲立太子而卿難之……』」）	

張耳陳餘列傳第二十九	秦將詐稱二世使人遺李良書（「秦將詐稱二世使人遺李良書，不封，曰：『良嘗事我得顯幸。良誠能反趙爲秦，赦良罪，貴良。』良得書，疑不信。乃還之邯鄲，益請兵。」）	
魏豹彭越列傳第三十		
黥布列傳第三十一		
淮陰侯列傳第三十二	韓信使人向漢王請封齊假王（「使人言漢王曰：『……』韓信使者至，發書，漢王大怒……」）〔註24〕——按：可歸入化錄錄文類。	
韓信盧綰列傳第三十三	韓王信上高祖請治馬邑書（「信上書曰……」）	
	漢將柴將軍遺韓王信書（按：柴將軍指柴武。）（「十一年春，故韓王信復與胡騎入居參合，距漢。漢使柴將軍擊之，遺信書曰：『……。』韓王信報曰：『……。』遂戰。）	
	韓王信報柴將軍書（摘要見上條）	
田儋列傳第三十四	高祖《詔衛尉酈商》（五年五月）（「田橫因謝曰：『臣亨陛下之使酈生……使還報，高皇帝乃詔衛尉酈商曰：『齊王田橫即至……』」）	
樊酈滕灌列傳第三十五	舞陽侯他廣舍人上景帝書（「六歲，侯家舍人得罪他廣，怨之，乃上書曰：『荒侯市人病不能爲人，令其夫人與其弟亂而生他廣，他廣實非荒侯子，不當代後。』詔下吏。」）	
張丞相列傳第三十六	孝宣帝賜黃霸關內侯制（「孝宣帝下制曰……」）	
酈生陸賈列傳第三十七	酈食其《請說齊王》（「漢王數困……酈生因曰：『臣聞知天之天者，王事可成……』上曰：『善。』乃從其畫，復守敖倉，而使酈生說齊王」）——按：據嚴可均輯文補。可入化錄錄文類。	「陸生乃粗述存亡之徵，凡著十二篇。每奏一篇，高帝未嘗不稱善，左右呼萬歲，號其書曰『新語』。」

〔註24〕 按：此文嚴可均未輯錄。雖然是「使人言漢王曰」，然觀後文「韓信使者至，發書」，知韓信使者乃是攜書而來，前所謂「言」者實際是書面文件。故本表錄之。

－263－

	酈食其《踵軍門上謁》（「初，沛公引兵過陳留，酈生踵軍門上謁曰：『高陽賤民酈食其，竊聞沛公暴露，將兵助楚討不義，敬勞從者，原得望見，口畫天下便事。』使者入通……」）——按：此段文字清梁玉繩以爲後人竄入，因小異而附之，又誤置朱建傳末。據嚴可均輯文補，且存疑。	「余讀陸生《新語書》十二篇，固當世之辯士。」
傅靳蒯成列傳第三十八		
劉敬叔孫通列傳第三十九		
季布、欒布列傳第四十	季布寄書諫竇長君（「季布聞之，寄書諫竇長君曰：『吾聞曹丘生非長者，勿與通。』」）	
袁盎晁錯列傳第四十一		
張釋之馮唐列傳第四十二		
萬石張叔列傳第四十三	漢武帝封萬是君之子石慶丞相詔（「元鼎五年秋，丞相有罪，罷。制詔御史：『萬石君先帝尊之……』」）	
	石慶請辭丞相書（《上書乞骸骨》）（「元封四年中……乃賜丞相告歸，而案御史大夫以下議爲請者。丞相慚不任職，乃上書曰：『……。』天子曰：『……。』以書讓慶，慶甚慚，遂復視事。」）	
	漢武帝讓石慶辭丞相書（摘要見上條）——按：此甚略，不及《漢書》所錄之詳。	
田叔列傳第四十四	高帝《捕趙王張傲詔》（「是時漢下詔書：『趙有敢隨王者罪三族。』」）	
扁鵲倉公列傳第四十五	◎淳于意少女緹縈爲贖父上文帝書（「意怒，罵曰……於是少女緹縈傷父之言，乃隨父西。上書曰……」）——按：《孝文紀》亦錄，但文字略異之。	

	太倉公淳于意上書答文帝問（「意家居，詔召問所爲治病死生驗者幾何人也，主名爲誰。詔問故太倉長臣意：『方伎所長……』」）〔註25〕	
吳王濞列傳第四十六	吳王劉濞悉發士卒令（「七國之發也，吳王悉其士卒，下令國中曰……」）	
	吳王劉濞造反遺諸侯書（「孝景帝三年正月甲子，初起兵於廣陵。西涉淮，因並楚兵。發使遺諸侯書曰……」）	
	漢景帝《擊七國詔》（「二月中……於是天子制詔將軍曰：『蓋聞爲善者，天報之以福……』」）	
	漢將弓高侯頹當遺膠西卬王書（「漢將弓高侯頹當遺王書曰：……」）	
魏其武安侯列傳第四十七	潁川兒歌（「家累數千萬……橫於潁川。潁川兒乃歌之曰……」）	
	魏其侯受漢景帝遺詔（「孝景時，魏其常受遺詔，曰『事有不便，以便宜論上』。及繫，灌夫罪至族……」）	
韓長孺列傳第四十八	王恢《匈奴和親議》（「匈奴來請和親，天子下議。大行王恢，燕人也，數爲邊吏，習知胡事。議曰：『漢與匈奴和親，率不過數歲即復倍約。不如勿許，興兵擊之。』安國曰：『千里而戰，兵不獲利……擊之不便，不如和親。』群臣議者多附安國。」）──按：據嚴可均輯文補。	
	韓安國〔註26〕《匈奴和親議》（摘要見上）──按：亦可歸入化錄錄文類。	

〔註25〕　此文下限各家斷法不一，《史記》中華書局 2014 年版、韓兆琦等《史記：評注本》皆截止於「久頗忘之，不能盡識，不敢以對」，而以下八組或長或短的「問臣意曰……對曰……」則以對話形式標點。然嚴可均將全部輯作一篇。按：《漢書·董仲舒傳》備載武帝與董仲舒三次策對。武帝每次策問都不是一兩句話之短，也不僅只有一個問題，而是好些問題；董仲舒第一對策時用了兩次「臣聞」、兩次「臣謹案《春秋》之文」，第二次對策用三次「臣聞」，第三次對策，一次「臣聞」、三組「策曰……臣聞……」；可見這些看似由多次策對之文糅合而成，實則一篇。此文帝策文很可能被刪節了，而倉公文，亦不無出自一篇的可能。今從嚴氏視爲一篇。

〔註26〕　按：傳云「安國捕生虜，言匈奴遠去。即上書言方田作時，請且罷軍屯。罷軍屯月餘，匈奴大入上谷、漁陽。」嚴可均輯「方田作時，請且罷軍屯」爲韓安國《上書言罷屯》文，誤。尋文意此當是司馬遷之語，一筆帶過其上書的內容，而非韓安國上書原文。又《史記》《漢書》標點都如上，說明也不把它看做韓的原文。

李將軍列傳第四十九	匈奴單于軍臣令軍中（「匈奴兵多，破敗廣軍，生得廣。單于素聞廣賢，令曰：『得李廣必生致之。』胡騎得廣……」）	
匈奴列傳第五十	「中國疾之，故詩人歌之曰『戎狄是應』，『薄伐玁狁，至于大原』，『出輿彭彭，城彼朔方』」。——按：此又臨界於引文。	
	匈奴冒頓習射令（「冒頓乃作爲鳴鏑，習勒其騎射，令曰：『鳴鏑所射而不悉射者，斬之。』」）	
	漢文帝二年冒頓單于遺漢書（「其明年，單于遺漢書曰……」）	
	文帝前六年遺匈奴書（「孝文皇帝前六年，漢遺匈奴書曰……」）	
	文帝後元二年遺匈奴書（「孝文帝後二年，使使遺匈奴書曰……」）	
	與匈奴和親既定後文帝制詔御史布告天下詔（「單于既約和親，於是制詔御史曰……」）	
	武帝意欲困胡詔（「漢既誅大宛……天子意欲遂困胡，乃下詔曰：『……』是歲太初四年也。」）	
衛將軍驃騎列傳第五十一	武帝益封青三千戶詔（元朔二年）（「以三千八百戶封青爲長平侯……天子曰：『匈奴逆天理，亂人倫……』」）——按：嚴可均亦輯錄之。《漢書》本傳載，略異。亦可歸入化錄類。	
	武帝益封青六千戶詔（元朔五年）（「天子曰：『大將軍青躬率戎士……』」）——按：嚴可均亦輯錄之。《漢書》本傳作八千七百戶。亦可歸入化錄類。	
	武帝衛青辭封三子侯書？（元朔五年）（「而封青子伉爲宜春侯，青子不疑爲陰安侯，青子登爲發干侯。青固謝曰：『臣幸得待罪行間……』」）	
	武帝答衛青之辭三子侯書？（元朔五年）（「天子曰：『我非忘諸校尉功也，今固且圖之。』乃詔御史曰：『護軍都尉公孫敖三從大將軍擊匈奴……』」）	
	武帝封諸校尉詔（摘要見上條）	
	武帝封霍去病冠軍侯、郝賢衆利侯詔（元朔六年）（「於是天子曰：『剽姚校尉去病……』」）——按：嚴可均亦輯。	

	武帝益封霍去病二千戶詔（元狩二年春）（「天子曰：『驃騎將軍率戎士逾烏盭……』」）——按：《漢書》作二千二百戶，以「上曰」領起錄文。嚴可均亦輯。亦可歸入化錄類。	
	武帝益封霍去病五千戶及封他將詔（元狩二年夏）（「天子曰：『驃騎將軍逾居延，遂過小月氏……』」——）按：《漢書》霍去病傳詳錄，以「上曰」領起錄文。此有刪略改易。嚴可均亦輯。亦可歸入化錄類。	
	武帝以渾邪王降益封霍去病千七百戶詔（元狩二年秋）（「其秋……於是天子嘉驃騎之功曰：「驃騎將軍去病率師攻匈奴西域王渾邪……」）——按：此較《漢書·霍去病傳》多「幸既永綏矣」句。《漢書》亦以「於是天子嘉」領起錄文。嚴可均亦輯。亦可歸入化錄類。	
	武帝益封霍去病五千八百戶詔（「軍既還，天子曰：『驃騎將軍去病率師，躬將所獲葷粥之士……』」）——按：《漢書》本傳亦以「皆既還，上曰」領起錄文，文字略異。嚴可均亦輯。亦可歸入化錄類。	
平津侯主父列傳第五十二	平津侯公孫弘上武帝書辭丞相位（「弘病甚……此皆宰相奉職不稱，恐竊病死，無以塞責。乃上書曰……天子報曰：『古者賞有功……』」）	
	武帝駁回公孫弘辭丞相書（摘要見上條）	
	主父偃說武帝令諸侯得分封子弟（「偃說上曰：『古者諸侯不過百里……』又說上曰：『茂陵初立……』上又從其計。」）——按：《漢書》同。嚴可均亦輯錄。亦可歸入化錄類。	
	主父偃說武帝徙豪傑茂陵（摘要同上）——按：《漢書》同。嚴可均亦輯錄。亦可歸入化錄類。	
南越列傳第五十三	南越趙佗移檄告橫浦、陽山、湟谿關（「囂死，佗即移檄告橫浦、陽山、湟谿關曰：『盜兵且至，急絕道聚兵自守！』」）	
	南越王趙佗謝漢文帝書（「陸賈至南越，王甚恐，爲書謝，稱曰：『蠻夷大長老夫臣佗……』乃頓首謝，原長爲藩臣，奉貢職。於是乃下令國中曰：『吾聞兩雄不俱立……』」）	
	趙佗去帝制令（摘要見上條）	

	南越王趙胡使人上書武帝（「此時閩越王郢興兵擊南越邊邑，胡使人上書曰：『兩越俱爲藩臣……』」）	
	呂嘉《下令國中》（「呂嘉等乃遂反，下令國中曰：『王年少。太后，中國人也，又與使者亂，專欲內屬……無顧趙氏社稷，爲萬世慮計之意。』乃與其弟將卒攻殺王、太后及漢使者。」）	
	武帝封韓千秋等（「於是天子曰：『韓千秋雖無成功，亦軍鋒之冠。』封其子延年爲成安侯。樛樂，其姊爲王太后，首願屬漢，封其子廣德爲龍亢侯。乃下赦曰：『天子微，諸侯力政……』」〔註27〕）——按：《漢書》同。嚴可均亦輯錄。亦可歸入化錄類。	
	武帝赦令討伐呂嘉等（摘要見上條）	
東越列傳第五十四	武帝《詔罷王輝韓安國兵》（「詔罷兩將兵，曰：『郢等首惡，獨無諸孫繇君丑不與謀焉。』」）	
	東越王余善《上書擊南越》（「至元鼎五年，南越反，東越王余善上書，請以卒八千人從樓船將軍擊呂嘉等。」）——按：嚴可均輯「請」下15字爲文，今據以補入。中華書局《史記》《漢書》皆如上標點。此條可視司馬遷節錄、改錄、概括敘述皆可。寧濫誤而不敢缺，故錄之。可歸入串述於文中錄文（節錄）、改錄類。	
朝鮮列傳第五十五		
西南夷列傳第五十六	唐蒙上武帝書請通夜郎（「蒙乃上書說上曰：『南越王黃屋……』」）	
司馬相如列傳第五十七		《遺平陵侯書》《與五公子相難》《草木書》
淮南衡山列傳第五十八	丞相張蒼等請治淮南厲王劉長棄市書（「事覺，治之，使使召淮南王。淮南王至長安。『丞相臣張倉……昧死言……』」）	微子作《麥秀之歌》

〔註27〕按：中華書局1982、2014年版《史記》標下引號在「冠」後，中華書局《漢書》引號斷在「龍亢」（《漢書》「龍亢」作上「龍」小「示」，合成一字）下。察文意，當以《漢書》標點爲是。嚴可均亦將「冠」後19字並輯之。

文帝對丞相張蒼等請治淮南厲王劉長棄市書的批示（「制曰：『朕不忍致法於王，其與列侯二千石議。』『臣倉、臣敬、臣逸、臣福、臣賀昧死言：臣謹與列侯吏二千石臣嬰等四十三人議……』」）	
丞相張蒼等再請治淮南王劉長棄市書（摘要見上條「臣倉……」）	
文帝對丞相張蒼等再請治淮南王劉長棄市書的批示（「制曰：『朕不忍致法於王，其赦長死罪，廢勿王。』『臣倉等昧死言：長有大死罪……』」）	
張蒼等請處淮南厲王劉長蜀郡書（摘要見上條「臣倉等昧死言……」）	
及文帝批示（「制曰：『計食長給肉日五斤……』」）	
民歌歌淮南厲王（「孝文十二年，民有作歌歌淮南厲王曰：『一尺布……。』上聞之……乃徙城陽王王淮南故地……」）	
淮南王劉安孫劉建使莊芷上武帝書告太子遷陰謀（「以元朔六年上書於天子曰：『毒藥苦於口利於病……』書聞，上以其事下廷尉……」）	
武帝令議罪？（「上下公卿治，所連引與淮南王謀反……有司請逮捕衡山王。天子曰：『諸侯各以其國爲本，不當相坐。與諸侯王列侯會肄丞相諸侯議。』趙王彭祖、列侯臣讓等四十三人議，皆曰：『淮南王安甚大逆無道，謀反明白，當伏誅。』」）〔註28〕——按：可歸入化錄錄文類。	
趙王彭祖《淮南王安罪議》（摘要見上條）按：據嚴可均輯文補入。可歸入化錄錄文類，亦可入直接串述於文中錄文類。	
膠西王劉端《淮南王安罪議》（「膠西王臣端議曰：『淮南王安廢法行邪……』」）——按：據嚴可均輯文補入。可歸入化錄錄文類，亦可入直接串述於文中錄文類。	

〔註28〕按：嚴可均《全漢文》未輯錄。此雖云「天子曰」，但口吻似書面制詔類，且前云「有司請」、後又錄諸侯王眾人之議（嚴可均將此議輯錄爲文，見本表下條），可見此係武帝所下之議無疑。嚴氏既錄諸侯王之議而不錄此，非不以此爲文，蓋係漏輯耳。

循吏列傳第五十九		
汲鄭列傳第六十	下邽翟公署其門（「及廢，門外可設雀羅。翟公復爲廷尉，賓客欲往，翟公乃大署其門曰：『一死一生，乃知交情。一貧一富，乃知交態。一貴一賤，交情乃見。』汲、鄭亦云，悲夫！」）	
儒林列傳第六十一	公孫弘悼道之鬱滯而上武帝書（即《請爲博士置弟子員議》）（「公孫弘爲學官，悼道之鬱滯，乃請曰：『丞相御史言：制曰……』」） 武帝對公孫弘悼道之鬱滯而上武帝書的批覆（「制曰：『可。』」）	韓生（嬰）推《詩》之意而作《內外傳》數萬言。
		董仲舒著《災異之記》。
酷吏列傳第六十二	趙王劉彭祖上書告張湯陰事（「趙王求湯陰事。謁居嘗案趙王，趙王怨之，並上書告：『湯……』」）	
	張湯謝書（「湯乃爲書謝曰：『……。』遂自殺。」）	
大宛列傳第六十三	張騫使西域歸爲武帝言？〔註29〕（「騫身所至者大宛、大月氏、大夏、康居，而傳聞其旁大國五六，具爲天子言之。曰：大宛在匈奴西南……鬲漢道焉。烏孫在大宛東北可二千里……大夏……其東南有身毒國。」）——按：嚴可均亦輯。名《具言西域地形》。亦可歸入化錄類。	
	張騫《言通大夏宜從蜀》（「騫曰：『臣在大夏時……』」）——按：《漢書・張騫傳》同。嚴可均亦輯之。亦可歸入化錄類。	

〔註29〕按：中華書局 2014 年版《史記》於「曰」下未標引號，而將以下內容另起一段，止於「鬲漢道焉」；以下按地名烏孫、康居、奄蔡、大月氏、安息、條枝、大夏各起一段共七段。嚴可均將之以張騫文予以輯錄，然止於「鬲漢道焉」。筆者以爲「曰」下第一段內容極其簡略，而後數段又都是「騫身所至者大宛、大月氏、大夏、康居，而傳聞其旁大國五六」各國情況，且云「具爲天子言之」。又「大夏」段後緊接著是「騫曰：『臣在大夏時……又無寇。』天子既聞大宛及大夏、安息之屬皆大國……」，是知此前內容皆是張騫向武帝講述的事情。故筆者以爲，「曰」下第一段，或者是司馬遷對張騫之文的高度概括，而以下則是略採張騫之文擇要補述，皆非張騫原文；或者是「曰」下一段及以下七段，都是張騫之文；張騫塞外輾轉十三年、足跡三四國、而傍聞大國五六，僅「曰」下一段，不足以稱「具爲天子言之」。如果這樣，則很好地承接了下文所謂「天子既聞」語。因此本表予錄之存疑。又按：中華書局 2014 年版《史記》將「大宛在匈奴西南……其東南有身毒國」分數段，每段較正文低兩字，段首低四字，可見把它們全部視作張騫「具爲天子言之」的原文。

	貳師將軍李廣利使使上書請罷軍歸（「貳師將軍⋯⋯使使上書言：『道遠，多乏食⋯⋯』天子聞之，大怒，而使使遮玉門，曰：『軍有敢入者輒斬之！』」）	
	張騫《請招烏孫居渾邪故地》（「是後天子數問騫大夏之屬。騫既失侯，因言曰：『臣居匈奴中⋯⋯自其西大夏之屬皆可招來而為外臣。』天子以為然，拜騫為中郎將⋯⋯」）——按：《漢書・張騫傳》基本同。據嚴可均輯文補。<u>亦可歸入化錄類。</u>	
	張騫《諭指烏孫》（「騫既至烏孫⋯⋯騫諭使指曰：『烏孫能東居渾邪地，則漢遣翁主為昆莫夫人。』」）——按：據嚴可均輯文補。	
	武帝止貳師將軍罷歸？（「天子聞之，大怒，而使使遮玉門，曰：『軍有敢入者輒斬之！』」）——按：嚴可均未輯錄。亦可歸入化錄類。	
遊俠列傳第六十四	公孫弘《郭解罪議》（「吏奏解無罪。御史大夫公孫弘議曰：『解布衣為任俠行權，以睚眥殺人，解雖弗知，此罪甚於解殺之。當大逆無道。』遂族郭解翁伯。」）	
佞倖列傳第六十五		
滑稽列傳第六十六	楚莊王《葬馬令》（「王下令曰：『有敢以馬諫者，罪至死。』」）	
	優孟為孫叔敖子歌於楚莊王（「因歌曰：『山居耕田苦⋯⋯』」）	
日者列傳第六十七		
龜策列傳第六十八		
貨殖列傳第六十九		
太史公自序第七十		

附表二：《史記》承襲類表

篇名	承襲情況（《史記》原文）	承襲（重見於）〔註30〕
五帝本紀第一	前三帝（黃帝、顓頊、帝嚳）	全據《五帝德》（見《大戴禮記》），補以《帝系》（司馬遷所謂《帝系姓》，出《世本》，亦見《大戴禮記》）。
	後二帝（唐堯、虞舜）	全據《尚書・堯典》（且照抄原文），補以《帝系》《五帝德》之說及《世本》。
夏本紀第二	「當帝堯之時……功用不成。」	譯錄《堯典》（譯錄部分）。
	「於是帝堯乃求人……女起往視爾事矣。」	摘錄《堯典》大意。
	「行山表木，定高山大川……調有餘相給。」	據今文《尚書・皋陶謨》之部分（古文尚書則從中析出名為《益稷》）。
	「傅土，行山表木，定高山大川。」「冀州：既載壺口……以告成功於天下。」	襲錄漢今文本《尚書・禹貢》全篇。
	「皋陶述其謀曰……帝拜曰：『然，往欽哉！』」	襲錄漢今文《尚書・皋陶謨》全篇，（亦即古文《尚書》之《皋陶謨》《益稷》兩篇）。

〔註30〕所謂甲抄錄於乙者，其實若非作者自道，誰也無法指定甲即是從乙抄錄而來，即便後出之甲大部分乃至完全雷同於早出之乙，也不能藉以斷定甲抄錄了乙。因為古人間、古書中常有輾轉相抄的情況，或許乙與同時或之前的丙、丁輾轉相抄，而丙、丁又被戊、己、庚、辛輾轉相抄襲了。我們知道，在這種手工的抄寫流傳中，每次輾轉抄襲時難免出現誤、訛、漏、重、倒等現象，甚至被抄寫者不自覺地做了刪損、改動、加工。故乙、丙、丁、戊、己、庚、辛皆大同而又逐步小異，且越到後面距離原貌越遠。千百年以後，丙、丁、戊、己、庚、辛或佚或亡。千百年後的人們，或見甲大同於乙乃至完全同於乙，然而當年甲之作者究竟是抄錄於乙，還是抄錄於今已亡、佚的丙、丁、戊、己、庚、辛呢，則不能知曉了。故謂不待作者自道之而徑謂甲抄錄於乙者，其實失之於武斷。

此表用意於考查《史記》載錄傳主之著作及相關傳主的著作，由此兼及考察司馬遷是否承襲了它書它文及抄錄程度等諸問題。故察其是否重見於比他早的書，如有，雖未必就是從此書直接抄錄而來，但其文源自他書他文則無疑了。為謹慎起見，故不輕易徑謂某甲承襲、襲錄了某乙，而謂之某甲重見於某乙。個別司馬遷自己提及的（如《史記・五帝本紀・太史公曰》）或班固言及到的書目（《漢書・司馬遷傳・贊》），方用「據」「承襲」了等字樣。如五帝及夏商周三代之本紀之於《帝系性》《五帝德》《尚書》書等。

	「帝舜薦禹於天……姓姒氏。」	襲錄《孟子・萬章上》部分，文字略作修飾。
	「十年，帝禹東巡狩……是爲夏后帝啓。」	襲錄《孟子・萬章上》部分，（注「陽」，《孟子》作「陰」）。
	「天降龍二」、「孔甲不能食……懼而遷去」。	襲錄《左傳》昭公二十九年蔡墨之語，文字稍有損益修飾。
殷本紀第三	「帝武丁祭成湯……常祀毋禮於棄道。」	襲錄《尚書・高宗肜日》全篇，文字略有益損、改動。
	「及西伯伐饑國……紂不可諫矣。」	襲錄《尚書・西伯戡黎》全篇，但文字有損益、更換。
	「湯征諸侯。葛伯不祀，湯始伐之。湯曰：『予有言：人視水見形，視民知治不。』伊尹曰：『明哉！言能聽，道乃進。君國子民，爲善者皆在王官。勉哉，勉哉！』湯曰：『汝不能敬命，予大罰殛之，無有攸赦。』作《湯征》。」——按：嚴可均輯下劃線部分爲《湯征》。《湯征》，《尚書》佚篇，然《書序》云「湯征諸侯，葛伯不祀，湯始徵之，作《湯征》。」此段文字極有可能是其佚文，嚴氏蓋據此錄之。今錄而存疑。若是，則可歸入承襲類、亦同化錄錄文類等。	
周本紀第四	「薰育戎狄攻之……及他旁國聞古公仁，亦多歸之。」	此亦見於《孟子・梁惠王下》。
	「九年，武王上祭於畢……武王乃作《太誓》。告於眾庶……勉哉夫子，不可再，不可三！」	據漢代流傳的所謂今文《泰誓》，《尚書大傳》亦引。〔註31〕
	「二月甲子昧爽，武王朝至於商郊牧野，乃誓……勉哉夫子！爾所不勉，其於爾身有戮。」	襲錄《尚書・牧誓》全篇，字詞改動之、損益之。——亦可謂化錄而不著明篇名。
	「帝紂聞武王來……命宗祝享祠於軍。乃罷兵西歸。」	譯錄《逸周書・克殷》全篇。「蒙衣其殊玉」出自《逸周書・世俘》。
	「黃帝之後於祝，帝堯之後於薊，帝舜之後於陳，大禹之後於杞。」	亦見於《禮記・樂記》《呂氏春秋・愼大》。
	「武王征九牧之君……毋遠天室。」	譯錄《逸周書・度邑》，且有刪損。
	「縱馬於華山之陽，放牛於桃林之虛；偃干戈，振兵釋旅：示天下不復用也。」	亦見於《禮記・樂記》《呂氏春秋・愼大》《韓詩外傳》卷三等。
	「穆王將征犬戎……自是荒服者不至。」	襲錄《國語・周語上》（截錄，字詞改動者僅七處）。

〔註31〕 李零《周本紀第四》注釋，見吳樹平等《全注全譯史記》，天津古籍出版社，1995年版，第93頁。

「王曰：『吁，來……五刑之屬三千。』」	襲錄《尚書‧呂刑》（截錄，字詞有改動）。——亦可當做串述於文中錄《甫刑》，詳見此表錄。
「共王遊於涇上……共王滅密。」	襲錄《國語‧周語上》，個別文字有異。
「近榮夷公。大夫芮良夫諫厲王曰……卒以榮公爲卿士，用事。」	襲錄《國語‧周語上》，文字或有損益不同。
「王行暴虐侈傲，國人謗王……厲王出奔於彘。」	襲錄《國語‧周語上》，文字或有損益不同。
「厲王太子靜匿召公之家……太子竟得脫。」	襲錄《國語‧周語上》，文字或有損益不同。
「宣王不修籍於千畝……宣王不聽，卒料民。」	襲錄《國語‧周語上》，刪略了虢文公、仲山甫的諫詞。
「四十六年，宣王崩……三川竭，岐山崩。」	襲錄《國語‧周語上》，文字或有損益不同。
「三年，幽王嬖愛襃姒……棄女子出於襃，是爲襃姒。」	襲錄《國語‧鄭語上》，文字或有損益不同。
「襃姒不好笑……諸侯益亦不至。」	襲錄《呂氏春秋‧疑似》，文字有改動。
「幽王以虢石父爲卿……是爲平王，以奉周祀。」	見於《國語‧鄭語》。
「平王立……政由方伯。」	見於《國語‧鄭語》。
「桓王三年，鄭莊公朝……鄭射傷桓王，桓王去歸。」	拼湊於《左傳》隱公六年、八年、十一年、桓公五年。
「惠王二年……立釐王弟穨爲王。」	襲錄《左傳》莊公十九年，除「已居鄭之櫟」句外。
「樂及遍舞……賜齊桓公爲伯。」	見《左傳》莊公二十年、二十七年
「十三年，鄭伐滑……乃以其屬死之。」	襲錄《國語‧周語中》（節錄），文字或異。亦見《左傳》僖公二十四年。
「初，惠后欲立王子帶……取襄王所絀翟后與居溫。」	襲錄《左傳》僖公二十四年、《國語‧周語中》，文字略異於《周語中》。
「二十年……書諱曰『天王狩於河陽』。」	襲錄《左傳》僖公二十八年。
「定王元年……十六年，楚莊王卒。」	襲錄《左傳》宣公三年、宣公十二年。
「二十年，景王愛子朝……是爲敬王。」	襲錄《左傳》昭公二十二年、定公六年，略異。

	「四年，晉率諸侯入敬王於周……敬王犇於晉。」	**襲錄**《左傳》昭公二十六年，略異。
	「西周武公之共太子死……果立公子咎為太子。」	**按**：類似於《戰國策·東周策》之《周共太子死》和《謂齊王》
	「八年，秦攻宜陽……周絕於秦，必入於郢矣。」	**按**：據李零云，此為今本《戰國策》所無。（李零《周本紀第四》注，見《全注全譯史記》，天津古籍出版社，1995年，119頁。）
	「秦借道兩周之間……是受地於韓而聽於秦。」	**襲錄**《戰國策·東周策》之《秦假道於周以伐韓》，文字略異。
	「秦召西周君……秦必不敢逾河而攻南陽矣。」	**襲錄**《戰國策·西周策》之《秦召周君》文字略異。
	「東周與西周戰……而西周之寶必可以盡矣。」	**襲錄**《戰國策·東周策》之《東周與西周戰》。
	「王赧謂成君……果與周高都。」	**襲錄**《戰國策·西周策》之《雍氏之役》，文字略異。
	「三十四年，蘇厲謂周君曰……公不如稱病而無出。」	**襲錄**《戰國策·西周策》之《蘇厲謂周君》，文字略異。
	「四十二年，秦破華陽約……遂使城周。」	**按**：《索隱》云出自《戰國策》，然《戰國策》今本無。
	「四十五年，周君之秦客謂周（最）〔取〕曰……勸周君入秦者必有罪矣。」	**襲錄**《戰國策·西周策》之《周君之秦》，文字有改動。
	「秦攻周，而周取謂秦王曰……則令不行矣。」	**襲錄**《戰國策·西周策》之《秦欲攻周》，文字有改動。
	「五十八年，三晉距秦……是周常不失重國之交也。」	**襲錄**《戰國策·東周策》之《三國隘秦》，文字略異。
秦本紀第五——孝武本紀第十二		
三代世系表第一——漢興以來將相名臣年表第十		
禮書第一	「禮由人起」至篇末	採自《荀子》諸篇。〔註32〕

〔註32〕但張晏謂此篇乃「有錄無書」者，韓兆琦謂此書該部分之前為司馬遷作，此部分則非司馬遷原作。見韓兆琦等《史記：評注本》，長沙：嶽麓書社，2004年版，第311頁。

樂書第二	「凡音之起」至篇末	採自《禮記・樂記》諸段，非司馬遷原作。〔註33〕
律書第三——平準書第八		
吳太伯世家第一		
齊太公世家第二		
魯周公世家第三	「武王克殷二年……明日，武王有瘳。」	節錄《尚書・金縢》，但有改動。
	「周公卒後，秋未獲……歲則大孰。」	節錄《尚書・金縢》，略有改動。
	「伯禽即位之後……有大刑。」	**襲錄**《尚書・費誓》，但刪損改動較大。亦屬錄文。
燕召公世家第四		
管蔡世家第五		
陳杞世家第六	「厲公二年，生子敬仲完……此其昌乎？」	節錄《左傳》莊公二十二年，有刪損改動。
衛康叔世家第七	子路死衛難一段	本自《左傳》哀公十五年，文字有改動。
宋微子世家第八	「武王既克殷，訪問箕子……六日弱。」	**襲錄**《尚書・洪範》全篇，略有改動。
	該世家多編排改寫《左傳》《尚書》等典籍而成。如「穆公九年……以信故，遂罷兵去。」	
晉世家第九	「十六年，晉獻公作二軍……其後必蕃昌。」	節錄《左傳》閔公元年，略有刪損改動。
	該世家多編排《左傳》《國語》等典籍而成，但文字有較多刪損，觀點、情節與原典籍差異也較大。如驪姬害太子段、獻公假道伐虢段、趙盾與桑下餓人示眯明段、太史書法不隱段，等。	

〔註33〕見韓兆琦等《史記：評注本》，長沙：嶽麓書社，2004 年版，第 325 頁。

	「十七年，晉侯使太子申生伐東山……佩之金玦。」	節錄《左傳》閔公二年，略有刪損改動。
楚世家第十		該世家多從《國語》《左傳》《戰國策》編排而成。入戰國時，多節錄《戰國策》，但有刪損改動。如楚懷王受張儀商於六里地之欺、陳軫爲齊說昭陽事，等。
越王句踐世家第十一		
鄭世家第十二	該世家所敘事《左傳》或有之，但文字有較大不同，且事件情節甚至較之大爲詳細。〔註34〕其例難以盡舉，以下按類略舉數例。	
	「三十七年，莊公不朝周……夜令祭仲問王疾。」	《左傳》桓公五年雖載此事，但文字大異，可視爲司馬遷改寫。
	「三十八年，北戎伐齊……三子皆君也。」	《左傳》桓公十一年雖載此事，但文字大異，可視爲司馬遷改寫。
	「鄭莊公卒……是爲厲公。」	《左傳》桓公十一年雖載此事，但文字大異，可視爲司馬遷改寫。
	「厲公四年……厲公出居邊邑櫟。」	《左傳》桓公十五年雖載此事，但文字大異，可視爲司馬遷改寫。
	「自昭公爲太子時……是爲子亹也，無諡號。」	《左傳》桓公十七年雖載此事，但文字大異，情節較之更詳細。
	「子亹元年七月……齊襄公使彭生醉拉殺魯桓公。」	《左傳》桓公十八年雖載此事，但文字大異，情節較之更詳細。
	「故鄭亡厲公突……重德不報，誠然哉！」	《左傳》莊公十四年雖有此事，但文字大異，情節較之更詳細。
	「文公之賤妾曰燕姞……遂生子，名曰蘭。」	見《左傳》宣公三年，但有刪略改動。
	「娶申侯女爲夫人，曰武姜……於是遂從之，見母。」	事見《左傳》隱公元年，但文字改寫之。
趙世家第十三	「簡子謂邯鄲大夫午……盟於公宮。」	見《左傳》定公十三年，有刪損。
	「知伯文子謂趙鞅……然後趙氏寧。」	見《左傳》定公十四年，有刪損。

〔註34〕韓兆琦說：「《鄭世家》中的一些事件與《左傳》記載不同，也不見於先秦其他典籍，可能是司馬遷取自民間傳說。」見韓兆琦等《史記：評注本》，長沙：嶽麓書社，2004 年版，第 664 頁。

	趙武靈王改革胡服事	見《戰國策‧趙二》，文字略有異同。〔註35〕
	「太后用事……而況於予乎？」	見《戰國策‧趙策二》「趙太后新用事」，文字略異之。
	「韓氏上黨守馮亭使者至……趙遂發兵取上黨。」	見《戰國策》，文字略有刪損改動。
	「燕王令丞相栗腹約歡……破殺栗腹，虜卿秦。」	見《戰國策‧燕策三》，但《史記》刪損簡略幅度較大。
	「秦召春平君……因遣之。城韓皋。」	見《戰國策‧趙策四》，文字略異。
魏世家第十四	「趙夙爲御……其必番昌。」（魏始祖畢萬受封事）	見於《左傳》閔公元年，此有刪損。
	魏絳佐晉悼公事	散見於《左傳》襄公三年、十一年以及《國語》中，此改寫的成分大。
	「過外黃……軍遂大破。」（黃徐子說太子申百戰百勝術）	見於《戰國策》卷三十二，文字略有異而已。
	「田需死……太子果相魏。」（蘇代爲昭魚說魏王以太子相魏）	見《戰國策》卷二十三魏策二，文字略有異而已。
	「魏將段干子……用智不如用桑也。」（蘇代說魏王勿割地予秦）	見《戰國策》魏策三，此有刪略，然《戰國策》作「孫臣」說魏王，非蘇代。
	「秦昭王謂左右……願王之勿易也。」（秦王與中期等分析韓魏秦形勢）	見《戰國策》卷六秦策四，文字略微有異。
	「齊、楚相約而攻魏……則王何利焉？」（唐雎說秦救魏）	見《戰國策》魏策四，文字稍異，但此較《戰國策》更詳細。
	「趙使人謂魏王曰……信陵君言於王而出之。」（趙獻地使魏殺范痤）	事見《戰國策》趙策四，事有異同，文字較多不同，但文意近同。

〔註35〕此段文字多同於《商君書‧更法》。韓兆琦認爲「當是此《策》作者取《更法》舊文以增飾其事，未必武靈王君臣果用語如此；史公作《商君列傳》與此武靈王胡服事，則又是依據《商君書‧更法》與《戰國策‧趙策二》以成文，故遂雷同乃爾」。見韓兆琦等《史記：評注本》，長沙：嶽麓書社，2004年，第691頁。

	「無忌謂魏王曰……入朝而爲臣不久矣。」（諫魏王勿親秦伐韓）	見《戰國策》魏三之「魏將與秦攻韓」全部，但《戰國策》作「朱己謂魏王」。文字基本完全相同，個別異。又見於《戰國縱橫家書》，但始自「謂魏王」，未云何人所語，文大略相同。
韓世家第十五	「韓氏急。公仲明謂韓王曰……楚救不至韓。」（韓不用公仲計而楚用陳軫計欺韓，使韓受秦侵略）	見《戰國策》韓一，文字基本相同，此較之略詳。亦見《戰國縱橫家書》，略異。亦見《韓非子・十過》，頗異。
	「蘇代謂韓咎曰……必以楚韓封公也。」（蘇代向韓咎獻計內蟣虱爲韓太子）	見《戰國策》韓二，但「蘇代」作「冷向」、「蟣虱」作「幾瑟」。文字有異。
	「楚圍雍氏，韓求救於秦……其實猶不無秦也。」（秦使公孫昧使爲韓雍氏解楚圍）	見《戰國策》韓二。略有損益、不同。
	「趙、魏攻我華陽……敗趙魏於華陽之下。」（陳筮使秦說穰侯救韓）	見《戰國策》韓三，但說者爲「田苓」。文字有刪損、不同。
田敬仲完世家第十六	「周太史過陳……此其昌乎？」（卜陳完後代將在齊國昌盛）	見《左傳》莊公二十二年，此有刪損，文字略異。
	「殺其太子禦寇……莫之與京。」（陳完奔齊及齊懿仲卜妻完）	見《左傳》莊公二十二年，此有刪損，文字略異。
	「田釐子乞事齊景公……齊國之政其卒歸於田氏矣。」（田乞假君恩施己德於民而景公弗禁，晏子憂之以語叔向）	事見《左傳》昭公三年，但行文不同，文意近似。
	「田乞僞事高昭子……晏圉奔魯。」（田乞陰謀欺騙齊國諸大夫等）	見《左傳》哀公六年，此有刪損改易。
	「田乞使人之魯……專齊政。」（田乞立陽生）	事見《左傳》哀公六年，此刪損較大，文字或異。
	「齊大夫朝……不及此難。」（齊政變，執簡公弒之，田常立平公）	見《左傳》哀公十四年，此大爲刪損，或有出入、不同。
	「桓公午五年……取桑丘。」（秦魏攻韓，楚趙救韓，齊因攻燕）	事見《戰國策》齊二，此較之更詳細。
	「其後成侯騶忌與田忌不善……不勝而奔。」（成侯騶忌用公孫閱計陷害田忌事）	事見《戰國策》齊一，此較之更詳細，文字或異同之。

	「韓氏請救於齊……盟而去。」（齊用孫子計救韓趙，戰馬陵，殺龐涓虜魏太子）	事見《戰國策》齊一，但二者有張冠李戴之出入，且此較之更詳。
	「攻魏。楚圍雍氏……惡張子多資矣。」（蘇代說陳軫）	見《戰國縱橫家書》，本無注明說者，但研究者以爲是蘇秦說陳軫。文字大同之，略異。
	「蘇代自燕來，入齊……願王孰慮之。」（蘇代勸齊王勿稱帝而伐宋）	見《戰國策》齊四，此較之略詳。文字大同，略異。
	「伐宋……秦王曰：『諾。』」（齊伐宋，秦怒，蘇秦爲齊說秦昭王）	見《戰國策》韓三，但《戰國策》作韓伐宋、蘇代謂秦王，此作齊伐宋，蘇秦謂秦王。文字略異，此補以事件結果。
	「愍王之遇殺……失人子之禮」，「始君王後賢……秦以故得滅五國。」	見《戰國策》齊六，文字多同。但此內容較之更多更詳。
孔子世家第十七〔註36〕	「孔子母死……合葬於防焉，」	事見《禮記‧檀弓》，文字多異。
	「魯大夫……往學禮焉。」（孟釐子病且死戒其子懿子向孔子學禮）	見《左傳》昭公七年，此有刪略，文字略異。亦見《孔子家語‧觀周》，較此更詳，事略異，文字多同。
	「魯南宮敬叔言魯君曰……弟子稍益進焉。」（南宮敬叔與孔子觀周）	見《孔子家語‧觀周》，較此更詳細，文字多同。
	「景公問政孔子……吾豈得而食諸！」	見《論語‧顏淵》，文字基本全同，稍異。
	「景公說……不問其禮。」（齊景公欲封孔子，晏子諫而止）	見《墨子‧非儒》《晏子春秋‧外篇》。二者相似，然二者與此文字頗相異，事略異。
	「景公止孔子……反乎魯。」	見《論語‧微子》，此有刪益改易。
	「季桓子穿井得土缶……土之怪墳羊。」（季桓子得土缶中之怪若羊者以問於孔子）	見《國語‧魯語下》，此略有刪損。（另亦見於《說苑‧辨物》《漢書‧五行志第七中之下》《孔子家語‧辨物》《搜神記》卷二十二等）。
	「吳伐越……數之極也。」（吳墮會稽得骨節專車，使使問於孔子）	見《國語‧魯語下》，此有刪損，略有改易。（亦見於《說苑‧辨物》《孔子家語‧辨物》）。

〔註36〕該世家及《仲尼弟子列傳》之錄《論語》語，算作錄文還是承襲、還是引文，於正文中探討。承襲表、錄文表暫時都錄入。

「公山不狃以費畔季氏，使人召孔子……其爲東周乎？」	見《論語·陽貨》，此較之更詳細。
「齊大夫黎鉏言於景公曰……以謝過。」（孔子相魯定公與齊景公夾谷之會，齊還魯田）	事見《左傳》定公十年，但事件與文字皆多異。（亦見於《孔子家語·相魯》，事件、文字與此大同之，略有異。）
「孔子言於定公……弗克。」（孔子墮三都，費人叛）	見《左傳》定公十二年，此較之略有刪省，又較之多寫了些內容。（亦見《孔子家語·相魯》，但較此與《左傳》略有差異。）
「由大司寇行攝相事……以貴下人乎？」（孔子攝相事而有喜色，門人問焉）	亦見於《孔子家語·始誅》，較此詳細，個別處略異。
「齊人聞而懼……維以卒歲！」（齊人畏孔子相魯而魯霸，因遺魯女樂以沮之，孔子隨行並歌之）	事散見於《韓非子·內儲說下》《論語·微子》等古籍，然行文頗異。亦見於《孔子家語·子路初見》，文字大同，略異。
「顏淵後……回何敢死」	見《論語·先進》，此略有損益。
「孔子曰：『文王既沒……匡人其如予何！』」	見《論語·子罕》。
「孔子矢之曰：『予所不者，天厭之！天厭之！』」	見《論語·雍也》。
「孔子曰：『吾未見好德如好色者也。』」	見《論語·子罕》。
「孔子曰：『天生德於予，桓魋其如予何！』」	見《論語·述而》。
「孔子適鄭……然哉！」（東門有人謂孔子如而謂似喪家之狗）	按：亦見東漢《論衡·骨相》，基本全同。
「有隼集於陳廷而死……果得之。」（孔子在陳爲陳辨認肅慎）	見《國語·魯語下》，大同，此略有刪、改。（亦見於《漢書·五行志》，大同，較此簡略。亦見於《說苑·辨物》，大同，較此略詳，略異。亦見於《孔子家語·辨物》，較此詳細。）
「孔子曰：『歸與，歸與！吾黨之小子狂簡，進取不忘其初。』」	見《孟子·盡心下》，此文字略有改易。
「過蒲……孔子行。」（孔子過蒲，蒲人止之之事）	亦見於《孔子家語·困誓》。其中「<u>孔子喟然歎曰：『苟有用我者，期月而已，三年有成』</u>」，又見《論語·子路》，此略有刪損。

「佛肸畔，使人召孔子……焉能係而不食？」	見《論語・陽貨》，此略有刪改。
「孔子擊磬……莫己知也夫而已矣。」	見《論語・憲問》，此有刪損。
「孔子學鼓琴師襄子……師蓋云《文王操》也。」	亦見於《韓詩外傳五》（亦見於《孔子家語・辨物》）
「孔子既不得用於衛……入主蘧伯玉家。」	事亦見《說苑・權謀》，《三國志・魏志・劉廙傳》注所引《新序》，《孔子家語・困誓》，《孔叢子・記問》等。
「靈公問兵陳……軍旅之事未之學也。」	見《論語・衛靈公》。
「夏，衛靈公卒……蔡遷於州來。」	事見《左傳》哀公二年，此刪減較大。
「夏，魯桓釐廟燔……已而果然」	事見《左傳》哀公三年，此據之改寫而較之稍簡略。
「孔子曰：『歸乎歸乎！』……吾不知所以裁之。」	見《論語・公冶長》，此略有刪改。
「蔡昭公將如吳……公孫翩射殺昭公。」	事見《左傳》哀公四年，文字有異。
「葉公問政，孔子曰：『政在來遠附邇。』」	見《論語・子路》，此有改易。
「葉公問孔子於子路……不知老之將至云爾。」	見《論語・述而》，此有改易。
「長沮、桀溺耦而耕……丘不與易也。」	見《論語・微子》，此略有刪損改易。
「他日，子路行……復往，則亡。」	見《論語・微子》，此略有刪略改易。
「絕糧。從者病……小人窮斯濫矣。」	見《論語・衛靈公》，此較之有損益。
「子貢色作……使爾多財，吾爲爾宰。」	事見《荀子・宥生》，然較此略，文字頗異。（亦見於《韓詩外傳七》《說苑・雜言》《孔子家語・在厄》等）。其中「孔子曰……予一以貫之」見《論語・衛靈公》，全同。

「楚狂接輿歌而過孔子……弗得與之言。」	見《論語・微子》，略有刪益。
「孔子曰：『魯衛之政，兄弟也。』」	見《論語・子路》，此將「子曰」改作「孔子曰」。
「子路曰衛君待子而爲政，子將奚先……無所苟而已矣。」	見《論語・子路》，此中略有損益、改易。
「其明年，冉有爲季氏將師，與齊戰於郎……孔子歸魯。」	其中冉有戰於郎事見《左傳》哀公十一年，較詳，此甚略。（亦見於《孔子家語・正論解》，稍同，多異。）
「季康子問政，曰：『舉直錯諸枉，則枉者直。』」	見《論語・顏淵》，然《論語》係樊遲問知，非季康子問政，蓋司馬遷張冠李戴了。
「康子患盜，孔子曰：『苟子之不欲，雖賞之不竊。』」	見《論語・顏淵》，此將「季康子」略作「康子」。
「曰：『夏禮吾能言之……則吾能征之矣。』」	見《論語・八佾》，此中有刪損。
「觀殷夏所損益，曰……以一文一質。」	見《論語・爲政》，此中頗有損益。
「周監二代，鬱鬱乎文哉。吾從周。」	見《論語・八佾》。
「孔子語魯大師……繹如也，以成」	見《論語・八佾》，一字有異。
「吾自衛反魯，然後樂正，《雅》《頌》各得其所。」	見《論語・子罕》。
「孔子以四教：文，行，忠，信。」	見《論語・述而》。
「絕四：毋意，毋必，毋固，毋我。」	見《論語・子罕》。
「所愼：齊，戰，疾。」	見《論語・述而》
「子罕言利與命與仁。」	見《論語・子罕》。
「不憤不啓，舉一隅不以三隅反，則弗復也。」	見《論語・述而》。
「其於鄉黨……席不正，不坐。」	見《論語・鄉黨》，此有刪損、改易。
「食於有喪者之側，未嘗飽也。是日哭，則不歌。」	見《論語・述而》，此略有刪損。
「見齊衰、瞽者，雖童子必變。」	事見《論語・子罕》，此刪損改易大。
「三人行，必得我師。」	見《論語・述而》，此有刪損改易。

「德之不修，學之不講，聞義不能從，不善不能改，是吾憂也。」	見《論語·述而》。
「使人歌，善，則使復之，然後和之。」	見《論語·述而》，文字略異。
「子不語：怪，力，亂，神。」	見《論語·述而》
「子貢曰：『夫子之文章……弗可得聞也已。』」	見《論語·公冶長》，此將「性」改作「性命」。
「顏淵喟然歎曰……蔑由也已。」	見《論語·子罕》，文字略異。
「達巷黨人曰……我執御矣。」	見《論語·子罕》，此文字略有刪損。
「牢曰：『子云「不試，故藝」。』」	見《論語·子罕》，此文字略有刪略。
「顏淵死，孔子曰：『天喪予！』及西狩見麟，曰：『吾道窮矣！』」	見《春秋公羊傳》哀公十四年（亦見於《春秋繁露·隨本消息》。其中首句又見《論語·先進》，此較之略有損益。
「喟然歎曰莫知我夫……知我者其天乎！」	見《論語·憲問》，此較之略有損益。
「不降其志……無可無不可。」	見《論語·微子》，此略有刪、異。
「君子病沒世而名不稱焉。」	見《論語·衛靈公》，此略有改易。
「孔子方負杖逍遙於門……後七日卒」	見《禮記·檀弓上》（亦見於《孔子家語·終記》），皆不盡同，二者較此更詳。
「哀公誄之曰……稱『余一人』，非名也。」	見《左傳》哀公十六年、《禮記·檀弓上》（亦見於《孔子家語·終記解》），《左傳》《孔子家語》與此基本相同且略詳之。《禮記》與此差異頗大，較此簡略。
「孔子葬魯城北泗上，弟子皆服三年……凡六年，然後去……因命曰孔里。」	（亦見於《孔子家語·終記解》，較此極為詳細。）其中「弟子」至「然後去」見《孟子·滕文公上》，文字有異而文意近同。
陳涉世家第十八——三王世家第三十	
伯夷列傳第一	

管晏列傳第二	「故其稱曰：『倉廩實而知禮節……令順民心。』」	見《管子・牧民》——按：此條可歸入化錄錄文類。
	「故曰：『知與之爲取，政之寶也。』」	見《管子・牧民》——按：此條可歸入化錄錄文類。
	「越石父賢……延入爲上客。」	見《呂氏春秋・觀世篇》，文字略異。
	「晏子爲齊相……晏子薦以爲大夫。」	見《晏子春秋・內篇雜上》，字句完全相同。——按：此條可歸入化錄錄文類。
老子韓非列傳第三	「楚威王聞莊周賢……以快吾志焉。」	見《莊子・秋水》，略異。——按：此條可歸入化錄錄文類。
司馬穰苴列傳第四		
孫子吳起列傳第五		
伍子胥列傳第六		
仲尼弟子列傳第七	該傳全篇絕大部截取《論語》另行編次而成，文字或有刪略改動。	
	子路死衛難一段	見《左傳》哀公十五年，文字有改動。
	子貢游說齊吳越晉之事	亦見於《孔子家語》，但較本傳簡略些。
		亦見於《絕越書・陳恒傳》《吳越春秋・夫差內傳》，略有不同。
商君列傳第八	「孝公既用衛鞅……孝公曰：『善。』」	見於《商君書・更法》，有刪略改動。——按：此條可歸入化錄錄文類。
蘇秦列傳第九	該傳絕大部分材料皆見於《戰國策》，或詳細節錄之，或略錄之。	
	蘇秦《從約》（「要約曰：『秦攻楚，……』」，夾雜在蘇秦說趙王言辭中）	見於《戰國策》。據嚴可均輯文補。——按：此條亦載於串述於文中錄文類（化錄錄文）。
	蘇代《遺燕昭王書》（「齊伐宋，宋急，蘇代乃遺燕昭王書曰……」）	見於《戰國策》，文字或有改動。——按：此條亦載於串述於文中錄文類（化錄錄文）。
	蘇代《約燕昭王》（「久之，秦召燕王，燕王欲往，蘇代約燕王曰：『楚得枳而國亡……』」）	見於《戰國策》，文字略異。（據嚴可均輯文補入。）按：此條亦載於承襲類表。然此未明言篇名出處，亦可歸入化錄錄文類（串述於文中錄文類）。

張儀列傳第十	該傳大部分見於《戰國策》《戰國縱橫家書》。	
	張儀《爲秦破從連橫獻書楚王》（據嚴可均輯文補入）（「張儀既出，未去，聞蘇秦死，乃說楚王曰：『秦地半天下……臣以爲計無便於此者。』」）	自「說楚王曰」見於《戰國策》，但此較之少書信末廿一字及之後楚王言辭。此條亦可歸入承襲類及化錄錄文類（串述於文中錄文類）。
	張儀《獻書韓王》（據嚴可均輯文補入）（「張儀去楚，因遂之韓，說韓王曰：『韓地險惡山居……』」）	自「說韓王曰」見於《戰國策》，但此較之少書信末十七字及之後韓王言辭。此條亦可歸入承襲類及化錄錄文類（串述於文中錄文類）。
樗里子甘茂列傳第十一		
穰侯列傳第十二	穰侯圍魏，梁大夫須賈說穰侯段	見於《戰國策》魏策三，又見於《戰國縱橫家書》「須賈說穰侯」章，三者文字略有異而已。
白起王翦列傳第十三——魯仲連鄒陽列傳第二十三		
屈原賈生列傳第二十四	「屈原至於江濱……又安能以皓皓之白而蒙世俗之溫蠖乎！」	見於《楚辭・漁父》全篇，文字略有不同。——按：此條可歸入化錄錄文類。
呂不韋列傳第二十五——太史公自序第七十		

附表三：《史記》錄文分類數據統計表

體例名	直接的錄文篇數	串述於文中的錄文總篇數	一般性串述於文中的錄文	可視作化錄錄文者	可視作改錄錄文者	錄文合計
十二本紀	10	73	46	28	3	83
十表	0	1	0	0	0	1
八書	3	54	32	22	5	57

三十世家	4	59	58	1	3	63
七十列傳	17	130	96	35	2	147
錄文總計	34	317	232	86	13	351

附表四：《史記》錄文最多的篇章分佈表

體例名	直接的錄文	串述於文中的錄文
十二本紀	《秦始皇本紀》最多	普遍都有，以《孝文帝本紀》《秦始皇本紀》《周本紀》最多，唯《孝景本紀》無
十表		
八書		主要在《封禪書》《河渠書》《平準書》，《曆書》《律書》次之，《禮書》錄一篇
三十世家	《魯周公世家》《燕召公世家》《宋微子世家》最多	主要在《三王世家》《晉世家》《趙世家》《楚世家》，《孔子世家》《魯周公世家》《荊燕世家》《齊悼惠王世家》次之
七十列傳	《老子韓非列傳》《魯仲連鄒陽列傳》《屈原賈生列傳》《司馬相如列傳》最多	《衛青霍去病傳》《淮南衡山傳》《李斯列傳》《大宛傳》《南越傳》《匈奴傳》《倉公淳于意傳》等數量最多、篇幅最大，商君、酈食其陸賈、吳王六濞、范睢蔡澤、張儀、平津侯主父偃等之《列傳》次之

附表五：《史記》舉篇目最多的篇章分佈

體例名	舉篇目較多的篇章	各體列總數量
十二本紀	《殷本紀》《周本紀》最多，占 39 條	46
十表		12
八書		8
三十世家	全部在孔子、魯周公、宋微子、衛康叔、燕召公、齊太公六《世家》，以孔子、魯周公兩《世家》最多	29
七十列傳	管晏、老子韓非、孫子吳起、伍子胥、商君、孟子荀卿、孟嘗君、屈原賈生、呂不韋、李斯、酈生陸賈、司馬相如、淮南衡山、儒林等十四《列傳》	45
合計	140	

後　記

　　以前往往在費了許多心血認眞完成一件大事的時候忍不住發一堆的感慨，現在這本小書終於要面世了，內心竟然沒有些許感慨。大概心裏潛意識地意識到依舊在路上吧，哪有什麼停歇，哪有什麼贅言的閒情呢。讀研以來至今剛好十年了，十年裏已然深知學術這條路的艱辛，十年裏已然深曉自己的笨拙，十年裏發現學術這條路似乎挺適合笨拙的人，因爲笨拙的人才扛得住冷板凳。然而學術高深而無止境，大道玄妙而深遠，令人敬仰又敬畏，但依然由衷地樂與其中，「非曰能之，願學焉」，「端章甫」，願爲小相之相焉。

　　這本小書是在我的碩士論文的基礎上修改而成的。當時關於碩士論文的選題頗爲糾結，我曾毫無底氣地請教我的碩導力之老師我能否做《史記》相關的題目，導師立即否決了。過了一段時間，我一口氣寫了五六個題目請示老師，老師當即選定了第一個題目。這個題目雖然是我自己選的，但是對於當時我這樣一個笨拙的碩士生而言這是非常具有挑戰性的題目，任務艱巨且學力亦恐難支。當時的我，如同在陌生的道路上夜行，深一腳淺一腳地摸索，既有惶恐之感又有初生牛犢之情，滿是熱情，全心投入，一氣貫注。此間我的碩導每週和我們幾個研究生一起例常討論，開拓視野，學習方法，鼓舞鬥志，堅定信念。這段時光一直令我感激不已，懷念不已！力之老師往往因材施教，對我的培養方式是給我足夠的施展空間，讓我自己摸索自己的學術個性、學術優長，因此我的碩士論文是一氣呵成的，寫完初稿之後才請導師批閱的。這種做法有一個負面的作用就是不利於導師對我的論文作大動作的糾正工作，因此本論文的不足之處都是我自己有待提升之處，非導師之過也。

　　然而這本小書最終的修改定稿是我在山東大學博士後在站期間完成的，

感謝我的博士後導師鄭傑文老師的辛苦指導與贈序！成長至今，以至這本小書的出版，不得不感謝我的博導王永平老師、我的碩導力之老師和一路以來所有恩師們長期以來的辛勤栽培與指導。三位導師如師如父，爲我付出了很多心血，給了我爲人、爲學的許多寶貴教誨。我雖則木訥於口，卻無時無刻不感恩於心、踐實於行。只是這本小書是我的第一部學術專著，兼之笨拙，因此依然稚氣未脫，有愧導師們的教誨，亦有慚於高深的學界。然而人都有成長的過程，希望這本幼作也能勉勵我努力前行吧，懇望學界前輩同仁不吝賜教。

最後由衷地致謝本書參考文獻所列的各位前輩時賢，你們的研究爲我提供了許多參考與啓發！特別感謝花木蘭文化事業有限公司的楊嘉樂老師和編輯王筑老師、許郁翎老師的辛勤勞動！也隆重感謝我的學生張豔如、袁胡萍、陳炳玲、曹貴美等同學在書稿校對整理中的幫助！

戊戌年臘月望日
於江南古京口